계시의존사색 I

정암 박윤선 박사 성경신학 논문

계시의존사색 I

초판 1쇄   2015년 11월 10일 발행

지은이   박윤선
펴낸이   안만수
책임편집 조주석
발행처   도서출판 영음사
주소   경기도 수원시 권선구 경수대로369번길 20, 연안빌딩 4, 5층
전화   031) 233-1401, 1402
팩스   031) 233-1409
전자우편 biblecomen@daum.net
웹사이트 www.yungeumsa.co.kr
등록   2011. 3. 1. 제251-2011-14호

이 도서의 국립중앙도서관 출판시도서목록(CIP)은 서지정보유통지원시스템 홈페이지(http://seoji.nl.go.kr)와 국가자료공동목록시스템(http://www.nl.go.kr/kolisnet)에서 이용하실 수 있습니다. (CIP제어번호: CIP2015029654)

ISBN 978-89-7304-112-1 (94230)
ISBN 978-89-7304-111-4 (세트)

ⓒ 영음사 2015

책값은 뒤표지에 있습니다.
무단 전재와 복제를 금합니다.

정암 박윤선 박사 성경신학 논문

계시의존사색

Revelation and Reasoning

I

도서출판
영음사

머리말

이 책은 정암 박윤선 박사가 교수사역을 하던 시기에 연구하여 학술지에 발표했던 열여섯 편의 성경 신학 관련 논문을 모아 엮은 논문집입니다. 정암은 평소 수업 중에 계시 의존 사색의 중요성을 늘 강조했습니다. 신학수업을 받고 있는 목회자 후보생들에게만이 아니라 정암 스스로 계시 의존 사색의 모본을 제시했습니다. 그의 설교와 성경주석이 그 대표적인 증거입니다. 한 걸음 더 나아가 우리는 정암의 수많은 학술 논문들에서도 계시 의존 사색의 실례들을 발견할 수 있습니다. 금번에 영음사가 출판하는 그의 논문집의 제목을 『계시 의존 사색 I』으로 결정한 것도 바로 이 때문입니다. 이 책에 실린 정암의 논문들은 주경신학자로서의 그의 학자적 면모를 잘 드러내주고 있습니다. 독자들은 크게 세 가지 측면에서 적지 않은 유익을 얻을 수 있습니다.

첫째, 정암은 오늘날 우리가 성경이 무엇이고 성경을 어떻게 해석할 것인가에 관한 중요한 물음에 대해 매우 핵심적이면서도 알아듣기 쉬운 가이드라인을 제시합니다(제1장 "우리의 성경"과 제2장 "헬만 리델보스의 성경관"). 특히 예수님의 성경관으로부터 출발하여 사도와 교부들의 성경관, 중세와 종교개혁자들, 17세기 개혁파와 19세기 복음주의, 그리고 현대 개혁주의자들의 성경관을 요약적으로 제시합니다. 아울러 성경의 대표적인 난제들과 이에 대한 대답을 간략하게 정리해 놓은 것도 유익합니다.

둘째, 정암의 성경신학은 언약(계약)신학을 큰 특징으로 삼는다고 해도 과언이 아닙니다. 17세기 개혁파 정통신학의 꽃이라고 말할 수 있는 언약신학은 정암의 주경신학과 개혁주의 조직신학이 서로 조우하는 지점이라는 측면에서 매우 중요한 의미를 갖습니다. 독자들은 다음의 장들에서 이 사실을 확인할 수 있습니다. 제3장 "계약사상", 제4장 "그리스도의 탄생과 계약사상", 제5장 "산상보훈에 나타난 계약사상", 제6장 "바울 신학의 언약사상" 등입니다.

셋째, 독자들은 요한복음(제8장), 베드로전후서(제10장), 로마서(제11장), 야고보서(제13장), 요한계시록(제16장) 등을 이해하는 데 있어 권위 있는 주경신학자의 구체적인 도움을 받을 수 있습니다. 또한 정암의 안내를 받으며 출애굽기 20장 1-17절(제14장)과 요한복음 1장 1-18절(제7장)에 대한 깊이 있는 이해를 할 수 있는 기회를 얻을 수 있습니다.

이 외에도 『계시 의존 사색 I』은 개혁주의에서 바라본 신약의 윤리(제15장)와 오순절 성령 강림(제9장)과 성령의 은사 문제(제12장)와 같은 흥미로운 논문들도 포함시켰습니다. 독자들은 계시 의존 사색을 일종의 신학적 방법론으로 삼아 성경신학의 다양한 주제들을 연구하고 신학논문으로 발표한 정암의 연구 성과물을 읽으면서 개혁주의의 신학적 유산이 가지고 있는 소중한 가치를 다시금 재발견하고 그 유익을 직접 맛볼 수 있으리라 확신합니다.

2015년 10월
펴낸이 안 만 수

차례

머리말_ 4

1. 우리의 성경 · · · · · · · · · · · · · · · · 11
계시 의존 사색 · 교회 역사상에서 본 타율주의와 자율주의
예수님과 사도들의 성경관 · 본통 교회의 성경 교리 · 장로교회의 성경 교리
성경의 난제에 대한 해석 · 모든 성경은 하나님의 말씀이다(딤전 3:14-17)
빨트의 성경관을 비판함

2. 헬만 리델보스의 성경관 · · · · · · · · · · · 47
3대 칼빈주의 학자들의 성경관 · 헬만 리델보스의 성경관

3. 계약 사상 · · · · · · · · · · · · · · · · · 57
계약이란 무엇인가? · 은혜 계약의 성취 관계로 나오는 여러 가지 사상들
종교와 계약 사상

4. 그리스도의 탄생과 계약 사상 · · · · · · · · 67

5. 산상보훈에 나타난 계약 사상 (마 5:1-7:29) · · 73
산상보훈은 누구에게 주신 교훈인가? · 팔복에 나타난 계약 사상(마 5:1-12)
율법과 천국(5:17-20) · 제6계에 대하여(5:21-26) · 행위 계약과 천국(5:27-32)
기독자의 언사가 하나님의 계약 성취에 대하여 가지는 관계(5:33-37)
원수에게 대한 기독자의 행동 원리(5:38-48) · 하나님 아들의 행동 원리(6:1-8)
복종과 천국(7:1-29)

6. 바울신학의 언약사상 · · · · · · · · · · · · · · · 99

7. 요 1:1-18에 나타난 말씀의 운동 · · · · · · · · · · 129
   말씀(Logos)은 하나님과 등등이시다(1,2절) · 만물 창조의 운동(3절)
   빛으로 생명을 주는 운동(4,5절) · 세례 요한을 통한 운동(6-8절)
   예수 그리스도의 복음전도를 통한 운동(9-13절) · 사도 요한이 본 말씀 운동(14-18절)

8. 뿔트만이 본 대로의 요한복음과 그노시스주의 · · · · · · · · 137
   실현된 종말관 · 중생 · 윗 세상과 아랫 세상의 대조
   그리스도께서 내려 오셨다는 사상 · 예수님과 하나님의 부자 관계에 대하여
   생명을 주시는 자의 음성을 듣는 사람들이 살아난다는 사상
   그리스도의 살과 피를 먹고 마시는 일에 대하여 · 하늘 세계에 대한 요한의 사상

9. 오순절 운동과 선교 · · · · · · · · · · · · · · · 151
   오순절 성령 강림의 장소가 보여주는 의의
   오순절 성령 강림은 하나님의 약속 성취임 · 오순절 성령 강림의 목적
   오순절 성령 강림은 성령의 세례임 · 오순절 성령 강림과 방언의 은사
   오순절 성령 강림은 선교 운동임

10. 베드로의 신학 · · · · · · · · · · · · · · · · 161
    종말관적 사상 · 그리스도 중심 사상 · 성경 중심의 신학 · 사도적 권위의 유일성
    기독교는 구원의 길로서 독일무이함

11. 로마서에 나타난 복음 · · · · · · · · · · · · · · · · 171
　　서론 · 로마서 5장 · 로마서 6장 · 로마서 7장 · 로마서 8장

12. 성령에 의한 구원 실시와 은사 문제 · · · · · · · · · · 197
　　신약교회는 오순절 성령 강림으로 시작된다 · 구원 실시의 질서 · 성령의 은사

13. 야고보서의 은혜론과 신앙론 · · · · · · · · · · · · · 231
　　1:5-8의 해석 · 4:1-3의 해석 · 5:13-18의 해석

14. 십계명 요해 : 출 20:1-17 해석 · · · · · · · · · · · · 243

15. 신약의 윤리 · 263
　　신약윤리의 특징 · 바울서신의 대표 성구

16. 요한계시록 요해 · · · · · · · · · · · · · · · 293
  상징적 문제를 많이 포함한 책 · "이기는 자"와 및 그에게 주신 예수님의 약속(2-3장)
  계시록에 대한 대종말 지향적 해석은 가능한가 · 두 증인의 증거 운동(11:3 이하)
  계시록이 말하는 "바벨론"은 무엇인가 · "천년왕국"은 무엇인가
  신천지에 자리한 새 예루살렘(21:1-22:5)

부록. 성경해석 방법론 · · · · · · · · · · · · · · · 327
  해석 방법의 역사(S. Greijdanus) · 성경 해석학(F. W. Grosheide)

  색인_ 349
  논문출처_ 354

● 편집자 일러두기

1. 이 시리즈는 필자가 『신학지남』과 『신학정론』과 『로고스』에 기고한 논문들로 구성한다.
2. 필자가 1937-1988년에 발표한 논문들을 수록하나 1960년대-1980년대에 발표한 논문이 주를 이룬다.
3. 필자의 논문을 성경신학 분야와 조직신학 분야로 분류하여 I권에는 주로 성경신학 분야의 논문을 수록하고, II권에는 조직신학 분야의 논문을 수록한다.
4. 필자의 논문 중에서 『개혁주의 교리학』에 이미 수록된 4편의 논문은 본 시리즈에 수록하지 않는다.
5. I권에 수록한 "계약 사상"(3장)은 조직신학 논문으로 분류되나 다른 3편의 언약 신학에 대한 서론격으로 배치한다.
6. II권에 수록한 "칼 바르트의 로마서주석 선평"(13장)은 성경신학 분야의 글로 분류되나 칼 바르트의 신학을 비평하는 일련의 논문들과 함께 배치하여 독자의 이해를 돕는다.
7. 필자가 주(註)를 본문에 포함시켜 글을 진행하였으나 본 시리즈에서는 각주로 처리하고 각주 표기 방식도 전체적으로 통일한다.
8. 인명과 지명은 독자의 편의를 위해 현행의 관행 또는 표기법에 따라 최소한의 수정만 가한다.

우리의 성경

신학지남 34/2 (1967. 6): 5-32.

I. 계시 의존 사색(啓示依存思索)

이 점에 있어서 우리가 특별히 생각하고자 하는 것은, 첫째로 인간은 자력과 자율(自律)로써는 하나님을 아는 데 있어서 절대적으로 불가능하다는 사실이다. 그러므로 인간에게는 오직 계시 의존 사색이 필요하다. 인간은 자기의 지혜로 하나님을 알지 못한다. 성경에 말하기를, "하나님께서 이 세상의 지혜를 미련케 하신 것이 아니뇨 하나님의 지혜에 있어서는 이 세상이 자기 지혜로 하나님을 알지 못하는 고로 하나님께서 전도의 미련한 것으로 믿는 자들을 구원하시기를 기뻐하셨도다"(고전 1:20-21)라고 하였다.

인간은, 그 어느 시대에 있어서나 이 말씀과 같이 자기의 지혜로는 하나님을 알지 못하였다. 그것이 인간의 자율 사색(自律思索)의 역사(歷史)이다.

자율주의(自律主義)는, 하나님을 떠나 자기를 하나님 같은 권위(權威)에 앉히는 것이다. 하와는 이런 주의(主義)의 선봉이었으니, 그것이 그의 타락이었던 것이다. 그는, 마귀가 시험할 때에 자율주의에 입각(立脚)하여 마귀의 말과 하나님의 말씀을 달아보는 재판장의 자리를 취하였다. 이것은, 자기의 마음이 권위에 있어서 하나님의 마음과 같다는 것이며 또한 마귀의 마음이 하나님의 마음과 같다고 생각한 그릇된 태도이다. 그것이, 그의 범죄 사상이며 하나님을 떠나서 타락하는 출발점이었다. 그가 마귀의 말을 듣기 전에 벌써 참람하게도 생각하기를, "아마 마귀도 모든 것에 대하여 하나님처럼 알 것이라" 하였고, 자기는 그들 사이에 판단자(判斷者)가 되는 권위가 있는 줄로 생각하였다. 이것은, 하나님의 독일무이(獨一無二)하신 절대적 권위를 무시한 죄악의 시작이다.

자율주의는, 하나님을 절대의 주님으로 알지 않는 동시에, 하나님을 무시하고 나가는 사색(思索)이다. 따라서 이 사색은, 그 첫걸음에서부터 하나님을 무시하고 떠났으니, 그런 사색의 행진은 영원히 하나님을 만나지 못한다. 이것이 하나님을 배반하고 하나님을 모르게 되어진 역사(歷史)이다. 하와의 자율주의로부터 시작하여 인류는 자율주의 사색으로 계속하여 움직였다. 다시 말하면 인류는, 자기 지혜를 가지고 실제(實際)를 궁극적(窮極的)으로 알 수 있는 듯이 생각하여 내려왔다. 자율주의는 생각하기를, "인간이 자기의 지능으로 중립적(中立的) 처지에서 편견 없는 연구를 통하여 우주(宇宙)를 참되이 알 수 있으며, 따라서 하나님이 계시다면 하나님도 알 수 있다"라고 한다. 그러나 그것은 스스로 속은 생각이다. 그 이유는 다음과 같다.

유신론(有神論)이 참된 한 하나님은 절대적 신이시므로 인간은 첫걸음부터 하나님의 절대적인 주권(主權) 아래 있기 때문에 그에게 있어야 할 진리 지식은 하나님을 제외(除外)하고는 성립될 수 없다.

모든 올바른 지식은 하나님이 내신 것이니, 그것은 모두 다 하나님을 보여주고 있다. 그러므로 인간의 지능(知能)의 작용이 하나님을 제외하고 자율적으로 흐른다면, 그것은 참된 지식을 얻지 못할 뿐 아니라, 그 행동이 벌써 하나님의 절대적 권위(權威)를 무시하고 나타난 것이니 만큼, 갈수록 하나님과 멀어질 뿐이다. 그러므로 인간의 자율주의에 의지하여 우주를 참되이 알고자 하며 하나님을 찾아보고자 하는 것은 편견(偏見) 없는 중립 태도(中立態度)의 행위가 아니다. 그것은 진리에 대하여 큰 반역을 일으킨 무서운 편견이다. 그 이유는, 유신론이 옳은 한 하나님은 절대적 신이시니, 인간에게 하나님 의존 사색(依存思索)이 아닌 중립 태도가 있을 리 만무하기 때문이다. 하나님에게 대하여 인간이 중립적 사색을 가진다면, 그것은 벌써 비절대(非絕對)가 절대에 대하여 절대로 여기지 않으면서 자기로 절대와 동등시하는 모든 거짓을 포함하는 무서운 편견이다.

그것은 다음과 같은 사실로 비유된다. 곧 빛을 의지해서만 볼 수 있는 눈이 빛을 통하여 모든 것을 보면서 그 모든 볼 수 있게 된 것은 빛으로 말미암았다고 생각하여 빛을 알아주어야 옳다. 그런데 그렇게 하지는 않고 눈이 스스로 생각하기를 나는 편견없이 모든 것 보기를 원한다고 하며 태양빛을 떠나서 아무 다른 관계하지 않고 중립적(中立的)으로 편견 없이 모든 것을 보리라고 하면, 그 눈은 어두운 것만 볼 뿐이요, 모든 것을 참되이 바로 분별하지 못할 것이다. 그 때에 그 눈은 참으로 진리에 대하여 편견이 없이 바른 태도를 취할 것은 아니었다. 그와 마찬가지로 유신론(有神論)이 참된 한 하나님은 절대적 신(神)이시니 모든 참된 지식은 그가 내셨으므로 그의 빛이라고 할 수 있다. 그러므로 인간은, 처음부터 하나님을 아는 지식만을 참 지식이라고 하면서 계시 의존 사색(啓示依存思索)에 의한 지식 행위(知識行爲)를 하여야 한다. 만일 인간이 그렇게 하지 않고 하나님의 절대적 주권을 벗어나서 자기의 자율주의(自律主義)를 성공 있게 성립시킬 수 있는 줄 안다면, 그것은 진리에 대한 반역이다. 그런 사색은 영원히 하나님을 만나지 못한다. 인간은 피조물이고 하나님은 절대적 창조자이신 것만큼, 인간은 사색함에 있어서 그 출발에나 진행에나 종말에 있어서 하나님 의존 사색을 유리한 사색 방법으로 삼아야 한다.

그뿐만 아니라, 인간은 범죄하여 형벌을 받아서 그 지능이 어두워졌다. 그것은 고전 1:20에도 보여주는 사실이다. 성경은 말하기를 인간이 허물과 죄로 죽었다고 하였으니(엡 2:1) 그것도 인간이 죄로 말미암아 어두워져서 하나님을 모르게 된 사실을 보여주는 말씀이다. 인간은 이렇게 자율적으로는 하나님을 알 수 없는 자가 되었으니 만큼, 하나님이 주신 계시(啓示)의 말씀을 믿지 않으면 하나님을 알 수 없다. 우리는 하나님의 말씀을 믿음으로만 하나님을 알게 되는 것이다. 이것은 아무런 예외(例外)도 용납하지 않는 철칙이다. 그러므로 사람이 하나님의 계시의 말씀을 받지 않고 자율적으로 하나님을 상고(尙考)할 때에는 아무런 효과도 없으며 소용도 없는 것이다. 그것은 마치, 육안(肉眼)으로 볼 수 없는 것을 보려고 할 때에 망원경(望遠鏡)을 쓰지 않으면 안 되는 것과 같다.

그러나 옛날부터 인류 역사는 불행하게도 자율주의로 흘러서 하나님을 알지 못하고 지나간 사람들이 많았다. 다만 예수님의 말씀과 같이 어린아이 같은 사람들 곧, 하나님의 계시의 말씀을 진실히 믿는 자만이 인식론(認識論)을 보든지 동양의 철학을 보든지 모두 다 자율주의로 흐르는 것을 역력히 지적할 수 있다.

헬라 철학의 왕성기에 있어서 우리는 플라톤(Platon)을 그 초점(焦點)으로 연구한다. 혹시 사람들이 오해하여 플라톤 철학이 기독교 유신론(有神論)과 서로 통함이 있는 줄 생각한다. 바울 모아(Paul More) 교수는, 잘못 생각하여 플라톤이 기독교의 기초를 예비하였다고 했다. 우리는 플라톤의 철학이 반유신론(反有神論)인 것을 너무도 명백하게 알고 있다. 플라톤은 가르치기를, 사람이 자기의 지능으로 영원계(永遠界)에 대하여서까지라도 깨달을 수 있다고 하였으며, 이 지능을 그 주요 속성(主要屬性)으로 가지는 영혼이 하나님의 구원하시는 은혜를 받을 필요 없이도 자율적으로 이상 세계(理想世界)에 갈 수 있음을 가르치는 극단(極端)의 자율주의(自律主義)이다. 우리는 이 점에 있어서, 플라톤의 신생관이 너무도 비 진리인 사실을 잘 알 수 있다.

클레옴브로터스(Cleombrotus)는 플라톤의 영혼론을 읽은 다음 죽으려고 높은 벼랑에서 떨어졌다. 그 이유는, 그가 플라톤이 가르친 대로 사람의 영혼이 몸에서 떠나면 자동적(自動的)으로 이상 세계에 갈 줄로 알았기 때문이었다. 클레옴브로터스는, 인간이 자율자가 아니고 절대적 신의 주권 아래 있음을 알지 못한 것이다. 성경이 가르치는 대로 인간은, 자율적으로 자기의 영혼을 몸에서 떠나게 할 권리가 없을 뿐 아니라, 몸을 떠난 영혼이 영광 세계에 들어가는 것도 전적으로 하나님의 손 가운데서만 되어지는 일이고 영혼이 자동적으로 그렇게 될 수 없는 것이다. 그러므로 진리를 아는 사람 곧, 기독교 신자는 위에 한 클레옴브로터스와 같이 처신하지 않는다. 클레옴브로터스는 플라톤의 자율주의를 믿었으므로 그런 망동(妄動)을 한 것이다.

이 밖에도 플라톤은 자율주의의 사상을 많이 발표하였다. 그는 현상 세계(現象世界)가 이상 세계(理想世界, 그에게 있어서 하나님이 이상 세계임)에서 유출(流出)되었다고 하였다. 그렇다면 그는 시간 세계도 진정한 의미의 피조물이 아니고 결국 본질에 있어서는 영원과 일체(一體)라고 생각한 셈이다. 그러므로 플라톤은 하나님을 진정한 창조자로 알지 못한 것이다. 우리는 이렇게 사람으로서는 비록 지능이 높다 하여도 자율적으로는 하나님을 알 수 없고 다만 계시 의존 사색(啓示依存思索)으로만 하나님을 알 수 있게 되는 것을 확신해야 된다.

그런데 계시(啓示)는 무엇을 의미하는가? 이것은, 하나님께서 자기를 인간에게 나타내어 보여주시는 것을 의미하는데 신학적으로 다음과 생각할 수 있다. 성경이 가르치는 종교는 초자연적(超自然的) 종교인데, 이 종교는 하나님을 절대적 주권자(絶對的主權者)로 알려준다. 그러므로 모든 사람들은 하나님의 주권 밑에서 존재를 가지고 있다. 따라서 이 하나님께서는 인간의 구원을 위하여 초자연적으로 간섭하신다. 하나님께서 에덴 동산에서 아담 하와로 더불어 같이 계신다(창 3:8). 범죄한 뒤에 이 교제는 깨어졌지만, 하나님은 인간을 버리지 아니하시고 초자연적 간섭을 통하여 구원하시기를 기빼하신다. 이 구원은 하나님께서 인간에게 자기를 나타내시므로 인간이 하나님을 알게 되어 이루어지는 것이다. 그러므로 그는, 옛날부터 여러 가지 여러 모양으로 자기를 그의 백성에게 계시하셨던 바 그 모든 계시는 이스라엘 백성만을 위한 것이 아니고 모든 다른 백성에게까지 직접 관계 있는 것이다(요 4:22).

그런데 이 계시는 여러 가지 모양으로 나타났으니 예를 들면, "하나님께서 나타나심" 곧, "데오파니(Theophanie)이니 이것은 주로 족장들에게 되어진 계시이다. 그리고 예언과 이적도 계시 방법이었다. 특별히 예수 그리스도의 성육신(成肉身, Incarnation)은 그 최고 정점(最高頂點)을 이루었다. 그런데 이 모든 계시의 사실들은 필경 기록된 말씀 즉, 성경으로 전승(傳承)하게 된다. 루소(Roussoau)는, 하나님의 계시가 각 개인에게 매번 직접 임하지 않는 까닭이 무엇인가? 하는 의문을 발표하였다. 그러나 그는 계시가 무엇인지를 바로 알지 못하였기 때문에 이렇게 헛된 의문을 가졌던 것이다. 하나님의 계시는 전승의 방식으로 전달될 수밖에 없다. 그 이유는,

(1) **계시는 그 내용이 역사적 사실 곧 그리스도께서 중심이 되어 있기 때문이다.** 그의 육신이 되심, 그의 수난(受難)과 죽으심, 그의 다시 사심과 승천하심은, 모두 다 일정한 장소와 시간에 속하는 역사적 사실이니 만큼, 그것을 전하는데도 역시 역사적 전승(傳承)을 경유하지 않을 수 없다. 역사적 전승만이 계시 전달의 유일한 방법이다. 바빙크(Bavinck)는 말하기를, "사람은 세상에 올 때에 아무것도 가지고 온 것이 없다(딤전 6:7). 그러므로 그는 전적으로 무엇에 있어서나 그를 둘러싸고 있는 세상에서 배우게 된다."[1]라고 하였다.

(2) **이 계시의 사실들을 기록하여서 전할 때에 그것이 더욱 정확하게 오랫동안 보편적(普遍的)으로 전함이 되어지는 까닭이다.** 그러므로 전승을 통하여

---

1 Herman Bavinck, *Gereformeede Dogmatiek*, vol. 1, p. 351.

계시(啓示)를 전달하는 것이 하나님의 정하신 뜻이다(롬 15:4; 딤후 2:2; 요일 1:3).

성경 말씀은, 어떤 옛날의 역사에 대한 건조(乾燥)한 기사가 아니고 언제나 살아 있는 영원한 말씀이어서 하나님께서 자기 백성에게 언제든지 주시는 말씀이다.

성경은 언제나 하나님께서 우리에게 직접 말씀하시는 말씀이다. 바빙크(Bavinck)는 다음과 같이 말하였다. 곧 "성경은 하늘과 땅 사이에 연락을 짓는, 늘 머물러 있는 연락이 되고(하늘의 사실들을 땅의 사람에게 알려주는 것이라는 뜻) 그리스도와 교회 사이에도 그러하고 하나님과 그의 자녀들 사이에도 그러하다. … 성경은, 하나님의 산 음성이요 그의 피조물들에게 주시는 전능하신 하나님의 편지이다. … 영감(靈感)도 성경의 속성(屬性)으로서 늘 역사하고 있는 것이다. 성경은 과거에 기록된 때에 영감된 것뿐만 아니라, 자체가 영감을 계속적으로 주는 책이다"[2](抄譯)라고 하였다. 벵겔(Bengel)도 말하기를, "성경은 기록될 때에만 하나님께서 그 기자들을 통하여 영감하시는 것뿐 아니라, 그것을 읽을 때에도 영감을 주시는 것인데, 성경은 그 때에 하나님을 알게 하는 기운을 우리에게 불어넣어 주신다"[3]라고 하였다.

II. 교회 역사상에서 본 타율주의와 자율주의

우리는 사도들의 사상이 타율주의(계시 의존 사색)였던 것을 잘 안다. 교회 시대에 들어와서는 특히 어거스틴(Augustine)이 그런 올바른 사상의 소유자였다. 어거스틴의 인식론이 하나님의 계시 지식에 준거하여 나오는 추론적(推論的)이었음을 우리는 알 수 있다. 그는, 철학상의 수수께끼로 되어 있는 단

---

2 Ibid., p. 375.
3 Bengel on 2Tim 3:16.

일(單一)과 잡다(雜多)의 문제를 오직 삼위일체이신 하나님 안에서 해결하였다. 다시 말하면, 그는 하나님께서 만물을 창조하신 사실을 믿음으로써 철학이 해결하지 못한 인식론의 문제를 해결하였다. 어거스틴(Augustine)은 주장하기를, 인간에게는 불가사의(不可思議)의 문제가 있으나 하나님에게는 그런 것이 전연 없음을 말하였다. 다시 말하면, 인간은 하나님께서 계시(啓示)하신 지식을 믿음으로만 모든 난제(難題)들을 해결하게 된다.

이 해결 방법은, 사람이 그 불가사의한 점에 대하여 완전히 알면서 해결해 나가는 해결 방법이 아니고, 모르면서 해결하는 해결 방법이다. 큰 부자의 아들이 자기 수중에 적은 돈을 가졌다고 염려할 것은 없다. 그는, 많은 재산을 아버지가 홀로 알고 관할하는 것으로 만족히 생각한다. 어거스틴(Augustine)은 생각하기를, 우리 지식의 확실성의 최종 근거는 오직 하나님의 계시를 믿는 데 있다고 하였다.

그는 기도하기를, "하나님의 말씀으로 깨끗하여지지 못한 자는 찾아 만날 수 없는 하나님이여"라고 하였다. 그리고 그는 말하기를, 사람이 깨끗하여지는 방법은 오직 그리스도를 신앙함으로 말미암고, 신앙은 오직 하나님의 은혜로 되어진다고 하였다. 이렇게 어거스틴은 추론적 사색(推論的思索) 혹은 하나님의 계시 지식에 준거한 인식론을 가졌던 것이다.

1. 중세대의 스콜라 철학파 신학

어거스틴(Augustine) 이후에 중세대 교회는 점점 어두워져서 스콜라 학파의 철학으로 그 주력을 삼는 것이다.

스콜라 철학은 14세기에 가장 왕성하게 되었다. 토마스 아퀴나스는 스콜라 철학을 가진 신학자로서 아리스토텔레스의 방법을 사용하여 교회의 교리들을 변호하였다. 이것은 명백하게도 자율주의 사색으로 다시 접근한 경향이다. 아리스토텔레스나 기타 철학자의 사상을 비판하고 형식상으로 어느 정도 이용할 수 있다. 그러나 진리를 찾는 일에 있어서 그것과 협력하는 정도의 행위는 배척하여야 된다. 솔로몬이 성전을 지을 때에 이웃 나라의 물자 같은 것을 이용한 일이 있으나, 그 나라와 더불어 합작하여 성전을 지은 것은 아니다. 제2차로 성전을 재건할 때에 사마리아 사람들이 합작하기를 원하였으나 진정한 유대인들은 그것을 배척하였다. 그러나 중세대의 스콜라 철학의 신학자들은 반유신론(反有神論) 철학을 채용하였으니, 그것은 성전을 건축하는 데 있어서 사마리아 사람의 협력을 달게 받는 것과 같은 잘못이다.

스콜라 철학이 헬라 철학을 다소 포함하고 있다. 예를 들면, 그것은 이원론적 사색(二元論的思索)에 흘러서 진리에서 탈선하는 경향이었다. 그리고 그들은 통성(Universals) 문제로 많은 논쟁을 가졌으니, 어떻게 삼위일체의 하나님 안에서 단일과 잡다 문제를 해결하는 줄 믿는 마음으로야 그런 논쟁을 가지랴? 이것을 보면, 그들이 하나님을 믿으며 경외하면서도 그 사색에 있어서는 반유신론 체계에 접근하고 있었던 사실이 명백하다. 토마스 아퀴나스도 어거스틴(Augustine)이 가졌던 추론적 사색의 필요성을 말하면서도 종종 헬라 철학 사상으로 떨어져 자율 사색(自律思索)에 접근하는 일이 많았다. 이것을 보면, 중세대의 신학자들은 그 인식론에 있어서 체계가 분명한 인식론이 아니고 막연하게 되어 있었던 것이 사실이다.

그 원인은, 그들이 영혼론(靈魂論)에 있어서 그릇된 사상을 가진 데서 일어난 듯하다. 그들의 영혼론의 내용은 이렇다. 곧, 사람에게 주어진 하나님의 형상을 인간의 본질로 보지 않고 한 개의 덧붙인 선물(Donum Supenadditum)로만 생각한 것이다. 그들이 하나님의 형상이란 것을 그렇게 생각하였기 때문에, 인류의 조상이 타락한 후에는 본래 하나님의 형상으로 받았던 것은 상실되었으나 인간 자체는 가식적으로 큰 손실이 없는 줄로 생각게 되어진 것이다. 그렇게 생각된 그들은, 결국 인간이 하나님에게 대하여 추상적 사색(抽象的思索)만으로는 하나님을 아는 참된 사색을 할 수 있는 줄로 생각하게 된 것이다. 이것이 성경과 달라진 인생관이니 인간의 자율적 가능성을 어느 정도 세워준 사상이다.

2. 종교 개혁 시대의 두 가지 사상 조류

인간은 타율(他律)을 배척하고 자율(自律)을 즐기는 성향(性向)을 가지고 있다. 따라서 교회 역사를 보면 사람들은 자기의 지혜로 하나님을 찾을 듯이 나타난 역사가 종교 개혁 시대에도 일어났다.

루터교회에는 신인 협동설이 나타나게 되어 그 교파의 신앙 사상(Synergism)이 되어 버렸다. 신인 협동설은 인간에게 자유로운 행동 영역을 주기 위하여는 하나님의 절대적인 주권 행위가 그만큼 포기된다고 함이니 그것은 성경이 말하는 하나님의 절대성 있는 주권을 생각하지 못하는 사상이다. 그러나 성경에 있는 계약 신학(契約神學)은 절대적 주권으로 나타나는 인격(하나님)이 인간의 인격에 군림하시는 것을 보여 준다. 이것이 진정한 인격 본위의 세계관(世界觀)이다. 그러나 신인 협동설(神人協同設)은 실제에 있어서 하나님의 절대성을 생각하지 못한 것이니 그것은 그만큼 그리스도의 중보역(仲保役)을 절대성 있게 신종(信從)하지 못하는 기맥을 내포하는 불충족한 유신론이다.

그뿐 아니라, 칼빈주의(Calvinism) 이외의 교회에 있어서 알미니안주의(Arminianism)는 보다 우심하게 자율주의로 접근하려는 약점을 가지고 있다. 예를 들면, 왓츤(Watson), 밀레이(Miley), 커티스(Curtis) 등 신학자들이 이와 같은 사상을 가졌다. 왓츤(Watson)은 생각하기를, 그리스도께서는 우리의, 구원의 길에 있는 장애물들을 치워버린 것뿐이니, 우리로서는 그 구원을 받을 수도 있고 배척할 수도 있다고 하였다, 이것은 구원을 받는 일에 있어서 인간 자율의 가능성을 말하는 것이니 이것 역시 그리스도의 중보역(仲保役)을 절대성(絶對性) 있는 것으로 생각하지 않는 것이다.

위에 말한 신인 협동설(神人協同設)이나 알미니안주의(Arminianism)는 성경 말씀에 절대 신종(信從)하는 태도라기보다 인간의 자율주의에 끌렸다. 그들이 성경을 고친 것은 아니로되, 성경이 말하는 대로 체계(體系)를 바로 보지 못한 것이다.

3. 칼빈주의가 보여준 타율주의(他律主義)의 사상

우리는, 하나님께서 이 어두운 세상에 밝은 등불을 끄지 아니하시고 보존시키는 것을 생각하여 감사한다. 이 밝은 등불은 칼빈주의 복음이다. 칼빈주의는 성경의 체계를 올바로 본 신학이다. 칼빈주의는 하나님을 절대적 주권자의 인격적 신(人格的神)으로 믿으며, 계시 의존 사색(啓示依存思索)을 가진다. 칼빈주의가 가지는 성경관(聖經觀)은, 역시 인격 본위에서 생각할 수 있는 유기적 영감설(有機的靈感說)이다. 유기적 영감설은 체계적으로 모두 다 하나님의 진리를 나타내는 것으로 보는 것이다. 선지자와 사도의 대언의 말씀이 체계적으로 진리라고 함은, 그 전체에 있어서나 그 부분에 있어서 다 함께 성령님으로부터 온 것을 의미한다.

헬만 바빙크(H. Bavinck)는 말하기를, "성경이 근본 사상만 영감되었다는 도리는 합리적이 아니고 과학적도 아니다. 도리어 문자적 영감설(文字的靈感說)이 과학적이고 합리적이다. … 성경을 유기적으로 취급한다 함은, 성경의 모든 부분이 각기 위치에 있어서, 또는 그 가치는 문맥상 연락에 있어서 적당한 의미를 가진다는 것이다. 그 부분들은 진리의 중암점이 되는 것도 있는 동시에, 보다 덜 중요한 것도 있다. 마치, 사람의 몸에 있어서 그 어떤 부분에든지 무의미하고 우연적인 것은 없어서, 그의 신장(身長)이나 피부 빛이나 모두 다 그의 생명의 중심점에 관련되어 있는 것과 같다. 그뿐만 아니라 사람의 몸에 있어서 머리나 심장은 손이나 발이나 손톱이나 머리털보다 중요한 자리를 점령하고 있는 것과 같다"라고 하였다.[4] 칼빈(Calvin)은 성경을 그 문자 문자에 이르기까지 다 하나님의 말씀이라고 생각하였으며, 혹 모순

---

4 Bavinck, *Gereformeede Dogmatiek*, vol. 1, pp. 409-410.

되어 보이는 구절도 원본에서는 그릇되지 않았음을 확실히 말하였다.

이렇게 개혁파 신학은 유기적 영감성을 가지는 동시에, 선지적 사도적 직접 영감으로 된 성경의 기록은 그 전체에 있어서나 부분에 있어서나 문자에 있어서 유기적 연락을 가지고 하나님의 말씀을 나타낸다고 믿는다.

III. 예수님과 사도들의 성경관

1. 예수님의 성경관(聖經觀)

요 10:34-36에는, "예수께서 가라사대 너희 율법에 기록된 바 내가 너희를 신이라 하였노라 하지 아니 하였느냐 성경은 폐하지 못하나니 하나님의 말씀을 받은 사람을 신이라 하였거늘 하물며 아버지께서 거룩하게 하사 세상에 보내신 자가 나는 하나님 아들이라 하는 것으로 너희가 어찌 참람하다 하느냐"라고 하셨다. 여기 "내가 너희를 신이라 하였노라"란 인용 구절이 오경(五經)의 말씀이 아니고 시 82:6의 말씀인데, 예수님께서 이것을 왜 "율법에 기록한 바"라고 하셨을까? 그 이유는, 예수님께서 당시의 유대인의 견해처럼(요 12:34) 구약성경 전부에 대한 총칭으로 "율법"이란 말을 사용하셨기 때문이다. 그렇다면, 시 82:6의 "내가 너희를 신이라 하였노라"란 말씀을, "율법"에 있는 말씀이라고도 할 수 있다. 사도 바울도 "율법"이란 말을, 그런 뜻으로 사용한다. 그는, 이사야의 말씀을 인용하면서(고전 14:21; 롬 3:19), "율법에 기록한바"라고 하였다.

예수님께서 이 "율법"이란 명칭을 그 다음 구절에서는 "그 성경"(ἡ γραφή)이란 명칭으로 바꾸어 말씀하셨다. "그 성경"이란 말은 성경의 전체적 명칭이다. 그는, 성경의 한 구절(내가 너희를 신이라 하였노라)의 권위(權威)를 변호하시기 위하여, 성경 전체의 불가폐성(不可廢性)에 입각하신다. 그는, 성경 전체가 불가폐의 권위를 가진 고로 성경의 각 부분도 불가폐(폐할 수 없음)요,

무오류(無誤謬, 그릇됨이 없음)하다고 주장하신다. 혹이 말하기를 예수님 자신의 성경관은 그렇지 아니하나, 그가 이론상 편의를 위하여 당시 유대인의 성경관에 자신을 적응(適應)시켜 좇으신 것뿐이라(Argumentum ad Loninem)고 한다. 그러나 이것은 예수님의 중심을 오해한 억설이다. 이미 말한 바와 같이, 예수님께서는 만전적 영감(萬全的靈感, 말마다 영감됨)으로 된 성경으로 믿으신 것이다. 또한, 그에게는 성경 말씀이면 곧 절대적 권위의 말씀이며, 또한 반드시 성취됨을 생각하셨으니, 그것을 보아서 그가 성경을 만전 영감(Plenary Inspiration)의 권위로 믿으신 것이 확실하다(마 4:7, 10, 11:10, 19:15, 21:13, 42, 22:29, 43, 26:31, 54, 56; 막 9:12, 13, 12:10, 24, 14:27, 49; 눅 4:17, 18, 24:25-27, 20:17; 요 12:14, 15, 13:18, 17:12 참조).

워필드(B. B. Warfield)는 말하기를 "위의 장절들을 보아도 성경의 모든 부분이 다 하나님의 권위에 속한다고 주장하신, 예수님의 견해를 볼 수 있다"라고 하였다.[5]

2. 사도들의 성경관

① 그들은, 복음의 사항들을 세세히 성경에 근거하여 정당시하였다(행 8:35, 17:2, 3, 11, 18:24, 28, 26:22; 롬 1:17, 3:4, 10, 4:17, 11:26, 12:19, 14:11; 고전 1:19, 2:9, 3:19, 15:3, 4; 갈 3:10, 13, 4:22, 27; 벧전 1:16, 2:6 참조).

② 그들은 성경을 인용할 때에 "그가 말씀하시되"라고 하였으니, 이것은 성경을 하나님의 말씀으로 생각하는 것을 이미 익히 아는 사실로 간주하는 어법(語法)이다(히 1:5; 롬 15:10; 고전 6:16; 고후 6:2; 갈 3:16; 엡 4:8 참조). 이런 어법은 고대 철학자들이 그들의 선생의 말을 권위 있게 생각하면서 인용할 때에 사용한 것이다. 예를 들면, 피다고라스 학파, 플라톤 학파, 중세대의 아리스토텔

---

5 B. B. Warfield, *The Inspiration and Authority of Scripture*, p. 144: "These passages alone would suffice to make clear to us the testimony of Jesus to Scripture as in all its parts and declarations Divinely authoratative."

레스 학파가 그러하였다.

　③ 딤후 3:16에, "모든 성경은 하나님의 감동으로 된 것"이란 말씀이 있다. "하나님의 감동"이란 말은 헬라 원어로 데오프뉴스토스(θεόπνευστος)라고 한다. 이 말의 뜻은, "하나님의 기운 부심의 산물"(the product of the creative breath of God)이라고 한다. "하나님의 기운"이란 것은, 성경에서 하나님의 전능하신 능력에 대한 상징이다.[6] 여기 "모든 성경"(πᾶσα γραφή)란 말이 성경 전체를 말한다고 하든지, 혹은 성경의 각 부분이라고 하든지 그 뜻은 같다.[7] 이 말은 성경의 내용이 전부 영감되었다는 뜻이다.

　④ 벧후 1:19-21엔 말하기를, "또 우리에게 더 확실한 예언이 있어 어두운데 비취는 등불과 같으니 날이 새어 샛별이 너희 마음에 떠오르기까지 너희가 이것을 주의하는 것이 가하니라 먼저 알 것은 경의 모든 예언은 사사로이 풀 것이 아니니 예언은 오직 성령의 감동하심을 입은 사람들이 하나님께 받아 말한 것임이니라"라고 하였다. 베드로가 이 말을 하게 된 동기는 무엇인가? 그것은 다음과 같이 해설된다. 그리스도의 재림에 대한 증거에 있어서, 그는 변화산에서 본 주님의 영광을 그 증거품으로 소개하였다. 이어서 그는 그때에 목격한 일보다 예언의 말씀이 더 확실하다고 말한다. 여기 "예언"이란 말은, 헬라 원어로 톤 프로페티콘 로곤(τὸν προφητικὸν λόγον)이니, 이것은 "그 예언의 말씀"으로 번역되어야 한다. "그 예언의 말씀"이란 말은, 관사(冠詞) "그"를 가졌으므로 예언서(豫言書) 곧, 구약 전체를 단일체(單一體)로 보고 하는 말이다. 20절의 "경의 모든 예언(πᾶσα προφητεία γραφῆς)"이란 말이 이 해석을 확실히 지지한다(B.B. Warfield).

6　Ibid., p. 133: "The breath of God in the Scripture is just the symbol of His almighty power."

7　Ibid., p. 134: "To say that every part of these sacred Scriptures is God-breathed and to say that the whole of these sacred Scriptures is God-breathed, is for the main matter all one."

3. 영감 도리에 대한 난제 해설

파괴적 비평가들 중에서도 양심적인 자들은, 영감 도리에 있어서 성경의 만전적 영감을, 성경이 말한다고 믿는다. 예를 들면, 아취디콘 파라(Archdeacon Farrar), 오토 플라이데르(Otto Pfleider), 톨릭(Tholucke), 스탭퍼(Stapfor) 등이다. 그러나 어떤 자들은 편견을 품고 다음과 같은 옳지 않은 이론을 붙인다.

① 예수님은 만전적 영감설(글자마다 영감됨)을 믿지 않았는데, 그의 제자들이 만전적 영감설을 믿은 것뿐이라는 학설. 이 학설을 주장하는 자들은 예수님의 말씀을 오해한 것뿐이다. 그들의 말은 다음과 같다.

마 5:18에 말하기를, "천지가 없어지기 전에는 율법의 일점 일획이라도 반드시 없어지지 아니하고 다 이루리라"라고 하셨는데, 여기 "일점 일획"(ἰῶτα ἓν ἢ μία κεραία)의 관설은 문자에 대한 것이 아니고 율법 그것을 가리킨 것이라고 한다. 그러나 이 학설은 전연 예수님의 말씀을 오해한 것이다. 예수님께서 여기 성문(成文) 율법을 마음에 두신 것이 분명한 것은, 그가 여기서 글자들 곧, "일점 일획"을 관설하신 점이다. "일점 일획"이란 말은 히브리 원어의 제일 작은 글자 요드(י)와 또 분별하기 어려운 각획(各劃)을 이름이다. "각획은 요컨대, 레쉬(ר)와 달렛(ד)의 곡점(曲點)과 같은 것인데, 이 두 글자는 서로 다르면서도 비슷하기 때문에 혼동되기 쉽다.

② 사도들의 성경관은 그들 스스로의 의견이 아니고 당시 유대인들의 성경관에 적응(適應)한 것뿐이라는 학설은, 사도들을 비 진리와 타협성(妥協性) 있는 인물로 여김이니 이는 성경이 말하는 사도들과 다르다. 그뿐 아니라 사도들을 만전적 영감 도리 곧 글자마다 영감되었다는 도리를 적극적으로 가르치기까지 하였으니 그것이 어찌 양허(adoption)의 태도이랴? 바울은 한때 비 진리에 타협하는 베드로를 책망한 일도 있다(갈 2:11). 바울이 할 수 있는 대로 많은 사람을 얻으려고 "여러 사람에게 … 여러 모양이 되었다"(고전 9:22-23) 함은, 비 진리에까지 타협했다는 말이 아니다. 그것은 그가 진리의 궤도(범위) 안에서 얼마든지 자기의 습성들과 기타 무엇이든지 양보한다는

말이다.

③ 사도의 성경관은 그들의 개인적으로 가졌던 의견뿐이고 그것을 교리화(教理化)한 것이 아니라는 학설이다.

이것은 그릇된 학설이다. 사도의 성경관을 한 개의 융통성 있는 의견으로만 보는 근거는 무엇인가? 사도들은 포함적(包含的)으로나 직설적(直說的)으로 성경의 무오류(無誤謬)를 말하였으니, 그것이 표준 진리의 교리성을 가지지 않았다면 무엇이 그리할 것인가?

④ 성경에 오류(誤謬)가 있으니, 성경의 만전적 영감이란 교리는 성립될 수 없다는 학설이니, 이것은 그릇된 학설이다. 이것은, 인간이 자기의 얕은 지혜의 연구에 의하여, 다시 말하면, 귀납법적(歸納法的)으로 성경을 비판해 보는 오착이다. 사람은 진리의 표준이 아닌데, 그가 무슨 권위와 지혜로써 심오(深奧)한 성경을 측정할 수 있으랴? 성경에 있는 말씀 가운데 오착이 있는 듯한 것은 실상 해결되는 중에 있으며, 마침내 해결되고야 말 것이다. 워필드(B. B. Warfield) 박사는 다음과 같이 말하였다. 곧 "우리는 성경에 있는 서로 맞지 않는 말씀에 대하여 우리의 힘으로 해결 못할 때에 우리는 그것을 그대로 남겨두는 것이 좋다. 그러나 우리는 그것이 조화(調和)될 가망이 없다고 하면 안 된다. 우리의 해석능(解釋能)과 통찰능(洞察能)과 이해력(異解力)은 진리의 척도(尺度)가 아니다."라고 하였다.

IV. 본통 교회의 성경 교리

워필드(B.B. Warfield) 박사는, 성경의 축어적(逐語的) 영감의 교리를 가리켜, 성경에 대한 교회적 교리라고도 하였다. 그는 다음과 같이 결론하였다. 곧, "교회는 성경을 하나님께서 저작하신 하나님의 책이라고 믿어왔고, 거기 있는 말씀은 어떤 종류의 말씀이든지 실수 없는 진리요 또 실패 없는 권위(權威)의 말씀이 되도록, 하나님이 저작하신 줄로 믿어왔다."라고 하였다(意譯).

1. 교부 시대(敎父時代)와 및 어거스틴(Augustine)의 성경관

기독교는, 교부 시대에도 성경을 그 말씀마다 하나님의 영감된 말씀이라고 믿어 온 것이다. 폴리갑은 성경을 지극히 높은 자의 음성으로 여기고, 성경에 대하여 그릇된 견해를 가지는 자는 누구든지 사단의 맏아들이라고 하였다. 폴리갑(Polycarp)의 제자 이레니우스(Ireneaus)는, 성경이 하나님의 영(靈)과 말씀으로 나타났으니 안전하다고 하였고, 오리겐(Origen)은 말하기를, "복음 기자들은 성령님과 동역하였기 때문에 그들의 문서에 그릇된 것이 존재하기에 불가능하다."라고 하였다.

어거스틴(Augustine)은 주후 354년 11월 13일에 출생한 사람으로서 강제로 세우는 감독에 부득이 취임한 유명한 사부(師父)였다. 그는 성경에 대하여 다음과 같이 말하였다. 곧, "성경은 탁월(卓越)하고 천적(天的)인 최정점(最頂點)의 권위(權威)로 성립되어 있다."(Epist. to Jerome, 82)라고 하였고, 또 말하기를 그러니만큼 "성경을 읽는 자들은 그것의 진실성에 대하여 확신감(確信感)과 안전감(安全感)을 가지고 읽어야 한다"(Epist. to Jerome)라고 하였고, "성경의 모든 말씀들은 다 참된 것으로 받아야 된다."(Epist. to Jerome)라고 하였고, "그 저자들 가운데 한 사람도 그 기록함에 있어서 어느 방면에서든지 오류(誤謬)를 범하지 않은 것은 가장 확실하다"(Epist. to Jerome)라고도 하였고, "선지자들과 사도들의 글들이 전연 오착이 없는 사실을 의심하는 자는 악한 일을 행하는 자이다."라고 말하였다.[8] 그는, 성경 말씀의 마디마디 절대적 권위 있는 것으로 여기고, 성경의 한 말씀이라도 권위 없는 것으로 보는 자는 성경 전부를 위태하게 하는 것과 같다고 하였다(Epist. to Jerome III. 3).

---

8 B. B. Warfield, *Studies in Tertullian and Augustine*, p. 109.

2. 개혁파와 복음주의 교회들의 성경관

① 프랑스 신경(The French Confession of Faith, 1549 A.D.): 칼빈(Calvin)이 이 신경 작성에 관계하였음

"책들(신구약성경)이 내포하는 말씀은 하나님에게서 왔나니, 우리가 그것들을 하나님에게서만 받았고 사람에게서 받은 것이 아니다. 사람이나 천사나 이 책에 무엇을 가감(加減)하거나 변경함은 합당치 않다."라고 하였다(제5조, 意譯).

② 벨직 신경(The Belgic Confession of Faith, 1561 A.D.): 화란 칼빈주의 교회의 신경

이 신경 작성에 있어서 퀴도 디 부리가 주필이었다(그는 순교하였음). 그 신경에 말하기를, "우리는 이 모든 책들(성경)을 받으며 오직 이것들만 거룩하고 정경(正經)으로 받는다. 이것들은 믿음의 법규와 기초와 확고(確固)를 위한 것인데, … 우리가 이 책들을 받는 이유는, 교회가 이것들을 그렇게 인정한 까닭이 아니고 성신(聖神)이 우리 마음에 증거하사 그것들이 하나님에게서 났다고 하시며, 또한 그것들 자체 안에 그것들이 하나님의 말씀이라는 증거를 가진 까닭이다."라고 하였다. 그리고 "거기에 무엇을 더할 수도 없고 감할 수도 없느니라"고 하였다(意譯).

③ 독일 복음적 자유교회의 고백(Confession of the Evangelical Free Church of Germany, 1848 A.D.)

이 신경은 19세기의 칼빈주의를 잘 표시하였다. 그 제1조에 말하기를, "부분에 있어서나 전체에 있어서 하나님으로 말미암아 영감된 것이 성경이다. 그리고 이 성경은 유일한 신앙 규준(信仰規準)이며, 오류(誤謬) 없는 말씀이다."라고 하였다.

④ 개혁 감독교 신조(Reformed Episcopal Articles of Religion, 1875 A.D.)

제5조에 말하기를, "모든 성경은 하나님께서 영감(靈感)으로 주신 것이며 하나님의 거룩한 사람들이 성령의 감동대로 말한 것이다. 그러므로 성경은 하나님의 말씀이다. 이것이 하나님의 말씀을 포함할 뿐 아니라, 이것이 바

로 하나님의 말씀이다."라고 하였다.

⑤ 제2 헬베틱 신경(2nd Hervetic Confession of Faith, 1566년): 츠빙글리 계통 교회 신경 제1조에 말하기를, "우리는, 선지자와 사도로 말미암아 기록된 정경(正經) 곧, 신구약 성경을 하나님의 참 말씀인 줄 믿으며 고백하노라. 하나님은 친히 부조(父祖)들과 선지자들과 사도들에게 말씀하셨고, 지금도 성경을 통하여 우리에게 말씀하신다."라고 하였다.

V. 장로교회의 성경 교리

대한 예수교 장로회 신조 제1조에 "신구약성경은 하나님의 말씀이니 신앙과 본분에 대하여 정확 무오한 유일의 법칙이니라."라고 하였다.

우리는 이 점에 있어서 장로교 원본 신경 웨스트민스터 신도게요서(信徒揭要書)와 및 개혁주의 신학의 성경 영감 교리를 일고(一考)하려 한다.

웨스트민스터 신경은, 1643년 7월 1일에 회집하여 1649년 2월 12일에 폐회되었는데 151회원으로 말미암아 작성된 것이다. 이 회의의 장소는 영국 웨스트민스터 예배당이었고, 회원들은 121명의 신학자와 30명의 평신도였다. 그러나 평신 중에도 상당한 학자들이 있었다. 위에 기록한 우리의 장로교 신조 제1조는 웨스트민스터 신도게요서 제1장 제2조의 요약이다. 우리가, 이 신조의 역사적 의미를 알려면, 웨스트민스터 신도게요서의 성경 교리가 작성될 때의 신학자들의 사상을 자세히 살펴야 한다.

① 웨스트민스터 신도게요서를 작성한 신학자들 중에 최고 영예를 가졌던 존 발(John Ball)은 웨스트민스터 신조에 "직접적으로 영감된"이란 문구에 대하여 다음과 같이 말하였다. 직접적으로 영감되었다고 함은, 직접 성령으로 말미암아 하나님 아버지에게서 온 말씀임을 가리킨다. "성경은 그 내용

이나 그 말들이나 다 영감된 것이다"라고 하였다.⁹

② 윌리암 브리지(William Bridge)는 말하기를, "기록된 하나님의 말씀은 그들(제자들)이 산(山)에서 들은 말씀(벧후 1:18)보다 더욱 확실하다. 성경에 대한 이해를 하려고 하면 먼저 성경의 글자들을 바로 알아야 한다. 글자와 의미는 나눌 수 없는 것이다. 몸을 파상(破傷)하여라. 그리하면 그 몸을 가진 자를 파상함이 된다. 성경의 글자를 파상하면 성경을 파상함이다."라고 하였다.¹⁰

③ 존 화이트(John White)는 다음과 같이 말하였다. "성경은 곧 하나님의 말씀인데 그가 우리에게 그것으로 말씀하신다. 그러므로 우리가 성경을 손에 들 때에는 하나님 존전에 서서 그가 우리에게 말씀하심을 듣는 자리에 있는 것으로 생각할 수밖에 없다. 성경의 기자들에 대하여 말하려면, 그들은 거룩한 사람들인데 하나님의 성령으로 말미암아 전적(全的)으로 그릇됨이 없게 영감을 받았고, 인도함을 받았다. 성령님께서 그들에게 도리(道理)의 실질(實質)만을 주신 것이 아니고, 그것을 기록하는 문구와 방법과 또는 그 기록의 모든 조직까지도 주신 것이다. 성령님께서 그 기자들로 하여금 주시고자 하시는 말씀을 깨닫게 하며 받게 하며 기록하게 하신 것이다."라고 하였다.¹¹

그는 또 말하기를, "성경 기자들은 마귀의 귀탁(鬼託)을 받는 자들과 다르다. 귀탁을 받는 자들은 탈혼(脫魂)과 같은 방식에 의지하여 그들 자신도 모르게 귀탁을 받으며 전한다. 그러나 하나님의 말씀의 기자들은 영감의 말씀을 의식적(意識的)으로 받으며 순종하는 마음으로 그것을 전하였다. 성령님께서 성경 기자들에게 교회에 전할 교리의 실질만을 제시(提示)하신 것이 아니고, 그 성경 기록의 문구들과 방법과 제제(題材) 배열의 순서까지를 주셨다. 그것은 보통 사역자들에게는 주시지 않은 것이다. 성령님께서 보통 사역자들에게는 복음의 실질만을 바로 깨닫게 하시고 그것을 전달함에 사용

---

9 Warfield, *Westminster Assembly and Its Work*, 1931, p. 179.
10 Ibid., pp. 206-207.
11 Ibid., p. 207.

된 말의 실수 같은 것을 제재(制裁)하시지 않으신다."라고 하였다.

④ 버제스(A. Burgess)는 다음과 같이 말하였다. "모든 성경은 하나님께서 영감으로 주신 것이니 성경에만 우리의 주의를 명령하심은 우리를 성경에만 붙잡아 매시는 의도(意圖)이다. 그것은 마치 아이가 태중에서 그 탯줄을 통하여 영양을 취하는 것처럼 교회는 성경을 통하여 그리스도 안에서 산다."(초역)라고 하였다.[12]

⑤ 에드워드 캘라미는 다음과 같이 말하였다. "성경이 하나님의 영감으로 된 것은 확실하다. 성경은 하나님의 마음을 전사(轉寫)한 것이다. 진정한 성도는 성경의 글자마다에 있어서도 하나님의 이름과 권위와 능력과 지혜와 선을 느끼어 사랑하며 또 기뻐할 수밖에 없다. 성경은 하늘의 하나님께로부터 성도에게 보낸 편지이다. 하나님의 말씀은 하나님께서 그 저자이시니 무한한 지혜와 웅변이 충만한 것이다. 성경에는 한 말씀이라도 하나님을 보여주지 않는 말씀이 없다."라고 하였다. 그는 또 말하기를, "이레니우스가 말한 대로, 성경은 그릇됨이 없는 불변의 신앙 규준이다. 성경은 다른 데서 찾을 수 없는 영화로운 계시와 발견들을 포함하고 있다. 우리는 하늘에서 내려오는 음성보다 더 확실한 말씀을 가지고 있다. 하늘에서 말씀하시는 하나님과 기록한 말씀으로 말씀하시는 하나님은 동일하시다"고 하였다.[13]

⑥ 라이트푸트(John Lightfoot)의 영감 도리. 라이트푸트는 성경의 정경이 그 범위(範圍)에 있어서나 세밀한 내용에 있어서나 하나님의 영감으로 되었다고 하였다. 그는 다음과 같이 말하였다. 곧 "하나님의 성령은 구약 시대의 어떤 사람들을 감동시켜서 그가 사람에게 계시코자 하시는 뜻을 완전히 기록하게 하신 후 얼마 동안 그런 특수 영감의 일을 정지하셨다. 그 뒤 신약 시대에 그는 다시 영감의 사역을 하시어 신약을 기록하게 하시고 그 후 그

---

12 Ibid., p. 208.
13 Ibid., pp. 208-209.

런 일을 완전히 정지하셨다"라고 하였다.¹⁴ 『라이트푸트의 전집(全集)』이라는 책에서 다음과 같은 요점(要點)들을 적발할 수 있다.

ⓐ 성경은 전 진리의 기록이라고 하였고,

ⓑ 기독 신자는 신구약성경 외에 무슨 다른 계시를 기대하면 안 될 것을 역설한 말도 있고,

ⓒ 성경의 기자들은 성령의 대리자이며 그 기자들의 일이 하나님의 손가락이라고 하였고,

ⓓ 성경에 어떤 기사들의 순서가 사람이 보기에 선후 전도(先後顚倒)된 듯하나 실상은 그런 것이 아니고, 하나님의 지혜에 합당한 것이며, 장엄한 문체를 이룬다고 하였다.

ⓔ 그는 또 말하기를, "성경의 문체와 언어까지 성령의 것이며, 그 용어들까지도 성령의 것이다"고 하였고,

ⓕ 그가 그 성경의 말씀을 설명 혹은 인용할 때엔 "성령이 말씀하시기를"이라고 하였고, 그는 성경의 권위를, 그것이 하나님의 말씀인 사실에 둔 것이다. 그는 또 말하기를, "성경은 성경 자체의 증거로 인하여서 신뢰될 것이다"라고 하였고,

ⓖ 성경의 무오류(無誤謬) 교리가 성경에 대한 그의 제1 교리였다.

ⓗ 그는 성경의 난해점들에 대하여 다음과 같이 말하였다. "성경의 난해점들은 다 해결될 수 있다. 그런 난해점들 중 어떤 것들은 성령으로 말미암아 고상하고 선한 목적으로 사용되었다. 그것들은 도리어 성경의 장엄성(莊嚴性)과 미(美)를 나타낸다"고 하였다.¹⁵

⑦ 사무엘 루터포드는 웨스트민스터 신도게요서 작성 위원들 중 요인이었다. 그는 말하기를, "성경은 그것이 근본적 부분 여부를 물론하고 다

---

14 Ibid., p. 280.
15 Ibid., pp. 280-330.

하나님 말씀의 기록이다"라고 하였고 "성경의 모든 부분들이 다 하나님의 말씀인 사실을 반대하는 것은 배교 행위이다"라고까지 하였다. 그는 또 말하기를, "성경 기록이 성령님의 감화력에 의하여 오착 없이 되었다"고 하였다.[16]

[부록] 웨스트민스터 신도게요서 작성 위원들의 영감 교리(靈感敎理)를 오해한 자들에게 대한 워필드 박사의 변론

웨스트민스터 신도게요서 작성위원들의 성경관을 오해하는 자들은 말하기를, "그들이 성경의 축자영감(逐字靈感)을 믿지 않았다"고 한다. 이 점에 있어서 그들은 위의 웨스트민스터회의 신학자들의 말한 문구들을 오해하였다. 이 점에 대하여 워필드 박사의 변증은 유력하게 그들의 오해(誤解)들을 지적하여 준다.

(1) 그들은 존 발(웨스트민스터 신도게요서 작성위원)의 논술한 토막을 오해함

그 한 토막은 이렇다. 곧 "성령님의 증거는 우리에게 글자나 음절(音節)이나 혹은 성경의 어떤 단어들을 가르쳐 믿게 하는 데 중점을 두지 않는다. 그것들은 우리에게 하늘의 광명을 받게 하는 그릇이 될 뿐이다. 성경의 증거는 무슨 역문 성경(譯文聖經)이든지를 불구하고 거기에 포함된 구원의 진리를 우리의 마음에 인(印)쳐 주신다."고 하였다.

부릭스 박사는 위의 존 발의 말을 보고서 존 발의 성경관이 축자 영감을 가지지 않았다고 하였다. 그러나 워필드 박사는 위의 존 발의 문구에 대한 부릭스 박사의 오해를 지적하였다.

워필드 박사는 말하기를, "존 발의 이와 같은 논술(論述)의 목적은 성경의 축자 영감된 사실을 반대하려는 것이 아니고 그것(축자 영감)이 성령님의 증거로야 증명될 수 있다는 의견을 반대하려는 것이다. 성경의 축자 영감된

---

16 Ibid., p. 270.

사실을 증명하는 것은, 다른 증거로도 증명될 수 있다고 존 발은 말한 것뿐이고 축자 영감을 반대하는 것은 아니다. 존 발은 의심없이 성경이 축자 영감되었다는 사실을 가르쳤다. 그는 그의 요리 문답에 기록하기를, 성경은 그 원본에 있어서 그 재료나 그 말들이나 영감되었다고 하였다"라고 한다.

(2) 그들은 윌리암 리에포드(웨스트민스터 신도게요서 작성 위원)의 논술한 토막을 오해함

그 한 토막은 이렇다. 곧 "모든 언어와 글자는, 신앙 법칙 그것이 아니고 법칙에 대하여 표하는 도구요, 상징이요, 고시(告示)다. 그것들은 우리에게 하나님의 진리를 알게 하는 방편이다. 성경 본문의 재료와 교리는 내가 알 수 있는 언어로만 내게 알려진다. 그러므로 나는 영역(英譯) 성경이 나의 법칙이요, 근거가 된다고 믿는다. 그것을 내가 의지할 때에 나는 인간적 권위를 의지한 것이 아니고 하나님의 권위를 의지한 것이다."라고 하였다. 부릭스 박사는 역시 위의 리에포드의 말을 오해하여 말하기를, "리에포드가 축자 영감의 교리를 믿지 않았다"고 하였다.

그러나 워필드 박사는 리에포드의 성경관을 바로 내세워 말하기를. "여기서 리에포드는 영감 교리를 취급하지 않고 번역 성경의 가치를 논한 것이다. 그는 역문 성경의 진리가 원문 성경의 그것과 동일하다고 본 것이다. 그리고 리에포드가 원문 성경과 역문 성경과의 차이점으로 생각한 것은 다음과 같다. 곧 원문 성경은 그 언어 사용도 완전하여 그릇됨이 없고, 역문 성경은 진리를 원문 성경의 그것과 일치하게 나타내는 한 부족함이 없다는 것이다. 이것은 성경의 축자 영감 도리를 반대하는 의미의 말이 아니다."라고 하였다.

(3) 부릭스는 리차드 백스터에게 대하여도 오해하였음

백스터는 다음과 같이 말하였다. "성경은 비유컨대 사람의 구조(構造)와 같으니 어떤 부분은 다른 부분들을 보호하기 위하여 있다. 성경의 뜻은 영

혼과 같고 그 문자들은 몸과 같다"고 하였다.

부릭스 박사는 "백스터가 성경의 축자 영감을 믿지 않았다"고 하였다. 그러나 워필드 박사는 "위의 백스터의 말이 성경의 축자 영감을 반대하는 것이 아니고 성경의 어떤 부분들을 다른 부분보다 비교적 더 가치 있다는 의미를 가지는 것뿐이다"라고 하였다(意譯).

그리고 워필드 박사는 백스터가 축자 영감의 교리를 믿었던 증거 문구들을 우리에게 알려 주었다. 이 증거 문구는 다음과 같다. 곧 백스터는 말하기를, "비평가들은 말하기를 성령으로 말미암아 인친 바 된 것은 오직 교리뿐이니 그것만 무오(無誤)한 것이라고 한다. 또 그들(비평가)은 말하기를, 성경의 문구들은 환경(環境)에 따라 변동이 있고 어구들과 방법은 완전하지 못하여 그릇될 수 있으니 그 점에 있어서는 다른 현자(賢者)들의 글과 같다고 한다. 그러나 이와 같이 말하는 자들은 성경에 대하여 크게 잘못된 말을 한다"고 하였다.

백스터는 또 말하기를, "사도들은 그리스도의 교훈을 기록함에 있어서 성령의 인도함을 받아 그릇됨이 없었다."고 하였다.

VI. 성경의 난제에 대한 해석

개혁파의 성경관은, 성경에 있는 모든 난제점(難題點)들을 성경 자체에 의지하여 해석할 때에 해결될 수 있음을 믿으며, 또한 혹시 인간이 해결하지 못하여도 하나님 안에서 해결 방법이 있는 줄 믿는다. 예를 들면,

(1) **창 46:26-27**을 보면, 야곱과 함께 애굽으로 내려간 자의 수효가 70명이라고 하였고, 신 10:22, 출 1:5에도 꼭 같이 말하였는데 행 7:14에는 75명이라고 하였다. 이 두 가지 기록에 모순이 있는 것 같다. 그러나 이것은 다음과 같이 해석할 수 있다.

① 할레이(John W. Haley)의 해석에 의하면, 행 7:14에 나온 인수(人數) 75명은, 야곱에게서 난 자들의 인수 66인(창 46:26)에 그의 자부들의 수효 명을 가한 것이라고 한다. 야곱의 자부들 중 유다의 아내와 시므온의 아내는 가나안에서 죽었으며 요셉의 아내는 가나안에 본래부터 없었다. 이 해석은 이연해 보이지 않다. 그 이유는, 성경 저자(著者)가 애굽으로 내려간 야곱의 가족들을 계산함에 있어서 야곱과 및 그 소생들만 염두에 두었고 그의 가정에 혼인하여 온 여자들은 계산하지 않았다. 할레이(John W. Haley)의 말과 같이 만일 야곱의 자부들이 가산되었다면 야곱의 아내와 그 소실들은 왜 가산되지 않았을까?

② 창 46:27의 인수 70명과 행 7:14의 인수 75명과의 차이는 큰 것이 아니다. 옛날에 유대인들 중에는 인수를 말할 때에 약수(略數)로 말하는 일이 있었다. 혹 행 7:14의 인수가 본래의 수효였는데 창 46:27은 그것을 약수로 70명이라고 했을 수 있다. 이 해석이 이연하다.

③ 행 7:14 말씀을 보면, "야곱과 온 친족 일흔 다섯 사람"이라고 하였으니, 우리는 여기 기록 "친족"이라는 말(συγγένειαν)을 주의할 만하다. 이것은 범위가 넓은 말이다. 생각건대 창 46:27에 기록된 야곱의 직계 가족(直系家族) 이외에 친족 관계가 있는 자들을 말한 듯하다. 성령님으로 말미암아 스데반에게 알려진 것은, 창 46:26-27에 기록된 인원수에는 들지 않은 야곱의 친족 5명이 애굽에 함께 내려간 듯도 하다.

④ 창 46:8에 말한 대로 야곱과 함께 애굽으로 내려온 자들(모두 다 그의 소생으로서 그의 처와 소실들과 자부들은 제외되었음)의 수효는 66명인데, 거기에 야곱 자신과 요셉과 요셉의 두 아들(므낫세와 에브라임)을 가산하면 70명이 된다. 그러면, 이제 행 7:14에서 75명이라고 한 것이 난제라고 한다.

그러나 이것은 쉽게 해결된다. 곧 행 7:14에서 스데반이 말한 대로, "요셉이 보내어 그 부친 야곱과 온 친족 일흔 다섯 사람을 청하였"다고 한다. 여기 친족이란 말(συγγένειαν)은 창 46:26에서처럼 야곱에게서 난 자만을 가리키지 않는다. 이 말은, 일반적으로 친족을 의미하는바 호주(戶主)의 직계 가족 이외의 친연이 있는 자들도 포함한다. 눅 1:36을 보면, 마리아의 친족에 대하여 관설한 바 있는데, 거기서도 역시 같은 말(συγγένειαν)로 사용되었다. 거기서 마리아의 친족은 세례 요한의 모친 엘리사벳을 가리킨다. 그러므로 스데반이 사용한 "친족"이란 말은 야곱의 아내들과 자부들을 포함하였을 수 있다.

(2) 다윗의 인구 조사한 기사(記事)가 두 곳에 있는데 그 하나는 **삼하 24:1-9**이요, 다른 하나는 대상 21:1-8이다. 그런데 이 두 가지 기록에 있어서 말하는 대로 사무엘서 장절은 이스라엘에서 군대 봉사할 수 있는 자가 80만이고 유다에서는 50만이라고 하였으나, 역대기 장절에는 이스라엘에서 110만, 유다에서 47만이라고 하였다. 이 두 가지 기록에 나타난 숫자의 차이점에 대하여 해석가들의 설명이 여러 가지 있다.

① 역대기 기사(記事)에 있어서 이스라엘의 수효가 많아진 이유는, 이스라엘에 있는 유대인뿐만 아니라 이스라엘 중에 섞여 사는 이방인까지 포함시켜서 말한 까닭이라고 한다.

② 역대기 기사에 있어서 이스라엘의 수효가 많아진 이유는, 본래 있었던 군대의 수효까지 겸하여 기록한 까닭이라고 한다.

성경 기자들이 기록 방법을 보면, 같은 사건에 대하여 두 사람이 기록하는 때에 어떤 방면에 있어서 서로 달라지는 점들이 있다 그렇게 된 것이 오히려 그 기자들의 진실성을 보여준다. 그들은 같은 사건에 대한 다른 기자의 기록 내용과 서로 일치하게 하려고 힘쓰지 않았다. 그 이유는, 그들은 성령의 감동에 의하여 각각 같은 사건에 대한 관점(觀點)을 달리하고 진실히 말하기 때문이다.

(3) 출 2:18에, 모세의 장인을 "르우엘"이라고 하였고, 3:1에는 "이드로"라고 하였다. 우리는 여기서 난제에 봉착하고 있다. 그러나 이 문제도 해결은 있다고 생각한다.

① 2:18에 있는 "아비"(אב)라는 말은, 히브리 원어에서 조부에게 대하여도 쓸 수 있는 말이니, "르우엘"은 모세의 처조부(妻祖父)였는지도 모른다.

② 3:1에 있는 "이드로"라고 하는 이름은 본 이름이 아니라 어떤 존호(尊號)이고, 본명은 "르우엘"이라고 하는 해석도 있다.

(4) **삼상 13:1**에, 히브리 원문대로는 사울이 왕 될 때의 나이를 "년"(בן שנה)이라고만 했을 뿐이고, "몇 년"이라고는 기록되지 않았다. 그러므로 여기에 대하여 여러 학설이 있다.

① 사울이 왕이 된 첫 해라고 생각할 수도 있고(레 23:12 참조).

② 서사자(書寫者)가 원문을 보고 베낄 때에 "눈" 자(נ)를 보지 못하고 빼놓고 베꼈거나 (נ은 50), 혹은 "멤" 자(מ)를 빼놓았다는 학설도 있다(מ은 40).

③ 구약의 고대역(古代譯)으로 권위(權威) 있는 70인역(LXX)에는 이 구절이 없다. 그러므로 이것은 후대인이 변주(邊注)한 것을 잘못 전승(傳承)한 것인지도 모른다고 한다. 그러므로 우리는 70인역(LXX)이 좀더 원본적이 아닌가 생각되나 단언(斷言)할 수 없다.

(5) **왕하 24:8**을 보면, 여호야긴이 위에 나아갈 때에 나이 "18세"라고 하였고, 같은 사건을 기록하는 대하 36:9에는 그가 위에 나아갈 때에 "8세"라고 하였다. 여기에 대한 조화는 다음과 같다.

① 70인역(LXX)의 알렉산드리아 사본은, 역대기 장절을 번역함에 있어서 18세라고 하였으니, 본래의 원본대로 맞춘 듯하다.

② 학자들은 역대기 장절을 이렇게도 설명한다. 곧 후대의 등사자가 8자(字)만 쓰고 10을 의미하는 히브리 숫자 요드(י)를 빼놓은 것 같다고 한다. 히브리어 요드(י) 자는 매우 작기 때문에 서사자(書寫者)가 빼놓고 베꼈을 수 있다. 이것이 가능한 설명이 되는 이유는, 그 아랫말 여호야긴이란 것이 요드(י)로 시작하였기 때문에 등사자가 숫자를 대신하는 요드(י) 자와 여호야긴의 첫 글자 요드(י) 자가 서로 연접하여 있는 관계로 그들을 하나로 보고 잘못 쓰기 쉬웠던 까닭이다.

③ 역대기 장절에 "여호야긴이 위에 나아갈 때에 8세"라고 한 것은, 그가 위에 나아갈 때의 나이는 18세이지만 유다가 바벨론에 포로되기 시작한 지 8년째 된다는 의미라고 해석한다.

고대 동양의 모든 나라(팔레스틴과 기타 지방들)에서는 숫자를 간단한 표호(號)로 적는 일도 있었으니,[17] 후대의 서사자가 서로 유사한 표호들을 혼동하기 쉬웠다. 그뿐 아니라 그 때에는 숫자를 문자로 표시하는 풍속도 있었는데, 이런 경우에도 서로 유사한 문자들이 서사자의 착각으로 인하여 혼동될 수 있었다.[18]

이 점에 있어서는, 심지어 고등 비평가들도 승인한다. 그리고 많은 학자들이 이와 같은 뜻으로 책을 저술하였다.[19]

위의 모든 저자들(각주 19에 열거된 학자들) 중에는 비범한 학자들도 있고 비평가들도 있다. 이들의 권위 있는 증거에 의하면, 옛적에 동양 나라들 중에는 숫자를 문자로 표시하였으며, 또 서사자(書寫者)들이 원서(原書)를 베끼다가 그 문자들을 착각하고 혼동하거나 빼놓는 일들이 있었다고 한다.

성경의 사본들을 베낀 자들도 그런 과오를 범하였던 것이다. 그러나 성령의 감동으로 저술된 성경 원저자들은 그런 과오를 범하지 않았다.

(6) **왕하 8:26**을 보면, 아하시야가 위에 나아갈 때에 나이 22세라고 하였는데, 같은 사건에 대하여 대하 22:2은 말하기를, "그 왕이 위에 나아갈 때에 나이 42세"라고 하였다. 이 문제에 대하여 우리는 다음과 같이 생각할 수 있다. 상고(上古) 시대에는 숫자를 문자로 표하는 일이 보통이었다. 22세를 히

17　Rawlinson, *On Historical Difficulties of Old New Testament*, p. 9.

18　Warington, *On Inspiration*, pp. 204, 205.

19　De Wette, *Introduction to the Old Testament*, p. 310; Gesenius, *Geschichte der Hob. Sprache und Schrift*, pp. 173-174; Kennecott, *On Printed Hebrew Text*, 2. 96; Samuel Davidson, *Introduction to the Old Testament*, p. 108; Winer, *Real Worterbuch*, Art "Zahlem"; Glassius, *Philogia Sacratom*. pp. 188-195(Dathe and Bauer's edition); Isaac Tayler, *Transmission of Ancient Books*, pp. 24, 25.

브리 글자로 "בב"로 표시할 수 있는데, 그것이 역대기에든지 열왕기에든지 각기 원본에 있어서는 일치되어 있었으나 등사자가 시각상(視覺上) 혼동에 의하여 22세를 표하는 "בב"를 42세를 표시하는 "במ"(멤베드)로 잘못 베낀 듯하다. 원본에 있어서는 이 두 장절이 서로 일치하였으나 등사자가 잘못 베낀 것으로 볼 수 있다. 특히 상고 시대의 히브리 문자 "ב"(베드)는 "מ"(멤)과 유사하였으니 만큼, 이 두 글자의 혼동은 더욱 용이하게 나타날 수 있다.

(7) **왕상 4:26**에는 솔로몬의 말의 외양간의 수효가 "4만"이라고 하였고 대하 9:25에는 "4천"이라고 하였으니 이것은 다음과 같이 설명된다.

① 위에 말한 말의 외양간이 4만이나 된다고 한 것은, 생각건대 유다 전국에 있는 말 외양간이 4만이나 된다고 한 것이고 4천이라고 한 역대기 장절은 예루살렘에만 있는 외양간을 가리킨 듯하다(대하 14: 참조).

② 말의 외양간 하나에 말 열 필 먹일 수 있는 간수를 가졌다면, 그러한 것이 도합 4천인 경우에 있어서 간수대로 계산하면 4만이 될 수 있다.

③ 우리가 성경에 있는 현상대로 보아 특별히 등사자들이 원본에서 베낄 때 숫자에 있어서 착각한 것이 현저하다. 그러므로 이 사건에 있어서도 위에 말한 두 가지 장절 중에 그것에 대하여 등사자가 원본을 잘못 보았거나 또는 잘못 들었거나 또 혹은 잘못 기억함으로 말미암아 잘못 베낀 듯도 하다.

(8) **눅 11:51**과 마 23:35을 보면, "바라갸"의 아들 "사가랴"라고 하는 말이 있는데, 예수님께서 대하 24장에 있는 사실을 마음에 두시고 이 말씀을 하셨다면, 거기 스가랴의 아버지가 "여호야다"인데 어찌하여 "바라갸"라고 하셨을까? 그것은 다음과 같이 해석할 수 있다.

① 옛날에 유대인들은 이름이 하나뿐이 아니었던 풍속이 있었다. 라이트푸트(Lightfoot)는 말하기를 모세의 이름은 열 개 이상이었다고 한다(유대인 학자들이 말한 대로 보아서). 그러므로 여호야다의 이름이 역시 "바라갸"였을 수도 있다.

② 예수님께서 이 말씀 가운데 생각하신 사건은, 아직 나타나지 않은 일을 예언하신 것이라고 한다. 곧 주후 70년경 예루살렘 멸망 년 전에 "바라"

의 아들 "사가랴"라는 사람이 의인으로서 유대인의 손에 순교하였다고 하는 사실이 역사에 전하여져 있다(요세푸스의 유대인 전쟁사화에서).

③ 이것은 바벨론에서 스룹바벨과 함께 돌아온 선지자 "스가랴"라고 생각할 수도 있다. 그 이유는, 스가랴는 "베레"의 아들인데(슥 1:1), 탈굼에 의지하면 그가 성전에서 유대인들의 손에 죽임이 되었다고 전한다.

(9) 마 27:9을 보면, 예레미야의 예언이 이루어졌다고 하였으나, 그 예언 내용이 예레미야서에는 없고 슥 11:12-13에 있다. 여기에 대한 해석은 다음과 같다.

① 스가랴는 예레미야의 후계자(後繼者)라고 할 수 있는데, 이 예언은 본래 예레미야에게서부터 나타난 것이 스가랴가 성문화(成文化)한 듯하다.

② 라이트푸트(Lightfoot)는 말하기를, "마태의 시대에 사용하던 구약의 서책 순서가 선지부(先知部)에 있어서는 예레미야서가 첫머리에 있었다.[20] 그러므로 그 때에 선지서에서 인용할 때에 그 어느 선지자의 말이든지 선지부의 첫머리에 나오는 예레미야의 이름 아래서 인용하였다"라고 하였다. 예수님도 그와 같이 인용하신 일이 있다. 그것은, 예수님께서 눅 24:44의 "모세"란 말로 율법을 대표하고, 선지자란 말로 모든 선지서들을 대표하고, 시편이란 말로 시편을 필두로 하고 나오는 모든 성문학(聖文學=Hagiographa)을 대표하여 말씀하셨다. 그뿐 아니라 그는, 시 82:6을 요 10:34에 인용하실 때에 "율법에 기록한바"라고 하셨으니, 그것은 구약 전서를 그 첫머리에 있는 율법부(律法部)로 대표하여 말씀하신 것이다. 이렇게 성경에 대표적 명칭으로 말하는 실례(實例)가 있었던 것이다.

③ 소서 사본(小書寫本) 33, 57에는 예레미야라는 말이 없다.

(10) 이스라엘 백성이 애굽에 거한 연대가 창 15:13에서 예언한 것과 행 7:6에는 400년으로 되어 있고, 출 12:40과 갈 3:17에는 430년으로 되어 있

---

20 Baba Bathra fol. 14, 9, 2.

다. 이것은 다음과 같이 해석할 수 있다.

라이트푸트(Lightfoot)에 의하면, 30년은 의수 계산(依數計算)의 연수(年數)요, 400년은 약수 계산(略數計算)의 연수라고 하였다. 성경에 약수로 말한 경우가 있으니 5천 명을 먹이심과 같은 사실이다. 마 14:21을 보면, 떡 먹은 수효가 "여자와 아이 외에 오천 명"이라고 한다. 그러나 같은 사건을 가리키는 마 16:9에는 떡 먹은 사람들이 "오천 명"이라고 기록되었다. 그것은 약수 계산법에 의한 것이다.

(11) **행 10:7**을 보면, 고넬료가 욥바에 있는 베드로에게 "세 사람"을 보냈다고 하였다. 행 11:11을 보면, 베드로가 예루살렘에서 경과 보고할 때에도 "세 사람"이라고 하였는데, 행 10:19에는 천사가 베드로에게 말하기를, "두 사람"이 너를 찾는다고 하였다. 이것은 다음과 같이 해석할 수 있다.

① 행 10:7을 보면, 하인 두 사람과 종졸 한 사람을 보냈으니 사명(使命)을 띠고 간 사자(使者)는 두 사람이요 호위병이 한 사람인 까닭에, 천사가 베드로에게 말한 수효는 정식 사명을 띠고 온 사자 두 사람을 가리킨 것이다.

② 행 10:19은 사본상 차이가 있으니, 사본(寫本) ℵ, A, C, E에는 세 사람으로 되어 있고, B, W, H에는 두 사람으로 되어 있으며, D, L, P에는 인원수를 말하지 않았다. 위의 사본 차이에 있어서 시내산 사본(ℵ)대로 세 사람을 취하면 모순이 해소된다. 그러나 시내산 사본(ℵ)보다 바티간 사본(B)이 더 권위가 있으니, 이 사본에 의하여 두 사람이라고 하면 해석 ①과 같이 잘 해답된다.

(12) **히 9:4**에 말하기를, 지성소에는 "금향로와 사면을 금으로 싼 언약궤가 있고 그 안에 만나를 담은 금항아리와 아론의 싹 난 지팡이와 언약의 비석들이 있고"라고 하였다. 여기 말한 대로 지성소 안에 금향로가 있다고 한 것은, 금향로가 고정적으로 지성소에 있다고 함보다 대제사장에게 사용되는 도구로서, 해마다 한 번 그곳에 들어가게 됨을 의미한다. 그리고 "만나를 담은 금항아리와 아론의 싹 난 지팡이"는 대하 5:10; 왕상 8:9을 기록하는

때에는 없었으나, 본래는 법궤 안에 그것들이 있었다는 말이다(출 16:33).

VII. 모든 성경은 하나님의 말씀이다(딤전 3:14-17)

하나님의 말씀은 오늘날의 성경 말씀을 의미한다. 사람들이 성경을 귀하다고 하면서도 말뿐이고, 진정으로 귀하게 사용하지는 않으며 도리어 업신여기는 일이 많으니 통탄스럽다.

(1) 옛날 책이므로 흥미없다고 생각함

이렇게 생각하는 것은 큰 잘못이다. 지금 있는 것이 모두 다 옛날 것인줄 모르는가? 우리가 볼 수 있는 산천(山川)은 옛 것이 아닌가? 또한 우리가 발붙이고 있는 땅도 옛 것이 아닌가? 현재의 모든 것은 옛 것을 가지고 되풀이 되는 것이며 새로운 것도 거기에서 파내는 것뿐이다. 전 1:9에 말하기를, "해 아래는 새 것이 없느니라"라고 하였다.

(2) 성경은 공중에서 기적(奇蹟)으로 나오는 말소리가 아니라 "기록된 것" 이므로 흥미 없다고 함

① 이런 생각은 그릇된 것이다. 만일 하나님의 말씀이 "공중에 소리"로 전파된다면, 거짓된 인생은 그것을 듣고서 과장할 것이다. 그렇게 된다면, 모든 거짓된 말이 세상에 가득해질 것이다. 그러므로 기록으로써만 말씀을 정확히 보수하게 된다.

② 만일 사람들이 그보다 들은 것을 기록하지 않고, 음성으로만 전하여 왔더라면 후대에까지 복음이 전달되지 않았을 뻔하였다. 그러나 기록으로 전해 왔으므로 이 말씀을 널리 멀리 또는 깊이 전파하게 된다.

③ 하나님의 말씀을 문서로 소유했기 때문에 사람이 그것을 기억할 수 있으며, 따라서 그것을 연구할 수도 있다.

④ 기록으로라야 많은 진리들을 한몫 줄 수 있다. 우리의 신앙은 많은 진

리로야 살 수 있다. 우리가 한 가지 진리만으로는 그 한 가지도 바로 유지하지 못한다. 신앙은 일대 체계(一大體系)의 진리에 입각하고 있다.

VIII. 빨트(K. Barth)의 성경관을 비판함

1. 기록된 형태로서의 하나님의 말씀에 대하여

빨트(Barth)는 다음과 같이 말한다. 곧 "성경은 하나님께서 그것을 가지시고 말하여 그것으로 하나님의 말씀이 되게 하실 때에 하나님의 말씀이다"라고 하였다.[21]

이것은 전통적으로 내려오는 개혁파 교회의 성경 교리를 내던지는 그릇된 말이다. 개혁파 교리는 성경의 독자적 신임성(獨自的信任性)을 믿는 것이다. 독자적 신임성이란 것은, 인간이 성경을 이해하든지 못하든지 하나님의 말씀의 권위를 고유(固有)하고 있다는 것이다. 칼빈주의 신학자 바빙크(Bavinck)는 말하기를 "성경은 스스로 권위를 그것 자체에 가지고 있으니, 그것이 독자적 신임성이다"라고 하였다.[22]

빨트는 또 말하기를, 어떤 의미로 성경은 권위를 가지는가? "그것은 그것 스스로에서 권위를 붙이지 않을 때에만 권위를 가진다. … 우리는 성경을 계시 그것과 한가지로 볼 때 성경에게 욤을 돌리며 그것이 원하지 않는 것을 해 준다고 하였다"라고 하였다.[23]

---

21 Karl Barth, *Kirchiliche Dogmatik*(이하 *K.D.*), p. 112: Bibel ist Gottes Wort sofern Gott sein Wort sein lasst, sofern Gott durch sie redet.

22 H. Bavinck, *Gereformeede Dogmatiek*, I, p. 552: De Schrift qrengthaar eigen gezag mede, Zij rust in zich zecue.

23 *K.D.*, p. 115: Warum und worin hat der biblische Zeuge Autoritat Eben darum und darin, dass er gar keine Autoritat für sich selbst in Ansprüch nimmt, man tut also der Bible eine schlechte und ihr selbst unwillkommene Ehre an, weun man sie mit diesem Anderen, mit der Offenbarung selbstdirekt identifiziert.

빨트의 이 말은, 성경과 하나님의 말씀(하나님의 계시)과를 별개시(別個視)하는 그릇된 견해이다. 성경은 성경을 가리켜 하나님의 말씀이라고 하였다(행 13:34). 칼빈은 성경대로 말하기를, "성경은 바로 하나님의 말씀이라"고 하였다.[24]

빨트는 하나님의 계시가 아니라는 의미로 다음과 같이 말한다. 곧 "계시는 성경이 멀리서 바라보며 가리키는 것인데, 그것은 그것을 증거하고 있는 성경의 말씀과 다르다. 그 둘이 서로 다르기가 마치 한 사건이 그 사건에 대한 가장 참된 기록과 다름과 같다"고 한다.[25]

2. 빨트는 하나님의 말씀의 본질에 대하여 다음과 같이 말한다

"우리는 하나님이 누구시며 그의 말씀이 무엇인지 회고적(回顧的)으로 예선적(預先的)으로나 고정하는 말을 할 수 없다"고 한다.[26] 이것은 빨트가 개혁주의 신학이 말하는 "하나님의 말씀의 명백성"이란 교리를 무시한 말이다. 바빙크(H. Bavnick)는 성경을 하나님의 말씀으로 보고 성경의 특성(特性)들 가운데 하나로 성경의 명백성(De duideligkheid der Schrift)을 가르쳤다.[27] 그는 다음과 같이 말하였다. "개혁교의 성경관에 있어서 또 한 가지 특성은 성경의 명백성이다. 그것이 로마교와 다른 점이다. 로마교는 성경을 일반인에게 감추어져 있는 것으로 여겼고 모를 것으로 여겼다."[28] 성경은 "성경의 명백성" 교리를 밝히 가르친다(신 30:11; 시 16:8-9, 119:105, 130; 잠 6:23). 이 명백성 교리는, 우리 장로교회의 기본 신경(基本信經)인 웨스트민스터 신도게요서의 제1조 7

---

24 John Calvin, Commentary on Pet. 1:20 해석 또는 *Inst.*, VI,1.

25 *K.D.*, p. 116: Die Offenbarung, auf die pie biblischen Zeugen von sich selbst wegsehend und wegzeigend hinsehen, unterscheidet sich von dem Wort der Zeugen schon rein formal so, wie sich eben ein Geschehen selbst auch von dem besten, getreusten Bericht daruber unter scheidt.

26 Ibid., p. 136.

27 Eene andere belangrijke eigenschap die de Hervorming tegenouer Rome aan pe Schrift toekende, was perspicuitas.

28 *K.D.*, vol. I, p. 445.

항 초(初)에 기록되어 있다. 빨트(Barth)는 또 말하기를 "하나님의 말씀은 하나님이 말씀하신다는 뜻이다. 그것은 인간의 계시와 아주 다른 것이니 계시에 대한 지칭(指稱)도 아니고 진술도 아니다."라고 하였다.[29] 이것은 그가 개혁교의 "성경 권위"(The Authority of Scripture)의 교리를 반대한 그릇된 말이다. 바빙크(Bavinck)는 성경의 특성(特性)들을 말하면서 "성경의 권위"라는 것(성경이 하나님의 말씀인 權威)을 그 하나로 꼽았다. 그는 다음과 같이 말하였다. "성경의 권위라는 교리는 교회에서 옛날부터 믿어온다. 예수님과 사도들은 구약을 하나님의 말씀으로 믿었고 또 그 신적 권위(神的權威)를 인정하였다. 기독교는, 성경의 권위 아래서 나서 자랐다. 어거스틴(Augustine)은 말하기를, '우리는 사도들의 기록을 그리스도의 친서(親書)와 같이 여겨받아야 한다'고 하였다."라고 하였다.[30]

빨트는 또 다시 말하기를, "하나님의 말씀은 진술(陳述)의 대상도 아니고 개념도 아니다. 그것은 어떤 내용도 아니고 이념(理念)도 아니며 그것은 진리도 아니고 그 가장 높은 진리도 아니다. … 그것은 객관적의 것이 아니다. 그것이 객관성이 있다면 이는 그것의 주관성 때문이다. 이 주관성은 곧 하나님의 주관성, 곧 하나님이 말씀하신다는 뜻이다"[31]라고 하였다. 이 학설은 우리가 받을 수 없다.

그러므로 그는 성경에는 그릇됨이 있고 또 있어도 무방하다는 의미로 말하였다.[32] 그가 이렇게 말한 것은 성경의 내용을 모르고 잘못한 말이다.

---

29 Ibid., p. 137.

30 Bavinck, *Gereformeede Dogmatiek*, p. 423: Het gezag der Schrift is ten allen tijde in de christelijke kerk erkend. Jezus en de apostelen geloofden aan het Oude Testament als het Woord Gods en scherven daaran toe een goddelijk eszag De Christelijke kerk is onder het gezag der Schrift geboren en opgegeroeid. Wat de apostelen ges chreven hebben, moet zoo worden aangenomen alsof Christus Zelf het geschreven had, Zeide Augustinus.

31 *K.D.*, 1/1, p. 141.

32 *K.D.*, 1/2, p. 590.

헬만 리델보스의 성경관

헬만 리델보스(H. Ridderbos) 박사는, 화란국 캄펜 신학교의 교수이다. 그는 국제 개혁 신생 협회 기관지(*International Reformed Bulletin*, 1968, No. 32-33)에 자기의 성경관을 하나의 시도(試圖) 형식으로 발표한 바 있다. 그의 논문에서 우리는 배울 것이 있다. 그런데 그것이 하나의 시도 형식의 발표이기 때문에 그렇게 되었는지 모르나, 그의 어떤 표현들은 건전하지 못하다. 우리는 여기 나타난 대로 몇 가지를 생각해 보고자 한다. 그러나 우리가 옳게 보는 3대 칼빈주의 학자들의 성경관을 먼저 진술한 뒤에 그의 성경관을 생각해 보려고 한다.

I. 3대 칼빈주의 학자들의 성경관

1. 워필드(B.B. Warfield)의 성경관

그는 딤후 3:15-16에 대하여 다음과 같이 해설한다. 곧, 그는 15절에 있는 "성경"이란 말(ἱερὰ γράμματα)이 여기 단 한 번 나온 사실을 지적하면서, 바울이 이 말로써 성경의 신적 기원(神的起源)을 강조한다고 하였다. 그와 동시에 그는 16절에 "하나님의 감동"이란 말(θεόπνευστος)을 자세히 해석하였다. 그의 결론은, 이 말이 "하나님의 기운 불으심이 된 것(God-breathed)"을 의미한다고 하였다. 그는 특별히 이 구절의 "모든 성경"이란 말(πᾶσα γραφή)에 대해서도 주의 깊이 해석하였으니, 곧 이것이 성경 전체를 의미한다든지 그 각 부부분을 의미한다든지 양자간(兩者間)에 차이는 없다는 것이다.[1]

그는 벧후 1:19-21의 말씀에 의하여 역시 성경의 신적 권위(神的權威)를 지적한다. 이 구절들은 말하기를, "또 우리에게 더 확실한 예언이 있어 어두운 데 비취는 등불과 같으니 날이 새어 샛별이 너희 마음에 떠오르기까지 너희가 이것을 주의하는 것이 가하니라 먼저 알 것은 경의 모든 예언은 사사로이 풀 것이 아니니 예언은 언제든지 사람의 뜻으로 낸 것이 아니요 오직 성령의 감동하심을 입은 사람들이 하나님께 받아 말한 것임이니라"고 하였다. 워필드는 이 점에 있어서 21절 하반에 있는 "성령의 감동하심을 입은"이란 말(φερόμενοι)은 운반됨을 의미한다고 한다. 곧, 물건이 운반자로 말미암아 운반되어 목적지로 가게됨 같이, 성령의 감동을 받은 자는 자기 마음대로 전연 말할 수 없고 하나님의 감동하심에 끌려 하나님의 목적을 달성하게 되었다는 것이다.[2]

2. 바빙크(H. Bavinck)의 성경관

그는 워필드와 같이 축자 영감을 인정하였다. 그는 그의 조직신학 제1권에 중요한 발언을 하였다. 곧 "성경은 우리를 과거의 인물들과 사건들에 연락시키는 지나간 책이 아니다. 성령은 옛날의 죽은 이야기가 아니다.

---

1 B.B. Warfield, *The Inspiration & Authority of the Bible*, 1948, pp. 133-135.
2 Ibid., p. 137.

그것은 언제나 살았고 지금이나 장래나 하나님의 백성에게 말해주는 영원히 젊어있는 말씀이다. 하나님께서는 성경을 통하여 날마다 그의 백성에게 찾아오시며 그 자녀에게 말씀하신다. 성경은 하늘과 땅, 그리스도와 그의 교회, 하나님과 그의 자녀들을 계속적으로 연락시키는 역할을 한다.

그것은 우리를 과거에만 연락시키지 않고 현재 하늘에 살아계시는 주님에게 연락시킨다"라고 하였다.[3] 바빙크는 또 말하기를, "로고스(λόγος)께서 육신이 되신 것 같이 하나님의 말씀이 성경이 되었다. 이 두 가지 사실(성육신과 영감)은 서로 병행될 뿐 아니고 깊이 서로 연결되어 있다. 다시 말하면, 그리스도는 육신이 되셔서 영광도 없이 인간 중에 가장 비천히 여김이 되는 종이 되셨다. 그는 땅의 가장 낮은 자리에 내려 오셨고, 십자가에서 죽으셨다. 그와 같이 하나님의 계시는 피조세계 곧, 인류와 민족들의 생명과 역사 속에 들어왔다"라고 하였다.[4] 우리는 바빙크의 이 같은 언사에 대하여 깊은 흥미를 가진다. 하나님의 말씀이 인간의 마음속에 들어온 사실이 그리스도의 화육(化肉) 사실에 병행된다는 것은 의미심장하다. 그가 하나님 말씀의 초월성을 모르는 바 아니지만, 그것이(하나님의 말씀) 하나님의 사랑을 보여주기 위하여 인류 역사의 미천한 자리에까지 들어왔다고 하는 것은 성경의 무오(無誤)를 결론하게 만든다.

그는 자신이 성경 무오설을 강력히 주장하는 동시에, 개혁 운동의 대표자들의 성경관이 역시 그렇다는 것을 밝혀 주었다. 이 점에 있어서 그는 루터(Luther)와 칼빈(Calvin)의 성경관 역시 문자적 무오설임을 밝히 드러냈다.[5]

---

3 H. Bavinck, *Gereformeerde Dogmatik*, I, 1967, pp. 356-357.
4 Ibid., p. 405.
5 Ibid., pp. 383-385.

3. 카이퍼(A. Kuyper)의 성경관

그는 "거룩한 신학의 원리"라는 책에서 다음과 같이 말하였다.[6] 곧 "하나님의 말씀이 성경에 있는 것이 아니고 성경이 바로 하나님의 말씀의 사진이다"(Dat niet in Schrift Gods Woord, Maar die Schrift Zelve de Photographie van Gods Woord is.)라고 했다.

II. 헬만 리델보스(H. Ridderbos)의 성경관

우리는 리델보스의 성경관을 취급하기 전에 먼저 그의 중요한 업적에 대하여 말하고 싶다. 보수주의에 대한 그의 공적(功績)은 세계적으로 크다. 이에 대하여 우리는 다음과 같이 간추려 말할 수 있다.

1. 보수주의에 대한 리델보스의 공적

리델보스 박사는 현대주의 사상을 반대하고 성경을 옹호하는 데 큰 공헌이 있다. 근대의 양식사학(Formgeschichte)의 학자 불트만(Bultmann)이 신앙을 하나의 심리적 결단(Entscheidung)으로만 보고 그리스도의 속죄 사역을 하나의 신화로 본 데 대하여, 리델보스는 철저히 비판하고 성경적 신앙과 속죄관을 밝히 드러냈다.[7]

그는 불트만의 말한 "복음"은 실존 철학의 인생관에서 나온 것이라고 못 박았다.[8] 그리고 예수님을 그리스도라고 한 복음서의 주장에 대해서도 리델보스는 칼빈주의 신학 처지를 옹호하고, 자유주의나 종교사학파의 불신

---

6 A. Kuyper, *Encyclopaedie Der Heilige Godgeleerdheid*, II, 1909, pp. 431-432.
7 H. Ridderbos, *Paulus En Jezus*, 1952, pp. 27-29.
8 Ibid., p. 28: "Zij Gaat uit van de anthoropologie van de Nieuwe existentie-filosofie."

앙적 태도를 신랄하게 비판하였다.[9]

그가 저술한 "왕국의 내림"(*De Komst van Het Koninkrijk*)에서 그는 성경적인 천국관을 명백히 지적하였다. 그는 이 책에 있어서 특별히 예수님의 초림과 그 복음 운동이 천국 현림의 역사임을 역설(力說)하면서 재림은 그 대종말(de grote toekomst)이라고 하였다.[10] 그의 이와 같은 견해는, 신약성경의 말씀과 같이 신약 운동의 종말관적 성격을 밝히 지적한 것이다. 다시 말하면, 그는 예수님의 역사가 마귀를 이긴 사실과 예수님의 기적과 복음 전파의 사실과 신자가 현재부터 구원을 얻는다는 사실과 예수님이 메시야이신 사실 등이 천국 현림(het koninkrijk gekomen)을 입증한다고 확언하였다.[11]

그만큼 그는 신약 복음 운동의 종말관성을 역설하여 기독자들로 하여금 현재적 신앙 생활에 종말관적 긴장을 느끼도록 촉구한다. 그것은 곧 신약성경 자체의 사상이다(히 1:1-2).

그는 사도론에 있어서도 역시 명백히 성경적인 해석을 우리에게 제공한다. 그것은 간추려 말하면 다음과 같다.

(1) **사도들은 종말관적 인물**(een eschatologische figuur)이라고 함. 그는 "사도들이 우연히 예수님과 같은 시대에 나타나게 된 것이 아니고 그리스도께서 자기의 권위와 능력을 주시어 보내신 자들이다"라고 하였으며,[12]

(2) **"사도가 열둘이라는 수효도 우연한 것이 아니고 하나님의 백성의 예정적 성격**(paedestinatiaans Karakter)**을 보여준다"**고 함.[13] 계 7:4에 144,000의 수효는 12를 기본수로 하고 성립되어 있다는 것이다.

(3) 사도들은 그리스도 사건을 친히 듣고 본 자들로서 교회의 터전이 되

---

9 Ibid., pp. 7-18.
10 Ibid., p. 394.
11 Ibid., pp. 69—88.
12 H. Ridderbos, *De Apostolische Kerk*, 1954, p. 46.
13 Ibid., p. 51.

는 증거를 하였다고 함.[14] 그는 말하기를, "그들이 그리스도 사건을 친히 보고 들었다는 것이 구원 사상에 그 직분의 유일회성(唯一回性)을 성립시켰다"라고 하였다.[15]

(4) 사도의 증거가 곧바로 성령의 증거로 더불어 일체라고 함.[16] 그는 이런 의미로 다음과 같이 말하였다. 곧 "성령의 증거는 사도의 증거와 다르지 않다. 그것은 그들의 증거로 표현되고, 또 그들의 증거와 연결되어 있다"라고 하였다.[17]

2. 리델보스의 성경관 내용

우리는 먼저 그의 특별히 바로 깨달은 점을 알아야 된다. 그것은 다음과 같다.

(1) **그는 말하기를, "그리스도 신앙의 빛에 의해서만 성경의 지혜와 지식의 보고(寶庫)가 열린다**"라고 하였다.[18] 리델보스 박사의 이같은 견해는 성경에 의한 기독교의 역사적 체험을 그대로 말해준다. 그는 이만큼 초자연주의에 입각하여 성경을 초자연적 계시로 취급한 것이 분명하다.

(2) **그는 말하기를, "성경은 그 내용이 되는 그리스도에 의하여 그 권위를 우리에게 보여준다.** 그렇다고 하여 나의 이 말은 성경이 하나님에게서 왔고 그로 말미암아 영감된 사실에서 권위를 가진다는 주장을 변동시키는 것은 아니다"라고 하였다.[19] 다시 말하면, 성경은 무엇보다도 그 메시지(그리스도에 대한 kerygma) 때문에 권위로 임한다는 것이다. 기독교인들 중에는 성경

---

14 Ibid., p. 54.
15 Ibid., p. 54: "Hier ligt hun eigenlijke en einmalige betekenis in de heilsgeschiedenis…"
16 Ibid., pp. 57-60.
17 Ibid., p. 58: "Dit getuigenis van de Geest is echter niet iets anders dan het getuigenis der apostelen, maar vindt daarin juist zijn uitdrukking en verbindt zich daarkmee."
18 *International Reformed Bulletin*, 1968, No. 32-33, p. 30.
19 Ibid., pp. 30-31.

이 그리스도 중심한 사실을 몰라보고 그것을 이 부분 저 부분에서 단편적으로 사용하는 폐단이 많다.

그들이 성경을 그렇게 사용하는 동안 물론 그 방면에서 유익을 거두고 기쁨도 얻는다. 그러나 그들은 성경의 중심점을 등한히 여기는 손해를 보고 있다.

(3) 신약의 정경에 대한 그의 견해도 어디까지나 칼빈주의로서 27권을 그대로 정경으로 승복한다. 그는 말하기를, "사도적 기록들이 정경으로 받아진 것은 참된 사도적 증거의 단회적 성경이 인정된 표시이다"라고 하였다.[20]

그러나 리델보스의 성경관에 있어서 우리가 찬성할 수 없는 점들이 있다. 그것을 간추리면 다음과 같다.

① 리델보스는 말하기를, "성경의 무오성(無誤性)은 성경의 목적에 치중하여 생각되어야 하고, 축자적으로 정오(正誤)를 살핌으로 성립되는 것이 아니다. 그러나 나의 이 말은 성경의 무오성에 대하여 문자적 역사적 요소의 한 가지 역할(a role)이 없다는 것이 아니다"라고 하였다.[21] 우리는 리델보스의 이와 같은 해설보다 그의 좀 더 명확한 말을 듣고 싶다. 곧, 성경의 무오성에 있어서 그가 문자적, 역사적 요소의 한 가지 역할(a role in this trustworthiness dna infallibility)이라고 한 말은 막연한 표현이다. 이것이 우리의 믿는 축자 영감(verbal inspiration)을 의미하기에는 약한 표현이다.

② 리델보스는 또 말하기를, "하나님의 말씀은 영원하고 또 완전하다. 그러나 성경은 영원하지 못하고 완전하지도 못하다"라고 하였다.[22] 리델보스의 이 말 가운데 "성경이 완전하지 못하다"는 말은 어떤 관점에서 표현된 말인가? 성경의 기록된 성격(책의 형태)이 내세에는 없어진다는 관점에서 그

---

20 Ridderbos, *De Apostolische Kerk*, p. 60: "De erkennig van de apostolische geschriten als Kanon door de later kerk is dan … als een dekenning van het ware, einmalige karakter van het apostolisch getuigenis."

21 *International Reformed Bulletin*, p. 32.

22 Ibid., p. 33.

의 이 말이 표현된 것이라면 우리는 이해할 수 있다.

그러나 성경이 인간을 위한 계시로서 완전하지 못하다면 그의 이 말은 우리의 믿는 웨스트민스터 신앙고백서의 제1장 제6항과 다르다. 웨스트민스터 신앙고백서 제1장 제6항은 말하기를, "이 성경에는 어느 때를 막론하고 성령의 새 계시에 의해서 아무것도 추가될 수 없다"고 한다. 이것은 성경을 가리켜 신앙과 행위에 대한 독일무이한 법칙이라는 뜻이다.[23]

웨스트민스터 신앙고백서의 작성 위원들은 성경의 속성들 중 "성경의 완전성"을 강조하였다. 바빙크도 이와 같은 교리를 가리켜 성경의 충족성, 완전성(perfectio of sufficientia)이라 하고, 다음과 같이 말하였다. 곧, "성경의 완전성은 신약 계시의 최후적 완전성에서 결정된 것이다. 그리스도께서 육신이 되셔서 그의 일을 완성하셨으며, 그는 하나님의 최후 최고의 계시이다"라고 하였다.[24]

바빙크는 다시 말하기를, "성경의 권위는 절대적이고 신적(神的)이다"라고 하였다.[25]

③ 리델보스는 또 말하기를, "우리는 성경을 영감된 문서라고 하여 거기 있는 내용은 무엇이든지 신적 계시(神的啓示)이고, 모두 다 동일한 권위에 속한다고 생각하면 안 된다"라고 하였다.[26] 그러나 리델보스의 이 말은, 성경의 어떤 부분이든지 하나님의 말씀이라는 아브라함 카이퍼(A. Kuyper)의 주장과 다르다.[27]

④ 동일한 사건에 대한 두 복음 기자들의 기록이 서로 달라진 점에 대하

---

23 Warfield, *Westminster Assembly and its Work*, 1931, p. 225.
24 Bavinck, *Gereormeerde Dogmatiek*, vol. I, 1967, p. 461: "De sufficientia der Heilige Schrift vloeit verder ook voort uit den aard der Nieutestamentische bedeeling. Christus is vleesch geworden en geeft al get werk volbracht. Hij is de laatste in hoogste opentaring Gods."
25 Ibid., p. 434: "Haar gezag is absoluut, wijl het goddelijk is."
26 Ridderbos, *De Apostolische Kerk*, p. 34.
27 A. Kuyper, *Encyclopaedie Der Heilige Godgeleerdheid*, II, 1909, p. 432.

여, 리델보스는 우리가 받을 수 없는 말을 하였으니, 곧 "한 저자의 기록한 것에 대하여 다른 저자가 변동을 가져왔으니, 그것은 어떤 때에는 먼저 쓴 저자의 문구를 교정하기 위한 것이다"라고 하였다.[28]

그의 이와 같은 말은, 한 저자의 기록을 다른 저자가 잘못 되었다고 생각하여 교정하였다는 뜻인가? 그의 말이 이런 주장이라면 옳지 않다. 혹은 한 저자의 기록을 다른 저자가 자세하지 못하다고 생각하여 고쳤다는 말인가? 그러나 이런 경우에도 "고쳤다"는 말은 건전한 표현이 아니다. 성경 저자가 어떤 일은(숫자와 같은 것) 자세하게 말하지 않는 것이 성령의 뜻이었다. 그 관점에서는 그 자세하지 않은 것이 정확성이다. 그렇다면, 그 후의 다른 저자(성경 저자)가 그것을 고칠 필요가 없다.

위의 나의 논문은 성경에 대한 리델보스 박사의 시도 형식(試圖形式)의 논설을 평가한 것이다. 리델보스 박사가 자기의 글을 하나의 "시도"(Attempt)라고 하였으니 만큼[29], 그는 자기의 견해를 교리화하려는 독단을 취하지 않은 것이다.

이 문제에 있어서 나타난 그의 막연한 표현들과 불건전한 표현들은 장차 교정될 줄로 믿는다.

28　Ridderbos, *De Apostolische Kerk*, p. 36.
29　Ibid., p. 27.

계약 사상

I. 계약이란 무엇인가?

삼위일체(三位一體) 안에서 영원 전에 서로 계약한 대로 인류를 구속하실 계획이 있었으니, 그것이 곧, 영원한 계약(pactum salutis)이요, 이 영원한 계약에 뒤이어 역사상에 나타난 것은 행위 계약(行爲契約)과 은혜 계약(恩惠契約)이다. 인간이 행위 계약(하나님께서 아담을 인류의 대표자로 상대하시고 세운 것인데 하나님의 명령을 그가 순종하면 영생을 얻도록 한 것)을 지키지 못한 고로 하나님께서 그것을 그리스도로 말미암아 성취시키시기로 인류에게 언약한 것이 은혜 계약(foedus gratiae)이다.

구약과 신약의 모든 계시 운동은 이 은혜 계약을 보여 주며, 또한 그것과 관계된 하나님의 행동을 취급한다. 구약은 이 계약의 약속 방면이요, 신약은 그 성취 방면이다. 그렇다고 하여 신약에는 약속 방면을 전연 없애 버린 것은 아니다. 그것은 성취이면서도 그 성취된 현실을 근거점으로 하여 종말

관적(終末觀的)인 내세의 구원 소망을 가지게 한다.¹

그런데 구약은 아담에게 주신 조종적(祖宗的)인 은혜 계약(창 3:15)을 위시하여 아브라함에게 주신 계약(창 12:15, 22), 모세에게 주신 계약, 다윗에게 주신 계약(출 6:7; 신 29:13; 출 19:5, 6, 24:8, 2:24, 3:16, 17, 6:4-28; 삼하 7:11-17; 시 89:3-4; 사 42:1, 49:8, 55:3, 4). 이 모두 다 은혜의 성격을 띠는 것이다. 그리고 특별히 신약에 이르러서는 그리스도의 피로 말미암아 속죄하심으로 이루어진 것이 구약 시대의 구계약 성취인 동시에 신계약(新契約)이다. 신구약성경에 이런 계약 관계의 말씀이 나타나지 않는 부분에도 이 계약 관계에 직접적 또는 간접적 사상이 많이 나타나 있다. 이런 것을 총칭하여 계약이라고 할 수 있는 것이다. 계약이란 말은 헬라 원어로 '디아데케'니, 히브리어의 번역이다. 다이스만(Deismann)은 이것이 유언을 의미한다고 하였느냐,² 신구약이 가르친 대로는 그런 의미를 가지지 않는다. 이것이 성경에서는 하나님께서 자기 백성에게 은혜를 주시기 위하여 취하신 그의 계약 관계이며 행동이다. 이런 의미로 신약에 이 말이 사용되었는데, 구약에 비하면 비교적 드물게 나타나서 33차 나온다. 그 중 한 번만 유언이라는 의미를 가진다고 헤르만 바빙크(Herman Bavinck)는 말하였다.³

II. 은혜 계약의 성취 관계로 나오는 여러 가지 사상들

나는 그것들을 가리켜 여기서 계약 사상이라고 한다. 그 주요한 것들만을 여기서 열거(列擧)하여 독자로 하여금 깨닫게 하려 한다.

---

1 G. C. Berkouwer, *The Person of Christ*, p. 133.
2 G. A. Deismann, *Das Licht vom Osten* (Tübingen, 1908), p. 243.
3 Herman Bavinck, *Gereformeerde Dogmatiek*, vol. III, p. 185.

(1) 은혜 계약에 있어서의 하나님의 단독사역 주의(單獨事役主義)

이것은 그 계약대로 인간의 구원을 이루심에 있어서 하나님께서 그 사역을 솔선하시며 또 전담하시는 것을 의미한다.

(2) 구약의 성취(成就)에 대한 사상(思想)

구약은 계약에 근거(根據)한바 없는 어떤 단편적 예언집(斷片的豫言集)이 아니다. 구약 예언들은 계약에 속한 것들이며 그밖의 구약 말씀들은 이 계약신(契約神)의 성질과 행동 원리(行動原理)를 보여 주는 것이다.

신약이 구약의 성취라는 것은, 구약 시대의 축복보다 훨씬 심각하고 광범하고 부요한 것으로 나타남을 의미한다. 바빙크는 말하기를, "하나님은 그의 은혜를 계속적으로 항상 더 풍성하게 더 충만하게 나타내신다. 구약 시대에는 종의 생활 같던 것이 이제는 자유요, 비유였던 것이 이제는 실물이요, 그림자였던 것이 이제는 빛이요, 한 백성에게만 은혜가 되었던 것이 이제는 모든 백성에게 그러하고 두려움의 관계가 이제는 사랑의 관계요, 약속되었던 메시야가 이제는 오시었다"라고 하였다.[4]

(3) 구약 계시는 결국 계시의 성질에 있어서 신약과 동일하다는 것

바빙크(Herman Bavinck)는 신약과 구약을 사상상 서로 일치하지 않는다고 잘못 보는 그릇된 사상 체계들을 역사적으로 지적하였다. 그의 말을 요약적으로 인용하자면 이렇다. 곧 재세례파(Anabaptism)는 구약에 복음적 내용이 없다 하였고, 소시니안주의(Socinianism)는 구약을 하나의 계약으로 보면서도 그것은 단지 이 세상 축복을 약속한 정도뿐이라고 하였으며, 루터도 그 초년에는 구약과 신약이 서로 다르기가 율법과 복음과의 차이와 같다고 종종 말하였다. 그러나 후년에 이르러 그 의견을 고치고 구약도 풍부한 복음적 약

---

4 Ibid., p. 187.

속을 가졌다고 주장하였으나 개혁 신학에 이르러 신약과 구약은 결국 동일한 사상을 가진다는 계약 신학이 발달되었다. 계약 신학(契約神學)이 코케이우스(Coccejus)에게서 발원된 것이 아니고, 실상은 그 원리가 츠빙글리(Zwingli)에게서 시작되어 불링거(Bullinger)와 칼빈(Calvin)에게 이르렀으며, 독일과 영국과 화란의 모든 개혁주의 신학자들로 말미암아 연구되었다.[5] 계약 사상은 구약과 신약의 사상이 본질적으로 동일하다고 보는 것이다.

신약은 구약의 계속이니만큼, 그 신관(神觀)과 기타 사상이 본질적으로는 구약과 같을 것이다. 신약은 구약의 성취로서 존재하니 구약과 질적(質的)으로 다를 이유가 없다. 신약이 은혜의 계약에 속한 것만큼 구약도 그러하다. 게할더스 보스 박사(Dr. Geerhardus Vos)는 구약에 신정국(神政國)의 율법이 보상주의(報償主義)를 위한 것이 아니며 은혜 계약을 거스리지 않는다는 의미로 다음과 같이 말하였다. 유태주의자(猶太主義者)들은 그것을 순 보상주의의 율법으로 보았다. 그러나 구약의 본 정신이 그렇지 않다. 이스라엘에 대한 율법의 관계가 은총적(恩寵的)인 것임을 네 가지로 지적할 수 있다. ① 이스라엘의 출애굽 사건(救贖된 事件)은 율법을 받기 전에 된 일이니 율법 지킴이 그 원인이 될 수 없으며, ② 가나안 복지를 얻은 이유도 역시 그들이 그 앞에 율법을 지킨 까닭이 아니며, ③ 이스라엘이 범죄한 후에 처벌을 당하였으나 영원히 버림을 당한 것이 아니고 회개하면 그 징벌을 해제(解除)하셨으며 (회개하기만 하면 용서하는 법은 은혜로써 되는 것이다. 죄 값은 사망이니 은혜의 법이 아니고는 범죄자가 회개하여도 죽을 수밖에 없다), ④ 율법의 의식적 부분(儀式的部分)에는 은혜로 되는 신인관계(神人關係)가 많이 들어 있다.[6] 리델보스 박사(Dr. J. Ridderbos)도 구약과 신약이 본질에 있어서 같다는 의미에서 여러 가지로 말하였다. 곧, "구약도 피로써 확실히 성립되지만 그리스도는 완전한 제물로 나타나셨다"고 하

---

5 Ibid., pp. 188-190.

6 Geerhardus Vos, *Biblical Theology* (Eerdmans, 1948), pp. 142-145.

였다.[7]

그는 다시 말하기를 "구약 시대에 진리가 벌써 있었고, 아주 감추었던 것은 아니다. 그것은 여러 가지 그림자와 표호와 상징과 모형으로 계시되어 왔다. 그것은 이제 충만한 빛으로 나타났는데 곧, 그리스도께서 그 계약의 중보자시요 머리시요 전 내용(全內容)이신 사실로 나타나심이다"고 하였다.[8]

얼핏 보면 구약에는 그 약속된 축복이 물질적인 것이고, 영적인 것은 아닌 듯이 보인다. 그러나 구약에 있어서 영적 축복은 그 자연적 요소들로 말미암아 옷 입혀 표현된 것뿐이다. 일례를 들면, 사죄(赦罪)는 동물의 피를 바치는 제물과 관련되어 있는 것과 같은 것이다.

(4) 구속받은 사실을 전제로 하여 율법을 주는 원리

이 점에 있어서도 역시 바빙크는 바로 지적하였으니, 곧 아브라함이 칭의(稱義)를 받은 후(창 15장)에 주 앞에서 올바르게 행해야 될 지시를 받은 것처럼 이스라엘 백성도 애굽에서 떠나게 되는 은혜를 받은 후에, 그들이 거룩하게 살도록 하기 위하여 시내산에서 율법을 받은 것이다. 그러므로 출 20:2에 말하기를 "나는 너를 애굽 땅에서 종 되었던 집에서 인도하여 낸 너의 하나님 여호와로라"고 하면서 율법을 주셨다. 하나님의 구원 운동은 차조지종(自初至終) 계약(혹은 약속)과 은혜의 원리에서 움직인다. 구약도 그러하고 신약도 그러하다. 그러나 성경을 알지 못하는 현대주의 신학은 이 사실을 무시하고 신약 종교가 단지 구약 종교에서 진화된 것뿐이라고 한다. 그리하여 그들은 고래(古來)로 은혜 계약의 단일성(單一性)을 깨닫지 못한다.[9] 그뿐 아니라 시대주의자들(Dispensationalists) 중에서는 흔히 신구 양약(新舊兩約)을 통한 은혜 계약 원리의 단일성을 깨닫지 못한다. 그들은 생각하기를, 구약

---

7 J. Ridderbos, *De Apostolische Kerk* (Kampen, 1954), p. 30.
8 Ibid.
9 C. K. Cummings, *The Covenant of Grace*, p. 5.

시대 사람들은 율법으로 구원 얻고, 신약 시대 사람들은 은혜로 구원 받는다고 한다.[10] 그러나 이런 학설은 모두 다 성경을 체계적으로 이해하지 못한 것이다.

(5) 은혜 계약은 영원한 계약(pactum salutis)에 근거한 것임

구약을 보면, 하나님 아들이 중보자로서 알려져 있으며 하나님을 아버지라고 불렀다(시 22:3). 또한 그는 하나님의 종이라고도 하였다(사 53:4-10). 그는 영원 전부터 중보자로 삼위일체 내에서 의정(議定)되신 것이 사실이다(사 42:1, 43:10; 마 12:18; 눅 24:26; 행 2:23, 4:28; 벧전 1:20; 계 13:8). 특별히 벧전 1:20을 보면, "그는 창세 전부터 미리 알리신 바 된 자나 이 말세에 너희를 위하여 나타내신 바 되었으니"라고 하였는데 이로써 영원한 구속 계약이 있는 사실을 알 수 있다. 헤르만 바빙크(H. Bavinck)는 말하기를, "하나님께서 계약을 맺으심에 있어서 아담이나 노아나 아브라함이나 이스라엘로 더불어 먼저 하시고 나중에 그리스도로 더불어 하신 것이다. 은혜의 계약은 벌써 영원 전에 삼위일체의 의론(議論)으로 약정(約定)하신 것이며 그것이 인류 타락 후에 실현되어 온 것이다"라고 하였다.[11]

그는 또 말하기를, "시간 세계에 계시된(아브라함과 기타 이스라엘 족장들에게) 은혜 계약은 허공에 떠 있는 것이 아니고 영원하고 변동없는 근거 위에 확립되어 있다. 그것은 삼위일체 되신 하나님의 계약과 의정(議定) 속에 견고히 서 있는 것이다. 그러므로 그것은 그 뒤의 실행에 있어서 실족함이 없는 것이다"라고 하였다.[12]

(6) 바빙크(H. Bavinck)는 은혜 계약과 행위 계약의 **차이점**을 지적함

---

10 Lewis S. Chafer, *Bibliotheca Sacra*, vol. 93 (1936), pp. 410, 421, 443.
11 Bavinck, *Gereformeerde Dogmatiek*, III, p. 195.
12 Ibid.

바빙크는, 은혜 계약에 있어서는 하나님께서 아담 안에 있는 인류에게 절대 복종을 요구하는 것이 아니고, 그리스도 안에 있는 인류에게 그리하신 것이라고 하였다. 다시 말하면, 은혜 계약이 행위 계약과 다른 점은 그것이 아담을 그리스도로 바꾸어 가지는 점이다.[13] 그러므로 은혜 계약은 그리스도를 머리로 하고 완전한 순종의 문제를 해결하여 그 백성이 영생을 얻도록 하는 제도이다. 그러니 만큼 이 제도에 있어서도 그 백성에게 율법 순종을 요구하는 명령은 계속한다. 다만 그 성취를 요구하는 비결은 그리스도를 그 백성의 대신자로 가진 원리에서 해결한다.

III. 종교와 계약(약속) 사상

바빙크(H. Bavinck)는 말하기를 "진정한 종교는 계약(혹은 약속) 이외의 다른 것이 아니다. 진정한 종교는 하나님께서 자기를 낮추시고 인간에게 찾아오시는 은덕에 근원을 가진다. 진정한 종교의 이 성격은 인조(人祖)의 타락 전후를 물론하고 있어 온 것이다"라고 하였다.[14]

인간은 피조물일뿐더러 타락한 죄인인 것만큼 하나님에게 대하여 말을 부칠 자격과 권리를 가지지 못하였다. 그러나 하나님께서 그 자비의 덕에 의하여 인간을 찾아오셔서 말씀하실 때에 비로소 진정한 신인 교통(神人交通)이 열리며 계약 관계가 성립되는 것이다. 이것이 성경이 말하는 그대로의 신인 관계(神人關係)이다. 바빙크(H. Bavinck)는 다시 다음과 같이 말하였다. "이성적(理性的) 또는 도덕적 실존들 가운데 모든 고급적 생활은 계약의 형태로 되어 나아간다. … 사랑과 우애(友愛)와 혼인과 기타 모든 사회 공동 관계

---

13 Ibid., p. 208.
14 Ibid., p. 531.

와 산업과 과학과 예술은 결국 계약의 근거 위에 성립하는 것이다. 다시 말하면, 그것들은 서로 신뢰함과 여러 가지 도덕적인 또는 일반적으로 알려진 의무 관념에서 성립되는 것이다. 그러므로 인간의 가장 고상하고 가장 부요한 생활 곧, 종교라는 것이 계약 성격을 가진다고 할 때에 놀랄 일이 아니라"라고 하였다.[15]

기독교 이외의 다른 종교들은 엄정하게 따지자면, 모두 다 자연신론(自然神論, Deism)이 아니면 범신론(汎神論, Pantheism)에 근거한 것이다, 그러니 만큼 그것들은 종교로서 상대할 계약적 대상을 가지지 못하였다. 자연신론은 인간계에 말씀하지 않는 신을 생각하는 것만큼, 실상 진정한 종교적 대상을 가진다고 할 수 없다. 예를 들면, 유교는 그 신관에 있어서 어떤 때는 자연신론에 가깝고, 어떤 때는 범신론에 가깝게 말하고 있다. 유교는 인간으로 더불어 말씀하시는 하나님을 알지 못하는 것이다.

그리고 불교는 일종의 범신론이다. 그것은 그 종교가 언제나 주장하는 불성(佛性)이 인간의 마음의 일부라는 것으로도 알 수 있다. 불교의 참선 공부(參禪工夫)는 결국 자기 마음에 있는 불성을 깨치려는 자율주의(自律主義)의 노력에 불과하다. 엄격한 의미에서 말하면 불교는, 독어적(獨語的) 수양 방법에 불과하고 인격적 실존인 타방(他方)과 맺은 계약에서 성립되는 종교가 아니다. 불교가 자율주의라는 것은 그 경전으로 보든지 불교인들의 증거로 보든지 의심할 수 없는 사실이다. 미국인 육군대령 올골드씨가 불교를 믿게 된 동기는 이렇다. 곧, 자기가 열두 살 때에 자기 어머니와 함께 교회에 가서 목사의 설교를 듣는 중에, "참 아버지는 하늘에 있느니라"는 말을 들었다. 그는 그 말을 이해하지 못하여 자기 어머니에게 묻기를 우리의 참 아버지는 하늘에 있습니까? 하니 그 어머니는 참 아버지를 만나본 적이 있느냐고 물어보았다. 그 때에 그 어머니는 목사의 말한 대로 믿을 뿐이라고 하였

---

15 Ibid., p. 530.

다. 그는 그 말이 납득되지 않아서 의심하였으며 필경 종교의 근원을 캐느라고 인도에 가서 있던 중 스만카라라고 하는 중을 만나 찾아 신(神)에 대하여는 의심을 가지고 묻기를 "부처는 어디 있습니까? 그리스도와 같이 하늘에 있습니까?"라고 할 때에 스만카라는 대답하기를 "부처는 하늘에도 있지 않고 땅에도 있지 않고 부처가 어디 있는가 물어보는 마음 자체가 부처라"고 하였다. 이 말을 들은 올골드는 안심하고 불교를 믿었다고 한다.[16] 이것을 보면 불교는 어디까지든지 자율주의로 흐르고 있는 것을 알 수 있다. 불교도들은 실상 자기 마음을 깨치려는 독자적인 노력을 하는 것 외에 다른 것이 없다. 위에 말한 올골드는 자기보다 높은 하늘에 계신 하나님은 못 믿어져서 결국 자기 마음을 종교의 대상으로 삼는 낙관주의(樂觀主義)로 흐르고 말았다.

그러나 하나님은 높으시다. 인간의 마음이 하나님이 아니다. 인간의 마음은 독자적(獨自的)으로 이 높으신 하나님을 알지도 못한다. 그러나 이 하나님을 믿을 수 있도록 해 주는 교량(橋梁)은 신인간(神人間)에 놓여 있다. 그것은 하나님이 인간을 찾아 오셔서 맺어 주신 계약에 의하여 오신 그리스도이다. 올골드는 이와 같은 복음을 알지 못하였으니 만큼, 자기 마음으로 종교의 권위를 삼는 거짓 낙관주의에 떨어지고 말았다. 기독교 이외의 다른 종교들은 계약 사상을 가지지 못한 것만큼, 거짓된 종교임을 면하지 못한다.

결론적으로 생각할 것은 하나님께서 그 구속 사업(救贖事業)을 계약적으로 이루어 가심에 대하여 가질 우리의 태도이다.

① 그가 계약하신 대로 독생자를 보내시어 구속 사업을 이루시는 것만큼 우리는 그 계약 성취에 대하여 믿음을 가지고 살게 된다는 것.

구속 사업에 관련되어 있는 계약 성취는 현재뿐 아니라 미래 또는 영원토록 우리와 관계되어 있는 축복을 내포하고 있다. 그것은 우리에게 요구되

---

16 高橋北堂, 『參禪入門』, pp. 74-77.

는 축복이다. 그러므로 우리는 그것에 대하여 믿음과 소망을 가지지 않을 수 없다.

 ② 우리는 하나님의 구원 계약 성취의 사건을 하나님의 계시의 말씀으로 여기며 그 말씀을 통하여 거룩하여지는 은혜를 받는다. 벧후 1:4에 말하기를, "이로써 그 보배롭고 지극히 큰 약속을 우리에게 주사 이 약속으로 말미암아 너희로 정욕을 인하여 세상에서 썩어질 것을 피하여 신의 성품에 참예하는 자가 되게 하려 하셨으니"라고 하였다. 계약 성취의 말씀은, 성령의 능력으로 된 것인만큼, 그것을 믿는 영혼이 성령의 성화(聖化)시키는 역사를 받는다. 이교(異敎)에서는 그 경전을 천래(天來)의 약속으로 여기지도 않는다. 따라서 이교도(異敎徒)들은 그들의 경전이 어떤 영력(靈力)을 가져온다고 생각하지 않는다. 예컨대 불교와 같은 종교가 그러하다.

 ③ 계약 성취로 되는 구원은, 신자들에게 위로를 준다. 곧 환난의 시대나 시험의 시기에 우리의 심령을 기쁨으로 충만케 하여 끝까지 견디게 하여 준다. 그 이유는, 구원이 포함한 축복들이 너무 크고, 하나님께서 친히 말씀하신 진실한 것이고, 또한 그리스도 말미암아 그것들이 다 아멘이 되어 확실히 성립되도록 하셨기 때문이다. 하나님의 목적한 바는 변하는 법이 없거니와 어떤 우연적 사태(偶然的事態)로 인하여 방해를 받을 이유도 없다. 하나님의 약속은 우리 자신에게 있는 어떤 조건에 따라 좌우되지 않는다. 그것은 하나님께서 그리스도 안에서 필경 완성시키셨고 또 완성하실 것이다.

그리스도의 탄생과 계약 사상

마태 1장에 나오는 족보는 이런 계약 사상을 내포한 것이다. 1:1에 "아브라함과 다윗의 자손 예수 그리스도의 세계라"고 하였으니, 이는 하나님께서 그리스도를 보내시마고 약속하신 대로 이루어 주셨다는 의미이다. 그리스도 중심한 하나님의 계약은, 아브라함에게와 다윗 왕에게 주셨던 것이다. 하나님께서 아브라함에게 계약하시기를 "땅의 모든 족속이 너를 인하여 복을 얻을 것이니라"고 하셨으며(창 12:3), 또한 "네 씨로 말미암아 천하 만민이 얻으리니"라고도 하셨다(창 22:18). 이 말씀은 확실히 두 가지 내용을 가지는 것이다. 하나는 아브라함의 자손 중에서 메시야가 나리라는 것이며(갈 3:16), 또 하나는 유대인만 아니고 모든 민족들 중에서 그리스도의 구원 축복에 참가하는 자가 많을 것을 가리키는 것이다(롬 4:12, 23, 24). 그뿐 아니라 다윗에게 주신 약속도 역시 메시야 중심의 것이니, 일례를 들면 삼하 7:12-17의 말씀이다. 이 말씀 가운데 "네 나라가 네 앞에서 영원히 보전되고 네 위가 영원히 견고하리라"고 한 것은, 오직 그리스도에게서만 이루어질 말씀이었다(눅 1:32, 33). 그리고 다윗에게 주신 이 약속도 역시 이스라엘 민족 이외의 만민에게 미칠 것이었다. 그것은 사 55:3 하반절에서 5절까지에 나타나 있다. 거기 말하기를, "내가 너희에게 영원한 언약을 세우리니 곧 다윗에게 허락한 확실한 은혜니라. 내가 그를 만민에게 증거로 세웠고 만민의 인도자요, 명령자를 삼았었나니 네가 알지 못하는 나를 부를 것이며 너를 알지 못하는 나라가 네게 달려올 것은 나 여호와 네 하나님 곧 이스라엘의 거룩한 자를 인함이니라 내가 너를 영화롭게 하였느니라"고 하였다. 아브라함과 다윗에게 각각 주신 계약만이 마 1:1에 내포된 것이다. 그것은 메시야에게 대한 구약의 모든 다른 약속들을 무시함이 아니다. 아브라함과 다윗은 그들의 자손에서 메시야가 나시리라는 약속을 받은 자들의 대표자들이다. 아브라함은 가장 현저하게 이 약속을 받은 첫 사람이고 다윗은 그 마지막 사람이다. 그뿐 아니라 다윗은 메시야 왕의 모형으로서 누구보다도 현저하게 사용된 왕이다.

마태가 기록한 예수 그리스도의 족보에 있어서, 이렇게 아브라함 계열(系列)과 다윗 계열을 대표적으로 취하여 구약에 있는 모든 메시야 약속을 대표케 한 사실을 보여 준다(마 1:1-11). 그뿐 아니라 또 한 가지 계열을 여기에 부가하였으니 곧, 포로된 이후에 미천하여진 자들의 계열이다. 이것도 예언서(豫言書)에 많이 있는 약속을 염두에 두고 기록한 것이니 곧, "이새의 줄기에서 한 싹이 나며 그 뿌리에서 한 가지가 나서 결실할 것이요"라고 한 예언과 같은 것이다(사 11:1). 이것은 다윗 왕통의 무너진 그루터기 곧, 포로된 자들의 자손 가운데서 메시야가 나실 것을 가르킨 것이다. 이렇게 예수 그리스도의 족보도 계약 본위(契約本位)로 기록되었다.

그런데 이 계약은 육신적 이스라엘에게 속박된 것이 아님을 보여준다. 이 족보에 들어 있는 선조들은, 유대 사람만 아니고 이방 사람들도 있고(라합, 룻과 같은 이들 - 5절), 유다와 다말과의 관계와 같은 부끄러운 일도 기록되었고(3절, 창 38장 참조), 이밖에 많은 악한 왕들도 기록되어 있다. 이것을 보면 하나님의 구원 계약 성취가 어떤 혈통 관계에 속한 것도 아니며, 인간의 의(義)에서 좌우되는 것도 아님을 보여준다. 그러면 우리는 리델보스의 견해대로 다음과 같이 생각할 수 있다. 곧, 이 계약은 그 성취를 위하여 사람들의 죄악이나 수치를 개의치 않고, 거기서도 그 성취를 보며, 또한 그 성취의 도구를 택함에 있어서 하나님께서는 충분히 자유하셨다. 이렇게 계약의 하나님의 불가항적(不可抗的) 사역은, 이 모든 일에 있어서 빛나고 있다.[1] 슐라터도 말하기를, "마태가 생각한 것은 어떻게 인간의 죄악이 이스라엘 역사와 다윗 집에 깊이 얽히었다는 것과, 또한 어떻게 하나님의 용서하시는 은혜가 풍부하게 나타나 인간의 타락을 극복하시고 그 대신 아니 그보다도 그것을 통하여 그의 은혜의 사역이 충만히 성취되었다는 것을 알게 한다. 저렇게 하나님은 유대인의 타락을 통하여 그의 부요(富饒)를 나타내셨다"고 하였다.[2]

예수님의 출생과 관련되어 나타난 계약 사상 또 한줄기를 다시 찾아 볼 수 있으니 그것은 다음과 같다. 곧, 동정녀 탄생은, 이사야가 예언한 대로 이루어졌다고 마태는 말하고 있다(마 1:23). 우리는 예수님의 동정녀 탄생이 구약 예언대로 이루어졌다는 의미에서 계약 사상(契約思想)에 속한다고 위에서 벌써 말한바 있다. 마태 2장에도 예수님의 탄생을 예언 성취의 사건으로 수차 말하였으니 곧 6, 15, 18절 등이다. 그뿐 아니라 누가 1장에도 예수님의 탄생을 하나님의 계약 성취의 사건으로 여러 번 관설(關說)한다. 그것은 1:32, 33, 54, 55, 69-73 등이다. 여기 마태가 인용한 대로 칠십인역의 처녀라는 말(parthenos)은, 언제나 처녀를 의미한다. 그 히브리 원문 사 7:14의 '알마'(almah)는, 처녀도 의미하나 그저 젊은 여자를 의미한다는 학설도 있다. 그러나 히브리 원어 '알마'란 것이 언제나 처녀를 의미한다(E. J. Young). 우리는

---

1 H. Ridderbos, *Korte Verklaring Der Heilige Schrift, Mattheüs*, p. 25: "Niet minder echter schittert in dit alles bet onwederstandelijk werken van den God des Verbonds. die zijn werk. ook door de zonde en de schander der mensen heen. tot volkomenheid brengt en brij is en het kiezen van zijn istrumeuten."

2 A. Schlatter, *Erläuterungen Zum Neuen Testament*, vol. 1, p. 7.

동정녀 탄생(童貞女誕生)의 가능성 여부를 자연계의 원리에서 논할 필요는 없다. 그 이유는 그것이 초자연적 사건이기 때문이다.

(1) 세벤스터 박사는 그의 저서 『신약의 그리스도론』에 이 중요한 사실을 의심하였다.[3]

그는 이 사실에 대하여 ① 예수님의 동정녀 탄생 사실에 대한 기사는, 마태복음과 누가복음 초두에 있을 뿐이고 신약성경 다른 부분에는 없으니, 믿을 수 없다고 한다.[4] 이것은 옳지 않은 이론이다. 예수님에게 관한 사실은, 성경 어디서든지 여러 차례 말했어야만 참되다는 것은 억설(臆說)이다. 예수님께서 열두 살 때에 예루살렘에 올라가신 일도 누가복음에 한 번 있을 뿐이고 다른 데는 없다. 그렇다고 해서 이 사실을 참되지 않게 보아야 되겠는가? 신약성경은 주로 예수님의 공적 성역(公的聖役)에 치중하여 기록하였다. 그러므로 예수님이 어린아이 때에 하신 일과 형편에 대하여는 자세한 기록이 없다. 그렇다고 해서 우리는 예수님의 어린아이 시절의 있었음을 부인할 수 있겠는가?

② 세벤스터 박사는 결론적으로 말하기를, "우리가 예수님의 동정녀 탄생을 믿든지 안 믿든지 복음 신앙에 큰 관계 없다"고 하였다.[5] 이 말은 옳지 않다. 그 이유는 다음과 같으니 곧, 예수님의 동정녀 탄생 사실을 불신앙하는 것은, 벌써 처음부터 성경을 그대로 믿지 않는 태도이니 중대한 불신앙이다. 성경에 있는 중대한 이 사실을 보고도 안 믿는 것과, 그 기록을 보지 못하여서 믿지 못한 것과는 서로 다르다. 그뿐 아니라 그 사실을 믿지 않는 것은, 초자연적 사실을 안 믿는 불신앙이다. 기독교는 초자연적 구원 운동이다. 성경 첫머리에서부터 하나님의 기적과 권능이 기록되었다. 예수님의 동정녀 탄생은, 하나님의 권능으로 말미암아 성자(聖子)님이 이 세상에 오신

---

3 세벤스터, 『신약의 그리스도론』, pp. 136-141.
4 Ibid., pp. 136-137.
5 Ibid., p. 141.

거룩한 방법이다. 바빙크 박사(Dr. Bavinck)는 말하기를, "그리스도의 동정녀 탄생 사실이 사도들의 전도하는 말씀에 많은 말로 나타나지는 않았다. 그러나 그렇다고 해서 그것이 참되지 않다고 하든지 혹은 중요하지 않다고 하면 안 된다"고 하였다.[6]

(2) 예수님의 동정녀 탄생을 하나의 신화(神話)로 여기고 이교의 신화류(神話類)와 동일시하는 학자들이 있다. 헤르만 바이스(C.H. Herman Weisse)는 『복음역사』라는 책에 말하기를 동정녀 탄생은 하나님의 화육(化肉)과 같은 중심 사상을 시적으로 표현하는 것이라고 하였다.[7]

① 그러나 신화라는 것은 흔히 그 관계 인물이 지나간 지 오랜 세월 후에야 나오는 법인데, 동정녀 탄생 기사는 실상 예수님의 제자들 당시에 기록된 것이다. 동정녀 탄생 기사가 들어 있는 누가복음은, 바울의 동행 전도자 누가가 기록한 것이니, 이 사실은 합리론자 파울루스(Paulus, 1828)가 인정하며 신신학(新神學)의 거두(巨頭) 하르낙(A. von Harnack)도 인정한다. 하르낙은, 마태복음도 누가복음이 기록되는 시기에 기록되었다고 말하였다.[8]

② 기독교의 본질은, 어떤 중요한 관념들(혹은 理想)을 인류에게 가르치려는 것이 아니고, 예수님으로 말미암아 이루어진 속죄의 사건(오직 그것만)을 전파함이다. 그러니 만큼 기독교는 그 중요한 사건의 역사성의 진정 여부(眞正與否)로 더불어 운명을 같이 한다. 그러니 만큼, 기독교는 단지 어떤 이념(理念)들을 가르치기 위한 신화주의(神話主義) 종교들과는 정반대이다. 그러므로 메이첸 박사는 말하기를, "기독교는 이념들에게 근거하여 서는 것이 아니고 하나의 사건(예수 그리스도께서 구속자로서 이루신 일들)에 대한 기록에 서 있는 것이다. 그 사건이 아니면 세계는 전적으로 암흑이요, 인류는 죄 가운데서 망할 것이다. 영원한 진리의 발견뿐으로는 구원이 없다. 그 이유는 인간의

---

6 H. Bavinck, *Gereformeerde Dogmatiek*, III, 1929, p. 270.
7 C. H. Herman Weisse, *Die Evangelishce Geschichte*, vol. 1, 1838, pp. 141-232.
8 A. von Harnack, *Neue Untersuchungen Zur Apostelgeschte*, 1911, p. 105.

죄 때문에 영원한 진리는 절망(絶望)밖에 가져올 것이 없기 때문이다. 그러나 인생에게 새로운 길이 열렸으니 곧, 하나님께서 그의 독생자를 주신 복된 일로 말미암은 것이다."라고 하였다.[9]

③ 신화주의(神話主義)는 타락된 인간이 참 하나님을 알 수 없는 고로, 필연적으로 하나님에게 대한 이념을 그대로 표시할 수 없어서 자기 형상으로 하나님을 만드는 행동인 것이다. 그러므로 이런 신화주의는 오직 계시된 하나님의 진리로 말미암아서만 파괴된다. 계시(啓示)와 신화는 세불상용(勢不相容)의 것이다. 신화라는 것은 모든 자율주의 종교(계시종교가 아님)에만 있는 것이다. 그러므로 하나님 말씀을 중심으로 하여 나타난 기독교에는 신화적 요소를 배척하는 원리만 있는 것이다. 계시의존주의(啓示依存主義) 밖에 있는 사람들은, 고금을 물론하고 신화주의로 사색을 가진 것이다. 근대의 철학자들도 그 사색에 있어서 역시 신화주의임을 면치 못한다. 이런 의미에서 도예베르트(Dooyeweerd)는 다음과 같이 말하였다. "흄(Hume)은 심리학적으로, 칸트(Kant)는 초절적 관념론적으로 신화주의적이다. … 그러면 신화적 의식(意識)은 원시 시대 사상에만 국한한 것이 아니라, 그것은 이념을 내포하고 나오는 철학적 신학적 사상에 있어서 고차원적인 이론적 추상(抽象)으로도 발달되어 있다."라고 하였다.[10] 기독교는 계시의존주의인만큼 신화주의를 언제나 어디서나 배척한다. 기독교는 그 체질에서부터 신화를 배척하며 정죄한다.

④ 사도들의 전도는 기독교의 중심 사상이라고 하기보다는 기독교의 중심 사건들이었다. 다시 말하면 그리스도를 위요(圍遶)하고 있었던 역사적 사실들이었다. 그들은 그 사실들을 전하기 위하여 죽기까지 하였다. 이렇게 그들의 전도는 예수님의 역사적 사실들에 대하여 생명을 걸었던 것이다. 참되지 않은 사실을 위하여 누가 생명을 버리겠는가?

---

9 J. G. Machen, *Christianity and Liberalism*, p. 70.
10 Herman Dooyeweerd, *A Critique of Theological Thought*, vol. II, pp. 325-426.

산상보훈에 나타난 계약 사상 (마 5:1-7:29)

신학지남 31/2 (1964. 12): 25-44.

1. 산상보훈은 누구에게 주신 교훈인가?

이것은 일반 민중에게 주신 것이 아니고 예수님과 특별한 관계 있는 자들에게 주신 것이다. 그것은 이 교훈이 상대한 청중을 여러 가지 특수한 말로 일반인과 구분한 사실을 보아서 알 수 있다. 이를테면, 그들을 가리켜 말하기를,

(1) "너희"라 하고 일반 세상 사람들과 구분하였음이다. 이 점에 있어서 특별히 "너희"라는 말이, 헬라 원문에서는 역설체(humeis)로 사용된 것은 이 구분을 더욱 명백히 나타낸다. 5:13에 말하기를 "너희는 세상의 소금이니"(humeis este to allas tes ges)라는 말씀, 14절에는 "너희는 세상의 빛이라"(humeis este to phos tou kosmou)란 말씀과 같은 것이다. 여기 이른바 "너희"라는 구분은 일반적 의미로 예수님의 제자들, 곧 그의 교훈을 따르는 자들을 가리킨 것인가? 예수님께서 소금이라는 칭호와 빛이라는 칭호를 그런 일반적 의미의 제자들에게 주었는가? 예수님께서 하나님 말씀을 전하실 때에 무차별하게

누구에게나 하신 것은 확실하다. 그러나 그 말씀을 전하신 결과로 그를 따르는 자들을 계약 백성으로 여기신 것은 확실하다.

마 13:11-16의 말씀은 그 일례이다. 거기 말하기를, "대답하여 가라사대 천국의 비밀을 아는 것이 너희에게는 허락되었으나 저희에게는 아니 되었나니 무릇 있는 자는 받아 넉넉하게 되되 무릇 없는 자는 그 있는 것도 빼앗기리라 그러므로 내가 저희에게 비유로 말하기는 저희가 보아도 보지 못하며 들어도 듣지 못하며 깨닫지 못함이니라 이사야의 예언이 저희에게 이루었으니 일렀으되 너희가 듣기는 들어도 깨닫지 못할 것이요 보기는 보아도 알지 못하리라 이 백성들의 마음이 완악하여져서 그 귀는 듣기에 둔하고 눈은 감았으니 이는 눈으로 보고 귀로 듣고 마음으로 깨달아 돌이켜 내게 고침을 받을까 두려워함이라 하였느니라 그러나 너희 눈은 봄으로, 너희 귀는 들음으로 복이 있도다"라고 하였다. 그뿐 아니라, 눅 16:8에는 말하기를 "이 세대의 아들들이 자기 시대에 있어서는 빛의 아들들보다 더 지혜로움이니라"고 하였다.

그러므로 예수님이 말씀하신 대로, "너희는 세상의 소금" 혹은 "세상의 빛이라"는 말씀은, 그의 택한 백성인 연고로 벌써 소금이나 빛이 된 자들을 가리켰다. 리델보스가 말한 것과 같이, 예수님께서 이 말씀으로 "그들에게 요구하신 선행은 장차 올 천국을 위한 준비를 형성하는 것뿐의 것이 아니고 그 자체가 벌써 천국의 현림(現臨)을 나타내는 것이다." 그들은 벌써 소금이 되어 있다. 그들은 좋은 나무가 되어 있는 것만큼 좋은 열매를 내도록 되어 있다(마 7:17).

(2) 산상보훈이 상대한 사람들은 하나님을 아버지라고 부를 수 있는 특수한 무리이다. 산상보훈에 흔히 나오는 술어는, "하늘에 계신 너희 아버

---

1 H. N. Ridderbos, *De Komst Van Het Konikrijk* (Kampen, 1950), pp. 253-254: "De door Jezus geeiste goede Werken niet sleclits de voorbereiding voor het komende rijk Gods vormen, maar zelf redds de tegenwooreiheid van het koninkrijk demonstreren."

지"라는 말이다. 마 5:16, 45, 48, 6:1, 4, 8, 9, 13, 15, 18, 7:11 참조. 리델보스(H. N. Ridderbos)는 말하기를, "이렇게 산상보훈에서 하나님을 '너희 아버지'라고 한 것은, 구약에 예언된 것이(호 1:10; 고후 6:18) 천국이 옴으로 성취된 것이라" 하였다.² 그리고 그는 또 말하기를, 이것은, "천국과 함께 신 계약(新契約)이 시작되며 이 구원이 허급(許給)된 자들이 새로운 하나님 백성을 형성함을 가르킨다."고 하였다.³

스티븐스(G. B. Stevens)는 마 5:9, 48에 의하여 다음과 같이 말하였다. 곧, 신자(信者)가 하나님의 아들 됨은 그들이 하나님의 의지(意志)를 순종하는 도덕적 행위에 있어서 하나님과 유사(類似)한 때문이라고 하였다.⁴ 이것은 파울루스(Paulus)나 데베테(De Wette)의 의견과 동일(同一)한 것이고 잘못된 견해이다. 마 5:9에 "하나님의 아들이라 일컬음을 받을 것임이요"라는 말씀에 있어서 "일컬음을 받을 것임이요"(klethesontai)는 누구든지 인정할 수 있게 명백하다는 뜻이라고 크로솨이데(Grocheide)는 해석한다. 그리고 크로솨이데는 계속하여 말하기를, "신자가 하나님의 아들 되는 자격은 그리스도와 함께 후사가 되므로 되는 것이니 그리스도 관련으로만 이해(理解)되어야 한다"고 하였다.⁵

그러면 크로솨이데의 해석대로 여기 하나님의 아들이라 일컬음이 된다 함은, 질적(質的)으로 비로소 하나님의 아들이 된다 함이 아니다. 그것은 성령으로 그리스도 안에서 거듭나 하나님의 아들 된 자(요 1:2; 롬 8:16, 17; 요일 3:1)가 화목 행위로 인하여 남들에게 그렇게 인정되며 알려짐을 이름이다. 이

---

2 Ibid., p. 212: Door de komst van het koninkrijk komt deze verhouding, die in het Oude Testament nog slechts een voorlopige betekenis had, vgl Hos 1:10; 2Kor 6:18 tot haar vervulling.

3 Ibid., p. 211: "ook hier blijkt dus, dat met het konankrijk Gods het nieuwe Verbond is aangebroren en dat degennen, aan wie dit heil wordt toegezegd, hdt nieuwe Godsvolk vormen".

4 G. B. Stevens, *The Theology of the New Testament*, 日譯, p. 68.

5 F. W. Grosheide, *Commentaar op het Nieuwe Teatament, Mattheüs* (Kampen, 1954), p. 69: "Eindelij, het kindschap Gods is alleen te verstaan in verband met Christus, het is het is het medeerfgenaam van Christus zijn".

해석은 "일컬음을 받을 것이요"(klethesontai)라는 동사(動詞)의 뜻에 부합한다. 일컫는다는 동사는 된다는 동사(einai)와 다르다.⁶

그러므로 산상보훈에 있어서 신자와 하나님과의 부자 관계(夫子關係)는, 인간이 순연히 하나님에게서 나서(重生되어서) 성립되는 것이다. 크로솨이데 (Grosheide)는 마 5:9에 관하여 이것을 확언(確言)한다.⁷ 그러면 신인(神人)의 부자 관계는, 다만 계약적 구원 체제(契約的救援體制)에서 하나님의 단독적 사역 (Monergism)으로 구원을 성취하시는 데서만 성립된다.

그뿐 아니라, 구약에서도 하나님의 계약에 참여된 이스라엘 민족을 가리켜 "하나님 여호와의 자녀"라고 하였다(신 14:1; 호 1:10). 리델보스(H. N. Ridderbos)는 말하기를, "신자와 하나님의 부자 관계는 개인적인 관계보다 주님과 구 백성의 관계를 우선적(于先的)으로 생각한다. 때가 이르러 이 계약의 백성에 참여하는 길이 이스라엘 민족 인연(民族因緣)으로 말미암지 않고, 개인적 회개로 그리스도를 믿으므로 말미암는 데 있다는 사실은 이런 집단성 (集團性)을 띤 계약적 백성으로서의 주님과의 관계를 없애버리지 않는다. 하나님의 자녀격(子女格)은 구원사(救援史)의 의미로 이해되어야 할 것이다. 그것은 신 계약(新契約)의 약속 실현이며 주님과 이스라엘과의 유체(紐締)를 성취시키며 전진(進展)시키는 것이다."라고 하였다.⁸

2. 팔복(八福)에 나타난 계약 사상 (마 5:1-12)

팔복에 있어서 특히 네 가지 복을 받을 자격은 현저하게도 계약 사상을 보여준다. 3-6에 이른바, "심령이 가난한 자, 애통하는 자, 온유한 자, 의에

---

6 H. A. W. Meyer, *Critical and Exegetical Hand-Book to the Gospel of Matthew* (Funk & Wagnals, 1884), p. 116.

7 Grosheide, *Mattheüs*, p. 69: "Dit is een gedeeltelijke omschrijving van wat het zonschap Gods inhoudt Joh 1:12; Rom 8:16, 17; Joh 3:1".

8 Ridderbos, *De Komst Van Het Koninkrijk*, p. 211.

주리고 목마른 자" 등은 다만 복받을 자의 공덕(功德)을 진술하는가? 그렇다고 할 수 없다. 그 이유는, 마음이 가난하다든가 또는 애통하는 것이 어떤 공로가 된다고 할 수 없는 까닭이다. 이런 자격들을 가지고 천국을 받을 대가(代價)라고 하는 것은 너무도 자연스럽지 않다. 이 자격들은 차라리 택한 백성의 심리 작용을 가리키는 데 불과하다. 구약에 흔히 택한 백성을 가리켜 가난한 자 혹은 외로운 자라고 한 실례가 많다. 그들은 불택자들 사이에 처하여 오직 하나님만이 보호자가 되신 것이었다(사 61:1; 시 68:26, 70:5, 74:21, 86:1-6; 슥 3:12; 시 10:26, 22:4, 37:14, 86:14).

예수님은 이 세상에 오시어서 이런 택한 백성들을 구원하시는 것이 그 사명이었다. 눅 4:17-21에 말하기를, "선지자 이사야의 글을 드리거늘 책을 펴서 이렇게 기록한 데를 찾으시니 곧 주의 성령이 내게 임하셨으니 이는 가난한 자에게 복음을 전하게 하시려고 내게 기름을 부으시고 나를 보내사 포로 된 자에게 자유를, 눈먼 자에게 다시 보게 함을 전파하며 눌린 자를 자유케 하고 주의 은혜의 해를 전파하게 하려 하심이라 하였더라 책을 덮어 그 맡은 자에게 주시고 앉으시니 회당에 있는 자들이 다 주목하여 보더라 이에 예수께서 저희에게 말씀하시되 이 글이 오늘날 너희 귀에 응하였느니라"라고 하였다. 그러면 예수님께서 구약 예언의 성취를 위하여 위에 말한 것과 같이 세상에서 눌림을 당하는 택한 백성을 구원하려 오신 것이 분명하다. 그는 일찍부터 하나님의 사랑의 대상이 아니었던 인간들을 새삼스러이 하나님의 백성으로 만들려는 것이 그 목적이 아니었다. 눅 6장에는 심령(心靈)이 가난한 자라 하지 않고 다만 "가난한 자"라고만 하였으니 더욱 구약에 말한 택한 백성의 명칭(名稱)을 밝히 드러낸다.

그러나 마태 5장에 있는 "심령이 가난한 자"라는 말도 그 뜻을 드러내는 데 부족할 것은 없다. 그 이유는, 구약에 이른바 "가난한 자"라는 말은 물질적 빈곤(物質的貧困)을 가리키기보다는 일반 생활상(一般生活上) 곤고(困苦)를 가리키는 것이기 때문이었다. 택한 백성은 물질이 부(富)하여도 곤고를 당한다. 그 이유는, 그가 세상에 속하지 않은 것인 만큼 세상으로 더불어 늘 영전(靈戰)을 가지고 있기 때문이다. 따라서 그는 심령상(心靈上)으로 교만하지 않고 낮아져서 모든 곤고를 당하고 있는 것이 상칙(常則)이기 때문이다. 그러므로 그를 "마음이 가난한 자"라고도 하기에 조금도 부족할 것 없다.

여기 마음이 가난한 자를 택한 백성을 가리킨 것이라 함은, 독일의 유명한 주경 신학자(註經神學者) 데오도레 즈안(Theodore Zahn)도 그렇게 해석하며 리델보스(H. N. Ridderbos)도 그렇게 생각하였다. 그는 이 팔복 선언(八福宣言)이, 그런 계약 사상(契約思想)을 가진다는 의미에서 다음과 같이 말하였다. "우리는 이 점에 있어서 메시야의 약속으로서 중심이 될 수 있는 예언 성취를 가리킨다고 볼 수 있다(사 11:4, 61:6; 시 72:2-4). 비록 예수님께서 직접적으로는 여기서 자기가 메시야임을 계시하지 않으나, 그는 메시야 약속의 성취자임을 선언한다. 곧, 그는 천국이 오늘의 것이라는 것을 여기서 발표한다. 천국은 메시야가 임하는 데 수반(隨伴)하는 것이다."라고 하였다.[9]

그렇다면 여기 이른바 심령이 가난한 자, 애통하는 자, 온유한 자, 의(義)에 주리고 목마른 자라는 표현이 복 받을 자들의 주관적 심리(主觀的心理)를 진술하지는 않는가? 다시 말하면 택한 자들이 불택자들의 사회에 처하여 곤고를 당하는 그 현상만을 보여주고 그들의 주관적 경건(主觀的敬虔)의 양상(樣相)을 보여주지는 않는가? 그렇게 구별지어 말할 필요는 없다. 위에 말한 네 가지 복을 받을 자격은 택한 백성의 주관적 경건의 양상도 표시하는 것이다. 그들은 인격이 가난하다. 다시 말하면, 그들은 자기 죄와 남의 죄를 탄식한다. 그들은 온유하다. 곧, 그들은 인간의 의를 세우지 않고 오직 하나님의 의를 바라보는 의미에서 신앙한다. 그들은 의에 주리고 목마르다. 다시 말하면 그들은 저 불택자들의 악한 행동을 하나님께서 한번 판단하여 주실 의로운 간섭을 사모한다. 그들은 천국(하나님이 간섭하시는 사회)을 사모한다.

---

9 H. N. Ridderbos, 『공관복음 주석』, p. 93.

7-12을 보면 또 다시 네 가지 복을 받을 자격이 진술된다. 분명히 이 네 가지는 앞에 나온 네 가지보다 적극성(積極性)을 띤다. 이 네 가지는 앞의 것보다도 현저히 택한 자들의 주관적 경건의 양상(樣相)을 말해 준다. 긍휼히 여기는 성품은 그들이 하나님의 사죄를 받은 것만큼 남들을 용서하는 것을 가리키고, 마음이 청결하다 함은 그들이 벌써 거듭난 사람인 것만큼 하나님 제일주의로 생각하여 그 마음을 단순화한 것을 가리키고, 화평케 하는 덕행은 하나님 아버지께서 그 원수되었던 죄인들을 독생자의 보혈(寶血)로 자기와 화목시킴같이 그들도 이 화평을 사랑하여 복음을 전하며, 또한 다른 사람들로 더불어 세상에 속한 싸움을 버리고 사랑하는 것을 제일 큰 것으로 아는 생활을 가리키고, 의(義)를 위하여 핍박을 받는 것은 곧 예수님을 위하여 모든 고난을 당함을 가리킨다(11절).

이상 네 가지 덕(德)은 신자의 일반적 선행(一般的善行)을 총괄(總括)한 것이다.

3. 율법(律法)과 천국(天國) (마 5:17-20)

이 부분에 있어서 예수님은 율법과 천국의 관계를 명백히 하신다. 17절에 말하기를, "내가 율법이나 선지자나 폐하러 온 줄로 생각지 말라 폐하러 온 것이 아니요 완전케 하려 함이니라"라고 하였다. 이 말씀을 보면 사람들로 하여금 천국에 들어가도록 율법을 완수하여 주시는 이는 예수님이시다. 이 엄숙한 선언은 메시야 성격을 띤다. 이 구절에 이른바 "내가 왔다"는 말은 메시야적 선언이다. 세벤스터 박사는 말하기를, "여기 내가 왔다는 말은 선지자의 사명을 가리키는 표현에 불과하다."라고 하였다.[10]

그러나 리델보스(Ridderbos)는 여기 이른바 "내가 왔다"는 말을 메시야적 선언으로 지적하였으니, "그가 그렇게 한 이유는 이 언사의 내용에 그 발언

---

10 세벤스터, 『신약의 그리스도론』, p. 104.

자(發言者)의 메시야 직분 의식(職分意識)이 포함되었기 때문이다."라고 한다.[11] 스밀데(E. Smilde) 박사도 역시 여기 이른바 "'내가 왔다'는 말이 그리스도께서 속죄자로 땅에 오신 것를 의미한다."고 하였다.[12] 그는 또 말하기를, "그리스도에 관하여 '내가 온다'는 말을 여러 가지 관련으로 사용되었는데, 그것은 구원사적 관념(救援史的觀念)으로 사용되었다. 특별히 그리스도께서 땅 위에 오신 목적에 대하여 진술함에 사용되었고(막 1:38; 2:17; 마 5:17; 눅 12:49; 19:10), 그가 메시야로서 영광 중에 오실 일에 대하여 사용되었고(마 16:27; 25:31), 또한 그가 심판자로 오실 일에 대하여 사용되었다(마 21:40). 그러므로 "그가 '온다'는 말은 명백히 종말론적(終末論的)이다."라고 하였다.[13]

"내가 온다"는 말이 분명히 메시야적 사역을 가리키는 것은, 그 아랫 말로 보아서도 명백하다. 곧, "율법을 완전케 하려"고 오셨다 함이다. 여기 "완전케 한다"는 말은, 헬라 원어로 플레로사이(plerosai)인데, 그것은 어떤 그릇이 전적으로 혹은 부분적으로 빈 것을 채운다는 뜻이다. 이것은 율법에 대한 예수님의 역할(役割)을 두 가지로 말한다.

① 예수님께서 의식적 율법(儀式的律法)과 선지자의 예언한 실상(實相)으로서의 자기 자신을 이 세상에 나타냈다는 뜻이고,

② 그가 메시야로서 율법을 완전히 복종하실 것을 의미한다.

그렇다면 "율법을 완전케 한다"는 것은, 하나의 개인 성도의 자격으로 율법에 합당한 경건을 소유할 것이라는 의미가 아니다. 이것은 그가 메시야로서 우리의 대신자가 되신다. 곧 중보자가 되시어서 율법의 짐을 대신 부담(代身負擔)할 것을 가리킨 것이 명백하다. 그렇다면 그가 율법과 선지자의 완성자(完成者)라는 것은, 그가 은혜 계약(恩惠契約)의 머리로서 이 세상에 오셨다는 뜻이 아니고 무엇이리오! 이렇게 은혜 계약의 배경에서 예수님은 율법

---

11 Ridderbos, *De Komst Van Het Koninkrijk*, pp. 96-97.
12 E. Smilde, 『요한의 문서에 나타난 대로의 생명』, p. 106.
13 Ibid., p. 47.

을 해석하신다.

19절에 말하기를, "그러므로 누구든지 이 계명 중에 지극히 작은 것 하나라도 버리고 또 그같이 사람을 가르치는 자는 천국에서 지극히 작다 일컬음을 받을 것이요 누구든지 이를 행하며 가르치는 자는 천국에서 크다 일컬음을 받으리라"고 하였다. 우리는 이 율법론에 있어서 명백히 은혜의 요소를 주목할 수 있다. 사람이 율법을 어긴 문제는 여기서 천국에 들어가는 여부의 성질을 가진 것이 아니고 다만 천국에 들어가서의 대소(大小)의 여부를 좌우하는 것뿐이다. 그렇다면 이것은 율법에 의한 구원론이 아니고 은혜에 의한 것이다. 갈 3:10에 말하기를, "무릇 율법 행위에 속한 자들은 저주 아래 있나니 기록된바 누구든지 율법 책에 기록된 대로 온갖 일을 항상 행하지 아니하는 자는 저주 아래 있는 자라 하였음이라"고 하였다.

그러면 계명 중에 지극히 작은 것 하나이라도 버린 자는 율법에 의하여는 천국에 못 들어 갈 것이 확실하다. 그러나 예수님은 여기서 율법을 어긴 것이 천국에 못 들어갈 조건으로는 말씀하시지 않고, 다만 천국에 들어간 자의 대소 관계를 좌우하는 조건뿐으로만 말씀하셨다. 이것은 바울의 복음에서 말하는 율법론과 일치한다.

그리고 20절에 말씀하시기를, "내가 너희에게 이르노니 너희 의가 서기관과 바리새인보다 더 낫지 못하면 결단코 천국에 들어가지 못하리라"고 하셨다.

이 말씀은 얼핏 보면 천국에 들어갈 조건이 바리새 교인들의 견해보다 더욱 어려워진 듯이 나타난다. 과연 그렇다. 천국에 들어가게 할 만한 의는, 서기관과 바리새 교인들의 의보다 말할 수 없이 탁월한 것이다. 이런 의가 없이는 천국에 들어갈 수 없다는 것은 진리와 사실에 부합한다. 그러면 이와 같은 고상한 의를 소유할 수 있는 인간은 그 누구인가? 갈 3:11에 말한 것과 같이 하나님 앞에서 아무나 이러한 표준의 의를 가지어 구원 받는 자는 없다. 이것은 특종의 의인데(롬 3:21) 인간이 그 의를 소유하게 되는 방법

문제는 여기서 별도로 두고 말씀하시지는 않았으나 그것은 벌써 위의 17절에 포함적으로 가르쳤다. 즉 그리스도 자신께서 이루신 의가 아니고 무엇이리요! 하늘나라에 들어가게 하는 의는 하나의 선물이다. 예수께서 메시야로 오신 것은 이 선물을 주시기 위한 것뿐이다. 아니 그 자신이 우리에게 주어지신 그 선물이다. 이런 의미로 생각하여 볼 때 20절의 내용은 은혜 계약과 충돌될 것이 전연 없다.

예수님께서는 이 아래 21절부터 이런 높은 표준에서 생각되는 의가 어떤 것임을 취급하였으니, 곧, 제6계명, 제7계명, 제8계명 등으로 대표하여 이를 해설하신다.

4. 제6계에 대하여(마 5:21-26)

예수님은 바리새 교인과 서기관의 의보다 탁월한 의를 논하기 위하여 몇 가지 계명을 들어 해설하셨으니 그것은 선두에 금방 알기 어려운 어구(語句)로 시작한다. 곧, "옛 사람에게 말한바 …하였다는 것을 너희가 들었으나"라고 한 말씀이다. 이것을 헬라 원문대로 문자역을 하면 "옛 사람에게 일러줌이 되었다는 것을 너희가 들었나니"(ekousate hoti errethe tois archaiois)라고 할 것인바 이것은 구약을 인용하는 의미에서 나오는 표현과는 다르다. 구약을 인용하실 때 예수님께서 흔히 쓰신 표현은 "일렀으되"(gegraptai)라는 것이다. 그러면 산상보훈에 나오는 이 표현은 무엇을 의미하는가? 그것은 서기관과 바리새 교인들이 구약을 잘못 알고 민중에게 가르친 내용을 지적하는 표현이다. 그 이유는 몇 가지 들 수 있으니,

① 위에 말한 바와 같이 이 표현의 어형(語形)이 구약을 인용하실 때 채용한 일반적 표현(예컨대 "일렀으되")과 다르기 때문이며,

② 이 표현 다음으로 나오는 말씀 내용이 구약에 있는 해당 구절과 내용을 달리하기 때문이다. 예컨대 21절에 "살인하지 말라 누구든지 살인하면

심판을 받게 되리라" 하였다고 하나, 그것은 출 20:13의 내용과 다르다. 출 20:13은 다만 "살인하지 말지니라"고만 하였다. "누구든지 살인하면 심판을 받게 되리라"는 말씀은 없다. 또한 31절에 말하기를 "또 일렀으되 누구든지 아내를 버리거든 이혼 증서를 줄 것이다" 하였다고 하나, 그 해당 구절인 신 24:1-3에는 좀 더 자세한 내용이 있으니 그것은 그 교훈에 있어서 중대성을 띤 말씀이다. 곧, "사람이 아내를 취하여 데려온 후에 수치되는 일이 그에게 있음을 발견하고"라는 말씀이다. 그러나 마 5:31에는 무조건적으로 사람이 아내를 버리려면 버릴 수 있는 듯이 표현되었으니 그것은 구약의 말씀(신 24장)과 그 내용이 상충(相衝)된다.

그러면 예수님이 산상보훈에서 논박(論駁)하신 것은 구약성경 자체가 아니고 구약성경을 오해하고 나타난 서기관과 바리새 교인들의 그릇된 교훈을 공격하신 것뿐이다. 그것은 위의 절에 있는 말씀이 벌써 암시한 사실이다. 곧, 서기관과 바리새 교인보다 탁월한 의를 가져야 된다는 주님의 말씀이다. 이렇게 서기관과 바리새 교인들의 율법관 혹은 의관(義觀)에 대하여 예수님은 20절에서 벌써 대립하시는 태세(態勢)를 보이셨다.

그러면 예수님께서 구약을 반대하신 것이 아니고, 구약의 본의(本意)를 깊이 해석하신 이 입장을 보아서 그는 계약적인 계시자로 오신 것이 명백하다. 다시 말하면 그는 하나님께서 구약에 가르치신 내용을 그대로 가르치시며 이루시는 아멘이시니, 어디까지든지 계약신(契約神)으로서의 계시 원리에 부합한다. 주님은 언제든지 전에 말씀하신 것을 그대로 말씀하시며 그대로 이루시는 계약신이시다.

그러면 이 부분에 있어서 예수님께서 신자들 서로끼리의 관계를 형제라고 하셨다. 어떤 이는 말하기를 여기 형제라는 말은 재래(在來) 유대 사상에서 가진 동포를 의미할 수도 있다고 한다. 그러나 이것은 구속함을 받은 관계에서 신자들이 서로 형제인 사실을 가리킨다. 그 이유는 산상보훈은 유대인 본위로 말씀한 것이 아니고 신자들 본위(本位)로 말씀하셨기 때문이다.

일례를 들면 하나님을 "너희 아버지"라고 하는 사상이 산상보훈에 많이 나타난 것을 보아서 알 수 있다. 그렇다면 여기 이른바, 형제 관계는 하나님의 구약 계약 관계에 입각(立脚)한 말이다. 23-24을 보면 예수님의 제자들의 종교가 형제애(兄弟愛)와 수반(隨伴)하여야 한다고 가르쳤으니, 진정한 종교를 가지는 원리는 개인주의에서 개인의 자격으로 가질 수 없는 것이다. 제단에 예물을 드리려다가 형제의 원망하는 것이 생각나면 그것을 제단 앞에 두고 가서 사과한 후에 와서 드리라고 말씀하신다. 다시 말하면 신자는 하나님 앞에 나올 때에 백성의 자격으로서 하여야 될 것을 여기에 명시(明示)하셨다. 다시 말하면, 하나님 앞에 나오는 자는 몸의 한 지체로서만 가능한 것이다 (요일 4:20). 그렇다면 여기 관설(關說)된 형제애와 종교의 관계는 영원 전에 택함 받은 하나님 백성의 원리를 보여 준다.

그뿐 아니라, 이 부분에서는 하나님의 왕권사상(王權思想)이 나타나 있다. 주님께서 말씀하시기를, "네가 호리라도 남김이 없이 다 갚기 전에는 결단코 거기서 나오지 못하리라"(36)고 하신 말씀은 하나님께서 그 억울함을 당한 신자를 엄격하게 신원(伸寃)하여 주실 것을 가리킨다. 이렇게 하나님의 왕권 행사(王權行使)가 세상 법정의 일에 비유되어 나타났으니 이것도 계약 사상과 일반이다.

5. 행위 계약(行爲契約)과 천국(마 5:27-32)

예수님께서 이 부분에 말씀하시기를 "만일 네 오른 눈이 너로 실족케 하거든 빼어 내버리라 네 백체 중 하나가 없어지고 온 몸이 지옥에 던지우지 않는 것이 유익하며 또한 만일 네 오른 손이 너로 실족케 하거든 찍어 내버리라 네 백체 중 하나가 없어지고 온 몸이 지옥에 던지우지 않는 것이 유익하리라"고 하였다. 이런 말씀이 하나님의 백성도 행위의 잘못된 결과로 지옥에 갈 수 있는가? 그들이 행위의 값으로 구원을 받는가? 이 말씀은 엄격하게도 행한 대로 갚음 받는 원리를 보여 준다.

그러나 이런 말씀도 얼마든지 택한 백성에게 줄 수 있다. 그 이유는 이렇다. 행위 계약은 폐지된 것이 아니다. 그러므로 주님께서 그것을 이루기 위하여 오셨다. 하나님은 참되시니 (롬 3:4), 그의 계약들은 영원토록 있다. 그리스도께서는 행위 계약을 이루기 위하여 오신 것이니 만큼, 헤르만 바빙크 박사가 말한 것과 같이 은혜 계약은 그리스도에게 관계된 한에 있어서는 본질적으로 하나의 행위 계약이다.[14] 행위 계약은 계속적으로 신자들을 향하여 율법의 행위를 요구한다. 이 때문에 예수님은 오셨다. 예수님께서 그들 대신에 행위 계약을 담부(擔負)하실지라도, 그 책임자들은 신자들이다. 그러므로 성경은 은혜 계약의 말씀들을 주시는 동시에 다른 한편 행위 계약의 말씀도 준다. 행위 계약은 그들의 할 일을 청구하고 은혜 계약 그것을 성취하여 준다.

그뿐 아니라 성신께서 행위 계약을 가지고 택한 백성을 경고할 필요가 있다. 하나님을 두려워할 것과 지옥을 두려워하는 것은 신자의 인격 속에 뿌리 깊이 있어야 된다. 미래의 형벌을 두려워하지 않고 방종하는 것은 하나님 백성의 자격이 아니다. 그들은 본질상으로 그런 두려움을 가져야 할지니, 그 이유는 그들이 본질상으로 진노의 자식이었기 때문이다(엡 2:3). 이 점에 있어서 우리는 또 한 가지 기억할 것이 있다. 예수님께서 그의 계명을 가르치실 때에 천국에 들어갈 조건으로도 말씀한 기미(氣味)가 있다. 그러나 그것이 조건적 요구인 동시에 천국의 선물로서의 계명 성취가 있을 것을 가리킨다. 특히 주기도문에 있는 처음 세 가지 기구(祈求)는, 하나님의 뜻을 순종하는 것이 하나님이 주시는 선물이라는 의미에서 계시되었다.

---

14 Bavinck, *Gereformeerde Dogmatiek*, vol. 3, p. 328.

6. 기독자의 언사(言辭)가 하나님의 계약 성취에 대하여 가지는 관계

(마 5:33-37)

예수님께서 맹세하지 말라고 하신 교훈은 단지 도덕적 의의(意義)를 가질 뿐 아니고, 이것은 현림(現臨)한 천국 앞에서 기독자가 가질 언사가 어떠해야 할 것을 가르친다. 다시 말하면 이것은 구 계약의 성취로 나타난 우주적 진리 앞에서 신자가 가지게 될 신앙 고백 의식(信仰告白意識)에서 나타낼 표현의 원리를 가리킨다.

이것은 고후 1:15-20에 있는 말씀이 잘 해명(解明)한다. 거기 말하기를, "내가 이 확신을 가지고 너희로 두 번 은혜를 얻게 하기 위하여 먼저 너희에게 이르렀다가 너희를 지나 마게도냐에 갔다가 다시 마게도냐에서 너희에게 가서 너희가 보내 줌으로 유대로 가기를 경영하였으니 이렇게 경영할 때에 어찌 경홀히 하였으리요 혹 경영하기를 육체를 쫓아 경영하고 예 예 하고 아니 아니라 하는 일이 내게 있었겠느냐 하나님은 미쁘시니라 우리가 너희에게 한 말을 예하고 아니라 함이 없노라 우리 곧 나와 실루아노와 디모데로 말미암아 너희 가운데 전파된 하나님의 아들 예수 그리스도는 예하고 아니라 함이 되지 아니하였으니 저에게는 예만 되었느니라 하나님의 약속은 얼마든지 그리스도 안에서 예가 되니 그런즉 그로 말미암아 우리가 아멘 하여 하나님께 영광을 돌리게 되느니라"고 하였다.

그러면 여기 20절에 말한 바와 같이 하나님의 약속(구약적 계약)은 그리스도 안에서 예가 되었다고 하였으니, 곧 모두 다 성취되었다는 뜻이다. 그러면 하나님의 약속이 그리스도로 말미암아 성취된 것은 우주적 구원 운동이며 더할 나위 없이 충만한 능력과 지혜의 나타남을 이름이다. 이 성취야말로 만물에 충만을 가져오는 것이니 여기에 따라 천지의 권세가 총동원하여 하나님의 뜻을 이루는 것 이상의 성취이다(마 28:18; 요 13:3).

그렇다면 이제부터 인간들은 어떤 진리를 나타내기 위하여 혹은 성립시키기 위하여 자율적인 어떤 공작을 할 필요는 전연 없이 되었다. 특별히 자기 자신의 어떤 언사를 성립시키기 위하여 구차하게 수단을 쓰는 의미에서 맹세할 필요는 물론 없다. 이제는 천국이 현림하였으니 인간의 문제는 전혀 거기서 해결되고 만다. 이 사실을 아는 신자로서는 자기의 입장으로나 혹은 인간적인 주장을 세우기 위하여 자기가 생각할 수 있는 최가능(最可能) 한도의 큰 권위(權威)들을 가져다가 댈 필요가 없다. 천지의 권세를 사용해 보려고 할 것도 없고 하나님의 도시(都市) 예루살렘의 권위를 빙자할 것도 없다. 그것은 헛된 노력이다. 누가 음부에 내려가겠느냐 하지 말라. 그것은 그리스도를 죽은 가운데서 모셔 올리려는 것이며 누가 하늘에 올라가겠느냐 하지 말라. 그것은 그리스도를 모셔 내리려는 것이다. 인간은 이러한 허망(虛妄)을 계획할 필요는 없다.

그 이유는, 그리스도께서 벌써 하늘에서 내려 오셨고 또한 죽었다가 다시 살아나셨으니, 천지의 권세로써 혹은 예루살렘 신도(神都)의 권세로써 할 수 있는 일을 더할 나위 없이 이제 완성되었다. 그러면 인간으로서 계시 운동(啓示運動)과 구원 운동(救援運動)에 있어서 자립할 수 있는 자리는 없어졌다. (자립할 수도 없었지만). 이제 인간은 전적으로 완성된 천국과 지옥과의 사이에 개재하여 결단을 내리지 않으면 안 될 판세이다. 이제 완성된 진리 앞에서 순피동적(純被動的)으로 가장 가난한 처세를 할 것뿐이다. 다시 말하면 신앙적으로 예 하든가 혹은 불신앙적으로 아니라 하든가 그것뿐이다. 그 이유는, 중립 상태(中立狀態)는 없기 때문이다. 인간이 인간 앞에서는 중립 지대를 취할 경우가 있다. 그것은, 인간은 전 진리(全眞理)를 통솔하여 가진 입장은 아니니만큼 불완전한 자며 파편(破片)에 불과하기 때문에 인간 앞에서는 피할 길이 있다. 그러나 그리스도는 전 진리를 통솔하여 가지신 절대자(絶對者)이시기 때문에 누구든지 그를 피하여 안전하게 설 말한 중립 지대를 가질 수 없다.

그러므로 인간은 이제 오신 그리스도 앞에서 가장 간단한 처세를 취하여야 한다. 다시 말하면 번거롭고 복잡한 처세술(處世術)을 자취(自取)하여 자력으로 독단적인 진리 입장을 파수할 것처럼 생각할 필요는 없다. 그가 이제 그러한 계획을 가진다면 그것은 자기가 하늘에 올라가 그리스도를 모셔 오겠다는 도로(徒勞)를 한 것뿐이다. 그는 이제 알아야 된다. 곧 그가 천국과 지옥의 사이에 서 있다는 것을 알아야 된다. 그리고 이제 결단은 긴박한 것이어서 시간의 여유를 허락지 않는다는 것이다. 그는 이제 결단하여야 한다. 그는 모든 것을 다 포기하고 그리스도 앞에서 예라는 간단한 말로써 결단을 내릴 것뿐이다. 그의 모든 일평생 언사(一平生言辭)는 길든지 짧든지 모두가 이 원리에서 나타내어야 된다. 비록 그의 언사가 길다 할지라도 그 정신에 있어서는 간단한 한 마디 곧 예라는 것이다. 여기에서 그는 지옥을 면하고 천국의 입장을 취하여 진다.

7. 원수에게 대한 기독자의 행동 원리(마 5:38-48)

이 부분에서는 주님께서 그 제자들더러 원수를 사랑하라고 하신다. 이것은 단지 원수에게 대한 소극적인 무저항을 가리키는 정도가 아니고 원수를 적극적으로 사랑하라는 것이다. 이것이야말로 사랑의 극치(極致)이다. 이와 같은 지극한 사랑은 하나님의 아들들에게 요구된 것이다(5:45). 다시 말하면 이것은 하나님의 자녀들에게 독특히 요구되는 것이었다.

우리 본문에 "이같이 한즉 하늘에 계신 너희 아버지의 아들이 되리니"라고 하신 말씀에 있어서 "되리니"라는 것은, 하나님의 아들이 비로소 된다는 의미가 아니고 본래 하나님의 아들인 자들이 그 자격을 나타낸다는 의미이다. 이 말이 이렇게 해석되어야 할 이유는, 벌써 제자들은 하나님을 아버지라 하는 입장을 취하고 이 말을 듣게 된 까닭이다. 그들은 벌써 택한 백성이어서 하나님을 아버지라고 하는 자들이었다. 그러면 여기 가르치신 지극한 사랑은 하나님의 자녀된 자들에게 있어서 자연스러울 것이었다. 구약에 있어서도 하나님의 택한 백성이 원수를 사랑하도록 되어 있다(레 19:18; 출 23:4).

(1) 하나님 아들은 택한 백성을 의미한다.

구약 시대는 이스라엘을 가리켜 아들이라 하였으니 개인을 그렇게 하지는 아니했다. 그리고 그 후에 유대주의에 있어서는 개인적으로 하나님을 아버지라고 하는 문구들을 가지고 있다. 그러나 그것은 신약에서 말하는 신인관계(神人關係)의 성격을 가지지는 못 하였다. 신약에 있는 신인(神人)의 부자관계(父子關係)는 구원의 안전감을 가지는 의식에서 생각되는 것이다. 그러나 유대주의의 것은 그런 구원관(救援觀)을 가지지 못한 것이다.

그러므로 신약에서 말하는 대로 하나님을 아버지라고 하는 것은, 그렇게 하나님을 대하는 자들이 천국 축복에 지금 참여하는, 또한 장차 참여할 관계를 표시하는 것이다. 이렇게 예수님의 초림으로 말미암은 천국 운동은 구약을 성취한 새 언약의 운동이다. 그러면 하나님의 아들이라는 것은 그리스도를 신앙하므로 처음 되어지는 것이 아니고 하나님의 택하신 관계를 그 근본으로 한다. 롬 9:8에 말하기를, "곧 육신의 자녀가 하나님의 자녀가 아니라 오직 약속의 자녀가 씨로 여기심을 받느니라"고 하였다.

(2) 하나님의 아들은 큰 자이므로 그 행동 원리가 넓고 커서 복수(復讐)하지 않는다. 일반인들도 그 행동 원리가 커야 된다는 의미에서 종종 철학자들과 문인(文人)들은 발표한다.

예를 들면 장자 매편(莊子每偏)에,

北冥有魚 其名爲鯤鯤之大
不知其幾 千里也化而爲鳥
其名爲鵬 鵬之大不知其千里也
怒而飛 其翼若重天之雲
是鳥也 海運則 將從於南
冥者天地也⋯鵬之從於南

冥也水擊 三千里捕扶搖而上者
九萬里去以六月息者也라 했고 또
八丈夫詩에 "鳳飛天扔不啄栗"라고 하였다.

고전 3:21-23을 보면 거기 말하기를 "그런즉 누구든지 사람을 자랑하지 말라 만물이 다 너희 것임이라 바울이나 아볼로나 게바나 세계나 생명이나 사망이나 지금 것이나 장래 것이나 다 너희의 것이요 너희는 그리스도의 것이요"라고 하였다. 여기 이른바 사망도 하나님의 아들들의 것이다 함은, 사망도 그들을 영원한 축복과 영광에 들어가게 하는 관문(關門)이 되기 때문이라고 랑게는 말하였다. 이렇게 하나님의 아들들은 너무 큰 소유를 가지고 있다. 그러니 만큼 그들은 땅에서 좁은 마음을 가지지 않아야 되며 원수들을 용서하여야 된다.

원수를 용서하지 아니함이 소인(小人)이 되는 이유는, ① 원수가 그에게 대하여 실수한 경우에 그 원수는 용서를 바라고 있다. 이제 기회는 극히 현실적인 것이다. 원수는 바라고 있고 피해자는 용서 여부의 권리를 잡고 있다. 이제 양자(兩者)는 서로서로 땅기는 판세이다. 그럼에도 불구하고 피해자가 용서하지 않는 것은 좁으라운 마음 곧, 사랑 없는 것이다. ② 피해자로서 용서하지 않는 것은 옆을 보지 못한 행위이니 좁은 마음이다. 인간은 타아(他我)를 자아(自我)로 만들어야 생의 의의를 나타낸다. 인간은, 다른 동물이나 식물이나 무생물 등으로 인하여 참된 의의와 발전을 보지 못한다. 인간은 인간 이외에서 자아 발전 지대를 얻지 못한다. 그는 남을 나로 알고 남의 세계에 깊이 들어가야 그 자신도 넓어지고 생의 부요한 발전을 가진다. ③ 피해자로서 남을 용서하지 않는 것은 위에서 내려다 보시는 하나님을 모르는 좁은 마음이다. 하나님은 모든 것을 보시고 살피신다. 인간이 원수를 갚는 것은 이러한 하나님을 모르는 행위이니, 그것은 어두움이다.

8. 하나님 아들의 행동 원리(마 6:1-8)

이 부분에 있어서 예수님께서 하나님의 자녀들과 바리새인들 사이에 있어서 그 행동 원리의 차이점을 말씀하신다. 물론 여기에 바리새인이라는 명칭은 관설하지 않았다. 그러나 여기서 하나님을 아버지라고 하는 이들의 행동 원리에 대조된 그 반대 원리는 바리새식의 것이다. 주님께서 여기서는 5:17-48까지에 말씀하신 것과 다르게 행동의 주관적 동기를 말씀하시었고, 객관적 계율(戒律)을 말씀하시지는 않는다. 이 부분에는 여러 번 하나님을 아버지라고 하는 사상이 나타나 있으니(1, 4, 6, 8, 14, 18) 하나님을 아버지라고 하는 자들은 이미 말한 바와 같이 택한 백성을 의미한다. 이 부분에 있어서 바리새인들과 택한 백성들과의 차이점이 나타난다. 바리새인들은 외모에 나타내기 위하여 행하는 자이며, 사람들에게 인정받기 원하여 행하는 자이다. 그러나 하나님을 아버지라고 하는 자들은, 그와 다르게 그 행위의 방식이 내적이고 순 신본주의(純神本主義)의 것이다.

스펄전은 택자와 불택자의 행동 원리의 차이점을 다음과 같이 말하였다. 곧 "이삭은 이스마엘과 같지 않다. 이삭은 저녁에 들어서 묵상하였으니 그것은 고요히 거룩한 것들을 생각하며 또한 기도함이다. 이스라엘은 땅에 속한 것을 탐하는 모든 행동을 나타내었다. 만일 사람이 종교적으로 훈련을 받아 소위 경건하다 할지라도 성신으로 말미암아 새롭게 함을 받지 못하니 하나님의 자녀로서의 은밀한 생활을 가지지 못한다. 그런 사람은, 종교인으로서의 많은 외부적 표적을 나타낼 수도 있고 찬송이나 기도도 할 수 있으며 성경을 인용할 수도 있다. 이런 사람은 자기의 자력으로 가지는 자력 구원 운동(自力救援運動)이나 또는 극기 생활(克己生活)을 힘쓸 수는 있다. 그러나 그의 종교적 봉사는 모두 다 외부적에 불과하다. 영적인 것들의 중심에는 들어가지 못하며, 또는 들어갈 수도 없다. 육체적 심리는 그것이 비록 종교적으로 움직인다 할지라도 하나님에게 원수된 자요 하나님과 화목하지 않

았으며 또한 될 수도 없다"라고 하였다.[15]

택함을 받은 자는 자력으로 무엇을 이루어 보려는 교만한 길을 버린다. 그들은 신앙의 길을 취하여 영혼의 안식을 얻는다. 이것은 예수님께서 그의 제자들로 하여금 취하라고 하신 행동 원리이다. 그는 말씀하시기를, "사람에게 보이려고 그들 앞에서 너희 의를 행치 않도록 주의하라 그렇지 아니하면 하늘에 계신 너희 아버지께 상을 얻지 못하느니라"라고 하였고(마 6:1), 또한 "너는 구제할 때에 오른손이 하는 것을 왼손이 모르게 하여 네 구제함이 은밀하게 하라 은밀한 중에 보시는 너의 아버지가 갚으시리라"고 하였다(마 6:3, 4). 이런 말씀은 그의 제자들이 마땅히 영적으로 행하며 하나님을 향하여 살아야 할 것을 가르친다(롬 6:10, 11). 그러면 이 행동 원리는 영적임이요 하나님 중심의 것이다. 그 행위자 자신도 자기의 선한 행실에 대하여 자찬(自贊)하는 의식을 가지지 못하게 된 것이다. 그는 다만 하나님께서 은밀한 가운데 그의 행위를 보아 주시는 것으로 만족한다.

우리 본문에 이른바, "구제할 때에 오른손이 하는 것을 왼손이 모르게 하여"라는 것은 그가 그러한 선(善)을 행할 때 하나님을 기쁘시게 함에 열중할 뿐이고 자의심(自義心)은 전연 없어야 할 것을 의미한다. 이렇게 마 6장에 가르치신 행동 원리는 순연히 인격 대 인격(人格對人格)의 행동 원리이다. 다시 말하면 인격적신(人格的神)이신 하나님만을 언제든지 상대하고 있게 되며, 또 그 관계에서만 움직인다. 이것이 계약신신학(契約新神學)의 본질이다. 택한 백성에게 대하여는 모든 것이 다 하나님에게 종속(從屬)되어, 언제나 대현적 원리(代現的原理)에서 그는 우주 만물을 본다.

그런데 우리가 이 부분에 있어서 문제로 연구할 만한 말씀들이 있다. 즉 마 6:12에 "우리가 우리에게 죄 지은 자를 사하여 준 것 같이 우리 죄를 사하여 주옵시고"라고 한 말씀이 있으니, 얼핏 보면 이것은 계약 사상(契約思想)

---

15 C. H. Spurgeon, 『약속에 의하면』, pp. 12-14, 16.

이 아닌 것 같다. 우리가 알기에는 계약 사상에는 하나님의 단독주의(單獨主義)에 속한 구원론이 부합한다. 곧 하나님께서 우리의 구원을 홀로 계획(計劃)하시고 홀로 성취하심이 선택과 은혜에 기준한 구원 계획이다. 그러나 여기 있는 말씀을 보니 우리가 남의 죄를 사하여 준 값으로 우리도 사죄를 받는 것 같이 말한다. 이 말씀에 대하여 해석이 몇 가지 있다.

① 랑게(Lange)는 말하기를, 이것은 우리의 체험으로 보아 우리가 거듭난 뒤에 남을 용서함 같이 우리를 용서하여 달라는 뜻이라고 한다.

② 크레다너스는, 이것이 사죄의 조건이 아니고 사죄 받을 자로서 만족시켜야 할 형편을 진술한 것뿐이라고 한다.[16]

③ 바르트는 다음과 같이 말하였다. 이것은 우리가 하나님에게서 받을 사죄에 대하여 이해하는 여부를 결정하는 표준이라고 하였다.[17] 그는 말하기를, "우리가 다른 사람의 죄를 사한다는 것은 작은 것인데 그것은 사할 마음이 없으며 하나님의 사죄(무한히 크신 사죄)를 이해하지 못한 공포이다. 그 사죄를 받았고 받는 중에 있는 것을 생각하니, 우리의 마음은 넓어져서 형제의 죄를 사할 마음이 생긴다. … 하나님께서 우리의 죄를 사하신 것은, 불확실한 소망이 아니며, 어떤 이상(理想)이 아니다. 그것은 사실 그 자체이다. … 하나님의 아들이 순종하여 고난을 받으셨으므로 우리의 허물이 없어졌으며 전 인류의 허물이 없어졌다. 하나님께서 성신을 주셔서 이 구속이 우리에게 현실이 되도록 우리를 새 사람으로 만드셨다. 그러나 이 완료된 사실은, 또한 미래의 일로 취급하여야 한다"라고 하였다.[18] 여기서 바르트가 벌써 하나님으로부터 사죄를 받은 자의 심리로 남을 용서하면서 성도가 이 기도를 하여야 된다는 것은 옳은 말이다. 그러나 하나님의 사죄의 실제적 실현은 또 다시 미래에 속할 것으로 생각하는 것은 바르트의 변증법적 사색에

---

16 S. Greijdanus, *Commentaar op het Nieuwe Testament (Lucas)*, p. 523.
17 Karl Barth, *Prayer* (English trans., Philadelphia), pp 66-71.
18 Ibid., pp. 68-70.

속하는 이론인 것 같다.

④ 크로쇠이데는 말하기를, "여기 이른바 우리의 죄라는 것이 하나님의 율법을 범하였다고 하기보다는, 하나님의 자녀로서의 관계에 대하여 그릇되어진 것을 이름이다"라고 하였다.[19]

다음으로 19-34을 보면, 보물과 하늘 (혹은 하나님)과의 대조에서 하나님을 택하여 섬겨야 할 것을 보여주며 또한 세상 것을 위하여 염려하지 말라는 것을 보여준다. 빈디쉬(Windisch)는 말하기를, 그것은 종말관(終末觀)에 관계가 없이 일반인의 처세관(處世觀), 혹은 종교적 지혜를 보여준다"고 하였다.[20] 불트만도 여기 있는 말씀은, 단지 자연신학적 관찰에서 아래와 같이 하나님의 섭리에 대한 신앙을 가져야 할 필요를 가르친다고 하였다.[21]

위의 두 가지 해석이 일리(一理)는 있으나, 여기 예수님께서 가르치시는 근본 동기(根本動機)에는 부합하지 않는다. 예수님의 이 부분 교훈의 근본 동기는 33절에 나타나 있다. "곧 너희는 먼저 그의 나라와 그의 의를 구하라 그리하면 이 모든 것을 너희에게 더 하시리라"고 하신 말씀이다. 다시 말하면, 이 부분의 말씀은 천국이 벌써 임한 마당에서 천국의 자녀들을 향하여 주신 말씀이니, 그들의 처세는 이런 특수한 사건 밑에서 모든 것을 다 버리고 주님을 따라야 할 것을 가르친다. 그러므로 리델보스는 다음과 같이 말하였다. 곧, "이 부분에서 가르친 것은 일반적 종교적 지혜도 아니고 혹은 땅 위의 염려 가운데 빠진 제자들을 위로하기 위한 말씀도 아니다. 이것은 차라리 때가 이르러서 천국이 임한 종말관적 태세(終末觀的態勢)에서 땅 위의 염려를 가질 필요가 없음에 대하여 말하여 준다"라고 하였다.[22]

그러므로 이 부분의 말씀은, 택함 받은 하나님의 자녀들에게 주신 말씀

---

19 Grosheide, *Matteüs*, p. 101.
20 H. Windisch, *Der Sinn der Bergredigt* (1929), pp. 17, 18.
21 R. K. Bultmann, *Jesus* (1929), pp. 47-168.
22 Ridderbos, *De Komst Van Het Koninkrijk*, p. 137.

이다. 32절에 말한 대로 이 말씀들을 사람들과 대조된 딴 사람들은, 이 말씀의 상대자가 되어 있지 않다. 그들은 이방인이라는 사람들이다. 이방인이라는 것은 하나님을 공경하지 않는 다른 민족을 의미할 것인데, 특별히 선택되지 않은 사람들을 여기서 의미한다고 하는 것이 합당하다.

9. 복종과 천국(마 7:1-29)

마 7장은 산상보훈에 대한 결론으로 준 말씀이다. 여기서는 주로 하나님의 계명을 자신부터 실제로 순종하여야 할 것을 가르친다. 남을 비판하는 것보다 먼저 자기를 비판하여 가면서 주님의 계명을 순종하여야 한다고 말씀한다(1-5). 그와 동시에 그 순종은 엄격하게 요구되고 있다. 곧 "좁은 문으로 들어가라"는 말씀(13절), "아름다운 열매를 맺지 아니하는 나무마다 찍혀 불에 던지우느니라"고 한 말씀(19절), "나더러 주여 주여 하는 자마다 천국에 다 들어갈 것이 아니요 다만 하늘에 계신 내 아버지의 뜻대로 행하는 자라야 들어가리라"고 한 말씀(21절)과 같은 것이다. 24-27 참조. 이렇게 천국에 들어가는 문제와 순종은 불가분리(不可分離)의 것으로 교훈되고 있다. 이 말씀을 읽는 자들은, 바울의 전한 복음에 은혜로만 구원 받는다는 교훈과 같은 것이 여기는 없음을 생각게 될 것이고, 따라서 예수와 바울과의 사이에 사상적 통일(思想的統一)을 찾을 수 없다고 생각할지 모른다. 그러나 우리는 다음과 같은 몇 가지 사실을 생각할 때에 문제는 해결된다.

산상보훈은 은혜로 구원 받게 하는 선택과 복음을 내포한 것은 사실이나, 그 교훈의 입장은 율법을 가르치기 위한 것이니 그 논조(論調)가 행위 계약(行爲契約)의 성격으로 흔히 나타난다는 것을 무시할 수 없다. 그러나 우리가 알아야 할 것은, 은혜 계약의 계시가 행위 계약으로 더불어 관계되어 나타난다는 것이다.

① 은혜 계약은 행위 계약의 요구가 측림(側臨)한 장면에서만 그 의의(意義)

를 명백히 함. 검은 것이 있는 자리에서 흰 것은 더욱 본색을 드러내며, 불안(不安)이 있은 뒤에 임한 평화가 역시 그 본색을 명백히 하는 것처럼, 죄감(罪感)이 강한 자리에 사죄(赦罪)의 의의가 더욱 강미(强味)있게 나타난다. 우리의 양심도 가책이 없는 무감각한 자리에는 죄악 문제 해결로 인한 평안이라는 것도 느낄 수 없는 것이니 만큼, 우리 인격에는 죄감(罪感)이란 것이 부절히 있기 때문에 사죄의 행복에 대한 느낌도 그만큼 계속할 수 있다. 그러므로 우리 인격의 본질에 바로 일변 고소자(告訴者)가 자취를 감추지 않고 있는 것이다. 그와 같이 성경도 행위 계약의 고소(告訴)가 은혜 계약을 잊어버린 것처럼 자체의 역할을 계속하고 있다.

② 행위 계약이 폐지되지 않은 것만큼 그것은 언제든지 어디서나 말하고 있다. 그것은 어디까지든지 그 청구(請求)할 바를 청구하는 것이 그 존재의 이유이다. 진리는 진리대로 나타날 뿐이다. 행위 계약은 은혜 계약 때문에 그 자체의 사명을 연화(軟化)하는 것이 아니다. 그것은 마치 구약에 있어서 성도들의 사망에 대하여 말할 때에 비록 경건한 자들의 죽음이라도 죽었다고만 진술하고 구약에도 포함되어 있는 영생의 도리 때문에 죽음이라는 개념을 연화시키지 않은 것과 같다. 예를 들면 창 5:5-31에 기록된 것과 같다.

우리는 산상보훈을 보고 그것이 예수님의 계시의 완료형태(完了形態)인 줄로 생각하면 안 된다. 산상보훈 이외의 모든 다른 교훈들이 나타날 것을 대합(待合)하여 그 전체를 볼 줄 알아야 한다. 산상보훈은, 유대인들의 오해한 율법관(律法觀)을 교정시키는 목적으로 나타난 교훈이고 계시의 전체가 아니다. 이 계단에서는 율법을 그대로 해명(解明)하시는 것이 자연스러운 것이다. 율법을 모르면 죄를 모르고, 죄를 모르면 예수님의 속죄의 십자가를 모른다.

③ 우리는 또 한 가지 기억해야 할 것이 있다. 그것은 예수님의 말씀은 그 명령도 동시에 그 명령 내용대로 하여 주시리라는 약속이란 것을 알아야 된다. 그는 손 마른 자더러 손을 펴라고 명령하신 동시에 그 손을 펴도록 능력까지 주신 것이다. 주님께서는 우리에게 계명을 주실 뿐 아니라 자기가

친히 우리를 위하여 그 계명을 이루시고 또한 우리로 하여금 그 계명의 성결(聖潔)에 합당한 자들이 되어지게 하신다. 이를 볼 때에도 이 사실이 알려진다. 거기에 주님은 우리더러 기도하라고 부탁하셨다. 그것은 우리에게 계명 실행 능력을 주실 것이니 만큼 기도하라고 하신 것이다.

바울신학의 언약사상

신학지남 43/1 (1976. 3): 10-29.

기독교는 하나님의 언약으로 된 진리와 사실의 종교이다. 그렇게 때문에 이는 우리가 우리의 전부를 들여 놓고 믿을 만한 종교이다. 이에 대한 바울 신학(神學)의 언약사상(言約思想)의 한 부분은 다음과 같다.

I

롬 1:2-4에 "이 복음은 하나님이 선지자들로 말미암아 그의 아들에 관하여 성경에 미리 약속하신 것이라 이 아들로 말하면 육신으로는 다윗의 혈통에서 나셨고 성결의 영으로는 죽은 가운데서 부활하여 능력으로 하나님의 아들로 인정되셨으니 곧 우리 주 예수 그리스도시니라"고 하였다. 이 말씀은 하나님께서 일찍이 선지자들로 말미암아 약속하신 대로 그리스도를 보내셔서 우리의 구원을 성취하신 사실을 역설(力說)한다. 이것은 곧 언약대로 성취되어 나타난 복음이므로 우리로서는 얼마든지 힘있게 믿어야 함을 지적한다. 신약은 그 어디서나 그리스도의 복음으로 이루어지는 천국 운동의 하나의 성취 역사(成就役事)임을 고조(高調)한다. 3절에 "육신으로는 다윗의 혈통에서 나셨고"라고 하였는데 이것은 예언서(豫言書)에 메시야가 다윗의 자손 가운데서 나신다고 한 것을 암시한 말씀이다. 메시야께서 "육신으로" 나신다는 말은, 물론 몸뿐만 아니라 영혼까지 겸한 완전한 인성(人性)을 취하신 것을 의미한다. 메시야께서 완전한 인성(人性)을 입으실 일에 대하여는 구약성경이 많이 예언하였다(시 110:1; 사 7:14; 렘 23:5, 33:14-16; 겔 34:23-24).

4절 하반에 "성결의 영으로는 죽은 가운데서 부활하여 능력으로 하나님의 아들로 인정되셨으니"라고 하였는데, 여기 "능력으로 하나님의 아들로"란 문구는 "능력 있는 하나님의 아들로"라고 번역되는 것이 합당하다. 리델보스(H. N. Ridderbos)는 이 말씀을 해석하며 말하기를, "이 말씀은 결단코 예수님이 부활하신 뒤에 비로소 하나님의 아들이 되셨다는 의미가 아니다. 그는 하나님의 아들로서 다윗의 자손으로도 나타나셨다(3절). 여기서 고조하는 바는 하나님의 아들이 능력을 가지신 중에도 그 부활로 특별히 능력과 영광을 가지게 되신 단계를 가리킨다"라고 하였다.[1]

예수님의 부활에 대한 예언은 구약에 많이 있는 중 그 대표적인 것을 들면 시 2:7, 16:8-11 등이다. 그러므로 바울이 말하기를, "내가 받은 것을 먼저 너희에게 전하였노니 이는 성경대로 그리스도께서 우리 죄를 위하여 죽으시고 장사 지낸 바 되었다가 성경대로 사흘 만에 다시 살아나사"라고 하였다(고전 15:3-4). 이 말씀이 증거한 바와 같이 그리스도께서 우리 죄를 위하여 죽으실 일에 대한 구약의 예언들은 얼른 지적할 수 있다. 그런데 그리스도께서 죽은 자 가운데서 다시 살아나시리라는 예언에 있어서 "사흘"이라는 명문(明文)은 없다. 크로솨이데(F. W. Grosheide)는 이 말씀에 대한 해석에서 말하기를 "여기서 바울은, 예수님께서 친히 인용하신 욘 1:17을 염두에 두

---

1 H. N. Ridderbos, *Commentaar Op Het Nieuwe Testament, Aan De Romeinen*, 1959, p. 25.

고(마 12:40) 말하였을 것이다. 구약 다른 구절에서는 '사흘'이라는 문구를 찾기 어렵다. '삼일'이란 말이 호 6:2에 있기는 하나 그 말은 여기에 연락시킬 수 없으니, 그 이유는 신약이 그 구절을 그리스도의 부활과 관련시켜 인용한 적이 없기 때문이다"라고 하였다.[2]

그러면 하나님의 아들 그리스도께서 선지자들이 예언한 그대로, 육신(인간성)을 입으시고 다윗의 자손으로 오셨을 뿐 아니라 또한 죽은 자 가운데서 다시 살아나신 것은 구원 언약의 종말관적 성취로서 완전을 기한 것이다. 특별히 "능력으로 하나님의 아들"이란 것은, 신적 능력(神的能力)과 엄위(嚴威)의 충만함으로 임하신 신자격(神子格)을 나타낸다.[3]

칼 바르트(Karl Barth)는 (그의 신학 체계로 보아서는 우리가 취할 바 못되지만) 이 점에 있어서 단편적이나마 옳은 해석을 한 바 있다. 곧, "여기서 지금 말하는 사람(바울)은 바로 해석되어 깨달아진 역사 위에 든든히 서게 된다. 처음부터 그는 어떤 새 것을 자발명(自發明)하였다는 처지를 취하지 않는다"라고 하였다.[4] 그러나 바르트는 여기에도 다시 다른 말을 더 하고 있다. 곧, 예수님께서 하나님의 아들로 인정되셨다는 말씀에 대하여, 그는 변증법적(辨證法的)으로 말하기를, "역사 안에서 예수를 그리스도라고 이해하기는 오직 신화(神話)나 혹은 문제건으로만 이해된다. 예수님은 그리스도로서 하나님의 세계를 가져 오신다. 그러나 이 구체적인 세계에 있는 우리로서는 아무 것도 모른다. 우리로서 저 다른 세계의 것을 알기에는 불가능하다"라고 하였다.[5] 그는 또 말하기를, "부활에 있어서 성령의 새 세계는 육신의 옛 세계에 접촉하되 접촉하지 못하는 접촉을 한다"라고 하였다.[6]

---

2 F. W. Grosheide, *Eerste Brief Aan Korinthe*, Amsterdam, 1932, p. 493.
3 H. N. Ridderboss, *Commentaar Op Het Nieuwe Testament, Aan De Romeinen*, 1959, p. 25.
4 Karl Barth, *Der Römerbrief*, p. 4.
5 Ibid., p. 6.
6 Ibid.

위의 바르트의 말은, 예수님께서 부활로 말미암아 완전히 하나님의 아들로 계시(啓示)되신 것을 하나의 역리적(逆理的) 사태로 간취(看取)하여 그 계시의 구조가 시간 세계에 적극성 있게 통해지지 않는 것으로 본 것이다. 계시에 대한 이와 같은 해석은 근대의 위기신학자(危機神學者)들의 일반적 경향이다. 그러나 성경을 바로 이해하는 신자들은 다음과 같이 생각한다. 곧 인간이 그리스도의 계시에 대하여 종종 이해하지 못하는 원인은 계시 자체의 구조 성격(構造性格)으로 인연된 것이 아니고 사람의 마음의 강퍅함으로 말미암은 것뿐이다. 이 사실에 대하여 벨카우어(Berkouwer)도 한때는 바르트와 브루너를 명백히 비판하였다. 곧, "그리스도께서는 사람들의 불신앙의 원인을 바르트와 브루너가 생각하는 것같이 계시 자체의 은익성(隱匿性)에 돌리지 않으셨다. 다시 말하면, 그리스도께서는 자기에게 대한 반대를 해석하실 때에 이론적으로도 자기 계시의 구조 성격(은익 성격) 때문에 그런 반대가 일어나는 것으로 말씀하시지 않았다"라고 하였다.[7]

II

롬 3:21에 "이제는 율법 외에 하나님의 한 의가 나타났으니 율법과 선지자들에게 증거를 받은 것이라"고 하였다. 리델보스(H. Ridderbos)는 이 말씀 해석에 있어서 다음과 같이 말하였다. 곧 "여기 '이제는'이란 말은 다만 문장을 옮기는 데 사용된 수사학적인 문투가 아니다. 이것은 특별히 시간적인 언사인데 구원사적(救援史的) 의미로 이해해야 될 것이다. 이것은 새 시대, 곧 '때가 찬 시대'의 아침을 이름이니, 바울은 이제 자기를 그 시대의 전파자로 인식하였다. 새 시대가 왔다는 그의 시대 의식(時代意識)은 성경 다른 데서와

---

7 G. C. Berkouwer, *Dogmatische Studiën De Person van Christus*, p. 302.

마찬가지로 여기서도 그의 복음의 근거와 출발점을 이룬다"라고 하였다.[8]

곧 바울은 여기서도 자기의 전하는 복음을 하나님의 언약 성취로 안 것이다. 하나님이 구약에 미리 가르치신 그 시대가 지금 이르렀다는 것이다. 이와 같이 만세 반석 같은 성취 역사의 열매로서 나타난 복음은 율법으로 말미암지 않고 율법 외에 성립되는 것이다. "율법 외에"란 말(χωρὶς νόμου)은 율법으로 인하여(ἐξ ἔργων νόμου), 또는 율법으로 말미암아(διὰ νόμου)란 어구들과 정반대되는 것이다. 이것은 율법을 성취하는 인간의 그 어떠한 공로(功勞)도 관계함이 없이 다만 하나님의 은혜로 의(義)를 얻게 됨을 가리킨다. 이만큼 특수한 구원 방법이 완전히 나타난 시대는 바로 하나님이 언약하셨던 것을 성취하시는 진실성에 착근(着根)한 것이다. 그러므로 하나님의 이와 같은 경륜이 "율법과 선지자들에게 증거를 받은 것이다"고, 바울은 언명한다. 이것을 보아서 또 한 가지 알 수 있는 사실은, 하나님의 의(하나님의 신약적 구원 운동)가 나타난 것이 율법 외에 순전히 하나님의 은혜로만 성립되는 일이면서도 율법과 충돌되는 것은 아니라는 것이다. 그 이유는 이 신약적 구원 운동은 율법이 일찍이 증거하여 준 것이기 때문이다. 이렇게 율법 밖에서 그저 은혜로 의(義)를 얻는 구원에 대하여 바울은 그것이 율법에 모순되지 않은 운동임을 지적한다. 그리하여 율법으로 말미암아 의(義)를 얻으려는 자들의 입을 막는다. 그 이유는 다음과 같다. 곧, 여기 이른 바 "율법과 선지자들에게 증거를 받은 것이라"고 함은 하나님의 은혜로만 의를 얻는다는 진리가 율법에서도 지지(支持)를 받는다는 것이다. 니그렌(Anders Nygren)도 말하기를, "율법과 선지자들도 율법으로 의를 얻는다는 주장에 대하여는 반대한다"고 하였다.[9] 리델보스는 이 점에 있어서 다음과 같이 말하였다. 곧, "이제 나타난 바는(복음은) 하나님의 구원 계획을 전복시키거나 혹은 앞

8　H. Ridderbos, *Ann de Romeinen*, 1959, p. 82.
9　Anders Nygren, *Der Römerbrief*, p. 113.

서 있었던 계시(구약)를 포기함이 아니다. 복음은 율법을 거스르는 것이 아니고 다만 율법을 소유하였다는 자들이 그것(율법)을 잘못 사용하는 데 대하여 반대되는 것뿐이다"라고 하였다.[10]

이제 생각하고자 하는 것은 율법과 선지자들의 증거는 어떤 것을 가리키는가 하는 문제이다. 이것은 단편적으로 구약의 몇몇 구절이나 사건을 가지고 하는 말인가? 니그렌(Anders Nygren)은, 구약의 어떤 특수한 구절들과 어떤 사건이 바울의 염두에 있었다고 생각하였다. 그는 다음과 같이 말하였으니, 곧 바울이 "의인은 믿음으로 말미암아 살리라"고 한 하박국의 예언(합 2:4)을 인용한 것(롬 1:17)은 선지자의 증거를 대표하고, 아브라함의 이신득의(以信得義) 구절(창 15:6)을 인용한 것(롬 4:3)은 율법의 증거를 대표하였다는 의미로 말하였다.[11] 그러나 우리는 "율법과 선지자들의 증거"를 그렇게 구약의 몇 구절에만 국한시킬 것이 아니고, 구약의 모든 말씀에 관계한 줄로 생각하여 슐라터(A. Schlatter)의 해석을 참조한다. 그는 다음과 같이 말하였다. 곧, "하나님의 의(義)는 율법과 선지자들로 말미암아 증거되었다. 이 증거는 우리로 하여금 예수님을 받도록 하여준다. … 율법과 선지자들은 인생들에 대하여, 또는 의(義)에 이룰 수 없게 하는 인생들의 죄악에 대하여 말할 뿐 아니라, 그들(율법과 선지자들)은 또한 하나님께 대하여 말하며 하나님을 의(義)라고 찬송한다. 또 그들은 인생이 하나님을 알아야 된다는 것과, 하나님의 것이 되어야 한다는 하나님의 뜻을 전파하며 또한 하나님께서 인생의 죄를 사(赦)하여 주심과 인생에게 미친 하나님의 진노에서 그들을 구속하여 주신 뜻을 말하며, 인생들에게 은혜의 왕국을 계시하신 하나님의 뜻에 대해서도 말한다"라고 하였다.[12]

그러나 이 점에 있어서 바르트는 "율법과 선지자들의 증거"라는 말을 너

---

10 Ridderbos, *Ann de Romeien*, p. 82.
11 Nygren, *Der Römerbrief*, p. 113.
12 A. Schlatter, *Gottes Gerechtigkeit*, p. 136.

무 광의적(廣義的)으로 해석하고, 심지어 이교(異敎)의 행동도 이 증거에 동참하는 것처럼 잘못 생각하였다. 바르트의 이와 같은 해석은, 롬 3:21에 특수하게 사용된 "율법과 선지자들"의 의의(意義)를 증발(蒸發)시키고 약체화시킨다. 바르트의 말을 인용하면 이렇다. 곧, "하나님의 의(義)가 나타남에 따라서 모든 약속이 성취된다. 하나님의 의(義)는 모든 종교의 의미를 성립시킨다. 그것은 모든 인생의 소망과 노력과 대망(待望)에 대한 답안이다. 그것은 특별히 소망을 향하여 집중하는 인류의 행동에 대한 응답이다. … 그것은 역사의 의미이다. 그것은 특별히 역사(歷史)가 그 자체의 부족에 대하여 울리는 불만에 대한 응답이다. … 어디든지 계시의 인상이 있는 곳에(그 무엇이든지 계시의 인상을 가지지 않는 것이 없다고, 그는 말함) 알지 못할 하나님에게 대한 증거가 있는 법이다. 심지어 무식하고 무신적인 종교 행위로서 가장 험한 종류라고 할지라도 그런 인상은 가졌다"라고 하였다.[13] 바르트는 여기서 "율법과 선지자의 증거"라는 것과 모든 이교(異敎)들의 소원(무식하고 미신적인 소원까지도)을 혼돈시켰다.

그러나 이 둘은 서로 다르다. ① "율법과 선지자의 증거"란 것은 명백한 진리를 증거하는 것이지만 이교(異敎)의 소원이란 것은 진리가 무엇인지 알지 못하고 무지(無知)한 방식으로 인간의 소원을 발표하는 것뿐이니, 거기에는 진리와 반대되는 모든 행동들이 나타난다. 그리고 ② 롬 3:21에 있어서 "율법과 선지자의 증거"는 인간이 행한 대로 받는 보응을 지향한 것이 아니고 단지 은혜로 받는 하나님의 의(義)를 가리킨 것이다. 이런 은혜의 구원 원리는 모든 이교(異敎)들이 상상도 못해본 것이다. 그 이교(異敎)들이 이런 은혜를 내어다 보고 증거하였다고는 할 수 없다. ③ 구약의 율법과 선지자들의 증거는 하나님께서 택한 백성에게 말씀하신 언약 원리에 속하는 특수 계시(特殊啓示)니, 이것은 이교들이 가지는 어리석은 행동이나 표현으로 더불어

---

13 Barth, *Der Römerbrief*, p. 170.

혼돈될 수 없는 것이다. 그 둘 사이에는 융통될 수 없는 획선이 있는 것이다. 그러므로 예수님께서 사마리아 여인에게 말씀하시기를, "너희는 알지 못하는 것을 예배하고 우리는 아는 것을 예배하노니 이는 구원이 유대인에게서 남이니라"고 하셨다(요 4:22). ④ 그뿐 아니라 "율법과 선지자의 증거"는 직접적으로 하나님 말씀의 증거라고 할 수 있다. 그러나 이교(異敎)의 예배 행위는 인간의 사상에서 난 것이다. 그만큼 그 둘 사이에는 천양지차(天壤之差)가 있다. 율법과 선지자의 증거의 성취로 나타난 것이 복음이니, 그것은 우주보다 크신 하나님의 진실을 그 경위(經緯)로 가진 언약 성취의 결단인 것이다. 바울은 이 구절(롬 3:21)에 있어서 이 점을 고조하여 신자의 믿음을 굳게 세워준다.

III

롬 4:3에, "성경이 무엇을 말하느뇨 아브라함이 하나님을 믿으매 이것이 저에게 의로 여기신 바 되었느니라"고 하였다. 니그렌은 로마서 4장을 다음과 같이 분해한다. 곧, 1-8절은 율법 외에 하나님의 의(義)를 얻는 데(3:21) 대한 율법과 선지자의 증거로서 구체적 예를 들었다. 곧, 아브라함은 율법의 대표로 친히 믿음으로 의(義)를 얻었으므로 이를 증거하고, 다윗은 선지자들의 대표로 이런 행복에 대하여 증거한다고 하였다(6-8). 그리고 9-12은 이렇게 순연(純然)히 은혜로 얻는 의(義)가 할례(割禮)와 관계없다는 것이고, 13-17절은 이런 행복이 율법과 관계없다는 것을 말한 뒤에, 18-25절은 믿음으로 의롭다 함을 얻은 표본으로서 아브라함에 대하여 다시 말한다고 하였다.[14]

로마서 4장에 대한 이와 같은 견해는 내용 분해로서는 받을 만하다. 그러나 우리는 본장에 있어서 신학적 의미를 찾아보려고 한다. 즉 바울은 먼

---

14 Nygren, *Der Römerbrief*, pp. 126-135.

저 아브라함이 믿음으로 의(義)를 얻은 행복에 대하여 말하고, 그 뒤에 이 행복이 언약 성취(言約成就)의 원리에서 왔다는 것을 그 나머지 부분에서 고조한다. 우리가 본장에서 이런 신학적 관찰을 가지지 못한다면 유감스럽게도 본장 말씀의 핵심을 파악하지 못하게 된다. 이 언약 사상을 지적하기 전에 본장의 제목이라고 할 수 있는 3절 말씀을 해석하려고 한다. 여기 있는 대로 "아브라함이 하나님을 믿으매"라고 한 뜻은 무엇인가? 이 말씀의 배경은, 창 15:5에 하나님께서 아브라함에게 하늘에 있는 뭇별을 보여 주시고 그의 자손이 이와 같이 많으리라고 한 약속이다. 그러므로 아브라함이 하나님을 믿었다는 말은 그런 약속을 주신 하나님을 믿었다는 것이다. 그 믿음은 그 약속만을 믿었다는 의미는 아니다. 기독자의 신앙은 언제나 하나님을 직접 상대로 하지 않는 것은 없다. 니그렌은 다음과 같이 말하였다. "하나님과 신앙은 바울에게 있어서 불가분리적(不可分離的)으로 함께 한다. … 신앙은 하나님에게 속하여 있는 사실을 통하여 하나님의 내용을 파악하는 것이다"라고 하였다.[15]

그러므로 이 믿음은 약속을 믿는 것이지만 약속 그 자체를 하나님에게서 구분하여 별도로 믿는 것이 아니다. 아브라함이 "하나님을 배경하고 하나님에게 의존하는 약속을 믿은 것만큼 그 믿음을 가리켜 하나님을 믿은 신앙"이라고 말하는 것이 마땅하다. 그러면서도 그 믿음에 내포된 것은 메시야로 말미암아 아브라함의 믿음 계통으로 하나님의 백성 될 자가 별과 같이 많게 될 사실이다. 그러므로 롬 4:3에 이른 바 "이것이 저에게 의로 여기신 바 되었느니라"고 한 말씀은, 그 믿음의 이와 같은 내용으로 인하여 의롭다 함이 되었다는 것이다. 다시 말하면 리델보스(H. Ridderbos)가 말한 것과 같이, "여기에 의롭다 함이 되었다는 것은 믿음 자체에 원인을 가진 것이 아니고 믿음으로 말미암아 파악된 내용(곧, 장차 오실 예수 그리스도를 통하여 하나님의 하실 일)

---

15 Ibid., p. 137: Gott und Glaube-die beiden gehören nach Paulus untrenbar zusammen. … Der Glaube ist, was er ist, durch seine Gebundenheit an Gott.

으로 인하여 의롭다 함이 된다는 의미이다."¹⁶ 그러므로 이 신앙은 장차 오실 메시야를 믿은 믿음이다(갈 3:16).

아브라함이 이렇게 신앙으로 말미암아 의를 얻은 사실은 구원에 대한 언약의 계시의 조종(祖宗)이라고 할 수 있다. 그 이유는 다음과 같다.

(1) 그 자신이 본래 모든 이방인들 중 한 사람으로서 그런 칭의를 받았기 때문이다. 롬 4:10-12에 말하기를, "그런즉 이를 어떻게 여기셨느뇨 할례시냐 무할례시냐 할례시가 아니라 무할례시니라 저가 할례의 표를 받은 것은 무할례시에 믿음으로 된 의를 인친 것이니 이는 무할례자로서 믿는 모든 자의 조상이 되어 저희로 의로 여기심을 얻게 하려 하심이라 또한 할례자의 조상이 되었나니 곧 할례 받을 자에게 뿐 아니라 우리 조상 아브라함의 무할례시에 가졌던 믿음의 자취를 좇는 자들에게도니라"고 하였다. 무할례(無割禮)는 이방인의 증표로서 이스라엘 백성에게 업신여김이 되었었다(삼상 17:26, 31:4). 아브라함이 칭의(稱義)를 받던 그 시기(時期)에는 역시 그런 사람(무할례인)이었다.

이 점에 있어서 바르트는 옳게 지적하는 바 있으면서도 지나쳐서 진리에서 탈선한 해석을 가지기도 한다. 그는 말하기를, "하나님이 아브라함을 부르셨을 때에 그는 아직도 불의한 자였다. 그는 족장이 아니었고, 신정국가(神政國家)의 대표자도 아니었다. … 경건한 영적 경험으로 동반되지 아니한 것이었다. 신앙이란 것은 이런 모든 사실들에 대한 전제(前提)이고, 그 사실들은 신앙에 정반대되는 것들이다. 신앙은 종교도 아니며 비종교도 아니며, 거룩되지도 않고 속되지도 않다. 그것은 언제나 이 둘이다. 창세기에 아브라함을 부르심과 그의 신앙은 의심 없이 순연한 시초(始初)이다. … 종교 역사의 관점에서 볼 때에 아브라함은 이교도(異教徒)였으며 유대인이 아니었다. 그리고 구원사(救援史)의 입장에서 볼 때에 그는 불경건(不敬虔)한 자 중의 한 사람이요(5

---

16 Ridderbos, *Aan De Romeinen*, p. 93.

절), 죽은 사람이요(12절), 아직 하나님의 백성의 아비가 아니었다. 그가 그렇게 하나님 백성의 아비가 되기는 추후에 된 일이다. … 창세기의 기사(記事)는 아브라함의 보이지 않는 의, 곧 그의 믿음을 역설(力說)한다. 그의 의(義)는 하나님의 존재와 행동 그것이니, 그것은 실상 종교가 그 성과(成果)로 이루는 세상의 발생사(發生史)들과는 정반대되는 것이다"라고 하였다.[17]

여기서 바르트가 옳게 말한 것은 칭의(稱義)를 받던 때의 아브라함은 다만 이방인에 불과하였다고 지적한 그것이다. 그런데 그가 신앙을 정의(定義)함에 있어서 너무나도 초절주의(超絶主義) 처지를 취하여 역사적인 사실들과는 정반대로 존재한다고 하였으니, 그것은 성경에 부합하지 않다. 성경은 사람의 신앙 행위가 역사적인 사건으로도 나타날 수 있음을 말한다. 아브라함이 독자(獨子) 이삭을 하나님께 번제물(燔祭物)로 바쳤으니, 그것은 역사적(歷史的) 행동(行動)인 동시에 신앙적 행동이었다. 바울이 여기서 고조하는 바는, 신앙과 할례가 서로 정반대되는 것이 아니고, 할례보다 앞서 신앙이 아브라함에게 있음에 따라 칭의(稱義)되었다는 그 점이다. 이러므로 아브라함이 신앙에 근거하여 칭의된 사실은 후대의 모든 기독 신자들과도 관련을 가진다. 곧, 아브라함에게 이루어진 칭의 방법은 아브라함 개인 관계에서 멎어진 것이 아니라 그 후 모든 믿는 자들에게 동일한 칭의 방법이 될 것을 약속하기도 한다. 바울이 여기서 이 점을 역설(力說)하였다. 이것이야말로 그때의 유대인들이 할례(割禮)를 자랑하여 할례를 받은 자라야 의(義)를 얻을 듯이 생각하는 망상(妄想)에 대한 폭탄이다. 리델보스는 다음과 같이 말하였다. 곧, "율법에 의한 유대인의 자랑을 철저히 깨뜨림에 있어서 사도 바울은 율법 그 자체(五經 중에 속하는 창세기)에 논거(論據)를 가진다. 그 율법이야말로 실족(失足)할 수 없는 견고한 것이니, 거기 기록된 대로 아브라함이 의(義)를 받았으며, 그와

---

17 Barth, *Der Römerbrief*, 1947, p. 104.

그 자손이 하나님의 약속을 받은 것이다"라고 하였다.[18]

(2) 하나님께서 아브라함에게 주신 언약이 그 후손들에게 확실히 발효(發效)하기 위하여 믿음으로 의(義)를 얻는 제도를 세우셨다고, 바울은 말한다. 그는 13-17절에 말하기를, "아브라함이나 그 후손에게 세상의 후사가 되리라고 하신 언약은 율법으로 말미암은 것이 아니요 오직 믿음의 의로 말미암은 것이니라 만일 율법에 속한 자들이 후사이면 믿음은 헛것이 되고 약속은 폐하여졌느니라 율법은 진노를 이루게 하나니 율법이 없는 곳에는 범함도 없느니라 그러므로 후사가 되는 이것이 은혜에 속하기 위하여 믿음으로 되나니 이는 그 약속을 그 모든 후손에게 굳게 하려 하심이라 율법에 속한 자에게 뿐 아니라 아브라함의 믿음에 속한 자에게도니 아브라함은 하나님 앞에서 우리 모든 사람의 조상이라 기록된 바 내가 너를 많은 민족의 조상으로 세웠다 하심과 같으니 그의 믿은 바 하나님은 죽은 자를 살리시며 없는 것을 있는 것같이 부르시는 이시니라"고 하였다. 여기서 바울이 역설(力說)하는 바는, 아브라함의 칭의 원리(稱義原理)에 기준하여 그 후손이 받을 세상의 후사(後嗣)되는 축복도 율법으로 말미암는 것이 아니라는 것이다. 만일 그것이 율법으로 말미암는다면 율법을 완전히 지킬 자는 없으므로 그 약속하신 바 축복을 얻을 자는 하나도 없을 것이다. 그러므로 하나님께서 아브라함에게 주신 언약이 순연히 믿음으로 이루어지도록 하신 것이다. 그것이 은혜 언약의 본질이다. 리델보스는 언약, 혹은 약속의 성경에 대하여 다음과 같이 말하였다. 곧 "약속의 특질은 바울에게 있어서 견고성(堅固性)이요, 하나님의 신실성(信實性)과 전능성(全能性)에 근거하는 것이며, 무조건적인 것이다. 그러므로 약속과 율법은 서로 정반대 개념에 속한다. 율법은 인간의 소행(所行)에 의지하는 것이고, 약속은 하나님의 구원 의지(救援意志)를 대표하는 것으로서 인간의 죄와 인간의 기피(忌避)함을 불구하고 관철하여 나가는 것

---

18 Ridderbos, *Ann De Romeinen*, p. 95.

이다"라고 하였다.[19]

바울은, 이상과 같이 아브라함과 및 그 후손에게 약속하신 것(가나안 땅을 기업으로 받게 된다는 약속인데 이는 예수 그리스도로 말미암아 내세(來世)의 후사(後嗣) 됨을 예표함)이 믿음으로만 받아지게 된다고 하며, 그 사실이 신약 시대의 축복을 아브라함에게 주신 언약의 성취로 본 것이다.

바르트는 이 점에 있어서 또 잘못 해석하였다. 그는 말하기를, "약속이란 것은 아브라함이 가질 성경적(聖經的) 관망(觀望)과 아무런 접촉을 가지지 않는다. … 약속은 신앙으로 더불어 일치하나니 그 이유는 양자(兩者)가 함께 부정(否定)의 극단을 내포하기 때문이다. 약속은 경험될 수 없으며 황홀의 상태에서 보여지지도 않는다. 그것은 들리지도 아니하고 보이지도 아니하고 느껴지지도 아니한다. … 율법이 약속을 통하여 이루어진다는 주장은 성립될 수 없다. 그 이유는 구체적인 것과 보이는 것은 약속이란 것과 성질상 맞지 않기 때문이다"라고 하였다.[20] 바르트는 여기서 바울의 사상을 오해하였다.

바울의 의미하는 바는, 하나님의 은혜 언약을 율법에 의하여 성취되게 하려면 인간은 늘 율법을 범하기 때문에 성사(成事)되지 못한다는 것이다. 그런데 바르트는 율법이 구체적인 것이고 보이는 것이기 때문에 율법 수행(律法遂行)이 하나님의 언약 성취에 하등의 관련성을 가져오지 못한다는 것이다. 우리는 바르트의 이와 같은 논조에서 바울의 사상과 다른 점을 명백히 보게 된다.

IV

롬 5:14 하반에 "아담은 오실 자의 표상이라"고 하였다. 여기 "오실 자"란

---

19 Ibid., pp. 96-97.
20 Barth, *Der Römerbrief*, pp. 111-112.

말의 헬라어 μέλλοντος는 하나님의 계획과 약속대로 오실 자, 곧 그리스도를 가리킨다. 이 부분(롬 5:12-19)에서 바울이 가르치고자 하는 것은, 행위 언약으로 말미암은 결과와 은혜 언약으로 말미암은 결과에 대한 것이다. 곧, 아담 한 사람으로 말미암아 죄와 사망이 들어온 것과 같이, 그리스도 한 분으로 말미암아 의와 생명이 믿는 자에게 풍성하게 된 것을 가르친다. 이렇게 하나님의 언약 사상을 염두에 둔 바울은, 벌써 5:6 이하에서 그리스도로 말미암은 의(義)와 구원에 대하여 말할 때에, "기약대로 그리스도께서 경건치 않은 자를 위하여 죽으셨도다"라는 말씀을 사용하였다.

여기 이른 바 "기약대로"란 말의 헬라어 κατὰ καιρόν은 현대의 실존론 신학자(實存論神學者) 폴 틸리히(Paul Tillich)가 해석하는 것과 같은 의미를 가지지 않는다. 그에 의하면, "기약 곧 καιρός는 내용과 의의(意義)에 부요(富饒)한 찰나(刹那)로서 영항(永恒)이 시간에 들어오는 시각(時刻)을 의미한다. … 개인이나 단체의 어떤 행동이 한 시대에는 가(可)하나 다른 시대에는 그렇지 못하다. 그러므로 그 행동이 생명 있게 되기 위하여는 사회적, 역사적 환경에 대하여 현실성을 띠고 움직여야 한다. 정치적 이념(政治的理念)이나 사회 개혁의 방침이나, 예술이나 신학이나 종교적 의식(儀式)이 이렇게 때를 맞추어 움직이지 않으면 효과를 낼 수 없는 것이다. 다시 말하면 그것들이 특수한 역사적 시대의 καιρός에 부합해야 된다"라고 하였다.[21] 크레다너스(S. Greijdanus)는 "기약대로"란 말이 하나님께서 정하신 시간을 의미한다고 하였다.[22] 고전 4:5; 갈 4:4 참조.

그러므로 이 부분(롬 5:12-19)의 교훈은 언약 사상을 염두에 두고 나온 것이다. 크로솨이데(F. W. Grosheide)는 말하기를, "여기에 언약이란 말이 사용되지 않은 것은 놀랄 만한 일이다. 그러나 내가 생각하는 의미는 여기 언약 사

---

21 R. Allen Killen, *The Ontological Theology of Paul Tillich*, Kampen, 1956, pp. 210-211.
22 S. Greijdanus, *Romeinen*, vol. I, ch. 1-8, pp. 264-265.

상이 없다는 것이 아니고 다만 언약이란 말이 없다는 것뿐이다. 여기서 가르치는 것은 사망으로 말미암아 다스림이 된다는 것과 생명이 이르는 의(義)로 말미암아 다스림이 되는 것을 말한다. 곧, 인간이 죄악의 통치하에 있음과 또는 은혜의 통치하에 있음을 말한다. … 교리학적으로 말하면 우리는 이런 관계들이 확실히 언약이라는 말로 더 잘 표현된다고 생각한다"라고 하였다.[23]

위에 말한 것과 같이 "아담은 오실 자의 표상이라"는 말은 아담 한 사람으로 말미암은 행위 언약(行爲言約)과 예수 그리스도로 말미암은 은혜 언약(恩惠言約)과의 유사성(類似性)을 지적한다. 유사성(類似性)이라 함은 양자(兩者)가 서로 전적으로 같다는 의미는 아니고, 여기서는 한 사람이 많은 사람을 대표하는 의미에서 같다는 것을 보여주며 겸하여 양자(兩者)의 상호 관련성(相互關聯性)을 보여주는데, 그것이 우연한 관련이 아니고 영원 전에 결성된 하나님의 계획에 들어가는 것이다.[24]

(1) 바울은 여기서 행위 언약과 은혜 언약을 비교함에 있어서 그 언약의 영수(領袖)가 각각 "한 사람"이란 것을 지적한다. 그러므로 이 부분(12-16)에 있어서 "한 사람"이란 말이 열 번이나 사용되었고, 또는 그와 유사한 말(한 범죄, 한 행동)이 두 번 사용되었다. 그러므로 이 부분(12-19)에 있어서 언약의 영수(領袖)가 "한 사람"이란 사실이 극히 중요하다. 바울은 여기서 엄격하게 인류 역사상 인종의 단일성을 생각하였다. 그가 여기서 인류의 근원을 하나로 생각한 것이 결코 어떤 철학적 사상으로 꾸며진 이야기가 아니다. 그는 인류의 조상이 한 사람인 사실을 말할 때에 그 사람을 역사상(歷史上) 실재 인물(實在人物)인 예수 그리스도에게 병립(竝立)시킨 것만큼 첫 사람도 역사상(歷史上) 실재 인물(實在人物)임을 생각케 한다. 인류가 한 조상에게서 발원(發源)

---

23 F. W. Grosheide, *De Openbaring Gods in Het Nieuwe Testament*, p. 171.
24 Ridderboss, *Aan De Romeinen*, p. 116.

하였다는 것은 인류학자들도 부인하지 못한다. 그 이유는 여러 가지 있다.

기독교 세계 삼대 칼빈주의 학자 중 한 사람인 워필드(B. B. Warfield)의 말을 초역(抄譯)하면 다음과 같다. 곧, "모든 인종이 심리적 통일을 가졌으니 곧 저들이 다 함께 동물과 달라서 합리적 성격(合理的性格)과 도덕적 성격(道德的性格)을 가졌으며, 또한 저들이 사용하는 언어(言語)에 있어서 유사(類似)한 법칙으로 작용하는 재능을 가졌다. 그뿐 아니라 모든 민족들이 공동적(共同的)인 유전(遺傳)을 소유한 사실도 있으니, 이런 것은 모두 다 저들이 본래 동일한 근원에서 나와서 발전되었다는 것을 증명한다."[25] 또 역시 삼대 칼빈주의 학자 중 한 사람인 바빙크(H. Bavinck)도 말하기를, "바벨론 연구자나 앗수리아 연구자만이 아니라 광범위의 인종학자(人種學者)들도 강한 이유를 가지고 인류의 발원지는 중앙 아세아라고 생각한다. … 셈족과 아메리카 홍인종 사이에 서로 유사점이 많으므로 과거의 어떤 인종 학자들은, 아메리카 토인들 중에서 잃어버린 이스라엘의 열 지파가 발견된다고 생각하였다"라고 하였다.[26] 우리는 인종의 단일성에 대하여 위에 말한 것과 같은 합리적 증거를 중요하게 생각한다.

그러나 그보다 여기서(12절) 바울의 말한 바가 이 문제에 대하여 최후의 결론을 가져오는 것이다. 성경은 그 전체에 있어서 인류를 단일한 근원이라고 하며, 그들의 천성(天性)도 공통적이고, 죄악도 동일하고 구속(救贖)에 대한 요구도 동일하다는 것을 고조한다. 행 17:26에 말하기를 "인류의 모든 족속을 한 혈통으로 만드사 온 땅에 거하게 하시고 저희의 연대를 정하시며 거주의 경계를 한하셨으니"라고 하였다.

(2) 바울이 이 부분(12-19) 언약론(言約論)에 있어서 한 사람이 많은 사람의 책임을 지고 그들의 장래를 좌우(左右)한 행동(行動)의 원리를 고조한다. 이렇

---

25 B. B. Warfield, *Studies in Theology*, pp. 255-256.
26 H. Bavinck, *The Philosophy of Revelation*, p. 180.

게 언약의 영수(領袖)된 한 사람이 그 언약의 모든 성원(成員)들을 대표하는 원리는, 이 부분의 언약론에 있어서 아담보다 먼저 범죄한 하와를 거론(擧論)하지 않고 인류의 머리의 처지에 있는 아담의 범죄를 거론한 것으로 보아도 알 수 있다(고전 11:3l; 딤전 2:13). 그뿐 아니라 메시야께서 하나님 백성의 대표자 되는 사실은 하나님께서 정하신 바니, 사 53장과 단 7장이 이 사실을 보여준다. 바울이 여기서 그리스도와 아담을 각기 언약의 영수(領袖)로 생각할 때에, 그 대표자로서의 신분을 중요하게 생각한 것이다. 15절 하반에, "예수 그리스도의 은혜로 말미암은 선물이 많은 사람에게 넘쳤으리라"고 하였으며, 17절 하반에는, "더욱 은혜의 의의 선물을 넘치게 받는 자들이 한 분 예수 그리스도로 말미암아 생명 안에서 왕노릇하리로다"라고 하였다. 이렇게 정죄보다 생명의 은혜가 더욱 많은 이유는 구원자이신 예수 그리스도의 속죄적 희생이 무한히 위대하시기 때문이다. 하나님은 심판보다도 구원하시기를 즐기시므로 이렇게 위대한 속죄자를 보내신 것이다.

라이트푸트(Lightfoot)는 말하기를, "이렇게 은혜가 풍성한 이유가 여기 표현되지 않았으나 그것이 바울 신학의 기조(基調)가 되어 있다. 그것은 다음과 같이 해설된다. 곧 하나님은 사랑의 하나님이시며 죄인의 죽는 것을 기뻐하지 아니하시고 그의 뜻은 자비와 용서를 향하여 기울어지신다. 그러므로 죄악의 결과가 모든 사람에게 미쳤다면 우리로서 더욱 확실히 알 것은, 은혜의 결과는 모든 사람에 미치되 더욱 풍성히 미칠 것이라는 사실이다"라고 하였다.[27]

이 부분(12-19)에 있어서 바르트는 아담을 실제(實際)의 역사적 인물(歷史的 人物)로서 보지 않고 다만 하나의 전기적 사화(傳奇的史話)의 인물로만 잘못 생각하였다. 그는 다음과 같이 말하였다. 곧 "아담은 역사계(歷史界)나 심리적 세계(心理的世界)에 존재를 가진 자가 아니다. 그는 장차 올 둘째 아담의 표요

---

27 Lightfoot, *Notes on the Epistles of St. Paul*, p. 291.

그림자에 불과하다"라고 하였다.[28] 그는 그의 교의학(教義學)에서도 역시 아담에 대한 창세기의 기사(記事)를 신화(神話)로 보고 말하기를, "그것은 역사(歷史)가 아니고 다만 신화(神話)인데 … 신화(神話)는 그 기자(記者)가 역사적(歷史的) 방법으로 접촉해 볼 수 없는 것을 역사적으로 기록해 본 결과이다"(意譯)라고 하였다.[29] 그러나 바르트의 이와 같은 견해는 성경에 위반된다. 아담이 역사적(歷史的) 실제 인물(實際人物)이었음은 예수님께서 증거하신 바이며(마 19:4), 또 신약성경 유다서에 "에녹"을 가리켜 "아담의 칠세손(七世孫)"이라고 하였으니(유 1:14), 이것도 아담의 실제적 역사(實際的 歷史)를 말하는 것이다.

바르트는 저렇게 아담의 역사성(歷史性)을 부인하기 때문에 아담의 범죄로 말미암아 유전(遺傳)되는 원죄(原罪)를 부인한다. 그는 그의 로마서 주석에 말하기를, "서양에서 깨달은 대로의 원죄의 교리는 바울에게 있어서는 그렇게 흥미를 끄는 것이 아니었겠다. 그것은 바울의 의미한 바를 역사적(歷史的) 또는 심리학적(心理學的)으로 거짓되이 소개하는 많은 이론 가운데 하나였을 것이다. 아담을 통하여 세상에 들어온 죄는 그리스도로 말미암아 세상에 나타난 의(義)와 마찬가지로 비시간적(非時間的)이고, 초월성(超越性)을 띤 것이었겠다"라고 하였다.[30] 그는 그의 교의학(教義學)에서도 역시 원죄(原罪)를 부인하는 의미로 다음과 같이 말하였다. 곧, "아담은 우리에게 독약을 친 것도 아니고 질병을 전하여 준 것도 아니다. 그의 뒤를 밟아 우리가 행하는 바는, 우리를 불가항력적(不可抗力的)으로 넘어뜨리는 그의 본을 따라 행해지는 것도 아니다"라고 하였다.[31]

그러나 롬 5:12 이하의 말씀에 나타난 언약의 구원론은 어디까지나 아담이란 인물의 역사성에 근거한 것이다. 위에 진술된 바르트의 신학 처지는

---

28 Barth, *Römerbrief*, p. 149.
29 Barth, *Church Dogmatics*, vol. 4. trans. by G. W. Bromiley, p. 508.
30 Barth, *Römerbrief*, p. 149.
31 Barth, *Church Dogmatics*, vol. 4. p. 509.

재래(在來)의 정통 교리(正統敎理)에 위반된다. 원죄 교리(原罪敎理)에 대하여 찰스 하지(C. Hodge)는 다음과 같이 말하였다. 곧 "아담의 죄가 그 자신뿐만 아니라 그에게서 난 모든 후손들까지 해롭게 하였다는 것은 기독교회 전체의 신조(信條) 가운데 한 부분이다"라고 하였다.[32]

V

롬 6:3-4에, "무릇 그리스도 예수와 합하여 세례를 받은 우리는 그의 죽으심과 합하여 세례받은 줄을 알지 못하느뇨 그러므로 우리가 그의 죽으심과 합하여 세례를 받음으로 그와 함께 장사되었나니 이는 아버지의 영광으로 말미암아 그리스도를 죽은 자 가운데서 살리심과 같이 우리로 또한 새 생명 가운데서 행하게 하려 함이니라"고 하였다. 이 말씀은 5:12 이하에 나타난 언약 사상(言約思想)과 판이(判異)한 논조가 아니고 역시 언약 사상의 또 한 가지 다른 면을 보여준다. 곧 이것은 사람이 그리스도를 믿는 신앙고백(信仰告白)에 의하여 그리스도의 지체(肢體)되기를 결정하는 때에 그리스도의 죽음의 공효(功效)와 및 그의 부활의 생명을 갖게 된다는 것이다. 인간은 그저 믿음에 의하여 하나님 백성의 머리 되신 그리스도와 및 그의 공효(功效)를 모두 다 받게 되는 것이다. 이는 마치 포도나무 가지가 포도나무에 붙어 있음으로만 열매를 맺게 되는 것과 같은 것이다. 기독 신앙(基督信仰)은 예수 그리스도와 연합하는 유일한 방편이 되는 것이다. 그 이유는, 예수 그리스도는 하나님께서 세운 구원 언약(救援言約)에 유일(惟一)하신 중보자(仲保者)가 되시기 때문이다. 인간은 중보자(仲保者)가 없이는 구원을 받을 수 없다. 하나님과 인간과의 사이는 인력(人力)으로는 회복할 수 없이 파열(破裂)된다.

헤르만 바빙크(H. Bavinck)는 다음과 같이 말하였다. 곧 "모든 사람들과 국

---

32 C. Hodge, *Systematic Theology*, vol. 2, p. 192.

가들은 그들이 구원에 참여하지 못하였다는 것을 인식할 뿐 아니라 저들에게 구원을 보여주어 실시하는 일은 어떤 특별한 인물로 말미암아서만 될 줄로 확신한다. 인간은 그 자신으로서는 하나님 앞에 갈 수도 없으며 머무를 수도 없다는 사상이 널리 퍼져 있다. 인간은 자기를 하나님에게로 인도할 수 있는 길을 지시하여 줄 중보자(仲保者)를 요구한다. 그러므로 모든 종교는 중보자(仲保者)들을 세워서 그들이 신탁(神託)을 인간에게 준다고 한다.

그러나 인위적(人爲的)으로 세운 그들이 진정한 중보자(仲保者)들은 아니다. 석가(釋迦)와 자로아스트라(Zaroastra)와 모하메드(Mohamed)가 각기 종교를 처음 주장하였으나 실상 저들 자신이 그 종교의 내용은 아니었다. 그 종교로 더불어 가지는 저들의 관계는 본질적(本質的)인 것이 아니고 외부적인 것이었다. 만일 저들이 종교에서 저들의 이름을 없애고 다른 사람들로 대충(代充)한다 할지라도 저들의 종교는 그냥 남아 있는 것이다. 그러나 기독교는 이 모든 다른 종교들과 판이(判異)하게 그리스도의 인격(人格)과 본질적(本質的)인 관계를 가지고 있는 것이다. 예수님은 단지 그의 종교의 최초 고백자(最初告白者) 정도의 인물이 아니다. 즉, 그리스도 자신(自身)이 기독교(基督敎)니, 그는 기독교 밖에 서 있는 이가 아니시고 그 속에 계시는 분이시다. 그리스도의 이름과 인격과 역사(役事)가 없이는 기독교는 존재할 수 없다. 간단히 말하면 그리스도는 기독교를 지향한 길을 보여 주는 이가 아니고 그 자신이 길이시다. 그가 오로지 하나님과 사람 사이에 참되고 완전하신 중보자(仲保者)이시다. 모든 이교(異敎)에는 없는 참된 구원자가 그리스도에게서 실제로 완전한 실현을 보게 되었다"라고 하였다.[33]

그러면 바울은 로마서의 이 부분에서 확실히 가르치기를 사람은 중보자(仲保者) 그리스도와 연합함으로써만이 그리스도로 말미암은 의(義)와 생명을 소유하게 되리라고 한다. 그런데 사람이 그리스도와 더불어 연합하는 데 있

---

[33] H. Bavinck, *Our Reasonable Faith*, trans. by Henry Zylstra, pp. 280-281.

어서 그 방편(方便)으로서 여기서 세례(洗禮)를 말한다. 신앙을 말하지 않고 세례를 말하는 것이 얼핏 보면 의식적(儀式的)인 종교를 보여주는 것 같다. 그러나 바울이 여기서 이렇게 말하는 것은 의식(儀式) 그것을 기독교의 본질로 생각하는 의미가 아니다. 세례(洗禮)를 받는 행동은 결국 사람이 대외적(對外的)으로까지 신앙적 결단을 내리는 고백 행위(告白行爲)이기 때문에 여기서 세례(洗禮)가 관설되었다. 사람이 그리스도 신자로서 공적(公的)으로 자기를 하나님에게 넘기는 행동은, 곧 세례 받는 행동이다. 그러니만큼 사람이 예수 그리스도와 관계 맺는 공적(公的) 출발은 그 세례 받는 행동이라 할 수 있다. 이것은 사람이 세례 받기 전에도 예수 그리스도를 참으로 믿을 수 있다는 사실을 부인함이 아니다. 바울의 사상 가운데 세례 자체가 구원을 가져다준다는 사상은 전연 없다.

이 부분(롬 6:3-4) 말씀에 대한 잘못된 해석들을 여기에 두어 가지 소개한다.

(1) 신자가 세례로 말미암아 그리스도와 연합하는 그 일에 대해서 어떤 학자들은 그것이 신비 종교에서 유래된 사상(思想)이라고 한다. 그들 중에 흔히는 애굽 여신(女神) 이시스(Isis) 종파(애굽 農神)의 영향으로 이런 사상이 기독교에 들어 왔다고 한다. 이시스 종파의 신비적 의식(神秘的儀式)에 사용되는 한 구절을 보면 다음과 같이 말하였다. 곧, "의식에 참가하는 자들이여 용기를 얻으라. 신(神)께서 구원받았도다. 우리를 위한 구원이 가깝도다."[34]

그러나 이것은 망설(妄說)이다. 이 학설에 대한 리델보스(H. Ridderbos)의 비평 중 그 중요한 점은 다음과 같다. 곧 "바울은 그리스도의 부활과 죽음에 대하여 말할 때에 그것을 오래지 않은 과거사(過去事), 또는 많은 증인들 앞에서 일어난 사건으로 생각하면서 역사(歷史)의 중심에 놓았다. 그 반면에 위에 말한 이교(異敎)의 신화(神話)에 속하는 이야기는 연대(年代)가 없으며, 여러 가지 다른 모양으로 되어 있고 일정한 뜻도 없다. 간단히 말하면, 그것은 비시

---

34 Firmicus Maternus, *De errore profanarum religionum*, XXII: θαρρεῖτε μυσται τοῦ θεοῦ σεσωσμένον ἔσται γὰρ ἡμῖν ἐκ πόνων σωτηρία.

간적(費時間的)이고 막연한 신화(神話)의 성격을 지니고 있다. 그것이 신(神)의 죽음과 다시 삶에 대하여 말한다 할지라도 소위 농신(農神)에 대한 이야기임에 틀림없다. 다시 말하면, 초목이 죽었다가 봄에는 다시 소생하는 사실을 가리키는 것이다. 그 이야기는 윤리(倫理)나 대신 속죄(代身贖罪)에 대한 내용을 가지지 못한 것이다. 바울의 종교에 있어서는 믿음과 회개가 불가결의 중요성을 가졌으나, 이방의 신화 종교(神話宗敎)에서는 그 가르치는 이야기가 전적으로 피상적이어서 마술적인 요소가 전적 관계하고 있다"라고 하였다.[35]

(2) 어떤 학자들은 이 부분(롬 6:3-4)에 있는 예수님의 죽으심과 부활에 대한 신자의 동참을 하나의 동시성적 사색(同時性的思索)에 의한 것이라고 한다. 다시 말하면, 그리스도의 죽으심과 부활을 우리 시간 관념으로 생각하지 않고 비시간적인 사건들로 취급하면서 어느 시대의 사람이든지 동시성(同時性)을 띠고 관계할 수 있는 것이라고 생각함이다. 그러나 바울은 이 부분에 있어서 시간 관념을 무시하는 것이 아니다. 그는 그리스도께서 인류 역사상의 일정한 시각에 죽었다가 다시 살아나신 사실을 생각하면서 이런 말을 한 것이다. 그리스도의 죽으심과 부활이 인간에게 축복을 가져오게 하기 위하여서 그가 그리스도와 인간과의 동시성적 사색(同時性的思索)을 필요하게 여긴 것은 아니다. 그는 아담의 범죄로 말미암은 저주가 그 후 모든 사람들에게 미치게 되는 사실도 양자(아담과 그 후 사람들)의 관계를 동시성(同時性)으로 보아야만 된다고 하지 않을 것이다.

VI

갈 3:6-29에서 사도 바울이 가르치는 것은 하나님의 언약의 통일성(統一性) 또는 불변성(不變性)이다. 곧, 구약이나 신약이나 동일(同一)하게 믿음으로

35　H. Ridderbos, *Paulus En Jezus*, p. 15.

만 의(義)를 얻는다고 가르친다는 것이다. 하나님이 아브라함에게 의(義)를 주신 방식이나, 신약 시대에 그리스도 신자들을 의롭다고 하시는 방식이 결국 동일함을, 바울이 여기서 논증한다. 신약은 구약의 발전적 성취에 불과한 것이다. 구원 관계로 아브라함에게 된 사실과 그로 말미암아 나타난 예언(혹은 약속)은 신약 시대에 그리스도로 말미암아 완전히 성취되었다. 그러므로 기독교는 믿기 어려운 우연한 진리를 가르치는 것이 아니고 영원 전부터 또는 구약 시대를 통하여 언약하시고 예언하신 것이 여러 천 년을 지난 후에라도 이루어지고야만 확실한 진리를 가르친다.

(1) **은혜 언약 해설**(6-9)

6-7절에 "아브라함이 하나님을 믿으매 이것을 그에게 의로 정하셨다 함과 같으니라 그런즉 믿음으로 말미암은 자들은 아브라함의 아들인 줄 알지어다"라고 하였다. 여기 아브라함이 하나님을 믿은 사실을 그에게 의로 정하셨다는 것은, 이 아래 소개할 Luther의 해석의 한 부분과 같이, 사람의 심리나 태도가 하나님이 보시기에 아름다워서 의(義)로 정함이 되었다는 것이 아니다. Luther의 말을 소개하면 이러하니, 곧 "믿음은 이성(理性)을 죽인다. 이성(理性)이란 것은 실상 하나님을 영화롭게 하지 못하고 도리어 욕되게만 하는데, 믿음은 그것을 죽이고 하나님을 믿는다. 이는 곧 하나님을 참되시다 하며, 지혜로시다 하며, 의로우시다 하며, 자비하시다 하며, 전능하시다고 하여, 그를 모든 좋은 것을 성취하여 주시는 이로 여기는 행동과 같다. 그러니만큼 이것이 하나님을 기쁘시게 하는 예배와 같으니, 하나님은 그것을 의(義)로 여기신 것이다"라고 하였다.[36]

그러나 우리가 보기에는, 갈 3:6에 아브라함이 "하나님"을 믿었다는 말은 하나님의 권위로 인(印)치신 그리스도 중심의 약속(창 15:5)을 믿었다는 뜻

---

36 M. Luther, *Commentary upon the Epistle to the Galatians*, pp. 196-198.

인 만큼, 그리스도의 의(義)를 받았다는 결론이 된다. 하나님은 인간의 그 어떠한 의(義)라 할지라도 그것으로써 하나님의 기업을 누릴 만한 의(義)의 자격으로 간주하지 않으신다. 그 이유는 인간의 의(義)는 완전하지 못하며 영구하지 못할 뿐 아니라 인간에게는 죄가 언제든지 있기 때문이다. 아니 그보다도 궁극적으로 말하면 인간 그 자체는 전적으로 부패하였기 때문이다. 하나님이 주시는 기업(基業)을 누리게 할 만한 의(義)는 오직 예수 그리스도뿐이시다. H. Ridderbos는, 여기 "이것을 그에게 의로 정하셨다"라고 함에 대하여 다음과 같이 말하였다. 곧 "아브라함이 믿음으로 의(義)를 얻었다고 할 때에 이것은 소극적으로는 아브라함이 그리스도의 공로(功勞) 때문에 유죄자(有罪者)의 권외(圈外)에 있는 자로 간주됨이고, 적극적으로는 하나님이 보시는 의(義)의 표준에 가합(可合)한 자로 간주됨이다. 따라서 이러한 칭의(稱義)는 조금도 억지가 아니다. 그와 마찬가지로 그리스도 안에 신자들도 칭의를 받는다"고 하였다.[37]

Luther도 이와 같은 해석을 추가하였다(앞에서 벌써 말한 바와 같이, 그가 믿음의 내용 이외에 믿음의 어떤 경건(敬虔)한 태도를 칭의(稱義)의 이유의 일부로 생각한 것은 잘못이지만).

바울은 윗말에 대한 결론으로 선언하기를, "믿음으로 말미암은 자들은 아브라함의 아들인 줄 알지어다"라고 하였다(7절 끝). 이것은 갈라디아 교회에 유대주의자들이 그릇된 교훈, 곧 율법주의를 퍼뜨렸기 때문에 준 경고이다. 그리스도를 믿어도 할례(割禮)를 받아야 의롭다 함을 받는다는 주장 같은 것은 이런 선포 앞에 설 수 없는 것이다. 구원 문제에 있어서 그리스도 이외의 다른 것을 가하는 것은 하나님의 언약 체제(言約體制)에 위반하는 것이다. 하나님께서 아브라함을 칭의하실 때에 그의 믿음(그리스도를 믿음)만 보시고 하신 것이었다. 그것은 만대(萬代)에 변할 수 없는 진리(眞理)니, 누구든지 믿음으로 말미암는 자는 곧 아브라함의 아들이다. 여기 "믿음으로 말미암는다"

---

37 H. Ridderbos, *The Epistle of Paul to the Churches of Galatia*, p. 119.

란 말(ἐκ πίστος)은, 실상 믿음으로 인(因)한다고 번역해야 된다. 믿음으로 인(因)한다고 함은 근원을 가리켜 하는 말이니, 곧 의(義)의 본질, 성격, 존재 등 전부가 믿음으로 받아진 그리스도로 말미암아 소유됨을 의미한다.

8-9절에 "또 하나님이 이방을 믿음으로 말미암아 의로 정하실 것을 성경이 미리 알고 먼저 아브라함에게 복음을 전하되 모든 이방이 너를 인하여 복을 받으리라 하였으니 그러므로 믿음으로 말미암은 자는 믿음이 있는 아브라함과 함께 복을 받느니라"고 하였는데, 이 말씀으로써 바울은 위의 이론을 한층 더 강화한다. 이제는 성경의 권위(權威)를 가지고 앞에서 논증한 사실을 밝힌다. 여기서 "성경이 미리 알고"란 말, πρόδουσα δὲ ἡ γραφὴ는 성경을 인격(人格)인 것처럼 내세운다. 곧, 성경의 말씀이 우연적이 아니고 의식적(意識的)으로 고금(古今)을 통한 진리를 내다보며, 언약의 성격을 가지고 늘 같은 말을 하는 권위(權威)있는 것임을 지적한다. 물론 성경은 인격이 아니고 성경을 통하여 말씀하시는 하나님께서 인격(人格)이시다. 다만 성경은, 그것이 하나님의 말씀인 점에서 하나님의 권위를 가지는 것이다. 그러므로 그 자체가 인격은 아니면서 무소부지(無所不知)하신 인격의 지능(智能)을 표현하는 기관(器官)인 것만큼 여기서 인격시(人格視)되는 문학적 취급을 받을 만하다. 바울은 이 같은 내용의 말씀을 행 20:32에서도 하였다.

그러면 바울이 이 점에서 강조하는 것은 이방인이 그리스도 신앙으로 말미암아 칭의(稱義)되는 사실이 하나의 우연적인 사태가 아니고 하나님께서 인류를 상대하시고 아브라함과 언약하시는 마당에서 그에게 전하셨던 복음이라는 것이다. 바울은 여기서 "복음"이라는 말을 사용할 때에 신약 시대의 복음이 결국 아브라함에게 주신 언약 내용과 동일하다는 사실을 지적한다. 그 언약 내용은 "땅의 모든 족속이 너를 인하여 복을 얻을 것이니라"(창 12:3)고 하신 것이니, 곧 이방인들이 아브라함의 자손 가운데서 나실 예수 그리스도를 믿음으로 말미암아 구원을 받으리라는 뜻이다. 그러므로 바울은 결론하기를, "믿음으로 말미암은 자는 믿음이 있는 아브라함과 함께 복을 받느니라"고 하였다(9절). 여기 "함께"란 말(σύν)은 그리스도를 믿는 모든 자들이 구원 축복을 받음에 있어서 아브라함과 다름이 없을 것을 고조한다. 여기에는 할례(割禮)나 무할례(無割禮)나 유대인이나 이방인이나 그 어떤 외부적인 조건이 아무런 방해도 하지 못한다.

(2) 율법은 본래 인간에게 의(義)를 주기 위하여 제정(制定)된 것이 아님(10-12)

10-12절에 "무릇 율법 행위에 속한 자들은 저주 아래 있나니 기록된 바 누구든지 율법책에 기록된 대로 온갖 일을 항상 행하지 아니하는 자는 저주 아래 있는 자라 하였음이라 또 하나님 앞에서 아무나 율법으로 말미암아 의롭게 되지 못할 것이 분명하니 이는 의인이 믿음으로 살리라 하였음이니라 율법은 믿음에서 난 것이 아니라 이를 행하는 자는 그 가운데서 살리라 하였느니라"고 하였는데, 이 말씀은 율법이 제정(制定)된 것이 인간에게 의(義)를 주기 위함이 아님을 잘 밝혀 준다. 구약 자체가 인간이 율법으로 의(義)를 얻을 소망이 없음에 대하여 역설(力說)하는 동시에, 믿음으로만 영생을 얻는 사실을 고조한다. 바울은 여기서도 합 2:4을 인용하였으니, 곧 "의인은 믿음으로 살리라"고 한 말씀이다. 여기 "믿음"이란 말은 히브리어로 에므나(אֱמוּנָה)이다. 힛지히(Hitzig)는 이 문구를 해석하면서 고상(高尙)한 성격, 혹은 확신(確信)있는 신실성(信實性)을 의미한다고 하나, 그보다는 델리취(F. Delitzsch)의 해석이 이 문구의 뜻을 더 밝히 드러낸다. 그는 말하기를, "이것은 견실(堅實)함을 의미하는데, 특별히 하나님에게 관하여는 그의 약속 성취(約束成就)에 대한 신실성(信實性)을 의미한다. 그리고 … 하나님에게 대한 인간의 관계에 있어서는 그가 하나님에게 굳게 붙어서 은혜로운 언약을 동요 없이 믿음을 의미한다"라고 하였다.[38] 바울은 이렇게 구약에서도 인간의 구원이 믿음으로 말미암는다고 가르친 것뿐이다.

---

38 F. Delitzsch, *The Twelve Minor Prophets*, p. 73.

(3) 아브라함에게 약속하신 구원의 축복이 이방인에게 미치도록 하는 하나님의 방법(13-14)

13-14절에 "그리스도께서 우리를 위하여 저주를 받은 바 되사 율법의 저주에서 우리를 속량하셨으니 기록된 바 나무에 달린 자마다 저주 아래 있는 자라 하였음이라 이는 그리스도께서 예수 안에서 아브라함의 복이 이방인에게 미치게 하고 또 우리로 하여금 믿음으로 말미암아 성령의 약속을 받게 하려 함이니라"고 하였다. 여기서 바울은 그리스도의 죽으심이 우리를 구속(救贖)하시기 위한 저주(咀呪)였다는 사실을 지적한다. "그리스도께서 우리를 위하여 저주를 받은 바 되사"란 말(13절 상반)의 헬라어 γενόμενος ὑπὲρ ἡμῶν κατάρα를 직역(直譯)하면 "그리스도께서 우리를 위하여 저주(咀呪)가 되사"이다. 이것은 저주를 받는다는 말보다 더욱 강하다. 이 점에 있어서 바울은 그리스도의 죽으신 방식, 곧 십자가에 못 박히신 사실을 저주(咀呪)의 죽음으로 해석한다. 그의 이 해석은 성경에 근거한 것이다(신 21:23). 이것은 그리스도의 죽으심이 믿는 자의 받을 저주(咀呪)를 대신하셨다는 대속 성격(代贖性格)을 강하게 보여준다(사 53:5-6).

(4) 은혜 언약의 불변성(15-29)

15-29절에, "형제들아 사람의 예대로 말하노니 사람의 언약이라도 정한 후에는 아무나 폐하거나 더하거나 하지 못하느니라 이 약속들은 아브라함과 그 자손에게 말씀하신 것인데 여럿을 가리켜 그 자손이라 하지 아니하시고 오직 하나를 가리켜 네 자손이라 하셨으니 곧 그리스도라 내가 이것을 말하노니 하나님의 미리 정하신 언약을 사백 삼십년 후에 생긴 율법이 없이 하지 못하여 그 약속을 헛되게 하지 못하리라 만일 그 유업이 율법에서 난 것이면 약속에서 난 것이 아니리라 그러나 하나님이 약속으로 말미암아 아브라함에게 은혜로 주신 것이라 그런즉 율법은 무엇이냐 범법함을 인하여 더한 것이라 천사들로 말미암아 중보의 손을 빌어 베푸신 것인데 약속하신

자손이 오시기까지 있을 것이라 중보는 한 편만 위한 자가 아니라 오직 하나님은 하나이시니라 그러면 율법이 하나님의 약속들을 거스리느냐 결코 그럴 수 없느니라 만일 능히 살게 하는 율법을 주셨더면 의가 반드시 율법으로 말미암았으리라 그러나 성경이 모든 것을 죄 아래 가두었으니 이는 예수 그리스도를 믿음으로 말미암은 약속을 믿는 자들에게 주려 함이니라 믿음이 오기 전에 우리가 율법 아래 매인 바 되고 계시될 믿음의 때까지 갇혔느니라 이같이 율법이 우리를 그리스도에게로 인도하는 몽학선생이 되어 우리로 하여금 믿음으로 말미암아 의롭다 함을 얻게 하려 함이니라 믿음이 온 후로는 우리가 몽학선생 아래 있지 아니하도다 너희가 다 믿음으로 말미암아 그리스도 예수 안에서 하나님의 아들이 되었으니 누구든지 그리스도와 합하여 세례를 받은 자는 그리스도로 옷입었느니라 너희는 유대인이나 헬라인이나 종이나 자주자나 남자나 여자 없이 그리스도 예수 안에서 하나이니라 너희가 그리스도께 속한 자면 곧 아브라함의 자손이요 약속대로 유업을 이을 자니라"고 하였다.

바울은 여기서 아브라함에게 주신 은혜 언약(恩惠言約)이 그의 후대(後代)에 임한 율법(律法)으로 말미암아 변동됨이 없음을 지적한다. 바울은 이 불변성을 지적함에 있어서 몇 가지 논증을 가졌다. 곧, ① 언약이란 것은 그 자체의 성격으로 보아 폐지(廢止)될 수 없는 것이다(15-18). ② 후대에 들어온 율법은, 성질상 은혜 언약과 교체(交替)하려는 것이 아니었고 다만 "범법함을 인하여 더한 것"이다(19절). 여기서 "범법함을 인하여 더한 것"이라 함은 인생들로 하여금 그 범죄한 것이 많음을 알도록 하기 위하여 율법을 주셨다는 뜻이다(롬 4:15, 5:20). 그러면 율법의 목적은 새로운 구원 방법을 제시함이 아니고 인간으로 하여금 죄를 깨닫게 함에만 있다. 그러니만큼 율법이 옴으로 재래의 은혜 언약(恩惠言約)이 변동될 리는 만무하다. ③ 약속으로 되어지는 은혜 언약은 율법의 제도(에덴 동산에서 하나님이 아담에게 주신 행위 계약인데 그 언약에서는 사람이 실패했음)와 달라서 하나님께서 홀로 이루심으로 끝까지 그대로 나아가며 실현되는 것이다. 그러니만큼 그것은 인간의 부족한 것을 문제로 삼지 않는 것이다. 이런 의미에서 20절에 말하기를 "중보는 한편만 위한 자가 아니나 오직 하나님은 하나이시니라"고 하였다. 다시 말하면 율법은 양편이 충실해야 목적을 이루도록 되었었지만 은혜 언약은 하나님 한 분께서 전담(全擔, 십자가의 代贖)하시고 이루신다는 것이다. ④ 율법은 은혜 언약을 거스리지 아니하고 돕는다는 것이다(21-26). 율법은 은혜 언약에 속한 자들에게 대하여 몽학선생(蒙學先生)의 일을 하고 있다(24절). 몽학선생이란 옛날에 어린 이들을 보살피며 돕는 자를 의미하였다. 그런데 여기서 율법을 몽학선생이라고 한 것은 율법이 인간으로 하여금 구원과 자유에 점차 진행하도록 도와 준다는 의미가 아니고, 다만 율법이 인간을 결박하듯, 가두듯(죄 아래)하여 구원과 자유를 갈망하고 사모하도록 만들어 준다는 것뿐이다(23절). 율법은 이런 역할을 통하여, 사람들로 하여금 구원과 자유에 이르게 하는 그리스도를 사모하여 믿도록 만들어 준다. 이런 의미로 리델보스(H. Ridderbos)는 "몽학선생"이란 말을 해석하였다.**39**

---

39 H. Ridderbos, *The Epistle of Paul to the Churches of Galatia*, p. 146.

요 1:1-18에 나타난 말씀의 운동

신학지남 30/3 (1963. 9): 48-53.

1. 말씀(Logos)은 하나님과 등등이시다(1, 2절)

그것은 "태초에 말씀이 계시니라"라는 말씀과 "하나님과 함께 계셨으니"라는 말씀이 증거한다. 말씀이 하나님과 동등이신 사실은, 우리가 믿는 예수님이 얼마나 위대하신 것을 보여준다. 우리를 위하여 죽으신 분이 바로 이분이시다. 그러므로 그로 말미암아 오는 구원은 하나님이 가지신 부요이다. 그러므로 롬 8:17은 신자가 그리스도와 함께 후사된다고 하였다("자녀이면 또한 후사 곧 하나님의 후사요 그리스도와 함께한 후사니").

2. 만물 창조의 운동(3절)

창조는 인격적 신(人格的神)에 대한 참된 계시(啓示)이다. 일반 철학에 말하는 유출설(流出說)은 결국 범신론(汎神論)에 불과하다. 노자(老子)의 현빈(玄牝)

이나 플라톤(Plato)의 이상(理想)은 유출설에 근거한 것이다. 이 세상 사람들은 하나님을 알지 못한다(고전 1:21). 하나님의 우주 창조를 생각하는 인생은, ① 그 하나님의 살아계신 것을 알며, ② 그의 지혜가 무한하신 줄을 알며, ③ 그의 사랑을 알며, ④ 그의 권능을 알게 되며 그를 찬송하며 그 앞에서 겸손하며 어려운 가운데서도 그를 믿어 위로를 받게 된다(시 33:6, 65:6, 89:12, 121:2, 134:3; 사 37:16, 40:28, 42:5).

"지은 것이 하나도 그가 없이는 된 것이 없느니라"고 한 말씀을 보면 그의 뜻을 거스려 있는 것은 없다는 것이다. 이것은 그리스도만 우리의 구주이심을 성립시키며 그의 구원 행위를 방해할 자가 없다는 뜻도 가진다.

3. 빛으로 생명을 주는 운동(4, 5절)

"빛"은 계시 운동(啓示運動)을 가리킨다. 생명 계시는 곧, 빛이다(Schlatter). 다시 말하면 그것은 하나님의 말씀의 내림(來臨)이다. 그것은 유월절 양과 기타 성전의 제물, 들리운 구리뱀(민 21:8, 9) 등이며 또 메시야를 예표하기 위한 모든 구약 말씀이다. 말씀과 생명은 갈라져 있지 않으나 사람들이 말씀은 생명에서 갈라서 생각한다. 그렇게 하는 것은 사람들의 무지(無知)와 불신앙과 불순종이다. 우리는 하나님 말씀을 알아야 되고 신앙해야 되고 순종해야 된다. 지각(知覺)을 사용하는 것도 이 빛을 깨닫는 방법이지만 신앙과 순종이 더욱 그것을 깨닫게 하는 방법이다. 인간들은 어두움과 같아서 이 빛을 깨닫지 못한다. 그러므로 5절은 그것을 탄식한다.

4. 세례 요한을 통한 운동(6-8절)

여기 "증거"라는 말씀이 세 번 나온다. "증거"라는 것은 "친히 보고 듣고 경험한 바를 남들에게 책임 있게 말하여 주는 것"이다. 이것은 양심적일 뿐 아니라 생사 문제를 걸은 책임 있는 증거이다. 그러므로 세례 요한의 증거는 참된 것으로 유명하다. 요 10:40-42에 말씀하기를, "다시 요단강 저편 요한이 처음으로 세례 주던 곳에 가사 거기 거하시니 많은 사람이 왔다가 말하되 요한은 아무 표적도 행치 아니하였으나 요한이 이 사람을 가리켜 말한 것은 다 참이라 하더라 그리하여 거기서 많은 사람이 예수를 믿으니라"고 하였다.

5. 예수 그리스도의 복음전도를 통한 운동(9-13절)

9절은 예수님의 성역 시작을 말하고, 10절은 예수님을 알지 못하는 일반 세상의 고질(그것은 그가 화육하시기 전에 있던 것이라고 탄식함)을 말하고, 11절은 그의 화육(化肉) 이후 유대인들 중에서 배척 받은 사실을 말한다. 그리고 12, 13절은 이방인이나 유대인이나 할 것 없이 이 믿음 본위로 하나님의 자녀 되게 하는 세계적 복음 운동을 관설한다.

왜 인간은 하늘에서 오신 하나님 아들을 모르는가? 그 원인이 무엇인가? 9-11절이 그리스도에 대한 인간의 무지를 다룬다.

(1) 인생들은 하나님을 아는 영지(靈知)의 작용이 죽었기 때문이다. 엡 2:1에 말씀하기를, "너희의 허물과 죄로 죽었던 너희"라고 하였다. 소경이 빛을 모르는 원인은 빛이 없는 까닭이 아니다. 빛은 있고 그의 얼굴에까지 와서 비치고 있다. 그러나 그에게는 빛을 보는 기능이 죽었다. 색맹(色盲)은 왜 색맹인가? 색깔을 분별하는 기능이 그의 시신경(視神經)에는 없기 때문이다.

(2) 인간은 이 세상만 알고 이 세상만 좋아하며 이 세상 것들로 인하여 거짓 만족할 줄 안다. 이 세상 것을 가지고 만족하는 것은 거짓된 만족인 것이 분명하다. 사람은 "영원"으로야 만족할 자인데(전 3:11), 이 세상 것으로 만족하니 거짓된 만족이 아니고 무엇이리요? 이 세상 것으로 만족하는 자는 반드시 그것을 놓칠 날이 오는데 그 때에야 깨닫는다. 그가 그 때에 깨닫는

것은, 일찍이 소유하였던 이 세상 것들은 이제 꿈에서 새를 잡았다 놓친 것과 같이 생각된다. 남아메리카에 이상한 나무가 있는데 그 나무의 열매를 먹으면 시장기가 없어진다고 한다. 그러나 그것이 그 사람에게 영양을 주지는 못한다고 한다.

그리스도를 아는 자는 오직 거듭나서 그를 믿는 자들뿐이다. 요한일서에 "안다"는 말씀이 대략 34차례 나온다. 그것은 신자를 "아는 자"로 간주한 말씀이다.

(3) 그러므로 하나님께서 그리스도를 세상에 보내시고 사람들더러 하라는 것은, "신앙"이다. 알기 어려운 일에 있어서는 권위 있는 증거를 근거하여 믿을 뿐이다. "알라"고 하지 아니하고 "신앙하라"고 함은 "알 수 없는" 인생들에게 적합한 요구이다. 요 1:12은 "그 이름을 믿는 자들에게는 하나님의 자녀가 되는 권세를 주셨으니"라고 한 말씀이 그 뜻이다. 이 구절에는 "그 이름을 믿는 자"라는 말씀과 "하나님의 자녀가 되는 권세를 주셨으니"라는 말씀이 중요하다. "그 이름을 믿"음은 무엇을 의미하는가? 그것은 예수님께서 하나님의 아들이심을 믿는 믿음이다(요일 5:5). 이 믿음은 사람의 증거보다 큰 하나님의 증거에 근거한 것이다(요일 5:9). 하나님의 증거라는 것은 "성령과 물과 피라 또한 이 셋이 합하여 하나이다"(요일 5:8). "물과 피"는, 사도 요한이 친히 본 참사람 예수님의 죽으신 사실을 말해 주는 것이다(요 19:34, 35). 예수님의 하신 일들은 하나님의 하시는 일들인 것이 너무도 분명하였다. 그러므로 그가 사람인 것이 의심날 정도였다. 그러므로 그가 사람인 사실도 증거됨이 필요하였다. "물과 피"의 증거라는 것은, 하나님의 아들이 참된 사람이신 사실에 대한 사도적 증거이다. 사도적 증거는 성령의 증거와 동행한다(요 16:26, 27).

"권세를 주어 하나님의 자녀가 되게"함은, 그들 자신에게 공(公)과 의(義)가 없어도 되게 함을 가리키나니 그것은 그리스도의 공로(功勞) 때문이다. 그러나 그들의 하나님의 자녀격(子女格)은 이렇게 외부적 권위로만 되게 하는 것만 아니다. 그것은 내부적으로도 되게 하는 원리를 가지고 있다. 그것은 13절이 보여 준다. 이 내부적 원리는 중생(重生)이니, "하나님께로서 난 자들"이라는 말씀이 그것을 의미한다. 신자는 내부적으로 변화하여 천국에서 그리스도와 함께 기업을 누리기에 적응성(適應性)을 가지도록 되어 있다. 그는 중생하여 그리스도의 형상을 닮아간다(고후 3:18). 이것이 없이는 그리스도와 함께 기업을 누릴 수 없다. 어떤 사람이 권세에 의하여 돼지를 자기 아들로 삼는다 하여도 그것이 돼지대로 있는 한(限) 그 일이 참되이 성립될 수 없다. 그는 돼지와 함께 거주(居住)할 수 없다.

그런데 신자가 그리스도를 닮는 일은 점차 되어가는 일이고 돌연히 완성됨은 아니다. 하나님의 자녀격이 완전히 구비되기는 주님의 재림 시에 되는 일이다(요일 3:2). 그러므로 현세에서는 신자가 하나님의 자녀인 여부(與否)가 그것에 대한 증표로만 나타난다. 사도 요한은 그 서신에 이 증표에 대하여 많이 말하였다. 곧, ① "하나님께로서 난 자마다 세상을 이기느니라 세상을 이긴 이김은 이것이니 우리의 믿음이니라"(요일 5:4) 5:1 참조. ② "하나님께로서 난 자마다 범죄치 아니하는 줄을 우리가 아노라"(요일 5:18). 새 생명의 본질은 죄와 반대된다. 기독자가 범죄하는 것은 자가 모순(自家矛盾)이고 사고(事故)이다. 그는 범죄한 뒤에 아프게 회개한다. 3:9 참조. ③ "사랑하는 자마다 하나님께로 나서 하나님을 알고"(요일 4:7). 그에게는 호생지덕(好生之德)이 있다. 그는 사랑하지 못함을 안타깝게 여기며 회개한다. ④ "의를 행하는 자마다 그에게서 난 줄을 알리라"(요일 2:29).

6. 사도 요한이 본 말씀 운동(14-18절)

이 부분의 말씀은, 로고스(말씀)의 화육(化肉)으로 이룩된 신약 계시의 최후적 완전성에 대하여 말한다. 여기 이른바 "말씀이 육신이 되"었다 함은 계시 운동을 묘사하는 관점에서 하신 말씀이다. "영광"이라는 말도 말씀이 육신을 통하여 나타내는 하나님을 알게 하는 운동을 이름이다. 말씀이 육신이 되신 것은, 인생이 깨달을 수 있는 지능(知能)의 도수(度數)를 맞추어 계시한 행동이라고 할 수 있다. 그가 육신이 되셔야 육신인 인간들에게 하나님을 알 수 있도록 하실 것이었다. 태양이 그 밝음을 인간에 직사(直射)하면 인간은 타져 죽을 수밖에 없다. 그러나 그것이 공기의 휘장을 경유(經由)하여 우리에게 오므로 우리의 시신경(視神經)에 알맞는 광도(光度)로 온다. 이런 의미에서 예수 그리스도는 "휘장"이시다(히 10:20). "독생자"라는 말도 하나님의 독특한 사랑의 대상(對象)을 가리킨다. 그가 세상에 오시므로 나타난 계시 이상되는 것은, 영원히 다시 없다. "은혜"라는 말과 "진리"라는 말은, 뒤의 것이 앞의 것을 해설해 준다. 곧, 구약에서 하나님이 은혜 주시마 하시고 약속하신 대로 은혜가 임했으니 그것은 진리, 곧 성취된 실물이라는 뜻이다. 구약은 신약 시대를 은혜의 시대로 예언하였다(렘 31:31 이하). 히 8:9-12 참조.

"충만"이라는 말은 그 이상 더할 나위 없이 가득 채운 것을 의미한다. "은혜 위에 은혜"라는 말은, 받는 은혜가 끊임없이 임함을 가리킨다.

이렇게 신약 계시는 최후적 완전성을 가진 것이다. 그러므로 ① 이 계시의 말씀을 받는 자는 믿는 그 때부터 벌써 영생이 있고, 그것을 반대하는 자는 그 때부터 정죄를 받는다. ② 그리스도를 불신하는 자는 지옥에 가는 것이다. 그가 "그렇게 되어 아까울 것 없고 마땅하다. 그러므로 그리스도를 불신하는 자는 대번 지옥밖에는 갈 곳이 없게 되니, 그리스도 자신이 그로 하여금 멸망에 이르게 하는 냄새 같이 전파된다"(고후 2:16). 그리스도를 믿지 않으므로 멸망하는 자를 변호하여 도와줄 방법은 영원히 없다. 그리스도는 멸망과 영생의 분수령(分水嶺)이다. ③ 그리스도의 말씀이 말일에 심판한다(요 12:48). ④ 이렇게 그리스도는 독일무이(獨一無二)하신 절대적인 의(義)를 우리에게 공급하여 주시는 구주(救主)이시다. 그는 무한(無限)이시며 그는 영원(永遠)이시다. 그러므로 피조 세계(被造世界)의 의(義)는 거기에 협력하지 못하고 도리어 심판을 받는다. 그러므로 인간이 그리스도의 구원을 얻기 위하여 자기의 의를 의지하거나 자랑할 때에는 도리어 구원을 못 받는다. 따라서 그리스도의 의(義)는, 어린아이 같은 자들이 받으며(마 11:25-27), 아무 것도 소유하지 못한 자들이 받는다(고전 1:26-29). 다시 말하면, 누구든지 "그리스도를 믿는 것"만으로 구원을 받는다. 이 믿음은 사람의 재조로 믿는 것도 아니고, 다만 믿음직하여 믿는다. 알렉산더 대왕이 전쟁할 때마다 데리고 다니는 의사가 있었다. 하루는 어떤 원수가 그 의사를 모함하기 위하여 왕에게 편지하기를, "내일 아침에 당신의 의사가 당신에게 독약을 부어 줄 터이니 먹지 마시오" 하였다. 왕은 그날 아침에 의사가 부어 주는 술을 마시기 전에 그 편지를 크게 읽고 그 의사가 대답하기 전에 마셨다고 한다.

스코틀랜드에서 어떤 여행자들이 벼랑에 있는 오리 알을 발견한 후 그곳 가까이 있는 아이에게 돈을 주마하고 그더러 내려가 가져오라고 하였다. 거기 내려가려면 밧줄을 타고 내려가야 될 터인데, 그 밧줄은 여행자들이 붙잡아 주마고 하였다. 그 때에 그 아이는, 자기 아버지가 그 밧줄을 잡아주면 내려가겠다고 하였다. 그는 자기 아버지를 믿었다. 그와 같이 우리가 하나님을 믿는 것은 쉬운 일이다. 우리는 그의 말씀을 체험할수록 그 말씀이 참된 줄 알고 있다. 특별히 최후적 완성으로 오신 계시(啓示)인 예수 그리스도는 그의 진리인 완성이시며 진리 자체이시다. 우리는 그를 믿을 뿐이다.

우리는 의심(疑心)을 용납하지 말아야 한다. 의심은 독약과 같으니 독약은 물리쳐야 한다. 성경에 마귀의 "화전"이라는 것이 있으니 그것은 의심이다. 엡 6:16에 말하기를, "악한 자의 모든 화전을 소멸하고"라 하였다. ⑤ 이와 같은 구원이기 때문에 만물이 모두 다 신자의 것이 된다. 그는 자기를 자랑하거나 의지하거나 구원 밑천에 보탬이 될 것으로 여기지 않는다. 고전 3:21-23에 말하기를, "그런즉 누구든지 사람을 자랑하지 말라 만물이 더 너희 것임이라 바울이나 아볼로나 게바나 세계나 생명이나 사망이나 지금 것이나 장래 것이나 다 너희 것이요 너희는 그리스도의 것이요 그리스도는 하나님의 것이니라"고 하였다. ⑥ 그리스도를 믿지 않는 자는 하나님을 거짓

말하는 자로 여김이다. 요일 5:10에, "하나님을 믿지 아니하는 자는 하나님을 거짓말하는 자로 만드나니 이는 하나님께서 그 아들에 관하여 증거하신 증거를 믿지 아니하였음이라"고 하였다.

뿔트만이 본 대로의 요한복음과 그노시스주의

신학지남 35/4 (1968. 12): 3-12.

우리는 뿔트만(Rudolf Bultmann)의 사상을 검토함에 있어서 그의 여러 가지 저서들을 읽어볼 수 있다. 나는 여기서 그의 요한복음 주석에 나타난 그의 사상을 비판하려 한다.

1. 실현된 종말관(Realized Eschatology)

뿔트만은 말하기를 "예수의 구속 사업은 영지주의(그노시스주의)의 표현으로서 요한복음에서 발견된다. 요한복음에 있어서, 예수는 전재(前在)하신 하나님의 아들이었고, 영원전부터 하나님과 함께 하신 말씀이시다. 그는 빛으로서 소경된 자들을 밝혀주기 위하여 세상에 보내심이 되었다(요 9:39). 그리고 그는 빛이실 뿐 아니라, 생명과 진리이시다. 그는 계시자(啓示者)로서 모든 구원, 축복을 가져오시며, 진리에 속한 자를 자기에게로 부르신다. 그는 자기 사업을 완성하신 후 땅에서 들리워 하늘로 올라가셔서 자기 백성을 위하여 길을 예비하신다. 그는 그렇게 하심으로 저들을 하늘로 영접하신다. 그는 거기 이르는 길이시다. 우리는 이와 같은 표현들에서 영지주의(그노시스주의)의 신화 사상(神話思想)을 잘 볼 수 있다.

영지주의(그노시스주의)의 신화는 구속이란 것을 현재적 실현으로 말하고 있는데, 요한복음의 사상이 그러하다. 요한복음에서 종말관적 사건이 현재에 벌써 실현된 것으로 말한다. 이런 사상은 유대식 종말관과는 다른 것이다. 유대식의 것은 미래를 수평선적(Horizontal)으로 내다본다"라고 하였다.[1] 그리고 뿔트만은 신약 책의 수평선적 종말관(시간을 직선적으로 내다보고 장래의 어떤 시점에 심판이 있다는 것)을 하나의 신화로 보고 그것은 비신화화(Demythologizierung)되어야 한다고 한다. 그러나

(1) 신약 모든 책에는 수미일관하게 수평선적으로 하나님의 세계 심판이 기록되었는데, 어떻게 그것을 모두 다 제거할 것인가? 그렇게 한다면, 그것은 신약 전서를 파괴함이니, 그것은 신약성경을 잘못 취급함이다.

(2) 신약이 말하는 구원사는, 시간적으로 어디까지나 수평선적이다. 하나님께서는 족장들과 선지자들에게 수평선적인 시간관에서 구원을 약속하셨는데, 때가 찼으므로 그것을 성취하셨고 또 성취하신다. 하나님께서 2천여 년 전에 아브라함에게 주신 약속대로 그리스도를 보내시고, 그의 백성을 구속하셨으며(눅 1:55, 73), 또다시 그 성취된 사건을 근거점으로 하여 세계의 종말을 예언하셨다. 그러므로 기독교의 구원사는 어디까지나 수평선적인 역사에서 이루어질 것이다.

(3) 영지주의(그노시스주의)는 언제나 미래의 전망은 가지지 않지만, 요한복음은 현세에 실현되는 종말관 속에도 미래를 내포한다. 요 3:16-18에 현재에 실현된 종말관이 있기는 하여도, 그것은 그리스도의 구원 운동 성격의 완전성을 강조하는 의미뿐이고, 미래의 심판이나 구원을 제거시킴이 아니

---

1 Rudolf Bultmann, *Primitive Christianity in it's Contemporary Setting*, pp. 197-198.

다. 예를 들어 말하면, 요 3:16의 "멸망치 않고"란 말이 반드시 미래 종말관을 제거시킨다고 할 수 없다. "멸망"이란 말에 대하여 키텔(Gerhard Kittel)도 생각하기를 여기 "멸망"이란 말은 소망 없는 영원한 종국을 관설한다고 하였다.² 키텔의 의미한 바는 "멸망"이란 현재사가 마지막 심판의 결과인 비참한 상태를 가리킨다는 것이다. 슐라터(A. Schlatter)도, 이 말은 하나님의 최후 심판을 의미한다고 하였다.³

또 다시 우리는, 요 3:18에 있는 "벌써 심판을 받을 것"이란 말에 대하여도 생각해 볼 필요가 있다. 여기서 이 말은 미래 심판의 존재를 무시함이 아니다. 이것은 믿지 않는 자에게는 미래에 당할 불행도 있지만, 벌써 그 판가름이 현재에 나타났다는 것뿐이다. 그뿐 아니라 여기 사용된 현재 심판 성격을 보여 주는 표현은, 현재적 시간 성격을 강조함보다는 그리스도의 구원 운동의 성격의 완필성을 강조한다. 다시 말하면 그리스도로 말미암는 계시 운동이나 구원 운동이 최후적 완전성을 지니고 있다는 것뿐이다. 하나님의 아들 예수 그리스도 이상 유력한 계시자나 구원자는 없다. 그가 하나님의 독생자라는 요한의 사상도 역시 이 점을 강조했다. 다시 말하면 그는 하나님의 일반적인 종들과 달라서 독일무이하신 아들이시다(마 21:37-42; 히 1:1-2). 그러므로 그리스도를 믿는 여부에 따라서 사람의 최후적 전망이 판가름된다. 요한은 이 점을 강조한 것뿐이다. 그는 미래에 실시될 심판을 무시하지 않는다. 즈안(Theodore Zahn)은 이 구절에 대하여 말하기를, "믿지 않는 자들에게는 심판은 벌써 떨어진 셈이다. 그러나 그 심판에 대한 선포는 세상 끝날에 실시된다"고 하였고, 버나드(J. H. Bernard)도 같은 뜻으로 말하였다.⁴ 그러므로 우리는 다음과 같이 결론할 수 있다. 사도 요한이 전통적 종말관(수평적 종말관)에 대하여 도전하는 의미에서 이 부분(요 3:16-18) 말씀을 하였다는 뿔트

---

2 *Theological Word Dictionary*, Ⅰ, p. 395.
3 A. Schlatter, *Der Evangelist Johanne*, p. 98.
4 *International Critical Commentary, Gospel According to John*, I, p. 121.

만의 주장은 잘못된 것이다.

(4) 사도 요한은 요 5:28-29에 명백하게 수평선적인 역사상 심판을 말하고 있으며, 요한복음 6장에서도 역시 그렇게 말한다. 무엇보다도 먼저 요 5:28-29이 그것을 보여 준다. 거기 말하기를 "이를 기이히 여기지 말라 무덤 속에 있는 자가 다 그의 음성을 들을 때가 오나니 선한 일을 행한 자는 생명의 부활로 나오리라"고 하였다. 이 말씀은 명백하게도 세계 종말에 있을 대심판에 대한 것이다. 그런데도 불구하고 뿔트만(Bultmann)은, 이 부분 말씀을 본래의 원본으로 생각지 않고 후대인의 삽입구라고 한다.[5]

그러나 뿔트만의 이와 같은 주장은 억측에 불과하다. 이 구절들에 대하여 사본상 불일치는 전연 없다. 이 점에 있어서 사본들이 다 함께 동일한 내용을 가졌다는 것은 결코 우연한 일이 아니다. 그것은 그 내용이 저작자의 기록한 그대로인 사실을 확증하는 것이다. 그뿐만 아니라 모든 신약 학자들은 이 부분(요 5:28-29) 말씀이 문맥상으로도 본래의 원본인 사실임을 알려 준다. 세계적으로 알려진 신약 학자 크로솨이데(F. W. Grosheide)는 이 부분 말씀(요 5:28-29)보다 앞서 벌써 27절이 미래의 심판을 말한다고 하며, 이 부분 말씀은 그것의 연속이라고 한다.

그리고 슐라터(Schlatter)은 다음과 같이 말한다. 곧, "본장 19절 이하는 예수의 살리시는 역사와 심판하시는 일이 현세에 벌써 실행된다고 강조한다. 그와 같은 역사의 권세는, 이 부분 말씀(28-29)의 기록된 것 같은 그의 장차 행하실 심판 권세(28-29)에 근거한다"고 하였다.[6] 그러면 슐라터은 이 점에 있어서 사도 요한의 두 가지 사상의 병립을 보여 준다고 한 셈이다. 곧, 영생(혹 심판)의 현재적 실시와 및 세상 끝날의 실시를 지적한다는 것이다. 이와 같은 병립 사상은 사도 요한의 상투적인 표현 방법이다. 요 6:40에도 이

---

5 Bultmann, *Johannes Evangelium*, pp. 196-197.

6 Schlatter, *Johannes Evangelium*, I, p. 152.

와 같은 취급이 나타나 있다. 거기 말하기를, "내 아버지의 뜻은 아들을 보고 믿는 자마다 영생을 얻는 이것이니 마지막 날에 내가 이를 다시 살리라 하시니라"고 하였다. 여기 나타난 사상은 신자들이 현세에서 벌써 영생을 소유한다는 사실과 또한 그들이 대종말에도 부활의 형태로 영생을 받는다는 것이다. 그뿐만 아니라 요 6:44, 54에는 사도 요한이 "마지막 날"이라는 말까지 사용하면서 그의 수평선적인 시간관에 의한 종말관을 표현하고 있다. 그리고 그는 요 12:48에서도 "마지막 날"이라는 말을 사용하였다. 거기서도 그는 현세적 심판과 미래의 심판을 병립시켜 말하고 있으니, 곧 "나의 한 그 말이 마지막 날에 저를 심판하리라"한 말씀이 보여 준다. 예수님께서 땅 위에서 하신 말씀이 미래에도 심판할 만한 권위를 가졌다는 것은, 말씀하시는 그 현재에도 그 말씀이 심판과 같은 종말관성을 띤다는 것이다. 이것을 보면 예수 그리스도의 복음 운동은 종말과 성격 있는 최후의 중요성을 지니고 있다는 것이 알려진다. 그리고 예수님의 심판 성격 있는 말씀은 현세에만 국한된 것이 아니고, 세상 끝날에도 있다는 사실이 알려진다.

2. 중생(요 3:3)

뿔트만(Bultmann)은 요 3:3의 중생이란 것이 그노시스의 영향을 받은 것이라고 생각한다. 그는 말하기를 "요한은 그노시스의 술어만 사용할 뿐 아니라 그노시스의 사상 내용을 어느 정도 채택하였다"고 한다.[7] 그러나 뿔트만은 이 점에 있어서 명백히 과오를 범하고 있다. 그노시스 문헌은 주로 만데안(Mandean) 문건들과 마네키안(Manechian) 문건들과 헬메틱(Hermetism) 문건들이다. 이 문건들은 그 대부분에 있어서 그리스도 이후의 것들이라고 권위 있는 학자들은 판정한다. 다만 어떤 학자들의 말에 의하면, 이런 문건들의 근

---

7 Bultmann, *Johannes Evangelium*, p. 96.

본 사상이, 그리스도 이전에 세례 요한을 중심한 작은 종파에서 유래되었다고 하나, 이 주장을 반대하는 학자들도 많다.

자유주의 학자들 중에서도 리츠만(Lietzmann) 같은 학자도 이를 맹렬히 반대한다. 그러므로 세계적 신약 학자인 메이첸(Machen)과 리델보스(H. Ridderboss) 같은 이들은, 그노시스 문헌들이 기독교에 영향을 준 것이 아니고, 도리어 이 문헌들이 기독교의 영향을 받았다고 주장한다.

그뿐 아니라 그노시스 문헌에서 말하는 중생이라는 것은, 어디까지나 범신론적인 사상을 보여 주는 반면에, 기독교의 것은 어디까지나 유신론적인 것이다. 우리가 그노시스의 소위 중생 사상에 관한 그 한 구절을 인용하면 다음과 같다. 곧 헬메스(Hermes)의 아들 탓트(Tat)는 다음과 같이 말했다. "아버지여 하나님이 나를 새로운 존재로 만드셨습니다. 나는 모든 것을 아나이다. 육안으로가 아니고 심령의 작용으로 아나이다"라고 하니, 그 부친 헬메스(Hermes)가 대답하기를, "과연 그렇다. 사람이 거듭나면 그의 아는 것이 육체적인 몸으로 말미암은 것이 아니고 비육체적인 것이니라"고 하였다. 그때 그의 아들 탓트(Tat)가 다시 말하기를, "아버지여 내가 이제 마음으로 보나이다. 나는 나 자신이 모든 것임을 보나이다. 나는 하늘에도 있고, 땅에도 있고, 물 속에도 있고, 공기 중에도 있으며, 나는 짐승이고 또 식물이니이다. 나는 모태 속에 있는 태아이기도 하고, 아직 잉태되지 않은 자이기도 합니다. 나는 어디든지 있습니다"라고 하였다.[8]

위에 벌써 말한 것과 같이, 뿔트만(Bultmann)은, 우선 요한복음에 나오는 "중생"이라는 술어가 그노시스의 영향을 받은 것이라고 한다. 그러나 하필 "중생"이란 술어가 그노시스의 전용 술어라고 할 필요는 없다. 그리스도의 시대에 있어서 이런 술어가 있었을 것이다. 물론 그 술어가 기독교적인 내용을 가지고 그 때에 사용되었을 것이라고 할 수는 없다. 그러나 기독교는,

---

8 W. Scott, *Hermetica* (Oxford, 1924), pp. 246-247.

그 고유의 진리를 전파함에 있어서 세속 술어를 어느 정도 채용할 수 있었다. 물론 그렇게 채용할 때에 기독교의 새로운 내용을 가지고 그러한 것이다. 우리는 이 점에 있어서 한 가지 예를 들 수 있다. 우리 한국에 선교사들이 처음 와서 복음을 전할 때에 참되신 신의 명칭을 "하나님"이라고 하였다. 그 때에 "하나님"이란 말은, 어느 한 종교에 전속된 것이 아니고 일반적으로 사용되었다. 그런데도 불구하고 그들은 이 명칭을 성경 번역에 채용하였다.

"중생"이란 말이 구약에는 별로 나오지 않는다. 그러나 구약에 중생 사상은 엄연히 존재하고 있다. 이런 경우에 있어서 구약의 사상은 헬라의 술어에 의하여 표현될 수도 있는 것이다. 우리는 이와 같은 사실을 또 볼 수 있다. 곧 구약에는 "양심"이란 말이 없다. 그러나 "양심"이란 말로 표현될 인간의 심리에 대하여 구약은 많이 말하고 있다. 이 심리가 신약에 이르러 비로소 "양심"이란 말로 표현되었다. 구약에 없던 어떤 술어가 갑자기 신약에 나온다고 하여, 우리는 그것을 어떤 다른 종파의 영향이라고 할 것은 없다.

3. 윗 세상과 아랫 세상의 대조(요 8:23)

뽈트만(Bultmann)은, 요한복음에 있는 아랫 세상과 윗 세상의 대조(요 8:23)를 그노시스 사상이라고 한다.[9] 윗 세상과 아랫 세상의 대조는, 문자로는 구약에서 찾아볼 수 없다. 그렇다고 하여 우리는 이것이 그노시스 사상이라고 할 수 있겠는가? 우리는 벌써 이와 같은 난제를 앞에서 취급한 바 있다. 구약에 문자상으로는 이런 대조가 보이지 아니하나, 사상적으로는 하나님과 인간과의 대조, 하늘과 저주 받은 땅과의 대조가 나타나고 있다. 신약에 이르러 이 사상이 특별한 술어로 나타났을 때에, 우리는 그것을 이상하게 여길 필요 없다. 구약의 사상이 신약에 이르러서는 좀 더 명확한 표현으로 나

---

9 Bultmann, *Theology of New Testament*, I, p. 175.

타날 수 있는 것이다.

4. 그리스도께서 내려 오셨다는 사상

뿔트만(Bultmann)은, 윗 세상과 아랫 세상의 대조에 의하여 역시 그리스도가(신약이 말하는) 내려오셨다는 사상까지도 그노시스에 속한다고 하였다. 다시 말하면, 그노시스 사상 가운데 "구속된 구속자"란 사상이 있는데 "구속된 구속자"는 선사 시대에 원시인이 친히 물질을 이기고 나타나서 물질 속에 갇힌 후대의 영혼들을 건지려고 하늘에서 내려왔다고 한다. 뿔트만은 바로 이와 같은 사상이 요한과 바울의 신학에 영향을 주어 그리스도가 내려오셨다고 하는 사상을 성립시켰다고 한다.

그러나 뿔트만의 이와 같은 해석은 너무도 사실에서 이탈된 것이다. 이 점에 있어서 그노시스 사상과 요한의 사상은 근본적으로 서로 다르다. 그노시스의 것은, 위에 말한 대로 어디까지나 비역사적인 신화이고, 요한의 것은 어디까지나 역사적인 인물에 관한 것이다. 그노시스에서 관설된 원시인은, 그 출생이나 그 생애나 그 죽음에 대한 아무런 역사도 가지지 않았다. 그러나 요한의 전한 그리스도는, 참 사람이신 분으로서 출생하셨고, 사람들과 함께 식음을 하시고, 고난을 당하시고, 죽었다가 다시 사신 분이시다.

그뿐 아니라 요한이 전한 대로 그리스도께서 윗 세계에서 오셨다는 사상은, 뿔트만의 생각대로 히브리식 사상이라고 하는 공관복음에도 있다(뿔트만은, 요한복음은 그노시스의 영향을 받은 헬라식 사상이라고 함). 공관복음을 보면, 그리스도께서 전재하셨던 분으로서 이 세상으로 내려오신 사상이 농후하게 나타나 있다. "내가 왔다"는 사상(마 5:17; 눅 12:49-51)은, 분명히 하늘에 계시던 그분이 이 세상에 오셨다는 뜻이다. 그러므로 그리스도께서 이 세상으로 오셨다는 사상은 예수님께서 친히 알려 주신 것이다

5. 예수님과 하나님의 부자(父子) 관계에 대하여

요 5:25에 "아버지께서 아들을 사랑하사 자기의 행하시는 것을 다 아들에게 보이시고 또 그보다 더 큰일을 보이사"라고 하였는데, 뿔트만(Bultmann)은, 이것이 플로티노스(Plotinus)나 필로(Philo)나 헬메티즘(Hermetism)의 그노시스 사상이라고 한다.[10] 그노시스주의는 유출설에 근거하여 세계를 신의 아들이라고 하였다. 그리고 그 사상 체계는, 만물이 다 살아있다고 한다.[11]

그러나 이 사상은 요한의 그것과 다르다. (1) 요한은 하나님과 하나님의 아들 곧 예수님과의 인격적 관계를 말하나, 그노시스주의는 유출적 관계를 말하는 것이다. (2) 요한은 예수님의 운동이 구약의 예언 성취라고 말하며, 이교 사상과 전연 관계하는 바 없다. 예수님이 하나님 앞에 아들의 자격을 가지셨다는 것은 구약 사상이며(시 2:7), 또한 하나님과 예수님과 영적 교제도 구약에 계시되어 있다(시 2:7, 110:1, 4).

6. 생명을 주시는 자의 음성을 듣는 사람들이 살아난다는 사상

요 5:25에 말하기를, "진실로 진실로 너희에게 이르노니 죽은 자들이 하나님의 아들의 음성을 들을 때가 오나니 곧 이 때라 듣는 자는 살아나리라"고 했는데, 뿔트만(Bultmann)은 이것이 역시 그노시스 신화 만데안(Mandean) 문건에서 유래되었다고 한다.[12] 이 점에 있어서 그는 오데벌키(Odeberg)가 수집한 만데안(Mandean) 문집에서 몇 개의 문구들을 실제로 보여준다. (A) "생명의 음성이 부르짖는다. 깨어 있는 귀는 듣는다. 어떤 자들은 듣고 살아나고 어

---

10 Bultmann, *Johannes Evangelium*, p. 185.
11 W. Scott, *Hermetism*, pp. 232-233.
12 Bultmann, *Johannes Evangelium*, p. 194.

떤 자들은 계속하여 잔다"¹³라고 한 말, (B) "생명의 소리를 듣고 그것을 믿고 그것의 교훈을 받아 죽음을 미워하고 생명을 얻는다"¹⁴라는 것, (C) "혈육으로 된 자들의 영들이 생명의 소리를 듣고 믿으면 생명의 집에서 존전에 거하게 되리라"¹⁵고 한 말이다.

그러나 여기 나와 있는 만데안(Mandean) 문건의 내용은, 사도 요한의 사상과 아주 다르다.

(1) 만데안(Mandean) 문건에서 사람의 영혼에게 외치는 자는 역사적 인물이 아니고, 가상적인 우주적 실존인 반면에, 사도 요한은 인간성을 소유하신 하나님의 아들의 음성을 강조한다. 사도 요한이 본 예수는 하나님의 아들인 동시에 역사적인 인물이다(요 4:6, 5:27, 1:14, 2:1, 12, 7:1, 8:59).

(2) 만데안(Mandean) 문건에서는 성령을 가르쳐 흑암의 신(神)이라 하였고, 예수님을 가리켜 거짓 메시야라고 하였으니,¹⁶ 어떻게 사도 요한이 이런 괴이한 문헌에서 사상을 섭취할 수 있었으랴? 그런 일은 있을 수 없다.

(3) 만데안(Mandean) 문건은 주전 7세기 이후(B.C. 700년 이후)에 이루어졌다고 학자들은 공인한다. 그 이유는 거기 마호메드(Mohamed)의 이름도 나오기 때문이다. 비록 그 문건 중에 어떤 부분이 그리스도 이전 것으로 생각되나, 거기 포함된 사상은 파사의 이원론과 관련되어 있다. 이런 사상은 성경을 위반하는 것이다. 사도 요한이 그런 사상을 섭취하지 않았을 것은 명백하다.

(4) 만데안(Mandean) 문건이 말하는 구원론은 영혼이 이 세상을 떠남이라고 하나, 사도 요한의 구원론은 신자들의 부활을 구원의 완성으로 본다. 이렇게 양자는 서로 다르다.

13　Ginza Left 596,9.
14　Ginza Right 12.
15　Ibid.
16　C. H. Dadd, *The Fourth Gospel*, 1953, p. 119.

7. 그리스도의 살과 피를 먹고 마시는 일에 대하여

요 6:51-58에는, 예수님께서 그의 살과 피를 먹으며 마시는 자가 영생을 얻는다고 말씀하셨다. 뿔트만(Bultmann)은 이 말씀이 기독교 성찬과 관련되었다고 하고, 또 성찬은 헬라 종교들의 신비적 의식에서 유래되었다고 한다.[17] 헬라의 푸리기안(Phrygian) 신비 의식(Mysteries)에서는 북과 꽹과리를 치며, 먹고 마시는 일이 있었다. 그리고 다이오니시우스(Dionysius) 신을 예배할 때는, 소의 살을 베어내며 예배자들이 그 고기를 날로 먹었는데, 소는 그들의 신을 대표했던 것이다.[18] 그러나 헬라의 이와 같은 신비 의식은 연대적으로 사도들보다 훨씬 뒤에 생겼으니, 어떻게 사도들의 사상이 그런 것에서 유래되었을까? 그뿐 아니라, 이런 헬라 종파의 신비의식이 기독교 이전의 것도 있다 할지라도 그 내용이 기독교 사상과 서로 다른 것이다. 그 사상 내용은 범신론적이며, 혹은 다신론적이고, 또한 마술적이다. 그와 반면에 요한복음이 말하는 성찬(6장)은 유월절 양을 먹는 사상에 근거한 것이다. 예수님의 이 부분(6장) 말씀이 유월절 지키는 사건과 관련되어 있다. 그뿐 아니라, 여기 나타난 대로 인자(人子)의 살과 피를 먹고 마신다는 사상은 그리스도의 속죄적 희생을 신앙함에 대한 비유뿐이다.

8. 하늘 세계에 대한 요한의 사상

요 14:1-6에 말하기를 "너희는 마음에 근심하지 말라 하나님을 믿으니 또 나를 믿으라 내 아버지 집에 거할 곳이 많도다 그렇지 않으면 너희에게 일렀으리라 내가 너희를 위하여 처소를 예비하러 가노니 가서 너희를 위하

---

17 Bultmann, *Johannes Evangelium*, p. 116.
18 J. G. Machen, *The Origin of Paul's Religion*, pp. 281-282.

여 처소를 예비하면 내가 다시 와서 너희를 영접하여 나 있는 곳에 너희도 있게 하리라 내가 가는 곳에 그 길을 너희가 알리라 도마가 가로되 주여 어디에 가시는지 우리가 알지 못하거늘 그 길을 어찌 알겠삽나이까 예수께서 가라사대 내가 곧 길이요 진리요 생명이나 나로 말미암지 않고는 아버지께로 올 자가 없느니라"고 하였다. 뽈트만(Bultmann)은, 여기 관설된 내세 소망이 유대적 기독교의 색채를 가지지 않고, 개인 본위로 말하는 그노시스주의의 신화에 의한 것이라고 한다.[19] 뽈트만은 여기 요한복음의 내세관이 그노시스 사상에서 말함과 같이, 영혼이 하늘 세계에 올라간다는 것이다. 물론 여기에 있는 말씀이 신자가 별세한 후에 그 영혼이 하늘 세계에 감을 말하지만 그노시스 사상에 있는 것과는 다른 것이다. 그노시스 세계관은 범신론적이며, 유출설에 속한다.

한스 조나스(Hans Jonas)는 그노시스 사상이 말하는 영혼에 대하여 다음과 같이 진술한다. 곧 "사람은 하나님의 본질에서 떨어져 내려온 부분이다"고 하였다.[20] 헬메틱(Hermetism) 문헌에서도 말하기를, 사람의 마음은 하나님의 본질에서 분산된 것이니 이는 마치 광선이 태양에서 분산된 것과 같다고 한다.[21] 따라서 그노시스 사상에서 말하는 영혼의 승천은, 그것이 질적으로 하나님과 재연합함을 의미하는데 점차 성화되어 올라간다는 것이다.[22] 이같은 사상이 헬메틱(Hermetism)에 있다.[23] 거기 있는 말을 보면, 별세한 영혼이 7층 세계를 통과하여 결국 하늘에 이르러 성화되어 신화된다고 한다. 거기 있는 말을 인용하면 이렇다. 곧, "승천에 대하여 내게 말하시오 …" 포이만드레스(Poimandres)가 대답하기를 "내 몸이 용해되면 너는 하늘들을 통과한

---

19 Bultmann, *Johannes Evangelium*, p. 465.
20 Hans Jonas, *Gnostic Religion*, p. 44.
21 Libelius, p.12 XII.
22 Jonas, *The Gnostic Religion*, pp. 45, 166.
23 Libelius 1:25-26.

다. 첫째 하늘은 일이 증가하기도 하고 감손되기도 하는 것이요, 둘째 하늘은 모든 악한 계획들이 있는 곳이요, 셋째 하늘은 사람을 속이는 정욕이 있는 것이요, 넷째 하늘은 교만이 다스리고, 다섯째 하늘은 거룩치 못한 용기와 담력이 다스리고, 여섯째 하늘이 부하기를 원하는 악한 욕심이 있는 곳이요, 일곱째 하늘은 사람을 해하려고 하는 거짓이 기다리고 있는 자리다. 영혼이 이 모든 하늘을 지나서 여덟째 하늘에 있는 본체에 올라가 그 본래의 능력을 받아 가지고 하나님 속으로 들어간다. 이것이 완성이다"라고 하였다.

이와 같은 그노시스 사상은 인간의 자력 구원을 말하는 그릇된 사상이다. 그러나 요한의 구원론은, 어디까지나 하나님의 단독 사역으로 말미암는 구원론이다. 요 14:2 이하는 실상 구약 사상에 근거한 것이다(시 49:45, 73:24). 뿔트만(Bultmann)의 신화 제거(Demythologizierung)주의는, 실존주의적 해석 방법으로서 하나님께 대하여 사람의 쓰는 말은 대부분 신화라고 잘못 주장한다. 그러나 성경에 의하면 사람은 하나님의 형상으로 지음 받았다. 그러므로 하나님의 말씀이 성령에 의하여 사람의 언사로 표현될 수 있다.

오순절 운동(運動)과 선교(宣敎)

신학지남 39/3 (1972. 9): 8-14.

사도행전의 주요한 내용은, 예수그리스도께서 성취하신 속죄 사업에 대한 성령의 증거이다. 예수님이 땅에 계실 때에 약속하신 것과 같이 저가 승천하셔서 보혜사(保惠師) 성령을 보내셨다. 사도들의 선교 운동은 성령을 받은 일로써 출발한 것이다.

오순절에 임하신 성령은 영구한 교회를 위하여 단회성(單回性)을 띤 것이다. 다시 말하면 오순절 성령 강림은 역사상 한 번만 있었고 다시 있을 수 없는 것이다. 이 단회적 사건의 열매로 교회는 영원히 있게 되고, 택함 받은 백성은 세세토록 성령의 은혜를 받게 되었다. 어떤 학자는 말하기를 오순절의 성령 강림을 단회성을 띤 것이라 할 수 없다고 한다. 그는 말하기를 "예루살렘 외에 가이사랴(행 10:44-45), 사마리아(행 8:14-17), 에베소(행 19:6)에도 그와 같이 성령이 임하시지 않았는가?"라고 한다. 그러나 이 사건들은 역시 오순절 성령 강림 사건의 결과로 되어진 일들이다.

1. 오순절 성령 강림의 장소가 보여주는 의의(義意)

이때에 제자들이 모인 곳은 성전이 아니고 개인의 다락방이었다(행 1:13, 2:1-4). 이 점에 있어서 우리가 한 가지 생각할 것은 그 때의 성령 운동이 구약의 예배의식(禮拜儀式)에 의하여 이루어진 것이 아니고 도리어 그것을 초월한 분위기 속(예루살렘 다락방에서 기도하는 중, 행 1:12-14)에서 이루어졌다는 것이다. 그것은 외부적 제도에 매이지 않고 교회를 위한 개인 심령의 성전화(聖殿化)를 위주한다는 것이다. 성전 휘장은 찢어졌다(마 27:51; 눅 23:45).

2. 오순절 성령 강림은 하나님의 약속 성취임

제자들은, 성령을 주시마 하신 하나님의 약속(계약)을 믿고 기다렸다. 그들은 그리스도께서 승천하시기 직전에 "내가 내 아버지의 약속하신 것을 너희에게 보내리니 너희는 위로부터 능력을 입히울 때까지 이 성에 유하라" 하신 그의 최후적인 부탁까지 들었다(눅 24:49). 그들은 예수님의 승천하심을 직접 보고(행 1:9-11), 기쁨으로 예루살렘으로 돌아왔다(눅 24:52).

그러므로 다락방에 모인 그들은 멀지 않아 신천신지(新天新地)를 볼 듯한 긴박감을 가지고 모였던 것이다. 그것이 실상 모든 주관주의를 떠나 순연히 객관적인 약속 신앙에 붙들린 거사(擧事)였다.

그들의 대망하던 아버지의 약속 성취란 것은 종말관적 성격을 띤 것이다. 그 이유는, 그 약속이 바로 베드로가 해설한 것과 같이, 욜 2:28 이하에 예언된 성령 강림에 대한 것이기 때문이다. 욜 2:28 이하의 말씀은 명백한 종말관적 성격을 띤 예언이다. 거기 "말세에"란 말의 헬라 원어($\dot{\epsilon}\nu$ $\tau\alpha\hat{\iota}\varsigma$ $\dot{\epsilon}\sigma\chi\acute{\alpha}\tau\alpha\iota\varsigma$ $\dot{\eta}\mu\dot{\epsilon}\rho\alpha\iota\varsigma$)는, 바로 종말 시대를 의미하는 전문 술어이다.

그러므로 베드로가 약속 성취로 임한 성령 강림을 종말 시대에 속한 것으로 보았던 것이 확실하다. 따라서 아버지의 약속하신 것을 기다리던(행

1:4) 그들의 심정은, 종말관적 긴장을 지니고 있었던 것이다. 이런 긴장을 가지고 기다렸던 "아버지의 약속" 내용은 위에 벌써 관설된 바와 같이 성령의 세례이다.

3. 오순절 성령 강림의 목적

성령 강림의 목적은 그리스도의 부활을 증거하시려는 것이다(행 1:8). 그리스도의 부활은 우리를 구원하시는 사건의 완성이다. 바빙크(H. Bavinck)는 말하기를 "그리스도께서 몸으로 다시 살지 않으셨다면, 죽음과 죄와 사망의 권세를 잡은 자가 정복되지 않았다는 뜻이 되어진다. 그렇다면 승리자는 그리스도가 아니고 사단이라는 뜻이 되어진다."라고 하였다.[1]

우리의 구원을 성립시키는 중요한 일들은 예수님의 부활이 보장한다. 곧, 그의 부활이 그의 메시야격을 보장함(행 2:36, 3:13-15, 5:31, 10:42), 그의 하나님 아들이신 사실을 보장함(행 13:33; 롬 1:3-4), 그의 능력 있는 구원 은총을 보장함(행 2:23-24, 4:11, 5:31; 롬 6:4, 10), 그의 높아지심을 보장함(눅 24:26; 행 2:23; 롬 6:4; 빌 2:9), 우리의 받을 칭의(稱義)를 보장함(행 5:31; 롬 4:25), 모든 영적 축복의 근원을 보장함(행 2:33, 4:12, 5:31, 롬 6:4), 우리의 부활을 보장함(롬 8:11; 고전 6:14), 기독 교회의 기초를 보장함(행 4:12; 롬 8:11; 고전 15:12) 등이다. 만일 그리스도의 부활이 없었다면 이런 축복된 일들이 성립되었을 수 없다. 신약성경의 모든 놀라운 말씀들은 그리스도의 부활에서 나왔다.

4. 오순절 성령 강림은 성령의 세례임(행 1:5)

성령의 세례는 무엇을 의미하는가? 세례란 것은 언약에 첨가함을 말함

---

1 H. Bavinck, *Gereformeerde Dogmatiek*, Ⅲ, 1910, p. 497.

이다. 고전 12:13에 말하기를, "우리가 유대인이나 헬라인이나 종이나 자유자나 다 한 성령으로 세례를 받아 한 몸이 되었고"라고 하였다. 이것을 보아도 성령의 세례는 불신자로서 회개하고 믿어 계약 백성의 단체(그리스도의 몸)에 속하게 하시는 성령의 은혜를 말함이다. 스토트(Stott)는 말하기를, 성령의 세례를 받는다는 것은 보편적으로 누구든지 구원 계약의 은혜에 참여하는 것을 가리킨다고 하였다.[2] 그러므로 성령의 세례는 반드시 성령 충만에 국한된 표현이라고 할 수 없다. 바울은, 성령의 세례를 받은(고전 12:13) 고린도 교인들을 육(肉)에 속한 자라고까지 말했다(고전 3:1-2).

5. 오순절 성령 강림과 방언의 은사

행 2:1-4은 성령의 강림에 대하여 말하면서 방언에 대하여 말한다. 4절에 말하기를, "저희가 다 성령의 충만함을 받고 성령이 말하게 하심을 따라 다른 방언으로 말하기를 시작하니라"고 하였다. 물론 이 방언은 그때에 제자들이 기적적으로 말하게 된 것이다. 그리고 그것은 이 세상 여러 나라들의 언어였다(행 2:8). 그러나 고린도전서 14장에 취급된 방언은 아무 사람도 알아들을 수 없는 영적 방언이다(고전 14:2). 그런데 이런 이적이 교회 시대에도 있을까?

교회 시대란 것은 계시 시대(啓示時代) 곧 사도 시대와 구분된 시대이다. 사도 시대에는 표준적인 이적과 계시가 있었다. 하나님께서 교회를 세우시기 위하여 이렇게 터를 닦는 의미의 기본적인 역사(役事)를 하였다. 그 시대에 있었던 이적과 계시는 실상, 주님 재림 때까지 장성할 교회의 뿌리와 터전을 이룬 것이다.

이런 의미에서 바울은 사도의 역사를 가리켜 터 닦는 일로 비유하였다.

---

2 John Stott, *The Baptism and Fullness of the Holy Spirit* (Green & Co, 1964), p. 19.

곧, 고전 3:11에 말하기를, "이 닦아 둔 것 외에 능히 다른 터를 닦아둘 자가 없으니 이 터는 예수 그리스도라"고 하였다. 이 말씀의 뜻은 사도가 그리스도를 전파할 계시와 능력을 받아 복음을 나타낸 것을 의미한다. 교회는 이 터 위에 서게 되는 것이다(엡 2:20; 계 21:14).

이렇게 생각할 때에 사도적 역사는 나무에 있어서 뿌리와 같은 것이다. 뿌리는 한 번만 일정한 자리에 자리 잡고 있는 것이다. 거기서 돋아 나온 줄기가 질적으로는 뿌리와 같은 것이지만, 그 모습에 있어서는 뿌리와 다른 점들이 많이 있다.

하나님은 변치 않으시며 그 능력도 여전하시지만, 그의 사역의 경륜은, 사도 시대에는 그렇게 나타내셨고 교회 시대에는 이렇게도 나타내신다. 그가 이스라엘을 광야에서 인도하실 때에는 하늘에서 만나를 내려주셨지만, 이스라엘이 가나안 땅에 들어간 다음에는 만나 내리시기를 그치셨다.

그렇게 되었다고 해서 하나님께서 변하신 것을 의미하는 것은 결코 아니다. 이제 우리가 교회 시대에 대하여 생각해 볼 때에, 이는 마치 뿌리에서 돋아난 나무와 같으니 그 자라나는 도중에 다시금 뿌리의 형태로 자체를 거듭 나타낼 필요는 없는 것이다.

그와 같이 교회는 그 뿌리를 의미하는 사도적 역사를 거듭하지 않는다. 다만 우리가 이 점에 있어서 기억할 것은, 교회 시대에는 사도의 증표를 보여주는 이적은 없다 할지라도 특별 섭리는 있다는 것이다.[3]

특별 섭리란 것이 계시사(啓示史)에 속한 것은 아니지만 역시 하나님의 특수 간섭이기 때문에 놀라운 일이다. 예를 들면, 병자를 위하여 기도할 때에 하나님의 은혜로 고침이 되는 것과 같은 것이다. 그러나 그것이 예수님과 사도의 행한 이적과는 다르다. 가령, 병 고침 받는 실례를 들어 말하면, (1) 예수님과 사도의 이적은 취급된 병자가 모두 치료되었으나 교회 시대의 신

---

3 L. Berkhof, *Systematic Theology*, p. 68.

유(神癒)라는 것은 그렇지 못하고 위하여 기도할 때에 하나님의 은혜로 치료되는 자도 있거니와 치료되지 않는 자도 있다.

(2) 그뿐 아니라, 예수님과 사도의 이적으로 고침 받은 병은 재발하지 않았으나, 교회 시대의 신유는 그 병이 재발되는 경우도 있다.

(3) 예수님과 사도들이 고친 병자들의 몸은 완전해졌으나 교회 시대의 신유는 그렇지 못한 경우가 있는 점이다.

위의 세 가지 사실은 교회 시대의 신유의 특징들을 보여준다. 이러한 특징들이 있게 된 원인은, 하나님의 능력이 교회 시대에 이르러서 약해지셨다는 것이 아니다. 하나님의 권능은 변함없이 역사하신다. 그러나 그 사역 경륜의 이와 같은 차이점은 특별히 교회의 터가 없는 계시 시대(예수님과 사도 시대)의 표준성을 드러내기 위한 것이다.

우리 신앙은, 언제든지 예수 그리스도와 및 사도적 전도 내용(성경)을 표준으로 하고 거기서 안식해야 되는 것이다. 만일 교회 시대에 있어서도 어떤 사람들이 예수 그리스도와 같이 혹은 사도들과 같이, 표준적인 이적을 행한다고 하면, 그들도 역시 성경 말씀과 같은 권위 있는 계시(啓示)도 받는다고 하게 될 것이다.

그러므로 우리는 오늘날의 방언을 사도들의 역사에 나타났던 그 시대의 방언과 같은 수준의 것으로 생각할 수 없다. 현대의 방언 운동에는 많은 그릇된 방언들이 드러난다. 이런 방언들은 물론 금지해야 한다. 다만 방언을 함이 자기에게 유익한 줄 아는 이는 고린도전서 14장의 교훈을 지켜야 될 줄 생각한다.

성경의 교훈을 지키면서 참된 방언을 하는 운동이 있다면, 그것을 반대하는 것은 조심할 일이다. 교회 시대에는 성령의 역사로 나타는 방언이 전연 없다고 할 수 없다. 그 이유는 방언이 교회에 세워진 하나님의 은사라고 성경이 말하기 때문이다(고전 12:28). 그뿐 아니라 성령에 의하여 방언하는 자는 그 은사로 말미암아 자기 자신의 신앙에 유익을 받는다고 하였다(고전 14:4).

6. 오순절 성령 강림은 선교 운동임

사도행전 2장의 성령 강림 묘사에 있어서 우리가 또 다시 명심할 것은 바람 소리가 "불의 혀 같이 갈라지는 것"과 함께 나타난 사실이다. 그 때에 불의 혀같이 갈라진 것이 각 사람의 위에 임하였다고 하였으니 120명에게 120개의 혀 같은 것이 나타났었다는 뜻이다. "다른 방언으로 말하기를 시작하니라"한 말씀(행 2:44)도 여기에 가세(加勢)하고 있다. 이렇게 생명의 역사는 동시에 증거의 역사(혀의 역사)를 동반한다.

성경에 "불"은 심판과 정복의 의미를 가진다. 예수님께서 "불을 땅에 던지러 왔다"고 하셨으니(눅 12:49) 그것은 그리스도의 복음이 세상을 정복할 것을 말씀하심이다. 이렇게 생명의 역사와 증거의 역사는 한 성령님의 동시적(同時的) 운동이다. 생명이 있는 곳에는 증거의 운동, 혹은 정복의 운동이 동반한다.

창조 질서에 있어서도 하나님께서 아담으로 생령이 되게 하시고, 생육하고 번성하여 땅을 정복하라고 하셨다(창 1:28). 구원 질서에 있어서도 역시 그가 사람에게 생명의 성령을 주셨으니, 생명을 얻은 그들은 "혀"로써 복음을 증거하는 운동을 통하여 세상을 정복하도록 되어 있다. 오순절에 성령을 받은 사도들이 각국 방언으로 "하나님의 큰 일(이것은 구원 역사임)을 말한다"고 하였으니(행 2:11), 이것이 그 사실을 가리킨다.

증거 운동은 교회의 많은 일들 중의 하나가 아니고 교회의 근본적인 활동으로서 중심적인 활동이다. 이것은 참된 교회의 생명의 표현인 것이다. 신자가 복음을 증거하지 아니함은 신자의 생명 법칙을 거역함이다. 교회는 증거를 하지 않으려고 해도 하지 않을 수 없다.

선교의 대명(大命)은 교회의 생명의 법이 되었다. 행 1:8의 "내 증인이 되리라"는 말(ἔσεσθέ μου μάρτυρες)은 교회의 할 일을 말해주지 않고 교회가 무엇임을 보여준다(not merely state what the church would do, but what the church would be).

다시 말하면, 교회는 본질상으로 증거자의 요소를 지니고 있다는 것이다.

건전한 교회라면 외부적인 명령이 없이도 자발적으로 선교에 열중할 수밖에 없다. 그러므로 선교 사업은 교회 일부에서만 행할 것이 아니다. 이 일은 교회 자체가 행해야 한다. 크래머(Hendrik Kraemer)는 말하기를, 오순절에 교회가 생겨나자마자 선교 사업(다른 방언으로 말함)을 시작한 것은 의미심장한 일이라고 하였다.⁴ 그것은 외부적인 명령 순종의 동기에서 행하게 된 것이 아니고 그 내적 생명에 뿌리박고 나온 활동이었다.⁵

오순절에 모였던 제자들이 성령으로 말미암아 다른 방언으로 말한 것은, 이렇게 교회는 바로 그 성질로 보아서 선교자(宣敎者)라는 것을 표시하였다. "다른 방언으로 말하였다"는 사실에 관하여 해석가들의 의견이 서로 다르다. 그러나 그들은 모두 한 가지 점에는 일치한다. 곧 이것은 교회의 사명인 세계적 선교 사업을 말해주는 방언이라는 것이다.

해석가들 중 사도행전 2장의 방언이 그 말하는 자 자신의 개인적 유익을 위한 방언이었다고 해석하는 자가 없다. 신신학자들 중에 튀빙겐 학파의 젤레르(Eduard Zeller)는 말하기를 사도행전의 저자의 목적은 이 점에서도 기독교의 세계성(世界性)을 보여 주려고 함에 있었다(die neue Religion für alle Völker bestimmt)고 하였다.⁶

이 점에 있어서 하르낙(Adolf Von Harnack)이 전통적인 표현은 가지지 않았지만 그는 말하기를, "사도행전이 기록된 목적은 예수님의 정신이 기독교 선교를 위하여 나타났다는 것을 보여줌에 있다"라고 하였다.⁷

위의 학자들이 오순절 사건을 바로 파악하지는 못하였으나, 그 사건의 목적에 대해서만은 보수파 학자들의 견해와 대동소이(大同小異)하다. 우리는

---

4 Hendrik Kraemer, *Kerk en Zending* (Hague, 1936), pp. 24-27.
5 *Gustan Warneck's Evangelische Missionslehre*, p. 263.
6 Eduard Zeller, *Die Apostelgeschichten* (Stuttgart, 1854), pp. 97ff.
7 Adolf Von Harnack, *Die Apostelgeschichten* (Leipzig, 1908), p. 10.

여기서 그들의 의견을 비교하면서 그들도 별수 없이 우리와 일치하는 점이 있다는 것을 지적하는 것뿐이다.

보수파 학자들 중에 옛날의 사부(師父)들은 생각하기를 이때부터 사도들은 이적적(異蹟的)으로 다른 나라 말을 하기 시작했으니, 그 후에도 그들이 계속하여 그렇게 외국말을 하는 은혜를 보유(保有)하였다는 것이다. 이들 중에 데오플락트(Theophylact)와 같은 이는, "불의 혀 같이 갈라진 것"이 그들의 위에 있은 것은, 그들을 장립하기 위하여 안수함과 같은 현상이었다고 하였다.

종교개혁 이후에도 계속하여 이와 같이 해석하여 오고 있다. 칼빈(Calvin)도 말하기를 사도들이 다른 나라에 복음을 전하도록 되기 위하여 이 때에 이적적으로 영구히 외국말을 할 수 있는 은사(恩賜)를 받은 것이라고 하였다.[8]

루터(Luther)도 칼빈과 같은 해석을 발표하였고, 베네틱도 아레티오(Benedicto Aretio)도 그렇게 생각하였고, 이 밖에도 많은 해석가들이 이와 동조하였다(Philippus van Limborch, Johannes Gerharduus, Johanes Pleovier, Hugo Grotius, Andrea Andriessen, Alexander Duff).

우리는 그 때에 사도들이 다른 방언을 말하였다는 사실에서 다음과 같은 한 가지 뜻을 취하므로 만족한다고 생각된다. 곧, 하나님께서 그의 교회의 출발과 함께 선교를 성립시키셨다는 것이다. 그러므로 선교 사업은 교회의 어떤 기관에서만 할 일이 아니고 교회 전체가 해야 될 일이다.

하나님께서 교회에 선교 사업을 주신 것은 하나의 덧붙여 준 선물(Donum superadditum)로 하심이 아니었다. 그것은 교회의 본질이다. 그러므로 교회는 선교 사업을 실행할 힘까지 그 본질에 받아 가지고 있는 것이다.[9]

---

8 John Calvin, *Commentarius in Acta Apostolorum*, ad Cap 2:2,3,4, cols. 25-28 in C.R. 48.
9 '4. 오순절 성령 강림은 선교 운동임'에 해당하는 부분의 논설은 해리 부어(Harry Boer) 박사의 논문(*Pentecost and Missions*)에서 抄譯한 것임을 말해 준다.

베드로의 신학

신학지남 40/1 (1973. 3): 10-16.

오순절 성령 강림과 함께 나타난 베드로의 설교들은 그의 신학 사상을 보여준다.

1. 종말관적 사상

그는 어디까지나 신약의 계시 운동이 종말관적이라고 한다(행 2:17). 오순절 성령 강림을 요엘 선지자의 예언 성취라고 함이 그런 의미이다. 요엘은 성령이 말세에 강림하신다고 예언하셨다(욜 2:28).

선지자들이 말한 "말세"란 시대 개념은, 구약 시대의 끝을 가리킨 것인 만큼 예수 그리스도의 오심(초림)으로 시작된 신약 시대를 가리킨다(히 1:2). 그렇게 종말 시대를 생각한 처지에서는, 그리스도의 재림은 종말 시대의 말단(末端)을 의미한다. 그러니만큼 신약의 구원 운동은 최후적인 것이고 완전한 것이고, 그 운동과 함께 천국은 현림(現臨)한 것이다. 천국의 현림 성격에 대하여 예수님도 많이 말씀하셨다.

(1) 천국 현림은 그가 마귀를 이기심으로 증거됨

천국이 이르렀다는 말은 눅 11:20에 벌써 나온다. 이 본문에 있는 "임하였느니라"란 말에 대한 비평가들의 견해가 각각 다르지만, 그 아래 문맥은 명백히 이 뜻을 지적한다.

그리스도 예수께서 마귀를 내쫓으신 일은, 그의 권위(權威)와 통치가 벌써 땅 위에 임하신 증거이다. 그가 마귀를 이기신 사적과 기타 마귀들이 그를 접근하고는 견딜 수 없이 된 것이 모두 다 하나님의 나라와 그의 통치가 임한 증거이다.

(2) 천국 현림은 현재적 구원 소유의 사실로 증거됨

예수님께서 신자들에게 천국을 주시기로 약속하실 때에 현재사(現在詞)로 말씀하신 것도 있고, 미래사(未來詞)로 말씀하신 것도 있다(마 6:33, 21:43, 25:34; 막 10:15; 눅 12:32, 22:29).

그러나 우리는 천국의 미래적 방면과 현재적 방면을 아는 한, 이 두 가지 시간 표시가 서로 모순된다고 생각할 것 없다. 그뿐 아니라 천국의 현재적 방면에 대해서도 미래사를 사용하지 못할 것은 없다. 아직 구원을 받지 않은 개인들에게는 요엘도 메시야의 오신 시대가 바로 최후의 시대, 곧 천국 시대란 의미에서 그 시대는 성령 주시는 긍휼의 시대인 동시에 심판성 있는 징조들을 지닌 시대라고 예언한다. 다시 말하면 요엘의 예언은 그리스도의 오시는 날(곧 신약 시대)을 두 가지 방면으로 진술하였다.

그 한 가지는 성령으로 거듭나게 하시는 자비의 역사이고, 또 한 가지는 그 심판성이다. 심판성은 "피와 불과 연기" 곧 전쟁 또는 일월(日月)의 징조로 대표된다. 주님의 오심을 단 한 번의 오심으로 말하면서 이렇게 두 가지 방면(초림의 성격과 재림의 징조)을 압축시켜 표현하는 것은 메시야 시대에 대한 구약의 표현 방법이다.

　천국이 미래와 같이 취급될 수밖에 없다. 그뿐 아니라, 복음서는 천국에 대하여 말할 때에 그것을 보화로 비유하였고, 신자는 현재에 그것을 사서 얻은 자로 간주되었다(마 13:44-46). 그리고 복음서에는 신자에게 구원이 "오늘" 임하였다는 말씀도 있다(눅 19:9).

　우리는 물론 이 점에 있어서 다시 명심할 것이 있다. 그것은, 그리스도의 재림은 종말 시대인 신약 시대의 말단이란 사실이다. 그것은 대 종말이라고 할 만하다. 신약성경은 이 말단에 대하여 많이 말하고 있다. 실존주의 신학자들은 신약의 종말관을 수평선적(水平線的)인 미래로 보지 않고 수직선적(垂直線的)인 현재로 본다. 그것을 가리켜 신학계에선 실현된 종말관(Realized Eschatology)이라고도 부른다.

　칼 바르트(Karl Barth)는, 그의 저서 『죽은 자들의 부활』(The Resurrection of the Dead)이란 책에서 신약의 종말관을 이런 수직선적인 현재로 해석하였다. 그는 고전 15:51의 "우리가 다 잠잘 것이 아니요 마지막 나팔에 순식간에 홀연히 다 변화하리니"란 말씀에 대하여, "순식간"이란 말을 다음과 같이 해석하였다. 곧 "부활은 순식간에 되는 것이다. 순식간이란 것은 시간의 단편을 의미하지 않는다. 그 이유는 만일 그것이 시간의 단편을 의미한다면 부활이 모든 사람들에게 동시에 될 수 없을 것이다. 그 것은 현재(역자주: 바르트가 말한 대로의 '현재'란 것은 이 세상 시간이 아니고 시간과 공간을 초월한 현재라고 함)를 의미한다."라고 하였다.[1]

　이런 말들을 보면, 바르트가 몸의 부활을 믿는다 하더라도 그의 말하는 부활은 성경대로 역사의 끝에 가서 죽은 가운데서 일어날 몸의 부활을 말함이 아니다. 부활의 위치는 그에게 있어선 고금을 하나의 현재 곧, 동시성(同時性)에 붙이는 찰나에 속한다.

---

[1] Karl Barth, *The Resurrection of the Dead*, trans. by H. J. Stenning, p. 208.

그는 말하기를, "종말이란 것을 바로 이해하는 자는 그것을 역사의 멸절과 혼동하는 자도 아니다. 종말은 어느 때나 가깝다고만 말할 수 있는 것이다. 가장 인상 깊은 초자연적인 우주 환란의 시대에도 종말은 가까웠다고 말할 뿐이다. 종말이 가까웠다는 것은 오늘이나 미래에 대하여서 언제나 말할 수 있는 것이다."라고 하였다.[2] 바르트의 이와 같은 견해는 성경의 수평선적인 종말관과 반대된다.

신약은 종말을 구약 예언의 성취로 본 것인 만큼 시간의 진행과 보조를 맞춘 사색에서 생각된 것이다. 그것은 어디까지나 수평선적인 종말관이다.

2. 그리스도 중심 사상

베드로의 그리스도론은 특이한 색채를 지니고 있다. 특별히

(1) 그리스도를 가리켜 "나사렛 예수라 함"(행 2:22, 3:6, 4:10)

이것은 복음서 밖에서는 사도행전에만 나온다. 이것은 그리스도의 역사적 성격을 강조하며 또 그의 인간 성품을 지적한다.

이 점에 있어서 베드로는 기독교 구원 운동의 독특성, 곧 영원(eternity)이 시간화(時間化)되므로 인류가 그 구원을 확실히 받도록 된 사실을 잘 지적한다. 그리스도의 인간성이야말로 하늘과 땅 사이의 교량(橋梁)인 것이다. 그런데도 불구하고 어떤 학자들은 말하기를 베드로가 "나사렛 예수"란 칭호를 사용한 것을 보니, 베드로는 부활 전 예수를 메시야로 생각하지 않았다고 한다. 그러나 "나사렛 예수"란 칭호와 함께 사용된 진술, 곧 하나님께서 큰 권능과 기사와 표적으로 그를 증거하셨다는 것이 그를 메시야라고 증거하셨다는 뜻과 같은 것이 아니고 무엇이겠는가?

---

2 Ibid., p. 106.

그뿐 아니라 베드로는 예수님께 대해 여러 가지 다른 명칭도 사용하였으니, "주"와 "그리스도"라고 함(행 2:36, 10:36), "거룩한 자" 혹은 "의로운 자"라고 함(3:14, 4:27, 30), "생명의 주"라고 함(5:31), "그 선지자"(헬라어대로)라고 함(3:22), 그리고 특별히 "하나님의 종" 혹은 "하나님의 거룩한 종"이라고 함(3:13, 26, 4:27, 30), "만유의 주"라고 하였다(10:36).

위의 모든 칭호들은 대부분이 바울 서신에서는 별로 나타나진 않는다. 특별히 "하나님의 종"이란 칭호는, 사 53장에 예언된 수난하는 여호와의 종을 관설한 것이다. 행 3:13에 "우리 조상의 하나님이 그 종 예수를 영화롭게" 하셨다는 말씀이 사 53장의 사상을 반영시킨다. 사 53장에 분명히 낮아진 여호와의 종이 마침내 높아지게 되는 사상을 포함한다. 이사야도 하나님의 종이 기름 부음 받았다고 하는데(사 61:1), 베드로도 그런 말을 한다(행 4:27, 10:38).

(2) 하나님께서 그리스도로 기적과 권능을 행케 하시므로 그를 인정하셨다고 함(행 2:22)

이것은 하나님께서 그의 기적에 의하여 그를 메시야라고 인치셨다는 말씀과 같다. 그리스도 권능은 하나님이 친히 그의 백성을 권고하신 증표이다 (눅 7:16) (히 2:4 참조). 특별히 예수님의 이적이 "표적" 성격을 가진 것은, 교회 시대의 이적들과 다른 점이다. 예수님의 이적이 "표적" 성격을 가진 것, 교회 시대의 이적들과 다른 점이다. 예수님의 이적의 "표적" 성격은 그가 하나님이신 사실을 나타낸다.

헬만 바빙크(Herman Bavinck)는, 예수님의 이적의 표적 성격에 대하여 다음과 같이 말하였다. 곧 "예수님의 성육신(成肉身)과 죽었다가 다시 살으심과 그의 승천은 하나님의 구속 행위이다. 이런 구속 행위는, 원리에 있어서 영광 나라의 회복을 의미하는 운동이다. 이런 구속 행위는 무엇을 계시하기 위한 방편만 아니라, 하나님 자신의 계현(啓現) 그 자체이다. 이 점에 있어서

는 이적이 바로 역사(歷史)요, 역사가 바로 이적화(異蹟化)한 것이다."라고 하였다.[3]

따라서 그의 이적은 창조적인 지극한 변화를 가져온 것이다. 사 65:17에 말하기를, "보라 내가 새 하늘과 새 땅을 창조하나니 이전 것은 기억되거나 마음에 생각나지 아니할 것이다"고 하였다(사 66:22 참조). 이 예언대로 예수님의 이적들은 나타났으니, 그것들은 지극한 변동을 만물에게 미친 것이다. 예를 들면, 병을 고치신 때에 그 병이 재발하는 법이 없고 영구히 치료된 것이다. 그만큼 그의 이적은 처음 창조와 같이 완전함을 가져온다.

사단도 이적을 행한다. 그러나 이적은 거짓된 것이다(살후 2:9). Calvin은 말하기를, 사람이 사단의 이적에게 속임이 되는 원인은 그 마음의 죄악 때문이라고 하였다.[4]

(3) 예수께서 죽었다가 다시 사신 것은 하나님의 예정대로 되었다고 함

(행 2:23, 3:18)

그리스도께서 죽었다가 다시 사신 것은 우연한 사태가 아니고 하나님의 경영하신 거룩한 일인 만큼 그것을 믿는 자들이 구원을 받는다. 하나님께서 되게 하시는 일은 실패가 없다.

베드로의 신학은 이렇게 그리스도를 중심한 것이다. 하나님께서 성령을 이 세상에 보내신 목적도 인류로 하여금 그리스도를 믿게 하시려는 데 있다고 한다. 행 2:17 이하에 인용된 성령의 강림에 대한 예언도 "누구든지 주의 이름을 부르는 자는 구원을 얻으리라"고 결론한다(21절). 베드로는 성전 미문에서 앉은뱅이를 고치는 기적을 행한 뒤에도 기적 중심으로 말하지 않고 그리스도 중심으로 말하였다.

---

3 Herman Bavinck, *Gereformeerde Dogmatiek*, vol. 1, 1928, p. 310.
4 John Calvin, *Commentary upon The Acts of The Apostles* (Edinburgh), p. 55.

이 점에 대하여서는 우리는 자세히 알아보는 것이 좋다. 곧 베드로와 요한이 성전 미문에서 앉은뱅이를 고친 것은 사도적 이적의 대표이다. 우리는 여기에서 사도들의 이적을 행한 태도에 대하여 생각하려 한다.

행 3:4에 "베드로가 요한으로 더불어 주목하여 가로되 우리를 보라"고 하였다. 이것은 베드로가 자기 얼굴에 어떤 이적 행할 능력이 나타나 있다는 의미가 아니다. 행 3:12에 말하기를, "이스라엘 사람들아 이 일을 왜 기이히 여기느냐 우리 개인의 권능과 경건으로 이 사람을 걷게 한 것처럼 왜 우리를 주목하느냐"라고 하였다. 사도들은 이렇게 이적을 행하는 능력이 자기들의 경건과는 아무 관련이 없음을 지적한다.

또 행 3:6에 베드로가 말하기를, "은과 금은 내게 없거니와 내게 있는 것으로 네게 주노니 곧 나사렛 예수 그리스도의 이름으로 걸으라"고 하였다. 이것은 그리스도의 이름 내용대로 사도가 믿은 사실을 보여주는 동시에, 그 믿음도 예수에게서 온 것임을 증거하는 말씀이며, 능력 행사자가 그리스도 자신뿐임을 가리킨다(16절). 또 베드로는 그 이적 행한 장면을 다만 이적 자체에 파묻지 않고 그리스도 중심의 전도를 나타내었다.

행 3:13-26은 그리스도를 높이며 증거하는 베드로의 긴 설교이다. 그 설교에 몇 가지 그리스도 중심 사상이 드러났으니, 그것은 다음과 같다. 곧,

① 계약신(契約神)께서 그리스도를 영화롭게 하셨다고 함. 이 계약신은 단순한 양무리도 그의 소리를 들어 깨닫는다. 신비주의는 계약신관을 모른다(13절).

② 생명의 주를 죽인 유대인들의 죄를 지적함(13-15절).

③ 하나님께서 그리스도를 죽은 가운데서 다시 살리셨는데 사도들은 그 일의 증거자라고 함(15절).

④ 다시 사신 그리스도의 이름 권세를 믿는 때에(이 믿음도 그리스도께서 주셨음) 앉은뱅이가 고쳐졌다고 함(16절).

⑤ 주로 말미암아 평안히 배우는 날이 회개하는 자에게 있을 것이라고

위로 함(17-19절).

⑥ 주께서 재림하신다고 함(20절).

⑦ 현재에는 그리스도께서 하늘에 계신다고 함(21절).

⑧ 모세의 예언과 사무엘 이후 모든 선지자들의 예언대로 오신 그리스도시니 유대인으로서 마땅히 그를 믿어야 할 것이며(22-24절), 또한 그들은 이 일에 대하여 문외한(門外漢)이 아니고 그리스도를 약속한 약속에 참여한 자들이니만큼 믿어야 된다고 한다(25-26절).

우리는 베드로의 이 설교가 얼마나 철저히 그리스도 중심인 사실을 알 수 있다. 사도들의 설교는 언제나 이렇다. 행 2:14-36, 4:8-12, 5:29-32의 짧은 전도들도 모두 다 그리스도를 중심한 말씀들이다.

3. 성경 중심의 신학

(1) 기독교를 예언 성취의 종교로 봄

베드로는 사도행전 2장에서 그리스도의 부활과 승천을 증거함에 있어서, 시 16편과 110편을 인용한 것이다(행 2:25-28, 34-35). 이것을 보면, 그의 신학은 어디까지나 신약의 계시 운동에서 예언 성취를 지적하면서 하나님의 진실성을 드러낸 것이다.

그는 기독교의 독특한 성격인 "성취의 종교"(the religion as fulfillment of prophecies)를 잘 지적하고 있다. 예언 성취의 사실은 우리의 신앙을 발생시킨다. 이것은 모든 이교(異敎)들과 다른 점이다. 파스칼(Pascal)은 팡세(Pensées)란 책에, 기독교에 있는 예언 성취는 특별히 그 많은 수량의 예언들의 성취 사실로서 우리의 신앙을 일으킨다는 의미로 말하였다. 많은 예언들이 성취되었다는 것은 우연적인 사태가 아니다.

나는 기독교의 예언 성취에 대하여 다음과 같이 말하고 싶다. 곧, "① 그 예언이 기록된 책의 진실성을 말해주고, ② 그 예언들을 주신 하나님의 진실성을 말해주고, ③ 그 예언들의 성취로 나온 사건의 진실성을 말해주고, ④ 그 성취로 나온 사건이 지향한 소망의 진실성을 말해준다."라고.

(2) 하나님 경외의 심리로 성경을 취급함

그는 하나님이 다윗에게 예언하신 대로 "내가 네 몸에서 날 자식을 네 뒤에 세워 … 그 나라 위를 영원히 견고케 하리라"고 하신 것(삼하 7:12-13)을 메시야 예언으로 보고 (이는 예수님의 모친 마리아에게 나타났던 천사 가브리엘의 해석임: 눅 1:32-33), 다윗의 왕위의 영원한 후계자는 부활하신(시 16; 행 2:25-28) 예수라고 다윗 자신이 그렇게 보았다는 것이다(행 2:30-31).

그는 시 16편의 부활 예언이 반드시 성취될 것이며, 그 성취는 다윗 자신에게서 된 것이 아님을 강조한다. 곧 다윗의 묘는 그때 유대인들이 볼 수 있도록 그들 중에 있다고 역설한다. 이렇게 베드로는 구약 예언은 반드시 성취된다는 신앙으로 그것을 해석한다. 그는 성경을 무조건 신앙한 것이다. 베드로의 성경관에 대하여는 특별히 벧후 1:19-21, 3:15-16을 참조하라.

4. 사도적 권위의 유일성

베드로는 그리스도의 부활을 증거하는 데 있어서 사도직이 독특한 성격을 가진 것으로 말한다. 유다의 죽은 것으로 인하여 허위(虛位=빈자리)된 사도 한 사람을 보선하는 데 있어서도 베드로는 사도직의 독특성을 지적하였다.

그는 말하기를, "요한의 세례로부터 우리 가운데서 올리워 가신 날까지 주 예수께서 우리 가운데 출입하실 때에 항상 우리와 함께 다니던 사람 중에 하나를 세워 우리로 더불어 예수의 부활하심을 증거할 사람이 되게 하여야 하리라"고 하였다(행 1:21-22; 참조. 요 15:27). 그리고 그는 행 2:32에 "우리가 다 이 일에 증인이로다"라고 하였으며, 특별히 행 10:39-41에는 사도직이 일반 신자의 무리와 완전히 구별되어 있음을 밝혔다. 거기 말하기를, "우리는 유대인의 땅과 예루살렘에서 그의 행하신 모든 일에 증인이라 그를 저희가 나무에 달아 죽였으나 하나님이 사흘만에 다시 살리사 나타내시되 모든 백성에게 하신 것이 아니요 오직 미리 택하신 증인 곧 죽은 가운데서 일어나신 후 모시고 음식을 먹은 우리에게 하신 것이라"고 하였다.

이것을 보면 사도의 자격은 직접 예수와 같이 있었고, 따라서 부활하신 예수를 참으로 식별할 자격자로서 부활하신 예수를 만나본 자에게 있다. 그러므로 리델보스는 예수의 부활하신 것을 목도한 것이 사도의 자격이라고 하였다.[5] 바울은 사도의 자격이 부활하신 예수를 본 사실에 있다고 확언하였다(고전 9:1).

5. 기독교는 구원의 길로서 독일무이함

베드로는 말하기를, "다른 이로서는 구원을 얻을 수 없나니 천하 인간에 구원을 얻을 만한 다른 이름을 우리에게 주신 일이 없음이니라"고 하였다(행 4:12). 여기 "천하 인간에"란 말은 언제나 어디나 그리스도 예수 외에는 참 구주는 없다는 선언이다. 특별히 이른 바 "주신 바"란 말(τὸ δεδομένον)은 하나님이 주셨다는 뜻이다. 곧, 구원은 하나님으로만 말미암는다는 사상이 여기 들어 있다. 따라서 모든 인본주의 종교는 인류에게 구원을 주지 못한다는 것이 여기 이 말씀에 포함되어 있다.

---

5 H. Ridderbos, *De Apostolische Kerk* (Kampen, 1954), p. 55.

로마서에 나타난 복음

신학정론 6/1 (1988. 7): 68-89.

I. 서론

"복음"이란 말의 헬라 원어 유앙겔리온(εὐαγγέλιον)은 '좋은 소식'이란 뜻이다. 이것이 롬 1:2-4에서 예수 그리스도의 죽었다가 다시 살아나신 사건을 가리킨다. 이것은 그의 인간 성품과 하나님 성품의 결합을 뜻한다. 그는 인간성이었기에 죽을 수 있어서 인간의 죄를 대속하셨고, 그가 하나님의 아들(하나님)이었기에 다시 살아나셔서 그를 믿는 자들을 영원한 나라로 옮기실 수 있다(골 1:13). 요 8:35-36 참조.

인간은 깊은 바닷물 위에서 파선을 당한 처지와 같다. 물로써 다리를 놓을 수 없으니 어찌 구원받을 수 있으랴? 이 세상에서 파선당한 자처럼 된 우리가 이 세상의 그 무엇으로써는 구원받을 수 없고, 오직 하나님의 능력으로만 우리의 구원은 가능하다. 죄로 멸망 받은 인간을 구원하는 데는 속죄(贖罪)의 능력이 있는 자만이 실행할 수 있다. 다시 말하면, 그것은 죄 없는 분으로서 죄인을 대신하여 죽을 수 있는 그 분만이 하실 수 있는 일이다. 죄 없는 분은 하나님뿐이신데 하나님은 죽으실 수 없다. 그러므로 하나님께서 인간성을 취하셨으니, 그는 하나님의 아들 예수 그리스도이시다. 그는 죄인을 대신하여 죽으셨고, 그는 하나님이시므로 다시 살아나셨다.

이 논문은 로마서 5-8장을 연구한 것이다.

II. 제5장

1. 대신 속죄의 결과(1-11)

로마서 5장은 대신 속죄의 진리를 가득히 지니고 있다. "대신"(substitutionary)의 의미가 있는 표현들은 주로 "말미암아"(διά)란 말, "위하여"(ὑπέρ)란 말, "인하여"(ἐν)란 말 등이 나타내고 있다. 5:1, 2, 7, 8, 9, 10, 11 참조.

롬 5:1-11에서 보여 주는 속죄의 은혜는 다음과 같다.

(1) 하나님으로 더불어 화평을 누림(1절)

우리 신자들은 이미 이 은혜에 참여하고 있다. 다만 우리로서는 그것을 누릴 줄 알아야 한다.

우리 주 예수 그리스도로 말미암아 하나님으로 더불어 화평을 누리자 (1절 하반). 여기 "누리자"로 번역된 헬라 원어(ἔχωμεν)가 사본상 강한 지지를 받고 있다(ℵ*, B*, D). 주석가 즈안(Theodore Zahn)은 이 사구(寫句)를 지지한다 (Lasst uns haben). 그러나 크레다너스(S.Greijdanus)는, "누리자"로 번역된 헬라 원어(ἔχωμεν)를 누린다는 뜻보다는 '유지한다'는 뜻(Laat ons houden)으로 본다.

(2) 하나님의 영광에 대한 소망을 바라고 즐거워함(2절)

하나님의 영광을 바라고 즐거워하느니라(2절 하반). "하나님의 영광"이란 것은 장래에 신자가 참여할 하나님의 나라이다. 마 13:43, 25:34 참조. 즉, 하나님을 가까이 하고 자기들 자신도 영화롭게 될 내세의 복을 가리킨다. 우리가 현세에 살면서 어떻게 내세의 소망을 즐거워할 수 있는가? 그것은 우리가 현세에서도 하나님을 사랑함으로 실현된다. 어떤 때는 나는 기도 중에 잡념이 많이 일어나서 퍽 고민하였다. 기도를 마치고 들어와 있는 중 "하나님을 사랑하라"는 세미한 음성(소리 없는 음성)이 심령 깊이 들렸다. 그 음성은 빛과 같아서 내게 기쁨을 주었고 생동력이 있었다. 그때 모든 잡념들은 나를 떠났고 나는 참된 생명력과 즐거움을 체험하였다. 벧전 1:8-9에 말하기를, "예수를 너희가 보지 못하였으나 사랑하는도다 이제도 보지 못하나 믿고 말할 수 없는 영광스러운 즐거움으로 기뻐하니 믿음의 결국 곧 영혼의 구원을 받음이라"고 한다. 여기 "영광스러운"이란 말은 내세 영광과 관련된 표현이다. 칼빈은 임종시에 "생각건대 현재의 고난은 장차 우리에게 나타날 영광과 족히 비교할 수 없도다"(롬 8:18)란 말씀을 계속 암송하다가 별세하였다.

(3) 환난 중에도 즐거워함(3-4)

"환난 중에도 즐거워하나니"(3절 중간)란 말씀은 성경의 일반적 의미로는 '환난 때문에 기뻐한다'는 뜻이다.[1] 이것은 환난이 있음에도 불구하고 기뻐한다는 말과 다르다. 그러면, 이 말씀은 신자로서는 '환난 때문에 기뻐함이 마땅하다'는 원리만을 제시함인가, 아니면 참으로 신자가 그렇게 행할 수 있다는 말씀인가? 사실상 신자들이 일반적으로는 그렇게 행하지 못함이 통례가 아니겠는가? 그러나 이 말씀의 의미는 다음과 같은 경우를 취급한다. ① 예수님을 믿고 살아가는 중 의(義)를 위하여 어려움을 당하게 되는 경우

---

1 D. M. Lloyd Jones, *Romans*, Chapter 5, 1972, p. 64.

가 있다. 그런 때에 우리가 의를 위한 목적으로 참아 견딜 수도 있다. 그런 경우에 주님은 그 어려움을 통하여 우리에게 인내를 이루게 하시는 셈이다. 즉, 4절의 "이루는 줄 앎이로다"란 말씀에 있어서 "이룬다"는 것이 우리의 마음이 힘이 있어서 인내를 이룬다는 뜻이 아니고 주님께서 우리에게 인내를 이루게 하신다는 의미이다. 이 때에 인내를 통하여 우리에게 주시는 주님의 위로가 크다. ② 우리가 실수하고 그 대가로 어려움을 당하게 되는 경우도 있다. 그런 때에도 우리는 그 책임을 통감하면서 잘 참아 견디어야 한다. 그 때에 우리가 주님 앞에서 자신의 죄를 회개하며 겸비한 태도로 그 환난을 통과하면 그것도 의로운 행위이다. 그렇게 되어지는 것도 주님의 역사요, 은혜인 것이다. 그러므로 우리는 그런 처지에서도 주님의 위로를 받는다. 이처럼 기독 신자는 어려운 때를 통하여 주님의 역사를 체험하게 되니, 미래의 어떠한 어려움에서도 주님이 도와주시며 위로해 주실 것을 내다본다. 이것이 연단된 신앙생활에서 가지는 소망이다.

(4) 이 소망(내세의 구원 소망)**이 실망케 아니함**(5-10)

그 이유는, ① 일면 하나님의 계속적 보호가 경험(인내, 연단, 소망에 대한 신자의 경험, 3-4절)에 의해 알려지기 때문이다.[2] 그리고 ② 우리에게 대한 "하나님의 사랑"의 풍성함이 알려지기 때 문(ὅτι)이다(5절). "**하나님의 사랑이 우리 마음에 부은 바 됨이니**"란 말씀에 있어서 "부은 바 됨"이란 말이 분량을 가리키는 구약적 개념인데,[3] '풍성함'을 의미한다. 하나님의 사랑의 풍성함을 아는 자는 내세의 구원 소망이 그대로 이루어질 것을 확신케 된다.

하나님의 사랑의 풍성을 말함에 있어서 첫째, 바울은 여기서 강이유논법(*a fortiori*)을 사용한다(6-10). 즉, 우리가 연약할 그 때("우리가 아직 죄인되었을 때")

---

2 *Calvin's Commentaries, Romans and Thessalonians* (Eerdmans, 1973), p. 107.
3 Otto Michael, *Der Brief an Die Römer*, 1957, s. 117: "Gottes Zorn wird ausgegosen(Ps. 69:25; Jer. 10:25; Ez. 7:8); Gottes Barmherzi eit wird ausgegossen(Sir 18:11)."

에 그리스도께서 우리를 위하여 죽으셨는데(8절), 이제 의롭다고 일컬음이 된 우리를 내세의 진노에서 구원하시지 않으랴! 이것이 강이유논법이다. 둘째, 이와 같은 사랑이 우리에게 알려진 것은 우리의 이성(νοῦς)에 의한 것이 아니고 성령에 의하여 우리의 심령(καρδία)에 알려진 것이다. 이것이 구원 얻는 데 이르는 영적 지식이다. 이와 같은 인식 방법은 하나님의 구원하시는 사랑을 받게 되면서 깨닫게 하시는 영적 방법이다. 이 사랑은 상대자를 도와주어 유익하게 되도록 하는 데서 끝나지 않고, 인격과 인격을 결합시켜 인간적인 "나"를 하나님께 결부시켜 준다. 이 사랑은 그 상대자로서 항거할 수 없이 그 마음에 침투해 들어오는 능력이다. 사람의 생명 속에 임하는 하나님의 활동에 있어서 그 중보자는 하나님의 성령이시다.[4]

(5) 지금도 즐거워할 수 있음(11절)

이것은 신자가 미래의 구원(10절)을 생각하여 기뻐할 뿐 아니라, 현재에도 하나님으로 인하여 기쁨을 가짐이 마땅하다는 것이다.[5]

2. 대신 속죄의 근거(12-21)

12절 초두의 "이러므로"란 말은 위의 9-10절에 연락을 가진다.[6] 즉, 우리가 그리스도의 죽었다가 다시 살아나심에 연합함으로 말미암아 구원을 얻는

---

4 Adolf Schatter, *Gottes Gerechtigheit*, 1935, s. 179-180: "Die Liebe will nicht r helfen, begaben und nützlich sein; sir eint Persom mit erson und bindet das menschliche Ich an Gott. … Es beschreibt die Liebe als die unwiderstechlich in die Herzen hineindringende Macht. Der Mittler der göttlichen Wirksamkeit im inwendigen Lebem der Menschen ist Gottes Geist."
5 S. Greijdanus, *Kommentaar op het Nieuwe Testament*, Ⅴ, 1933, p. 271; F. Godet, *Commentary On Romans*, 1984, p. 198; R. Haldane, *The Epistle to the Romans*, 1966, p. 11.
6 H. Ridderbos, *Kommnetaar op het Nieuwe Testament, Romeinen*, 1959, p. 113.

다는 진리에 대한 결론이다. 로이드 존스는 위의 해석과 같은 뜻으로 말하면서 특별히 이것이 위의 10절 끝의 "그의 살으심을 인하여"(ἐν τῇ ζωῇ αὐτοῦ, 바로 번역하면 "그의 살으심 안에서")란 말씀과 연결되어야 한다고 역설하였다.[7]

"**한 사람으로 말미암아**"(12절 초두)란 문구에 있어서 "한 사람"이란 말은 중요하다. 이 부분(12-19)에 "한 사람"이란 말이 아홉 번 나온다. 이같이 그 말이 많이 나온 목적은 그것을 역설하기 위한 것이다. 바울은 여기서 온 인류를 대표한 한 사람 "아담"의 중요한 위치를 지적하기 시작한다. 아담이 온 인류의 대표라는 것은 부인될 수 없는 과거의 역사적 사실이다. 온 인류의 죄악과 그 오염이 그 조상에게서 전래된 사실을 누가 부인할 수 있겠는가? 그리고 죄의 결과가 사망(死亡)이라는 것도 부인될 수 없다. 아담이 인류의 대표된 처지에서 범죄한 결과로, 사망이 온 인류에게 미쳤다는 의미에서 아담은 역시 하나님이 세우신 그리스도의 "표상"이라고 한다(14절 하반).

"**아담은 오실 자의 표상**"이란 말씀에서 우리는 몇 가지 중요한 뜻을 볼 수 있다.

① 여기 "오실 자"(μέλλοντος)란 말은 하나님의 약속과 계획을 의중에 둔 말이다.[8] 그렇다면, 아담의 타락 후 되어지는 인류의 타락사는 은연중에 그와 같은 대표 원리에 의하여 메시야의 내림이 하나님의 계획에 들어 있었다는 것이다.

② "표상"(τύπος)은 장차 올 인물 혹은 사건에 대하여 하나님이 정하신 '모형'을 가리킨다.[9]

하나님의 은혜와 또는 한 사람 예수 그리스도의 은혜로 말미암은 선물이

---

7 Lloyd Jones, *Romans*, Chapter 5, 1972, p. 179: "Through this little word in (in the life of christ, verse 10) the apostle introduces us to this marvellous doctrine of our union with Christ."

8 S. Greijdanus, *Kommentaar op het Nieuwe Testament, V, Romeinen*, 1933, p. 281: " μέλλειν met het oog op den raad en de belofte Gods."

9 H. Ridderbos, *Commentaar op het Nieuwe Testament, Romeinen*, 1959, p. 118.

많은 사람에게 넘쳤으리라(15절 하반). 여기 이른 바, "하나님의 은혜"는 '구원의 원천'을 가리키고, "선물"은 예수님에게서 실현된 '인류 속죄와 칭의'를 가리킨다고 한다.[10] 그러나 "선물"이란 말은 "넘쳤으리라"는 사상과 맞추어 해석되어야 한다. 그렇다면 "선물"은 속죄와 칭의 이상으로 성화와 영화까지 포함한다고 해야 한다. 그리스도의 선물은 타락한 인류를 범죄 전 아담의 지위로 회복시키는 정도가 아니라, 그보다 훨씬 넘쳐서 아담이 소유하지 못했던 복까지 내포한다.[11]

심판은 한 사람을 인하여 정죄에 이르렀으나 은사는 많은 범죄를 인하여 의롭다 하심에 이름이니라(16절 하반). 여기 "한 사람"으로 번역된 말(ἑνὸς)은 "한 가지 죄"라고 개역해야 된다. 그 이유는, 그 말은 "많은 범죄"란 말과 대조되도록 번역됨이 자연스럽기 때문이다. 그러면 아담으로 말미암아 된 일은 비유컨대 나무 한 그루에 불이 붙기 시작하여 그 불이 산 전체에 번진 것과 같고, 예수님에게서 된 일(은혜의 선물)은 그 불붙은 나무들을 하나하나 진화시켜 그 나무들을 재생시킨 것과 같다.

한 사람의 범죄를 인하여 사망이 그 한 사람으로 말미암아 왕노릇 하였은즉 … 한 분 예수 그리스도로 말미암아 생명 안에서 왕노릇 하리로다(17절). "생명 안에서 왕 노릇한다"는 것은 무엇을 의미하는가? 이것은 그 윗말 "사망이 … 왕 노릇하였다"는 표현으로도 밝혀진다. 즉, 사망이 왕 노릇하였다는 것은 사망이 다스렸고 지배하였다는 뜻인데, 그렇다면 "생명 안에서 왕노릇 하리라"는 것은 신자들이 영생의 생명력으로 승리하고 만물을 지배하게 되었다는 것을 의미한다. 이 사상은 계시록에 몇 차례 나오는 말씀과도 잘 통한다(계 5:10, 20:4,6). 이것은 현세의 세속적 왕권의 의미와 관련

---

10 O. Michel, *Der Brief an die Römer*, 1957, s. 125: "Die Gnadengabe Jesu besteht in seinem Sühnopfer(Röm. 3:25) und in der Rechtfertigung des Sünders(Röm, 5:17)."

11 R. Haldane, *The Epistle to the Romans*, 1966, p. 214: "The abounding is evidently in gift of extending, not only to the recovery of what Adam lost, but to blessings which Adam did not possess, and had no reason to expect."

된 것이 아니다. 이것은 그와 대조된 것으로서(눅 22:25) 기독 신자들이 내세에 그리스도의 봉사, 사랑, 의(義), 진리의 승리를 신비적 연합(mystica unio)에 의하여 받아 누림이다. "신비적 연합"이란 것은 영원 전에 하나님께서 그 삼위일체 안에서 언약하신 것인데, 그리스도를 세상에 보내실 것과 그의 속죄로 인하여 구원받을 백성을 예정하신 사실에 근거한 것이다. 그 예정에 참여한 사람들은 성령으로 말미암아 그리스도를 믿게 되어 그리스도와 연합한 것이다. 그러므로 그리스도께서 그 자신을 포도나무로 비유하시고 신자들을 그 가지와 같다고 하셨다(요 15:5). 그리고 몸과 지체(롬 12:4; 고전 12:12; 엡 4:16. 5:30), 남편과 아내(엡 5:31-32), 모퉁이돌과 건물(엡 2:20-22; 벧전 2:4-5)의 연합 관계와 같다.[12]

율법이 가입한 것은 범죄를 더하게 하려 함이라(20절). 이 말씀은 율법이 인류 범죄의 원인이 된다는 의미가 아니다. 이것은 율법이 구원을 줄 수 있다고 오해하는 유대인들의 사상을 반대하는 말씀이요, 율법은 인간의 죄를 없이 하지도 못하며, 인간에게 영생을 주지도 못한다는 것을 역설함이다. 즉, 이 말씀은 사람이 율법을 받고 그것을 알고 보니, 자기의 부패와 자기의 연약과 자기의 많은 죄들을 발견하게 될 뿐이라는 뜻이다.[13]

III. 제6장

1. 성화의 객관적 근거(1-11)

바울은 앞장 12절 이하에서 그리스도와 신자의 연합된 원리를 말해 왔

---

12 H. Bavinck, *Gereformeerde Dogmatiek*, IV, 1930, p. 235.
13 M. Luther, *Ausgewählte Werke*, Zweiter Band, 1965, s. 206; Engl. tr. Lectures On Romans, p. 307.

다. 이제 본장에서는 그 연합 사실의 객관적 내용을 근거로 하여 신자로서는 거룩하게 살려고 노력해야 된다는 것이다. 그런 논리에서 나온 몇 구절들을 여기에 해석하려고 한다.

죄에 대하여 죽은 우리가 어찌 그 가운데 더 살리요(2절 하반). "죄에 대하여 죽었다"(ἀπεθάννομεν τῇ ἁμαρτίᾳ)는 말은 죄로 인하여 죽었다는 말과는 다르다. 이 말은, 우리가 그리스도에게 대표되어 죄와의 관계가 끊어졌다는 것이다. 즉, 정죄되지도 않고(롬 8:1), 정죄 대신 성결하게 살게 되는 영생의 씨를 받았다는 의미이다. 루터의 해석이 이와 같은 것이다. 그는 "죄에 대하여 죽었다"는 말씀을 풀이하면서 다음과 같이 말하였다. "이것은 죄 그것의 죽음이고 죽음 그것의 죽음이니, 이로 인하여 영혼은 죄에서 해방되고 몸은 부패에서 분리된다. 그리고 은혜와 영광에 의하여 하나님의 생명과 연결된다."[14] "태양 광선은 영구하니, 그 원인은 태양 자체가 영구한 사실에 있다. 그와 같이 신자의 영적 생명이 영원한 것도 그리스도 자신이 영원하시기 때문이다."[15] "그리스도를 소유한 자는 다시 죽지 아니한다. … 그는 넘어졌다가도 다시 일어난다. 잠 24:16 참조."[16] "베드로는 성령을 받은 후에도 외식(外飾)하는 죄를 범하였다(갈 2:11-14). 그것은 죽을 죄라고 할 수도 있다. 그 이유는, 그것이 복음을 위반한 죄였기 때문이다."[17] 그러나 그는 회개하고 다시 영적 생명을 회복하게 되었다.

그러면 우리가 "죄에 대하여 죽었다"는 것은 우리 인간 측에서 죄에 대하여 아무런 감각이 없다든가 혹은 전혀 죄에 끌리지 않는다는 의미가 아

---

14 M. Luther, *Vorlesung über den Römerbrief*, 1965, s. 210; engl. tr., p. 310.

15 Ibid., s. 215: "Denn gleich wie der Sonnenstrahl ewig ist, weil die Sonne ewig ist, so ist auch das geistliche Leben ewig, weil Christus ewig ist der unser Laben ist und durch den Glauben in uns mit den Strahlen der Gnade einfliest und bleibe." Engl. tr., p. 315.

16 Ibid., s. 217; Engl. tr., p. 316.

17 Ibid.

니라, 우리를 위하여 그리스도께서 성취해 주신 의(義) 때문에 죄가 우리를 사망에 이르도록 주장할 힘이 도무지 없다는 것이다. 신자들이 믿은 후에도 어느 정도 과오를 범하는 일이 있기는 하다. 그러나 결국에는 그것도 그리스도로 말미암아 아주 없어질 것이다. 우리는 이 점에 있어서 다음과 같은 비유를 들 수 있다. 즉, 어떤 사람이 자기 집 뜰에 있는 아카시아 나무들을 찍어버렸는데 이듬해에 그 남은 그루터기에서 새 순이 돋아 나왔으므로 그는 그것들을 모조리 베어버렸다. 만일 그 나무에서 또다시 새순이 나온다 할지라도 그것은 문제될 것이 없다. 그 이유는 그가 그 나무를 없애버리려고 결심하였기 때문이다.

무릇 그리스도 예수와 합하여 세례를 받은 우리는 그의 죽으심과 합하여 세례받은 줄을 알지 못하느뇨(3절). 바울은 여기서 세례의 원리에 의하여 그리스도와 신자가 연합되는 하나님의 제도를 해설한다. 세례는 소속을 결정하는 행사이다. 고전 10:2에 보면, "모세에게 속하여 다 구름과 바다에서 세례를 받고"라고 하였다. 여기 "모세에게 속하여"란 말이 무슨 뜻인가? 이것은 이스라엘이 모세를 신뢰하고 따르며 그를 통하여 임하는 하나님의 은혜를 입었다는 의미이다. 이것은 신약 시대에 신자들이 예수 그리스도를 통하여 구원의 은혜를 받는 것과 형식적으로 유사하다.[18]

신자들의 성화의 확실성은 그들이 그리스도와 "연합"한 데 달려 있다. 본문 1-11절은 이 연합에 대하여 몇 차례 강조한다. "예수와 합하여"란 말이 한 번 나오고(3절), "그의 죽으심과 합하여"란 말이 두 번(3,4절), "함께"란 말이 세 번(6,8절), "연합한 자"란 말이 두 번 나온다(5절).

그의 죽으심을 본받아 연합한 자가 되었으면(5절 상반). 여기에 "그의 죽으심을 본받아"라고 번역된 헬라 원어(ὁμοιώματι τοῦ θανάτου αὐτοῦ)는 "그

---

18 F. W. Grosheide, *Kommentaar op het Nieuwe Testament*, VII, 1932, p. 329; A, Robertson and A. Plummer, *International Critical Commentary, On the First Epistle of St. Paul to the Corinthians*, 1975, p. 200.

의 죽으심과 유사한 죽음으로"라고 개역되어야 한다. 이 말은 우리가 믿음으로 말미암아 그리스도와 연합됨이 그의 죽으심에 참여하는 사건이 된다는 것이다. 고후 5:14 참조. 즉, 신자에게 미치는 그리스도의 죽음의 혜택은, 신자 자신이 죽어서 죄와의 관계가 끊어진 것과 같다는 것이다. 여기에 "동일한"이란 말보다 "유사한"이란 말(ὁμοιώματι)이 사용된 이유는, 예수님의 죽음 자체가 어느 면에서는 개인 신자의 죽음과 꼭 같지는 않기 때문이다. 이 헬라어(ὁμοιώματι)가 빌 2:7에서는 예수님께서 사람들과 "같이"(문자적 의미는 '유사하다'는 뜻) 되셨다는 표현으로 사용되었다.

그리고 "연합한다"는 말의 헬라 원어(σύμφυτοι)는 접목상(接木上) 용어로서 의미심장하다. 이 말은 '삽입(揷入)함' 혹은 '접붙임', '함께 같은 자리에 심어짐', '함께 자라남' 등을 의미하는데, 매우 밀접한 연합을 가리킨다. 예수님과 신자의 연합은 일체(一體)를 이룸에 있어서 마치 접목과도 같다. 두 종료의 나무는 접목에 의하여 하나의 좋은 나무로 바뀌는데, 그리스도와 신자의 경우에는 한 생명으로 연결되도록 들어가 삶을 의미한다.[19]

또한 그의 부활을 본받아 연합한 자가 되리라(5절 하반). 여기 "되리라"(ἐσόμεθα)란 동사는 개인 신자의 노력으로 된다는 것이 아니고, 하나님께서 정하신 제도에 의하여 '불가항력적(不可抗力的)으로 된다'는 의미이다. 즉, 하나님의 정하신 제도에 의하여 아담의 후손들이 그 조상(아담)과 일체이며, 아담의 죄가 진정한 의미에서 그 후손들의 죄도 된다. 그와 마찬가지로 하나님께서 정하신 제도에 의하여 그리스도와 신자들이 일체가 되고, 그리스도의 순종이 신자들의 순종으로 간주된다.[20] 따라서 그리스도의 죽음이 신자들의 죽음, 그리스도의 부활이 신자들의 부활이 된다는 것도 객관적으로 성립되리라는 것이다.

---

19 H. Ridderbos, *Kommentaar op het Nieuwe Testament, Romeinen*, 1959, p, 127.
20 R. Haldane, *The Epistle to the Romans*, 1958, p. 244.

2. 성화의 노력(12-23)

12-19절에는 명령법 동사들이 네 번 나온다. 즉, "왕노릇하지 못하게 하여"(μὴ οὖν βασιλευέτω)란 말(12절), "드리지 말고"(μηδὲ παριστάετε)란 말과 "드리며"(παραστήσατε)란 말(13절)이 역시 명령사들이다. 그리고 19절의 "드려"란 말(παρεστήσατε)도 그렇다. 이처럼 바울은 이 부분에서 인간 측의 노력과 책임을 당부한다. 인간은 무인격한(impersonal) 물질도 아니고 기계도 아니다. 그는 인격이다. 그러니만큼 하나님께서는 그를 인격으로 상대하셔서 책임 이행을 촉구하신다. 이는 마치, 예수님께서 손 마른 사람에게 "손을 내밀라"고 명령하신 것(마 12:9-12)과 같은 처사이다. 손 마른 자는 손을 내밀 수 있는 힘이 없다. 그렇지만 주님은 그에게 명령하시고 손을 펼 수 있는 힘을 그가 친히 주신 것이다. 기독교의 종교 윤리도 이와 마찬가지이다. 명령법과 지시법(그 명령대로 실현되는 상황)은 전적으로 구원사적 현실에 포함된다. 다시 말하면, 신자가 그리스도와 함께 죽고 또 함께 다시 살아난 현실은 죄를 대적하라는 명령과 일체로 되어 있다.[21]

그러므로 너희는 죄로 너희 죽을 몸에 왕노릇하지 못하게 하여 몸의 사욕을 순종치 말고(12절). 바울은 그 때 신자들에게 성화(聖化)의 노력을 촉구한다. 성화의 노력은 객관적으로 하나님이 완성해 주신 은혜 제도에 순응하도록 되어 있다. 그 제도는 그리스도의 죽으심과 부활하심, 그리고 그의 승천하심으로 말미암아 하나님이 이루신 은혜의 승리이다(히 4:16). 14절의 말씀, 곧 "너희가 … 은혜 아래 있음이니라"고 한 것이 이 제도를 말한다. 이 세상에는 사람이 노력하여도 안 되는 일들이 너무도 많다. 그런데 누구든지 노력하기만 하면 반드시 되는 일이 한 가지 있다. 그것은 하나님께서 세우신 은혜의 제도에 입각(入脚)하여 순응(믿음)하며 노력한다면 성화는 점차 이

---

21 H. Ridderbos, *Paulus*, 1966, p. 280: "De helis-indicatief van het sterven en opstaan met Christus is van de imperatief van de strijd tegen de Zonde niet te scheiden."

루어 가게 된다. 노력이란 것은 인간 측에서 내놓는 공로가 아니고, 단지 인간으로서 은혜의 제도 아래 대처하는 진실성의 표현일 뿐이다. 태만(怠慢)은 진리에 대한 불신의 태도이다. 루터는 말하기를 "시험은 그것을 저항하는 자에게 유익한 종이 될 수 있다. 그 이유는, 시험거리가 당면될 때에 그것을 저항하는 자는(은혜를 받아) 그 때부터 불의를 미워하게 되며, 의를 사랑하게 되기 때문이다"[22]라고 하였다. 루터는 성화 운동에 있어서 이같이 죄를 저항하는 노력을 중요시하였다.

16-23절에는 성화를 위한 노력의 동기 몇 가지가 제시되었다.

① 의(義)의 종이 된 데 대한 감사(16-19). 사람은 아무래도 무엇에 대해서든지 종이 될 처지에 있다. 그는 죄의 종이 아니면 의의 종이 될 수밖에 없다. 중립 처지는 그에게 부여되어 있지 않다. 사람이 죄의 종이 되었을 때에 얼마나 불행한가? 그가 한 가지 죄라도 따갑게 품고 있으면 그 결과로 그의 모든 활동에 있어서 악영향을 받는다. 그 결국은 사망에 이른다(16절). 약 1:15 참조.

② 죄의 종이 되었던 과거의 수치를 회상함(20-21). 사람은 짐승이 아니므로 죄 되는 일, 즉 부끄러운 일을 계속 행하면서 살아가지는 못한다.

③ 하나님의 종 된 현재의 행복을 생각함(22-23). 하나님의 종이 되었다는 것은 하나님께 헌신한다는 말과 같다. 종은 주인에게 자기의 생명까지 맡긴 자이다. 그는 그 주인이 하라는 대로 실행하는 자이다. 이처럼 하나님께 헌신한 자는 그 분의 전능하신 수중에 생명을 보관시킨 셈이 된다. 따라서 그는 성결해진다(22 상반). 하나님 앞에 보관된 자는 마귀가 해하지도 못한다. 이처럼 그는 그리스도의 은혜에 의하여 영생을 얻는다(22 끝-23).

---

[22] M. Luther, *Vorlesung über den Römerbrief*, 1965, s. 221: "Aber sie(Versuchung) muss dienstbar sein, wenn man ihr wider steht. Denn sie bringt den Hass wider das gottlose Wessen und die Liebe zur gerechtigkeit zur Vollendung."

IV. 제7장

본장에는 순 인간적 성화 노력의 실패(나와 율법과 죄의 삼각 관계)가 진술된다 (1-24). 7장은 6장의 성화론(聖化論)의 계속이다. 바울은 매번 성화론에 있어서 먼저 성화의 근거를 말한다. 6:1-11에서도 그랬듯이 7:1-6에서도 그리스도와 신자의 연합에 대하여 말한다. 이 연합이 사실상 성화의 총 밑천이 되는 것이다.

1. 죄의 간교성

죄 그것은 인격이 아니고 율법을 어긴 "**다른 법**"(23절)이다. 요일 3:4 참조. 그럼에도 불구하고 그것이 계획성 있게 활동하는 인격인 듯이 진술된다. 즉, "**죄가 기회를 타서**"라는 말이 그런 인상을 주고(8,11), 나로 하여금 원치 않는 것을 행하도록 "**나를 사로잡아 오는**" 행동자로 진술된 것도 역시 그렇다(23절). 죄는 인격이 아닌데 어떻게 이렇게 계획성 있게 활동하는가? 그것은, ① 인격의 구성 요소인 내 마음이 그렇게 거짓되어서 나 자신을 속이기 때문이다. 렘 17:9; 갈 6:3; 약 1:22 참조. 요한 번연(John Bunyan)은 이것을 "마귀의 복병"이라고 하였다. ② 마귀가 직접 역사하여 인간을 속이기 때문이다. 마귀는 사람의 마음에 들어가서 역사한다. 요 8:44, 12:2, 27; 행 5:3; 고후 2:11, 11:14-15 참조. 토마스 브룩스(Thomas Brooks)는 마귀의 속임수에 대하여 여러 가지 실례들을 들었는데, 그 가운데서 몇 가지를 여기에 소개한다.

첫째, 마귀는 신자가 섭리적으로 어려움을 당할 때에도 신자의 마음속에 거짓말로 역사하여 "하나님이 너를 사랑하신다면 이렇게까지 고생시키겠는가?" 하여 그를 낙심시킨다. 그러나 성도는 마귀의 그 거짓말을 분변해야 한다. 고생은 다 나쁜 것인가? 요셉이 애굽으로 팔려 가서 감옥에까지 갇히게 되었지만 그 일로 인하여 그가 애굽의 총리대신이 되었고, 그 부친의 많은 가족들을 흉년에서 건져내도록 되지 않았던가![23]

둘째, 마귀는 신자로 하여금 기쁨 없이 우울하게 살도록 하기 위하여 계속 신자 자신의 죄를 생각나게 하고, 구주 예수님의 은혜는 생각하지 못하도록 방해한다. 브룩스는 이에 대한 치료 방법까지 제시하였으니, 곧 "그리스도께서는 이 세상에 처한 신자들로 하여금 전혀 범죄하지 않도록 하시지 않고 다만 정죄받는 일이 없도록 하였다"[24]

셋째, 마귀는 아름다움과 덕과 선의 빛깔로서 죄를 칠하여 신자로 하여금 분별하기 어렵도록 한다.[25]

넷째, 마귀는 신자로 하여금 과거의 위대한 신자들의 범죄건을 회상하도록 하여 신자를 죄의 길로 유도한다. 브룩스는 여기서도 마귀의 그 간교함을 다시 지적하여 말하기를, "이 때에 마귀는 저 위대한 신자들의 철저한 회개에 대하여는 침묵한다"[26]고 하였다.

다섯째, 마귀는 "회개하면 된다"라고 간단한 조건을 내세우면서 신자를 속여 범죄하도록 유도한다. 이에 대하여도 브룩스는 말하기를 "회개는 용이한 일이 아니다. 회개는 하나님의 선물이며, 차돌 같은 심령을 녹여 살과 같이 되게 하는 작업이다"[27]라고 하였다.

2. 율법의 연약성

율법은 거룩하여 의롭지만(12절) 우리 육신의 부패성 때문에 우리를 구원

---

23 T. Brooks, *Precious Remedies against Satan's Devices*, 1987, pp. 151-153.
24 Ibid., pp. 142-143.
25 Ibid., pp. 34-35
26 Ibid., pp. 45-46.
27 Ibid., pp. 55-56.

하지 못한다(롬 8:3). 롬 8:7-8 참조. 루터는 이 점에 대하여 다음과 같은 예화를 들어서 설명하였다. 곧, "어떤 병자가 의사에게 찾아가서 말하기를, '나는 포도주를 마시므로 내 병이 고쳐질 것이라고 생각합니다'라고 하니, 의사가 대답하기를, '포도주는 도움이 안 되니 먼저 약을 복용하시오. 그렇게 해서 병이 나은 후에 포도주를 마실 수도 있지 않소'라고 하였다"[28]고 한다. 병자와 같은 인간이 먼저 율법 아닌 다른 약(복음과 성령)을 받아야 율법도 지킬 수 있다.

3. "나"의 실패

7장은 자아론(自我論)이라고 불리울 수 있다. 7-24절에 "나"란 말이 많이 나오는데, 7절에 두 번, 8절에 한 번, 9절에 두 번, 10절에 한 번, 11절에 두 번, 13절에 두 번, 14절에 한 번, 15절에 두 번, 16절에 두 번, 17절에 두 번, 18절에 세 번, 19절에 한 번, 20절에 세 번, 21절에 두 번, 22절에 한 번, 23절에 세 번, 24절에 두 번, 도합 32회 나온다. 신·구약성경 어느 장에도 "나"란 말이 이렇게 많이 나오지 않을 것이다. 인간은 비록 신자라 할지라도 성화(聖化)를 위한 노력에 있어서 순전히 "나"라는 것으로는 실패한다. 바울은 여기서 그것을 지적하려는 것이다.

V. 제8장

바울은 7:25부터 본장에 성화(聖化)의 승리를 선언하였다. 그리스도 자신이 신자의 성결이라는 의미에서 그는, "우리 주 예수 그리스도로 말미암아

---

28 Luther, *Vorlesung über den Römerbrief*, s. 202; Engl. tr., p. 350.

하나님께 감사하리로다"(7:25)라고 개가를 부른다. 여기 "그리스도로 말미암아"란 말은 예수 그리스도로 말미암은 사죄보다도 그로 말미암은 승리, 곧 죄에 대한 승리를 염두해 둔 것이다.[29] 그리스도 자신이 곧바로 신자들에게 성화가 되신다. 고전 1:30 참조. 이 해석은 고전 15:56-57의 말씀도 지지한다. 거기 말하기를, "사망의 쏘는 것은 죄요 죄의 권능은 율법이라 우리 주 예수 그리스도로 말미암아 우리에게 이김을 주시는 하나님께 감사하노니"라고 한다.

바울은 본장 초두에서 앞 장 25절의 감사에 이어서 그 감사하는 내용이 무엇인지를 해설해 준다.

1. 죄와 사망에 대한 성령의 승리(1-11)

리델보스(Herman Ridderbos)는 이 부분을 가리켜 성령의 제도(Regime van de Geest)라고 한다. 여기서는 객관적으로 전능하신 하나님 편에서 이루신 신자의 성화에 대하여 말한다. 그 표현들이 객관적 성격을 띤 것이다. 신자들이 "그리스도 안에" 있다는 것은 주관적인 감각으로 느끼기 어려운 것이다. 그 뿐 아니라, 여기 "법"(2절)이란 말도 두 번 나오는데, 그것도 어떤 개인들의 주관적 체험을 말하는 것이 아니고 하나님이 설정하신 제도를 말한다.

(1) 율법과 하나님 자신과의 대조(3절)

율법도 사람의 죄를 정하기는 한다. 그러나 사람의 불순종 때문에 구원을 이루지 못한다. 그러나 하나님의 죄 없는 자기 자신("자기 아들")에게 정죄하심으로 인류의 구원을 이루셨다. 고후 5:21에 말하기를, "하나님이 죄를 알지도 못하신 자로 우리를 대신하여 죄를 삼으신 것은 우리로 하여금 저의

---

29 F. Godet, *Commentary on Romans*, 1984, p. 291.

안에서 하나님의 의가 되게 하려 하심이니라"고 한다.

(2) 성화의 성립(4-9)

4절의 "율법의 요구를 이루어지게 하려 하심"은 칭의(稱義)로 멎어질 것이 아니라, 계속되는 생활 성화를 포괄한다. 그것은 5절의 "좇는다"(περιπατέω)라는 말이 생활 노선을 염두에 두기 때문이다. 그뿐 아니라, "생각한다"(φρονέω)라는 말이 인간의 관념만 아니라, 그 생각대로 사랑하고 원하여 노력하기까지 하게 됨을 의미한다.[30]

이 점에서 바울의 강조점은 완전주의(perfectionsim)가 아니다. 그는 여기서도 성화의 목표를 가지고 달음질하는 신자의 노력을 가리킨다. 빌 3:12-14 참조. 로버트 할데인(Robert Haldane)도 역시 같은 의미로 말하기를, "(롬 8:6에 언급된 바) '생각한다'는 것은 지식함, 애착함을 포함하는데, 목표한 바를 얻으려고 강력하게 기울어지는 마음 자세를 가리키다"[31]고 하였다. 이 부분(3-11)에서 육신과 영을 대조시킨 논리도 역시 생활 현장에 있는 신자의 성화 과정을 생각케 한다.

육신의 생각은 사망이요 영의 생각은 생명과 평안이니라(6절). 여기 "육신"이란 말(σάρξ)은 주로 인간의 부패성을 의미하는데, 전적으로 하나님과 반대되는 것이다(갈 5:17-21). "육신의 생각은 사망"이라고 했으니, 이것은 사람이 하나님과 분리된 상태이다. 이것을 다음 구절에서는 "하나님과 원수" 된 것이라고도 말한다. 이와 대조로 "영의 생각은 생명과 평안"이라고 한다. 여기서 "영"이란 말은 성령의 인도를 따라 생각하는 신자의 심령 상태를 가리킨다. 롬 8:16 참조. 이런 상태에서 신자는 생명(하나님과 일치된 삶의 모습)과 평강을 누리게 된다. 루터는 말하기를, "성령의 지혜를 가진 신자들은

---

30 S. Greijdanus, *Kommentaar op het Nieuwe Testament*, Ⅴ, *Romeinen*, 1-8, 1933, p. 360.
31 R. Haldane, *The Epistle to the Romans*, 1966, p. 331.

하나님의 뜻에 동화되었기 때문에 그 뜻을 사랑하고 그것을 환영한다. 그러므로 그들은 세상 끝날에 있을 최후의 심판도 하나님의 뜻인 줄 안다. 따라서 그것이 하나님의 무서운 진노이지만, 그들은 기쁜 마음으로 그것이 속히 임하기를 사모하며 기다린다"[32]고 하였다.

(3) 승리의 상황(10-11)

몸은 죄로 인하여 죽은 것이나 영은 의를 인하여 산 것이니라(10절 하반). 즉, 신자의 신체가 예수님의 구속 때문에 죽음에서 해방되는 것은 아니다. 몸은 아담의 죄로 인하여 죽는다. 그러나 그 죽음이 신자 자신에게는 저주나 벌의 죽음은 아니다. 신자의 죽음은, ① 썩을 것으로 심고 썩지 아니할 것으로 다시 살기 위한 것이며(고전 15:42), ② 그로 하여금 생전에 겸손케 하며 유익하게 하는 것이고(고전 3:22), ③ 그의 죄를 멸절시키는 것이다. 히 12:23 끝에 있는 "온전케 된 의인"이란 말은 별세한 신자(천국에 들어간 영혼)를 가리킨다. 이런 의미에서 "죽는 날이 출생하는 날보다 낫"다(전 7:1).

본문의 "영"이란 것은 중생한 결과로 성령과 함께 있는 신자의 영적 생명을 가리킨다. 16절 참조. 그리고 "의"란 것은, ① 그리스도께서 신자에게 입혀 주신 칭의(稱義)의 의를 가리키고(고후 5:21), ② 그 영향력으로 말미암아 신자들에게 심어진 의(義)의 능력을 가리키며, ③ 진리에 순종하는 그들의 생활을 총칭한다.[33] 롬 6:22 참조. 그리고 "산 것이니라"란 말의 살았다는 것은 신자의 영혼이 하나님과 화해를 이룬 관계에서 "의의 평강과 희락"을 누림이다(롬 14:17). 이 점에 있어서 크림머(Heiko Krimmer)는 합당한 해설을 하였으니, 곧 "하나님의 새것(Gottes Neuheit)이 우리의 영으로 더불어 내재하게 되었다. 우리의 속, 곧 우리의 의지, 우리의 사랑, 우리의 감정, 우리의 소원

---

32 Luther, *Vorlesung über den Römerbrief*, 1965, s. 268; Engl. tr., 1972, pp. 354-355.
33 W. Sanday and A. Headlam, *The International Critical Commentary, Romans*, 1975, p. 198.

가운데 들어왔다. 우리의 의지는 하나님의 그것과 일치하고, 우리의 생각은 그의 구원의 말씀에 개방되고, 우리의 감정은 사랑으로 움직이고, 우리의 소원은 주님으로 더불어 교통하기를 사모한다"[34]라고 하였다. 이처럼 신자의 성화는 되어가고 마침내 세계의 종말에는 현세에서 거듭날 때에 받은 성령으로 말미암아 부활하게 된다. 롬 8:11 참조. 다시 말하면, 신자들이 현세에도 성령으로 말미암아 살게 되지만, 내세에도 같은 성령으로 말미암아 부활하여 영생하게 된다. 이런 의미에서 "아들을 믿는 자는(현세에서부터) 영생이 있다"(요 3:36 상반).

2. 성령을 받은 자들의 책임 문제(12-17)

우리가 빚진 자로되 육신에게 져서 육신대로 살 것이 아니니라(12절). 여기 "빚진 자"(ὀφειλέται)란 말의 뜻은, 신자들이 영생케 하시는 성령을 받았으니만큼, 그들이 그 은혜에 합당한 생활을 책임져야 한다는 것이다. 그들은 육체(부패성)를 따라 살아서는 안 되고, 영(그 받은 성령)을 따라 살아야 한다. 이러한 선택은 생사 문제가 좌우되는 분수령에서 결단이 촉구되는 중요한 과제이다.

영으로써 몸의 행실을 죽이면 살리니(13절 하반). 이것은 부패성이 주로 몸을 통하여 발작하기 때문에 그 행실을 죽이라고 함이다. 이것은 생리적 신체 자체를 미워하라는 의미는 아니다. 이 점에 있어서 바울은 "영으로써"란 말을 특기하였다. 여기서 "영"은 성령을 가리키는데, 우리는 성령의 힘으로만 죄를 죽일 수 있고, 우리 자신의 힘으로는 못 한다. 그러므로 신자는 성화 노력에 있어서 언제든지 독립적 자세를 취하지 말고 전적으로 하나님의 능력을 바라보며 기도함과 말씀을 듣기에(하나님의 인도를 받으려고, 14절) 전심해

---

34 Heiko Krimmer, *Bibel Kommentar, Römerbrief*, 1983, s. 202.

야 된다. 이것만은 신자가 자원하는 마음으로 해야 된다. 그 이유는 그들이 종이 아니고 하나님의 아들이기 때문이(15-16).

3. 신자가 현세에서 고난을 당하지만 그의 구원은 완전히 실현됨(18-30)

이 부분에서 중요한 사상은 구원 완성을 고대하는 탄식과 하나님의 부르심에 대한 것이다.

(1) 세 가지 탄식(18-27)

① 만물의 탄식. **피조물이 허무한 데 굴복하는 것은 자기 뜻이 아니요**(20절 상반). 이것은 첫째, 만물이 무언중에 사람들에게 오용(誤用)되고 있음을 탄식한다는 것이다(20절). 만물 그 자체는 지금도 그 정도에서 좋은 것이지만(딤전 4:4), 그것을 사용하는 사람들이 그것을 헛된 데 굴복시킨다. 만물은 사용하는 자(불신자와 신자)에 따라서 불결해지기도 하고 정결해질 수도 있다(딛 1:15).[35] 둘째, 인류의 조상 아담이 범죄한 것 때문에 만물도 저주를 받았다. 하나님께서 말씀하기를, "땅이 … 가시덤불과 엉겅퀴를 낼 것이라"(창 3:18)고 하셨는데, 이 말씀은 피조 세계가 받을 저주를 알려주는 대표적 표현이다. 이 말씀대로 피조 세계의 품질과 질서가 변질된 것은 사실이다. 그러므로 하나님의 구원 계획에는 만물을 새롭게 하시는 것까지 포함되었다. 계 21:5 참조.

② 신자들의 탄식. **우리 곧 성령 처음 익은 열매를 받은 우리까지도 속으로 탄식하여 … 몸의 구속을 기다리느니라**(23절). 여기 "성령의 처음 익은 열매"란 말은 다음과 같이 해설된다. 즉, 곡식 중에 "처음 익은 열매"는 이스라엘 백성이 하나님께 바치도록 지정된 것이었다(출 23:19, 34:26). 그처럼 신자

---

35 Luther, *Vorlesung über den Römerbrief*, 1965, ss. 278-279; Engl. tr., 1972, pp. 362-363.

들은 그리스도로 말미암아 하나님께 제물이 되도록 지정된 것이다. 이런 처지에 있는 그들은 죄와 싸우면서 탄식하게 된다. 그들은 무언중에 완전해짐(몸까지 속죄 받아 부활함)을 탄식하며 기다린다.

③ 성령의 탄식. **오직 성령이 말할 수 없는 탄식으로 우리를 위하여 친히 간구하시느니라**(26절 하반). 성령께서는 신자들의 구원 완성을 위하여 그들을 도우시면서 탄식하신다(26-27).

(2) 하나님의 부르심(28-30)

① 부르심의 전제로서의 예정(선택). **하나님이 미리 아신 자들로 … 미리 정하셨으니**(29절). 그가 "미리" 아셨다는 것은 구원받을 자의 행실이 구원에 합당할 것을 미리 아셨다는 것이 아니다. 이것은 롬 9:11의 말씀도 밝혀준다. "미리 아신 자"란 것은 하나님께서 자기의 주권(主權)에 의하여 구원하실 자를 사랑하셨다는 의미이다. 그가 사랑하시는 자를 구원하시기로 예정하시고 그 예정하신 자를 부르셨다.

신자 자신이 자기가 구원 얻을 자로 예정된 사실을 현재에 알 수 있을까? 이 문제에 대하여는 성경을 바로 깨달은 신학자들이 매우 설득력 있게 가르친 바 있다. 칼빈은 말하기를, "그리스도는 선택의 거울이다"라고 하였다. 그 의미는, 누구든지 그리스도를 진실히 믿는 자라면, 그는 구원받기로 예정된 자임이 확실하다는 것이다. 이것은 행 13:48의 "영생을 주시기로 작정된 자는 다 믿더라"고 한 말씀과 잘 부합한다. 그리고 루터는 구원받기로 예정된 자의 증표 세 가지를 제시했으니, 그 요지를 소개하면 다음과 같다. "첫째, 하나님의 뜻에 대하여 불평하지 않는 자로서 자기는 예정된 줄로 믿으며, 멸망의 정죄를 진실히 원치 않는 자가 선택된 자이다. 둘째, 위의 경우보다 더 좋은 믿음을 가진 자가 있으니, 하나님께서 자기를 유기된 자처럼 돌보시지 않으며, 자기를 구원하시기를 원치 않으시는 것처럼 느껴질지라도 불평하지 않는 자는 구원받기로 예정된 자이다. 셋째, 위의 경우보다

가장 우수한 신앙자가 있다. 실제로 임종 시각에 하나님께서 자기를 지옥으로 떨어뜨릴 것같이 느껴져도 하나님의 뜻을 사랑하여 순종하는 태도로 불평하지 않는 자는 구원받기로 선택된 자이다."³⁶(意譯). 루터의 이 말을 요약하면, 그것은 신자가 하나님을 사랑하므로 어떠한 어려움도 참고 견디는 것이 그의 예정된 증표라는 의미이다. 신자가 하나님을 사랑하게 되는 것이 부름 받은(예정된) 증표이다(롬 8:28 상반). 그런데 믿음이 약해 보이는 자들 중에도 하나님의 택하심을 받은 자들이 있다(고전 3:15). 슥 3:1-5 참조. 우리는 현세에서 예정 문제에 관하여 완전히 알 수는 없다.

② 부르심의 내용. **부르신 그들을 또한 의롭다 하시고 … 그들을 또한 영화롭게 하셨느니라**(30절 하반). 이것은 하나님께서 택함 받은 자에게 구원을 보장해 주시는 모든 작업이다. 우리는 "아래서" 났고, 예수님은 "위에서" 나셨다(요 8:23). 위에 계신 그가 우리를 택하시고 또 부르신다. 그 부르심에 응종하는 자는 영생을 얻는다. 예수님은 말씀하시기를, "진실로 진실로 너희에게 이르노니 죽은 자들이 하나님의 아들의 음성을 들을 때가 오나니 곧 이때라 듣는 자는 살아나리라"(요 5:25)고 하셨다.

③ 부르심을 받은 자의 복. **그 뜻대로 부르심을 입은 자들에게는 모든 것이 합력하여 선을 이루느니라**(28절 하반). 택함 받은 자가 받을 복은 "모든 것이 합력하여 선을 이루게" 해 주시는 하나님의 섭리이다. "모든 것"은 무엇을 의미하는가? 이것은 고전 3:22-23의 말씀(세계, 생명, 사망, 지금 것, 장래 것)이 알려준다. 이것은 하나님의 보호가 얼마나 광범위한 것을 알려주며, 그 보호는 주로 영혼을 상대한 것이며, 영적 유익을 약속한다. 즉, 하나님께서 신자로 하여금 죄에 빠지지 않도록 그를 보호하시는 것이다. 이것은 예수님의 대제사장적 기도에도 나타나 있다. 요 17:15-19 참조. 하나님께서 택하신 자를 보호하시는 방법은, ⓐ 신자로 하여금 하나님의 말씀을 듣고 깨달

---

36 Luther, *Vorlesung über den Römerbrief*, s. 296; Engl, tr., 1972, p. 378.

아 순종하게 됨으로 이루어가게 하시며, ⓑ 부르심을 받은 후에 육신의 살 길이 막히는 것으로 이루시기도 하신다. 신자가 역경을 만나서 그 육신의 형편이 곤란하게 될 수도 있다. 그런 때에도 하나님께서 그를 간섭하시어서 그의 영혼이 하나님의 살아 계심을 믿고 의지함으로 그 믿음이 자라게 된다. 일본에서 되어진 일인데, 선교사 두 명이 길을 가다가 강도들을 만났다. 그 때에 어디선가 사나운 개 두 마리가 강도들에게 달려와서 그들을 물려고 하였으므로 선교사들은 피할 기회를 얻었다. 그들은 그 경험을 통하여 믿음이 커지고 그들의 영혼은 더욱 힘을 얻었을 것이다.

④ 부르심의 목적. 하나님의 부르심은 택하신 자들의 성화(聖化)를 위한 것이다. 그런 의미에서 "**그 아들의 형상을 본받게 하기 위하여 미리 정하셨으니 이는 그로 많은 형제 중에서 맏아들이 되게 하려 하심이니라**"고 한다 (29절). 고후 3:18; 요일 3:2-3 참조.

ⓐ "아들의 형상을 본받게"하심. 본문의 문맥을 따라서 해석하면, 하나님께서 신자들로 하여금 수난(受難)에 의하여 그리스도의 형상을 따라 성화되도록 예정하셨다는 것이다. 그러므로 우리는 고난 때문에 슬퍼할 이유도 없고, 낙심할 필요도 없다.[37]

그리스도의 형상을 본받게 하신다는 것은 무엇인가? 그것은 첫째, 함께 후사가 된 점에서 그리스도를 본받은 셈이고(롬 8:17 상반), 둘째, 그리스도께서 고난을 받으심으로 우리의 구원을 완성하신 것처럼(히 5:7-8), 신자들도 수난에 의하여 성화되어 가는 점에서 그렇고(욥 23:10; 롬 5:3; 약 1:3-4), 셋째, 장차 내세에 영광을 얻는 데 있어서도 그렇다(17절 하반). 눅 22:28-30; 히 2:10-11; 계 1:9 참조.

ⓑ "그로 많은 형제 중에서 맏아들이 되게" 하심. 예수 그리스도께서 "맏아들"이 되신다는 것은 그가 모든 신자들의 주님이 되시며 근본이 되신다

---

[37] *Calvin's New Testament Commentaries, Romans and Thessalonians*, 1973, p. 180.

는 의미이다. 그가 이렇게 되심으로 그를 믿는 신자들의 구원이 확고부동하게 되었다.

4. 구원의 확실성에 대한 찬송(31-39)

그 요지는 신자들의 구원을 이루어 주시는 이가 하나님이시라는 것이다. 하나님은 이 일에 시종일관 홀로 담당하시고 계시다. 여기에는 대적(對敵)이 있을 수도 없고, 그의 사랑에서 신자를 끊어 버릴 자도 없다고 한다(31-35). **"이 모든 일에 우리를 사랑하시는 이로 말미암아 우리가 넉넉히 이기느니라"** 고 한다(37절). 이 말씀은 우리의 힘으로 이긴다는 것이 아니고 주님의 힘으로 이긴다는 것이다. 우리의 힘이 무엇이기에 "사망, 생명, 천사들, 권세자들, 현재 일, 장래 일, 능력, 높음, 깊음" 등(38-39)을 제재하거나 방어하거나 지배할 수 있으랴! 신자들 중에는 약한 자들도 있다. 심지어는 불 가운데서 건지움같이 구원 얻는 자들도 있다(고전 3:15). 그러나 그도 그를 사랑하시는 그리스도로 말미암아 구원받는다. 사실상 그 능력 그 자체(그리스도의 능력)는 "넉넉히 이기는" 능력이시다. 롬 8:37 참조.

성령(聖靈)에 의한 구원 실시와 은사(恩賜) 문제

신약교회는 오순절 성령 강림으로 시작된다

이것은 행 2:1-13의 말씀이 밝혀준다. 그때에 나타난 "바람 같은 소리"(2절)와 "불의 혀 같이 갈라지는 것"(3절)은 신약 시대 성령의 의의를 전반적으로 가리키는 상징적 표현이고 성령의 본질은 아니다. 거기에 "같은"($\ddot{\omega}\sigma\pi\epsilon\rho$)이란 말, 또는 "같이"($\dot{\omega}\sigma\epsilon\dot{\iota}$)라는 말이 그 현상을 비유라고 지적하지 않는가? 이 상징들이 가리키는 뜻은 다음과 같다. 곧, "바람"은 사람으로 하여금 중생케 하시는 성령의 역사를 비유하고(요 3:3-8; 겔 37:9-10), "불의 혀 같이 갈라지는 것"은 하나님의 말씀(혀는 말하는 것임)으로 죄를 깨끗이 제거해 주시는 (불은 깨끗게 함) 성령의 역사를 비유한다(사 6:5-7; 말 3:2-3; 마 3:11). 다시 말하면, 이것은 신자를 성화시키는 성화(聖化)의 역사를 가리킨다.

그리고 회중이 "다른 방언으로 말한" 것은 성령 충만 혹은 성령 세례의 증표가 아니고 그때에 그들의 받은 은사 중 하나였다. 방언하는 자만이 성령을 받았다고 하는 것은 성립될 수 없다. 교회 역사상에는 성령을 받은 자들로서 방언을 하지 못한 실례들이 많다. 방언 문제는 이후에 자세히 취급하기로 한다.

I. 구원 실시의 질서(Ordo Salutis)

1. 중생

(1) 중생의 정의

이것은 하나님의 말씀으로 말미암는 성령의 오묘한 역사로, 사람의 심령에 일어난 변화이다. ① 이것이 그 영혼의 본질의 변화는 아니고 ② 하나님을 위하여 살기 원하는 성질상 변화이다. 그러므로 ③ 중생의 결과는 자아의 분열이라고 할 수 있다. 곧 사람이 중생하면 육적 자아와 영적 자아로 갈려 자체 안에서 그 둘이 서로 싸운다는 것이다. 예수님의 말씀이 이 사실을 보여준다. 곧 "육으로 난 것은 육이요 성령으로 난 것은 영이니"라고 한다(요 3:6). 이렇게 육과 영의 대립은 중생한 자에게 한하여서만 있는 것이다. 이 대립은 예컨대 성 버나드(Bernard)의 생애에서 발견된다. 그는 말하기를, "주여! 나에게 진노하소서"라고 하였다. 그에게는 자기를 쳐 복종시키려는 새로운 자아가 지배하고 있었다.

(2) 중생과 죄감(罪感)

사람이 중생하였다는 것은 그가 완전해졌다는 의미가 아니다. 그도 행위로 불완전하거니와 그의 영혼으로도 그렇다. 거듭난 그에게는 특별히 죄감이 확실하고 또 큰 것이다. 죄감은 그로 하여금 그리스도를 믿게 해준다. 중생한 자가 그 영혼에까지 죄 있음을 느낀 것이 성경에서 발견된다. 시 41:4

에 말하기를, "내가 주께 범죄하였사오니 내 영혼을 고치소서"라고 하였으며, 시 42:5에는 말하기를, "내 영혼아 네가 어찌하여 낙망하며"라고 하였는데 낙망은 불신앙의 큰 죄악이다. 미 6:7에도 말하기를, "내 영혼의 죄를 인하여 내 몸의 열매를 드릴까" 하였고, 고후 7:1에는 사도 바울이 신자를 상대하여 하는 말이 "육과 영의 온갖 더러운 것에서 자신을 깨끗게 하자"라고 하였다.

(3) 중생한 자의 행동 원리

① 중생은 그리스도를 믿는 마음을 일으킴. 요 6:44에 말하기를, "나를 보내신 아버지께서 이끌지 아니하면 아무라도 내게 올 수 없으니"라고 하였다. 따라서 중생은 ② 하나님께로 나아갈 마음으로 나타남. 히 10:22에 말하기를, "우리가 마음에 뿌림을 받아 … 참 마음과 온전한 믿음으로 하나님께 나아가자"라고 하였다. ③ 중생은 하나님을 사랑하는 마음으로 나타남. 살후 3:5에, "주께서 너희 마음을 인도하여 하나님의 사랑과 그리스도의 인내에 들어가게 하시기를 원하노라"고 하였다.

위에 있는 성경 구절들을 보면 성령을 받은 마음, 곧 거듭난 마음은 예수 그리스도를 알며 믿도록 되어진다. 그것은 진리에 속하고 선에 속하여 오직 그리스도를 따른다. 넓은 바다를 건너는 배에 지남침이 귀한 것처럼, 인간에게는 거듭난 마음이 귀하다.

하나님께서는 먼저 그리스도를 보내사 우리를 대신하셔서 죽었다가 다시 살아나게 하시어 구원의 복음을 이루시고, 다음으로 우리의 속에 그리스도를 믿기 위한 마음, 곧 거듭난 마음을 주신다. 우리가 이와 같이 순서가 짜인 구원 운동을 생각할 때에도 우리 신앙이 더욱 강하여진다. 곧 그리스도의 복음과 우리의 거듭난 마음은 서로 합치하는 것이고, 또 그것들은 하나님을 참되시다고 증거하는 아멘의 두 증인이다.

2. 회개

(1) 회개는 무엇인가

바르트는 말하기를, "이는 하나님을 봉사하는 사람의 최고급(最高級)의 의의 성취가 아니고 하나님의 의의 초급(初級)이라" 하였다. 이것은, 바르트가 회개를 순연한 하나님의 행동뿐으로만 본 말이다. 그러나 우리는 이것을 순연히 하나님의 행동뿐으로 말하지 않고 성령의 역사로 말미암은 인간의 행동으로 보는 것이다. 카이퍼(A. Kuyper)는 말하기를, "구약에서 회개라는 말, 곧 슙(שוב)이라는 말이 70번은 인간의 행위로 기록되었고, 16번은 하나님의 행위로 기록되었다"고 하였다. 우리는 회개케 하시는 분이 하나님이심을 믿는다(행 11:18; 딤후 2:25).

그러나 회개 행위의 책임자는 사람이다. 하드레라는 사람은 주광(酒狂)이었으나 길 가다가 앉았을 때에 '오라'는 소리를 듣고 하나님의 임재를 느끼면서 회개하였다.

(2) 회개의 상황

고후 7:10, 11에 말하기를, "하나님의 뜻대로 하는 근심은 후회할 것이 없는 구원에 이르게 하는 회개를 이루는 것이요, 세상 근심은 사망을 이루는 것이니라 보라 하나님의 뜻대로 하게 한 이 근심이 너희를 얼마나 간절하게 하며 얼마나 변명하게 하며 얼마나 분하게 하며 얼마나 두렵게 하며 얼마나 사모하게 하며 얼마나 열심 있게 하며 얼마나 벌하게 하였는가"라고 하였다. 이 말씀을 보면, 회개는 지적(知的)으로 죄를 변별(辨別)하고, 감정적(感情的)으로 죄를 미워하고, 의지적(意志的)으로 하나님을 향하여 결단하는 것이다.

병자가 그 질병을 알고 있는 것만이 긴요한 것이 아니고, 그 치료 방법을 구하는 것이 슬기 있는 것이다. 죄인의 진정한 회개는 그리스도 신앙으로 목표를 가진다. 회개에 있어서 한탄(恨歎)은 귀하나 한탄 그것만을 일삼으면 안 된다. 그것은 신앙이 일어나기 위하여 있을 준비 단계일 뿐이다. 주님을 믿고 평안을 얻는 것이 회개의 목적이다. 회개하는 자는 신앙의 결단으로 그리스도께 돌아와서 성령의 도우심으로 그의 죄도 고치고 또 이긴다.

(3) 회개자에게 주시는 은혜

삼상 7:3에, "사무엘이 이스라엘 온 족속에게 일러 가로되 너희가 전심으로 여호와께 돌아오려거든 이방 신들과 아스다롯을 너희 중에서 제하고 너희 마음을 여호와께로 향하여 그만 섬기라 너희를 블레셋 사람의 손에서 건져내시리라"고 하셨다. 대하 7:14에는, "내 이름으로 일컫는 내 백성이 그 악한 길에서 떠나 스스로 겸비하고 기도하여 내 얼굴을 구하면 내가 하늘에서 듣고 그 죄를 사하고 그 땅을 고칠지라" 하셨고, 시 34:18에는, "여호와는 마음이 상한 자에게 가까이 하시고 중심에 통회하는 자를 구원하시는도다" 하셨고, 시 51:17에는, "하나님의 구하시는 제사는 상한 심령이라 하나님이여 상하고 통회하는 마음을 멸시치 아니하시리이다"라고 하셨으며, 시 147:3에는, "상심한 자를 고치시며 저희 상처를 싸매시는도다"라고 하셨다.

3. 신앙

(1) 신앙의 종류

벌코프(L. Berkhof)는 신앙의 종류 네 가지를 말한다. 첫째, 역사적 신앙(historical faith). 이것은 성경의 진리를 지식적으로 파악함으로 멈춰진다. 이것은 심령에 뿌리 박은 것은 아니다. 둘째, 이적 신앙(faith of miracles). 이것은 어떤 사람이 초자연적 행동을 자기가 혹은 남이 행할 수 있다고 설득된 믿음을 가리킨다(마 17:20; 막 16:17, 18 참조). 이런 믿음이 구원받는 믿음과 동반한다고 우리가 단언할 수는 없다. 셋째, 일시적 신앙(temporal faith). 이것은 돌짝밭에 뿌리운 씨와 같으니(마 13:20-21), 이런 믿음의 소유자는 자기의 영광이나 쾌락을 위하여 감정적으로 일시 동안 믿는다고 하나 난관과 환란 때에는 믿음을 버린다. 넷째, 구원하는 신앙(saving faith). 이것은 중생한 생명에 뿌리를 가진 것이며, 사람이 중생할 때에 그 심령에 하나님이 심으신 씨와 같은 믿음이다. 이것은 인격적으로 그리스도 안에 사는 신앙이라고 한다.[1]

(2) 신앙의 본질과 생활

신앙의 본질이란 것은 아래와 같이 진술될 수 있다. 신앙이란 말은 히브리 원어로 헤에민(הֶאֱמִין)이니, "굳건하다" 혹은 "진실하므로 믿을 만하다"는 의미이다. 요컨대 신앙은 진실을 그 본질로 하고 생명으로 한다. 외식(外飾)과 가면(假面)은 신앙이 아닐 뿐만 아니라 신앙의 적이요 또한 방해물이다. 외식과 가면이 있는 곳에 신앙이 없고, 신앙의 장성도 없다. 그러므로 성경은 신앙을 가르치는 동시에 외식을 저주한다. 그리고 신앙의 대상은 진리, 곧 하나님의 말씀인 동시에 예수 그리스도이시다. 롬 10:17 참조.

신앙자의 생활은 진리에 입각한 것인 만큼 거짓된 세상에서 그 진로가 평탄한 것은 아니다. 그의 신앙은 진리에 의하여 예언하는 예언자요 전투자이다. 테니슨(Tennyson)은 다음과 같이 시를 지었다. "신앙은 훤화한 말 가운데서도 동요하지 않으며, 아니요(no) 기요(yes) 하는 분요한 가운데서도 신앙은 홀로 명랑한 태도를 가지고 있도다. 신앙은 가장 악한 판국에서도 반짝이는 가장 좋은 것을 내다보며 해가 하루 밤 동안만 감추인 것을 보는도다. 그것은 겨울 싹을 통하여 여름을 찾아 내다본다. 그것은 꽃이 지기 전에 열매를 맛보고, 소리 없는 종달새 알에서 종달새의 소리를 듣는다"[2]라고 하였다.

---

1 Louis Berkhof, *Reformed Dogmatics*, 1932, pp. 95-97.

2 Faith reels not in the storm of warring words, she brightens at the clash of yes and no, she sees the best that glimmers through the worst, she feels the sun is hid but for a night, she spies the summer through the winter bud, she tastes the fruit before the blossom falls, she hears the lark within the songless egg.

(3) 신앙을 방해하는 사상

① 신앙의 대상이 보이지 않는다는 핑계

신앙은 보이지 않는 것을 믿는 신념 행위이다. 그렇다고 하여 그것을 의심스럽다고 할 수 없다. 과학도 자연 현상의 근본은 알지 못한다. 그러나 과학은 그것을 알지 못하면서도 그렇게 믿고 그 연구를 진행시킨다. 그러므로 우리는 신념 행위를 종교적 사리에만 국한시켜 생각하면 안 된다. 종교에서 신념 행위를 가진다고 해서 누구든지 종교의 사리는 신용할 수 없다고 하지 말 것이다. 모든 지식 작용은 신념을 기초로 가진다.

② 자아를 믿으려는 악한 마음

이것도 신앙에 방해를 준다. 잠 28:26에, "자기의 마음을 믿는 자는 미련한 자요 지혜롭게 행하는 자는 구원을 얻을 자라" 하였고, 잠 26:12에, "네가 스스로 지혜롭게 여기는 자를 보았느냐 그보다 미련한 자에게 오히려 바랄 것이 있느니라" 하였고, 렘 17:9에는, "만물보다 거짓되고 심히 부패한 것이 마음이라 누가 능히 이를 알리요"라고 하였다.

4. 칭의(稱義)

칭의도 성령께서 성립시키셨고 또 성립시키신다. 그리스도께서 성령으로 말미암아 부활하신 때에 그의 의가 성립되었고, 죄인이 그리스도를 믿는 바로 그때에 그리스도의 의를 공로 없이 받는다.

(1) 칭의(δικαίωσις)란 무엇인가

이것은 법정 술어이니 법률상 선언에 의하여 옳게 여겨줌을 의미한다. 죄인이 예수님을 믿을 때에 하나님은 그를 가리켜서 그리스도의 의에 참여한 자라고 선언하신다(롬 4:25 참조). 위에 말한 "그리스도의 의"는 그리스도의 부활이다. 이 부활의 의, 곧 승리의 의는 성령께서 실현하셨다(요 16:7-10, 특별히 10절). 딤전 3:16에 말하기를 "그리스도께서 영으로 의롭다 하심을 입으시고"라고 하였다(벧전 3:18; 롬 8:11 참조).

(2) 칭의의 내용

이것은 신자가 지은 죄(과거, 현재, 미래의 죄)를 용서하시는 동시에 그를 하나님의 자녀로 삼고 또 영생의 기업을 누리게 하는 것이다(요 1:12-13, 롬 8:15-16; 갈 3:26-27, 4:5-6; 롬 8:17, 23, 29-30 참조).

(3) 칭의되는 곳과 그 회수

칭의는 객관적으로 하나님의 법적 판정에서 되고, 주관적으로는 신자의 양심에서 된다(롬 3:20-21; 갈 3:11-12; 히 9:14 참조). 이것은 단회적으로 되는 것이고 중복적으로 계속될 것이 아니다. 주관적으로 칭의된 사실을 깨닫는 정도는 신자들에 따라 조금씩 다르다.

(4) 칭의의 근거

칭의의 근거는 신자의 신앙도 아니다. 신앙은 그리스도를 받아들이는 방편일 뿐이고(요 1:12) 공로가 아니다. 더욱이 신자의 어떤 선행도 칭의의 근거는 될 수 없다(롬 3:28; 갈 2:16, 3:11). 칭의의 근거는 오직 그리스도의 부활로 확정된 그의 의(그의 능동적 순종과 그의 피종적 순종으로 성립된 의로움)로만 성립된다(롬 4:25, 5:9, 19, 8:1, 10:4; 고전 1:30, 6:11; 고후 5:21; 빌 3:9).

5. 성화(聖化)

(1) 성화의 정의

성화란 헬라 원어는 하기아조(ἁγιάζω)라고 하는데, 이는 성령께서 신자로 하여금 점점 거룩하여지도록 하시는 역사이다. 성화는 단번의 사건이 아니고 계속 성취해 나가는 과정이다(빌 1:6; 살전 5:23; 히 13:20-21).

(2) 성화의 작업

성화 작업은 성령께서 하나님의 말씀과 그의 섭리적 사건들(이것들도 하나님의 말씀과 관련되었음)을 방편으로 하고 행하시는 것인데 여기 인간은 협력한다. 이 일에 대하여 성경은 비유 혹은 상징에 의하여 많이 가르쳤는데 성령을 물로 비유한 말씀은 우리의 주의를 끈다.

첫째, 요 7:37-39은 갈증을 멈추어 주시는 성령이란 뜻으로 말씀함. 여기 갈증은 인간이 그 지은 죄로 인하여 고달픈 것을 생각케 한다. 이것은 양심상 괴로움이다. 이것을 해갈시키듯이 멈추어주는 치료제는 그리스도의 피의 복음(말씀)을 가지고 역사하시는 성령의 역사이다(히 9:13-14 참조). 이와 같은 성령의 역사는 목마른 자를 시원케 하는 생수와 같다(요 4:14).

둘째, 히 10:22에는 "몸을 맑은 물로 씻었다"는 말씀이 있다. 이것도 비유적 표현이니 더러워진 것을 깨끗케 함에 대한 비유이다. 인간에게 있는 죄는 더러운 것이다. 그것은 씻듯이 제거되어야 한다. 시 51:2 참조. 이 일은 성령(물로 비유되신 성령)께서 하나님의 말씀(그리스도의 대속적 보혈을 전하는)으로 역사하실 때에 이루어진다. 이런 의미에서 엡 5:26은 말하기를, "이는 곧 물로 씻어 말씀으로 깨끗게 하사"라고 한다.

성경에는 신자가 하나님의 섭리적 사건인 고난으로 말미암아서도 깨끗해진다는 말씀이 있다(시 119:67). 그러나 고난도 하나님의 말씀을 믿으면서 성령 안에서 받는 자라야 성화의 유익을 받는다. 그렇다면 이것도 하나님의 말씀을 방편으로 한 것이다.

셋째, 이 성화 작업에 있어서 인간 편에서는 잘 순종하며 믿어야 된다고 성경은 말한다. 그것은 성령께서 전해주시는 말씀을 먹는 듯이 또는 마시는 듯이 믿으라는 교훈에서 깨닫게 되는 것이다. 요 6:53에 예수께서 말씀하시기를, "인자의 살을 먹지 아니하고 인자의 피를 마시지 아니하면 너희 속에 생명이 없느니라" 하셨다. 여기 인자의 살과 피는 그가 십자가에 죽으심으로 이루신 대속적 복음의 말씀을 가리킨다. 그 말씀을 성령의 역사로 말미암아 믿는 자는 먹고 마시듯이 진심으로 (속으로 깊이) 믿게 된다. 이렇게 신자가 성령의 역사로 하나님의 말씀을 믿는 것은, "성령을 마신다"는 표현으로도 고전 12:13에 진술되었다.

(3) 성화의 정도

신자들은 세상에 있는 동안 완전해지지 않는다(왕상 8:46; 잠 20:9; 전 7:20; 약 3:2; 요일 1:8). 그런데도 불구하고 신자가 이 세상에서도 완전히 거룩해진다고 가르치는 이들이 있다. 이런 교훈을 가리켜 "완전주의"(perfectionism)라고 한다. 이 교훈은 성경을 잘못 깨달은 데서 생긴다. 성경은 "의인은 없나니 하나도 없으며"라고 하지 않았는가? 롬 3:10 참조. 요일 3:9, 5:18에 "하나님께로서 난 자마다 죄를 짓지 아니한다"고 하였으나 이 말씀에 대하여 올바른 해석이 요구된다. 이것은 하나님에게서 난 자, 곧 중생된 생명(성령에게 붙들려진 범위 안의 생명)이 범죄하지 않는다는 뜻이다. 여기에서 내가 말하는 "생명"이란 말은 영혼을 의미하지 않는다.

누구든지 "죄 없다 하면 스스로 속이고"라고 성경은 말한다(요일 1:8). 그러나 자기가 죄인인 줄 알고 완전을 향하여 계속 달음질하는 자는 점점 더 성결해지며 장성한다. 빌 3:12-14 참조.

II. 성령의 은사

성령은, 하나님께서 교회를 세우시는 일로 인하여, 또는 교회를 양육하시기 위해서 보내셨다. 이 점에 있어서 우리는 먼저 고전 12:4-31의 말씀 중에서 몇 구절을 해석하는 것이 중요하다. 이 말씀은 교회의 단합을 강조하였으니 우선 그 서론(4-7)이 그런 뜻으로 나온다. 첫째, 신자들에게 각각 다른 은사를 주시는 이가 동일하신 성령이시라는 말씀이 교회의 통일을 가르치고, 둘째, "유익하게" 한다는 헬라 원어(πρὸς τὸ συμφέρον)가 역시 교회의 단합을 말해준다. 이 말은 "공동적 유익을 위하여"(for the commen good)라고 번역되어야 한다.

1. 본문(고전 12:4-31) 해석

❽ **성령으로 말미암아 지혜의 말씀**   여기 "지혜의 말씀"(λόγος σοφίας)이란 무엇을 의미하는가? 일반적 사항에 대하여 하나님이 주시는 지혜가 아니고(고전 2:6), 그리스도를 바로 알고 말해 주는 복음을 가리킨다(고전 1:21-24, 30, 2:7). 바울은 사도의 자격으로 그리스도를 사람들에게 알게 하는 지혜로운 건축자(고전 3:10)이다. 이 해석이 정당하다고 할 이유는 여기 제8절에 말씀(λόγος)이란 것이 복음을 가리켰다고 생각되고, 또 제28절에 "첫째는 사도요"라는 것이 이 말씀과 통하기 때문이다. 제28절부터 30절까지는 여기 제8절부터 10절까지의 말씀을 조금 다른 형식으로 재설(再說)한다.

그러면 현하 교회에 "지혜의 말씀"을 다루는 자는 어느 직분인가? 그는 목사이다. 그가 사도의 권위를 가지지는 못하였으나 사도의 복음을 가지고 전파하여 가르친다. 이 직분이 교회의 어느 직분보다 중요하기 때문에 여기 리스트에 첫째로 나온다. 이와 같이 경중을 논할 이유는 바울의 사상에서 사도의 중요성이 첫째로 고려되어 있기 때문이다(고전 9:1; 엡 2:20 참조).

지식의 말씀(λόγος γνώσεως)   여기서 "지식"이라는 것은 세속적 지식 그 자체를 말함이 아니고, 복음을 지식적으로 잘 가르치는 재능을 말한다. 이 재능은 세속적 지식까지도 성화하여 복음 전달에 잘 사용한다. 인물을 들어서 구체적으로 말하자면, 구약 시대의 에스라나 신약 시대의 아볼로 같은 사람이 이 재능을 받았다. 에스라 7:6; 행 18:24 참조. 위의 해석이 정당하다고 할 이유는 여기 리스트의 재설로 생각되는 28-30의 말씀에 "교사"(διδάσκαλος)라는 말이 그 해당되는 위치에 나오기 때문이다.

이 직분은 사도 시대에도 있었고(엡 4:11), 현하 교회에서도 계속 존재한다. 그는 기존의 복음 지식을 잘 밝히며 또 잘 전달하는 데 영적 재능을 가지나 사도와 선지자처럼 원천적으로 계시를 받는 직분은 아니다. 그러나 바울은 사도로서 이 재능을 겸한 자이다(행 13:1). 특별히 이런 이유로써 그는 이방에 선교사로 보냄을 받게 된 것이다(딤전 2:7). 행 11:23-26 참조.

❾ **같은 성령으로 믿음**(πίστις ἐν τῷ αὐτῷ πνεύματι) 이것은 영력 있는 믿음을 가리킨다고 한다. 실제로 "능력 행함"에 대한 말씀은 다음 절(10절)에 나온다. 그러므로 여기 이 말씀은 별도로 해석되어야 한다. 이 점에 있어서 우리는 세례 요한을 생각해 볼 수 있으니, 그는 능력 있는 신앙을 가졌을 것이지만(눅 1:17) 이적을 행한 일이 없다고 한다(요 10:40-42). 그러므로 본 절이 말하는 믿음은 영력 있는 믿음으로 성역에 많은 열매를 맺게 하는 것이다. 그리스도를 전하므로 영혼을 구원하는 능력이 이적이나 표적과는 별개의 것으로 바울은 말하였다(고전 1:22-24). 현하 교회에도 이런 능력 있는 믿음의 사역이 계속 존재한다.

어떤 이에게는 한 성령으로 병 고치는 은사를 여기 "어떤 이"라는 말을 보면, 병 고치는 은사가 누구에게든지 있는 것이 아니다. 이 은사는 하나님의 주권에 의하여 줄 자에게 주어진 것이다. 그러나 이것이 그 한 사람의 영광이나 혹은 사욕을 위한 것이 아니고 남들(교회)을 돕기 위한 것이다.

현하 교회에도 이 은사는 특별 섭리의 형태(사도적 이적과는 다름)로 계속 존재한다.[3] 옛날이나 지금이나 꼭 같으신 성령님께서 병을 고칠 수 있음이 분명하지 않은가? 야고보는 말하기를, "믿음의 기도는 병든 자를 구원한다"고 하였다(약 5:15). 그러나 성경의 말씀에 의하면, 신자는 병을 전부 기도로 고

---

3 Louis Berkhof, *Systematic Theology*, 1949, p. 168.

친다고 할 수는 없다. 바울도 병을 기도로 고치지 않은 일이 있다(딤전 5:23). 그는 병든 드로비모를 이적으로 고쳐주지 않고 밀레도에 남겨둔 일이 있었고(딤후 4:20), 에바브로디도는 바울과 함께 있으면서도 병들어 죽게 되었던 일이 있었다(빌 2:24-27). 참으로 병 고치는 은사가 있는 성도는 그 은사를 자기 자유로 사용하지 않고 하나님의 뜻과 인도대로 순종한 것이 알려진다.

❿ **어떤 이에게는 능력 행함을** 여기 "능력"이라는 것은 이적을 가리킨다. 여기서 "어떤 이에게"(ἄλλῳ)라고 한 것은, 사람마다 이적 행할 신앙을 가진 것이 아니고 어떤 사람에게 국한하여 그 신앙이 주어진 사실을 기억시킨다. 이 점에 있어서 우리는 다음 몇 가지 사실을 명심해야 된다.

(1) 이적은 희적(稀蹟)

하나님께서는 이 이적을 흔하게 행하지 않으신다. 그것이 만일 흔하면, ① 인류에게 고난이 없어진다. 그렇게 된다면 죄를 벌하시는 하나님의 공의가 나타날 수 없다. 인류는 범죄하였기 때문에 죽는 날까지 고난을 당하도록 되었다(창 3:19). ② 이것이 흔하면, 그것이 상칙(常則)과 같이 된다. 그렇게 되면, 이적의 놀라운 성격이 심상해질 것이니 이적의 성격이 상실된다. ③ 이적이 흔하면, 성도가 신앙 훈련 받을 길이 없어진다. 성도는 이적의 편리를 보는 것보다 고난을 통하여 인내를 배우며 신앙 연단을 받는다(약 1:2-4; 벧전 1:6-9).

(2) 현대의 이적

하나님께서 지금도 어떤 신자에게는 이적을 행하는 믿음을 주신다. 그러나 현대의 이적은 사도적 권위를 가진 것이 아니고 특수 섭리(일반 섭리가 아님)에 속한 것이다.[4] 신학자들은 이것을 가리켜 "교회 이적"(church miracle)이라고

---

4 Ibid., p. 168.

도 부른다.

어떤 이에게는 예언함을 여기 "예언함"으로 번역된 헬라 원어 푸로페테이아(προφητεία)는 미리 말함이 아니고 선포함(proclamation)을 의미한다. 이것은 신의 대리자의 입장에서 신의 뜻을 해명하는 것을 가리킨다.[5] 그러므로 "예언", 곧 대언의 은사는 미래의 될 일을 예고하는 것에 국한된 것이 아니고 오히려 그보다는 하나님의 말씀과 뜻을 일반에게 알려주는 사역을 가리킨다. 오늘 설교자의 하는 일이 이에 해당되는 것이다.

영들 분별함을 성령의 역사가 있는 곳에는 마귀도 역사한다. 마귀도 한편 선하고 유익한 일을 하면서 역사한다. 행 16:16-18을 보면 "점하는 귀신 들린 여종이 그 주인을 크게 이하게" 하였다고 하지 않았는가? 그뿐 아니라 그녀가 바울의 일행을 가리켜 "지극히 높은 하나님의 종으로 구원의 길을 너희에게 전하는 자"라고 하지 아니하였는가? 그러므로 영들을 분별하는 일은 "예언"한다는 사람들 앞에서도 담대히 실행되어야 한다.

초대교회에 나온 디다케(*Didache*)라는 책에 말하기를, "영으로 말한다고 해서 모두 다 대언자는 아니다. 주님의 방법으로 하는 자만이 참된 대언자이다. 참된 대언자와 거짓된 대언자는 그들의 방법으로 판명된다"고 하였다.[6] 그보다도 예수님은 그들의 열매로 그 진위가 분별된다고 하셨다(마 7:16). 우리가 이 점에 있어서 명심할 것은 영들을 분별하는 일이 성경에 역설되었다는 것이다(고전 14:29 하반; 요일 4:1 참조).

다른 이에게는 각종 방언 말함을, 어떤 이에게는 방언들 통역함을 주시나니 이 말씀에 대한 해석은 이 논문 '2. 방언과 기타 문제들'(216쪽 이하)에서 자세히 진술된다.

⓫-㉗ 여기 기록된 모든 말씀은 서로 다른 개체들이 서로 무시하지 말

---

5 G. Vos, *Biblical Theology*, 1977, pp. 191-196; Merhard Friederich, *Theological Dictionary of the New Testament*, VI, 1959, p. 791.

6 *Didache* XI,8.

고 서로 봉사하며 한 몸 같이 단결해야 될 것을 강조한다. 이것을 강조하기 위하여, (1) "하나"란 말(ἕν)이 많이 나오고(11, 12, 13, 20), (2) 그리고 그 개체들이 서로 "쓸데없다"고 하지 못하고(21절) 서로 보호해야 된다(23-25)는 말씀도 있다. (3) 그뿐 아니라 그 개체들은 서로 동정해야 된다는 의미에서 "함께"란 말도 두 번 나온다(26절).

기독교회에 있어서 받은 은사가 서로 다른 개인들이 이렇게 서로 돕고 서로 존중히 하도록 성경은 가르친다. 그런데도 불구하고 현대 교회는 이와 반대로 가고 있다. 곧 개인들이 은사에 있어서 서로 다르다고 해서 갈라졌고 서로 적대하고 있다.

❷❽ 서로 돕는 것(ἀντιλήφεις)은 남들을 단단히 붙들고 돕는 것을 의미한다. 여기 "단단히 붙들음"의 의미가 포함되어 있는 것만큼 우리말로 부조(扶助)란 것이 여기 잘 통한다. 이것은 일정한 교직자가 아니고도 받기도 하고 사용하기도 하는 은사이다.[7] 롬 12:6-8에 기록된 은사의 리스트에는 이 은사가 강조되어 여러 가지로 표현되었으니 "섬기는 일"(7절), "구제하는 일" 또는 "긍휼을 베푸는 일"(8절) 등이다.

다스리는 것(κυβερνήσεις) 이것이 반드시 사도적 재능이나 교사 재능과 동일시될 것은 아니고 영적 지도를 일삼는 직능이라고 생각된다. 이 직능은 신약의 "감독" 혹은 장로의 직분을 감당할 수 있는 것이다.

❷❾-❸⓪ **다 사도겠느냐 다 선지자겠느냐 다 교사겠느냐 다 능력을 행하는 자겠느냐 다 병 고치는 은사를 가진 자겠느냐 다 방언을 말하는 자겠느냐 다 통역하는 자겠느냐**

위의 말씀은 신자마다 같은 은사를 받지는 아니한다는 사실을 강조한다. 그들의 그 받은 은사에 있어서 서로 다르니 만큼 각기 다른 사람과 연합할 필요를 느낀다. 남들이 받은 은사를 "나" 자신이 다 받았다면 "나" 자신은

---

7 F. W. Grosheide, *Eerste Brief Aan Korinthe*, 1932, p. 428.

자충족한(self-sufficient) 자가 된다. 그렇다면 그런 사람들이 모여서 연합할 필요가 없게 된다. 이렇게 되는 것이 하나님의 뜻이 아니다.

❸ **더욱 큰 은사를 사모하라** 여기 더 큰 은사란 말(τὰ χαρίσματα τὰ μείζονα)은 더 큰 은사들이란 뜻인데 교회에 더 유익 주는 은사들을 가리켰을 것이다. 제14장에서도 바울이 고린도의 신자들더러 특별히 예언을 사모하라고 한 것은 교회의 유익을 표준해서 한 말씀이다. 그러면 여기서(12:31) 그가 어떤 은사들을 염두에 두었는지는 모르지만 교회를 유익하게 하는 은사들인 것만은 확실하다.

내가 또한 제일 좋은 길을 너희에게 여기 이른바 "제일 좋은 길"은 은사를 구하는 동기와 그것을 사용하는 방법에 대하여 말한다. 곧 은사를 구하는 동기도 사랑이고 은사를 사용하는 방법도 사랑이라는 의미가 그때 바울의 염두에 있었다.

은사를 구하는 자는 그것을 사모하며 기구(祈求)할 뿐 아니고 그것을 배양해야 된다. 하나님은 힘쓰는 자에게 주신다. 그와 동시에 그는 사랑을 행할 동기로 그것을 구해야 된다. 그리고 그가 그것을 받은 뒤에는 남들을 사랑하며 유익하게 하는 방법으로 그것을 사용해야 된다.

2. 방언과 기타 문제들

(1) 방언과 예언의 비교(고전 14:1-5)

> 사랑을 따라 구하라 신령한 것을 사모하되 특별히 예언을 하려고 하라 방언을 말하는 자는 사람에게 하지 아니하고 하나님께 하나니 이는 알아 듣는 자가 없고 그 영으로 비밀을 말함이니라 그러나 예언하는 자는 사람에게 말하여 덕을 세우며 권면하며 안위하는 것이요 방언을 말하는 자는 자기의 덕을 세우고 예언하는 자는 교회의 덕을 세우나니 나는 너

희가 다 방언 말하기를 원하나 특별히 예언하기를 원하노라 방언을 말하는 자가 만일 교회의 덕을 세우기 위하여 통역하지 아니하면 예언하는 자만 못하니라(고전 14:1-5)

바울이 여기서 방언이 무엇이며 예언이 무엇임을 밝힌다.

(a) 방언은 무엇인가

"방언을 말하는 자(ὁ λαλῶν γλώσσῃ)는 … 그 영으로 비밀을 말한다"고 하였다(2절 하반). "영으로 비밀을 말"한다 함(πνεύματι δὲ λαλεῖ μυστήρια)은 무슨 뜻인가? 두 가지 해석이 있다.

① 영적 은혜로 (곧 기적적으로), 남들이 알아듣지 못하는 외국말을 한다는 뜻이라고 함.[8]

② 듣는 자들이 깨달을 수 없는 영적 언사(靈的言辭)로서, 일정한 내용 있는 말이라고 한다.[9]

위의 어느 해석이 옳든지 간에, 그것이 이적적으로 되어지는 말인 것만은 틀림없다. 22절에서도 그것을 가리켜 표적(σημεῖον=세메이온)이라고 하였으니, 기적이란 뜻이다. 그런데, 이런 이적이 교회 시대에도 있을까?

교회 시대란 것은, 계시 시대 곧 사도 시대와 구분된 명칭이다. 사도 시대는 표준적인 이적과 계시가 있었다. 하나님께서 교회를 세우시기 위하여, 이렇게 터를 닦는 의미의 기본적인 사역을 하셨다. 그 시대의 이적이나 계시는, 실상 주 재림 때까지 장성할 교회의 뿌리와 터전을 이룬 것이다. 이런 의미에서 바울은 사도의 사역을 가리켜 터 닦는 일로 비유하였다. 고전 3:10에 말하기를, 교회의 "터를 닦아두"었다 하였고, 11절에는 말하기를,

---

8 John Calvin, *Corinthians*, vol. 1 (Eerdmanns, 1948), 고전 13:10 해석.

9 F. W. Grosheide, *Kommentaar op het Nieuwe Testament, Eerste Beirf Aan Korinthe*, pp. 451-452.

"이 닦아둔 것 외에 능히 다른 터를 닦아 둘 자가 없으니 이 터는 곧 예수 그리스도라"고 한다. 이 말씀의 뜻은, 사도가 그리스도를 전파할 계시와 능력을 받아 복음을 나타낸 것을 의미한다. 교회는 이 터 위에 서게 되는 것이다 (엡 2:20; 계 21:14).

이렇게 생각할 때에 사도적 사역은, 나무에 대하여 뿌리와 같은 것이다. 뿌리는 한 번만 일정한 자리에 자리잡고 있는 것이다. 거기서 돋아 나온 나무는 그 요소에 있어서 뿌리와 같으나, 그 모습에 있어서는 뿌리와 다른 점들이 많이 있다. 하나님은 변치 않으시며 그 능력도 여전하시지마는, 그의 사역의 경륜은 사도 시대엔 그렇고 또 교회 시대에는 이렇다. 그가 이스라엘을 광야에서 인도하실 때에 하늘에서 만나를 내려 먹였으나, 이스라엘 백성이 가나안 땅에 들어온 다음에는 만나 내리시기를 그치셨다. 그렇게 되었다고 해서 하나님께서 변하신 것을 의미하는 것은 아니다.

이제 우리는 교회 시대에 대하여 생각해 볼 때에, 이는 마치 뿌리에서 돋아난 나무와 같으니, 그 자라나는 도중에 다시금 뿌리의 형태로 자체를 거듭 나타낼 필요는 없는 것이다. 그와 같이 교회는 그 뿌리를 의미하는 사도적 사역을 거듭하지 않는다. 다만 우리가 이 점에 있어서 기억할 것은, 교회 시대에도 사도의 증표를 보여주는 이적은 없다고 할지라도 특별 섭리는 있다는 것이다.[10] 특별 섭리란 것이 계시사(啓示史)에 속한 것은 아니나 역시 하나님의 특수 간섭이기 때문에 그의 놀라운 일이다.

예를 들면, 병자를 위하여 기도할 때 하나님의 은혜로 고침이 되는 것과 같은 것이다. 그러나 이것이 예수님과 사도들이 행한 이적과는 다르다. 가령, 병 고침 받은 실례를 들어 말하면, ① 예수님과 사도들의 이적은 취급된 병자가 모두 치료되었으나, 교회 시대 신유(神癒)라는 것은 그런 것이 아니고, 위하여 기도할 때에 하나님의 은혜로 치료되는 자도 있거니와 치료되지

10　Berkhof, *Systematic Theology*, p. 168.

않는 자도 있다. ② 그뿐 아니라 예수님과 사도들의 이적으로 고침받은 병은 재발하는 법이 없으나, 교회 시대의 신유는 그 병이 재발되는 경우도 있다. ③ 예수님과 사도들이 고친 병자들의 몸은 당장 완전해지나, 교회 시대의 신유는 그렇지 못하다.

위의 세 가지 사실은 교회 시대의 신유의 특징들을 보여준다. 이러한 특징들이 있게 된 원인은 하나님의 능력이 교회 시대에는 약하여졌다는 것이 아니다. 하나님의 권능은 여전히 역사한다. 그러나 그 사역 경륜의 이와 같은 차이점은, 특별히 교회의 터가 되는 계시 시대(예수님과 사도들의 시대)의 표준성을 드러내기 위한 것이다. 우리의 신앙은 언제든지 예수 그리스도와 및 사도적 전도 내용(성경)을 표준으로 하고, 거기서 인식해야 되는 것이다. 만일 교회 시대에 있어서 역시 어떤 사람들이 예수 그리스도와 같이 혹은 사도들과 같이 표준적인 이적을 행한다면, 그들도 역시 성경 말씀과 같은 권위 있는 계시도 받는다고 할 것이다. 만일 그렇게 된다면, 예수님과 성경만 기초로 한 기독교의 성격이 무너진다.

그러므로 우리는 오늘날의 방언을 사도들의 사역으로 나타났던 방언과 같은 수준의 것으로 생각할 수 없다. 현대의 방언 운동에 많은 그릇된 방언들도 드러난다. 이런 방언들은 물론 금지되어야 한다. 다만 방언을 함이 자기에게 유익한 줄 아는 이는 고전 14장의 교훈을 지켜야 될 줄 안다.

(b) **예언은 무엇인가**

"예언하는 자(ὁ προφητεύων)는 사람에게 말하여 덕을 세우며 권면하며 안위"한다고 한다. 사도 시대에 활동한 예언한 자들은 성령의 감동에 의하여 어떤 특별한 사건을 예고하였다(행 11:28, 21:11). 그러나 그들도 (혹은 그들 중 어떤 이들) 하나님의 백성의 구원을 위한 계시 사역을 하였으며(고전 14:3), 이런 의미에서 신앙에 관한 진리를 해명하기도 하였다(롬 12:6). 그들의 사역도 사도들의 사역과 함께 신약 교회의 기초를 이루었다(엡 2:20; 고전 12:28). 이 점이 방언하는 자와 다르다. 방언의 은사는 교회의 기초가 아니고, 은사의 미말(尾末)에 속한다(고전 12:10, 28).

그러나 예언 사역은 사도의 사역처럼 계시 시대(사도 시대)에만 있었던 단회직(單回職)에 속한다. 교회 시대에는 예언의 후신(後身)으로서 설교가 자리 잡았다고 할 수 있다. 그 이유는 양자의 기능이 같기 때문이다. 예언이 건덕, 권면, 안위를 그 기능으로 한 것인 만큼(고전 14:3), 설교도 그러하다. 다만 예언자의 경우에 있어서는 하나님의 말씀이 초자연적으로 그에게 찾아 왔으나, 설교자의 경우에 있어서는 그 자신이 하나님의 말씀(성경)께로 나아가야 한다. 곧 설교자는 말씀의 청지기란 말이다. 그는 사도와 선지자를 통하여 교회에 임한 하나님의 말씀을 맡은 자이다(고전 4:1, 2; 딛 1:7). 다시 말하면, 설교자는 기독교의 터를 닦는 자가 아니라, 사도와 선지자가 닦아 놓은 터(고전 3:10-11) 곧 그리스도에 대한 그들의 설명(=성경)을 근거하며 교회를 세우는 자이다. 설교자는 ① 맡기운 터와 자재(資材) 곧 성경을 그대로 보수(保守)할 책임이 있고, ② 또한 그 터와 그 자재를 가지고 집 지을(교회를 세울) 책임도 있다. 그가 성경의 말씀을 전파하며, 가르치는 것이 바로 그 일이다. 그는 말씀을 전파할 때에, 자기의 구미에 맞는 것만 골라서 할 것이 아니고, 성경 말씀 전부를 전할 책임이 있다.

현대교회에도 사도 시대의 것과 같은 예언이 있다는 이들이 있다. 우리가 이런 주장을 아주 부인할 수는 없다. 그러나 만일 그 같은 것이 오늘날도 나타난다면, 우리의 태도는 어떠해야 될 것인가? ① 그 예언이 맞지 않을 경우에 그것을 배척하기는 쉬운 일이다. 그러나 ② 그 예언이 사실과 부합할 때는 우리로서 그것을 거부하기가 곤란할 듯하다. 그러나 이와 같은 경우에도 우리가 그것을 받아들여야만 되는 것은 아니다.

그 이유는 ① 그 예언이 맞아도 그것이 거짓된 예언일 수 있으니(신 13:2), 하나님의 명령대로(요일 4:1) 착실히 영들을 시험하며 지나보아야 된다. 그것을 시험하며 지나보는 일이 오랜 세월이 걸릴 수도 있다. 신자가 미혹에 빠지지 않기 위하여 영들을 시험하는 것이 오히려 경건한 행동이다. 신 13:1-3에 말하기를, "너희 중에 선지자나 꿈꾸는 자가 일어나서 이적과 기사를 네게 보이고 네게 말하기를 네가 본래 알지 못하던 다른 신들을 우리가 좇아 섬기자 하며 이적과 기사가 그 말대로 이룰지라도 너는 그 선지자나 꿈꾸는 자의 말을 청종하지 말라 이는 너희 하나님 여호와께서 너희가 마음을 다하고 성품을 다하여 너희 하나님 여호와를 사랑하는 여부를 알려 하사 너희를 시험하심이니라"고 하였다. ② 사단의 사자도 복음을 높이는 체하며(행 16:16-17), 또한 도덕이 있게 사람을 대할 수도 있다(고후 11:14-15; 마 7:15). 우리가 이렇게 현대의 예언이라는 것을 시험해 봄이 우리에게 손해를 주는 것은 아니다. 그 이유는, 우리에게는 현대의 예언보다 성경이 권위 있으며, 또한 우리를 위한 것이기 때문이다(롬 15:4).

(2) 방언 사용의 원리(14:6-40)

(a) 교회에서 사람들이 깨닫지 못하는 방언을 하면 무익

그런즉 형제들아 내가 너희에게 나아가서 방언을 말하고 계시나 지식이나 예언이나 가르치는 것이나 말하지 아니하면 너희에게 무엇이 유익하리요 혹 저나 거문고와 같이 생명 없는 것이 소리를 낼 때에 그 음의 분별을 내지 아니하면 저 부는 것인지 거문고 타는 것인지 어찌 알게 되리요 만일 나팔이 분명치 못한 소리를 내면 누가 전쟁을 예비하리요 이와 같이 너희도 혀로써 알아듣기 쉬운 말을 하지 아니하면 그 말하는 것을 어찌 알리요 이는 허공에다 말하는 것이라 세상에 소리의 종류가 이같이 많되 뜻없는 소리는 없나니(14:6-10).

신자가 복음을 명백히 말하지 않음은 교회에 무익하다. 생명 없는 악기도 분변 있는 음성을 내는데, 어찌 생명 있는 사람들이 교회에서 식별되지 못한 말을 하고 있으랴(7절). 그뿐 아니라, 짐승들도 소리를 뜻 있게 내는데 (10절), 사람들로서는 그리 하지 않아서 되는가? 바울은 고린도 교회에서 방언하는 이들을 이렇게 심각하게 주의시킨다. 이 점에 있어서 열쇠(開鍵)되는 말씀은, 8절의 말씀이니 곧 "만일 나팔이 분명치 못한 소리를 내면 누가 전쟁을 예비하리요"이다.

기독 신자들이 교회에서는 복음만 명백히 나타내야 된다. 그렇게 하려면 다음과 같이 해야 된다.

① 기독교에 있어서 중요하지 않은 것을 치중하지 않아야 복음의 나팔소리가 분명해짐

무슨 일에든지 선후와 본말을 혼동하면, 그 일은 틀린다. 고린도 교회에서 방언하는 신자들은 방언을 과중시하여, 남들이 모르는 말을 회중 앞에서 하였던 모양이다. 그러므로 바울은 그것을 시정시켰다. 그들은 그리 중요하지 않은 은사인 방언을 너무 내세웠다.

② 밝히 드러난 하나님의 말씀대로 살아야 복음의 나팔이 분명해짐

우리 구원과 관계된 하나님의 말씀은 모두 다 밝히 드러난 것이다. 이런 의미에서 바울은 말하기를, "만일 우리 복음이 가리웠으면 망하는 자들에게 가리운 것이라" 하였고(고후 4:3), 또 말하기를, "말씀이 내게 가까워 네 입에 있으며 네 마음에 있다 하였으니 곧 우리가 전파하는 믿음의 말씀이라"고 하였다(롬 10:8). 기독교는 가장 깊은 복음의 오묘를 밝히 드러낸 사실을 그 특징으로 한다. 엡 3:9에 말하기를, 사도의 직분은 "영원부터 만물을 창조하신 하나님 속에 감추었던 비밀의 경륜이 어떠한 것을 드러내려 하심이라"고 하였다. 벧전 1:12 참조.

우리는 환하게 나타난 복음의 사실들을 받아들여 그대로 살기에 주력할 것이고, 논쟁점을 가지고 지나친 노력을 할 것은 없다. 신 29:29에 말하기를, "오묘한 일은 우리 하나님 여호와께 속하였거니와 나타난 일은 영구히 우리와 우리 자손에게 속하였나니 이는 우리로 이 율법의 모든 말씀을 행하

게 하심이니라"고 하였다. 우리가 주요히 관계할 것은, 하나님의 계시로 벌써 나타난 바 된 그리스도 사건(그가 죽었다가 다시 살으신 것)을 가르치는 성경 말씀이다. 그런데 이 밝히 드러난 하나님 말씀의 단 맛은 그것을 믿고 순종하는 자들만이 느낀다. 우리가 밝히 드러난 하나님의 말씀을 신종하기를 위주하지 않다가는 샘 곁에서 목말라 죽고, 곡식이 가득한 창고 속에서 굶어 죽는 자와 같이 된다.

(b) **방언을 통역되지 않은 채로 교회에서 말하면, 교회의 연합에 지장을 줌**

그러므로 내가 그 소리의 뜻을 알지 못하면 내가 말하는 자에게 야만이 되고 말하는 자도 내게 야만이 되리니 그러면 너희도 신령한 것을 사모하는 자인즉 교회의 덕 세우기를 위하여 풍성하기를 구하라 그러므로 방언을 말하는 자는 통역하기를 기도할찌니 내가 만일 방언으로 기도하면 나의 영이 기도하거니와 나의 마음은 열매를 맺히지 못하리라 그러면 어떻게 할꼬 내가 영으로 기도하고 또 마음으로 기도하며 내가 영으로 찬미하고 또 마음으로 찬미하리라 그렇지 아니하면 네가 영으로 축복할 때에 무식한 처지에 있는 자가 네가 무슨 말을 하는지 알지 못하고 네 감사에 어찌 아멘 하리요(14:11-16)

기독 신자가 교회 상대로는 회중에게 유익한 것만 내놓아야 된다. 남들이 깨닫지 못하는 방언을 교회에서 말하면, 그 말하는 이와 듣는 회중과의 사이에는 야만의 관계가 생긴다고 바울은 말하였다. 화합과 융통은 서로 주고받는 데서 생기는 법이다. 그러나 방언하는 이가 자기도 모르는 말을 회중에게 하면, 영적 은혜를 전달시키지는 못하고, 도리어 피차 멀어진 느낌만 준다. 그런 식으로 방언을 말함은 교회에 해롭다. 그것은 사랑(=신자들끼리의 연합)을 방해하는 요소가 된다.

바울은 말하기를, "내가 사람의 방언과 천사의 말을 할지라도 사랑이 없으면 소리 나는 구리와 울리는 꽹과리가 되고"라고 하였으니, 은사(방언의 은사도)의 목적은 사랑이다(13:1). 기독 신자가 깨닫지 못하는 방언을 교회에서 하면 도리어 사랑을 깨뜨리니, 이 얼마나 모순된가?

그러므로 바울은 방언을 하는 신자들더러 그들이 기도할 때에 (혹은 찬미할 때에), 영만이 아니고 (영으로 하는 말은 알아듣는 자 없음, 14:2) 마음으로도 말함(지각에 알려지게 말함)을 원한다.

(c) 회중 상대로 방언을 사용하지 말 것

내가 너희 모든 사람보다 방언을 더 말하므로 하나님께 감사하노라 그러나 교회에서 네가 남을 가르치기 위하여 깨달은 마음으로 다섯 마디 말을 하는 것이 일만 마디 방언으로 말하는 것보다 나으니라(14:18-19)

바울은 여기서 깨닫는 마음으로 하는 말의 비중이 방언보다 얼마나 큼을 보여준다. 이것을 보면, 바울은 교회 앞에선 언제나 방언을 할 수 없는 처지이다. 말할 때는 깨닫는 마음으로 말할 수밖에 없었다.

현하 우리는 방언을 위주할 수 없다.

① 예수님께서도 친히 방언을 하셨다는 말씀은 성경에 없고, 교회 역사상 가장 빛나는 지도자들이 거의 전부 방언을 하였다는 말이 없거니와, 물론 그들이 이것을 위주하지 않았다.

② 방언을 위주하면, 결국 성경을 등한히 하는 폐단이 오게 될지도 모른다. 사람의 마음은 언제든지 기이한 것을 탐한다. 누가 어떤 곳에서 성경을 가지고 기독 신자들에게 은혜를 끼친다 할지라도, 그 부근에 이적을 행하는 이가 있는 경우에는 그들의 마음이 거의 전부 그리로 쏠리게 된다. 그러나 하나님께서는 신자들의 영혼을 이적으로 먹여 살리지 않고, 성경 말씀으로 먹여 살리신다. 바울은 말하기를, "유대인은 표적을 구하고 헬라인은 지혜를 찾으나 우리는 십자가에 못 박힌 그리스도를 전하니"(고전 1:22)라고 하였다.

③ 방언을 위주하는 곳에는 결국 "예언"도 고조하게 된다. 그리하여 신자들이 필경 저마다 계시를 본다 하며 꿈을 숭상하고, 기타 여러 가지로 숨은 것을 드러낸다고 주장할 우려가 있다. 예언을 위주하는 곳에 필경은 그릇된 예언들이 많이 터져 나오게 되어 마귀의 역사의 온상을 이룬다. 마귀는 언제든지 교훈이 불건전한 틈을 타서 역사하는 법이다. 사도 바울은 교훈의 건전성을 많이 주장하였다(딤전 1:10, 6:3; 딤후 1:13, 4:3; 딛 1:9, 2:1,2). 이 구절들 중에서, 그가 주장한 "바른 말" 혹은 "바른 교훈"이란 것은, 건전한 교훈을 말함이다. "건전한 교훈"이란 것은 "건강한 교훈"(ὑγιαινούσῃ διδασκαλίᾳ)을 말함이다. 사람의 체격이 건전하다는 것은 무엇을 의미하는가? 그것은 머리 있을 자리에 머리가 있고, 손이 있을 자리에 손이 있고, 귀가 있을 자리에 귀가 있고, 발이 있을 자리에 발이 있어 질서정연한 것이다. 그와 같이 하나님이 주신 모든 은사가 교회에서 본말과 선후가 바뀌지 않고 각기 제 위치를 지키도록 가르치는 교훈이 건전하다.

(d) **깨닫지 못할 방언을 교회 상대로 하는 것은 교회에 벌을 줌과 같다고 함**

형제들아 지혜에는 아이가 되지 말고 악에는 어린 아이가 되라 지혜에 장성한 사람이 되라 율법에 기록된바 주께서 가라사대 내가 다른 방언하는 자와 다른 입술로 이 백성에게 말할찌라도 저희가 오히려 듣지 아니하리라 하였으니(14:20-21)

바울은 여기서 고린도 교회 신자들을 은근히 꾸짖는다. 곧 방언을 교회에서 하면, 아무도 알아들을 수 없으니 만큼, 그것은 회중에게 벌을 줌과 같다고 한다. 그 이유는 이렇다. 일찍이 이사야(율법이란 말은 이사야서를 의미함)의 예언에 알아듣지 못할 말로 말하는 것은 벌 주는 것이라고 하였기 때문이다(사 28:11). 좀 더 자세히 말하자면, 이스라엘 사람들이 선지자의 교훈을 순종하지 않았기 때문에 하나님께서는 필경 앗수르 사람들을 그들에게 보내시어 깨닫지 못할 말(앗수르 말)로 그들을 압제하며 다스리게 하시겠다고 예언하셨다(사 28:9-13).

(e) **통역되지 않은 방언을 교회에서 하면 미쳤다는 말을 듣게 됨**
그러므로 방언은 믿는 자들을 위하지 않고 믿지 아니하는 자들을 위하는 표적이나 예언은 믿지 아니하는 자들을 위하지 않고 믿는 자들을 위함이니 그러므로 온 교회가 함께 모여 다 방언으로 말하면 무식한 자들이나 믿지 아니하는 자들이 들어와서 너희를 미쳤다 하지 아니하겠느냐 그러나 다 예언을 하면 믿지 아니하는 자들이나 무식한 자들이 들어와서 모든 사람에게 책망을 들으며 모든 사람에게 판단을 받고 그 마음의 숨은 일이 드러나게 되므로 엎드리어 하나님께 경배하며 하나님이 참으로 너희 가운데 계시다 전파하리라(14:22-25)

방언하는 이가 신자들에게 방언하면 그들에게 유익을 주지 못한다(고전 14:5-6). "방언은 믿는 자들을 위하지 않고"란 말(22절)이 그 뜻이다. 그리고 교회에서 방언하는 이의 방언이 불신자들에겐 표적(σημεῖον=세메이온), 곧 이해하기 어려운 이상한 것이어서(눅 2:34) 그들의 비난거리(미쳤다고 비난함)가 될 수 있다(고전 14:23). "믿지 아니하는 자들을 위한 표적"이란 말씀이 그 뜻이다.

(f) **고린도 교회에서 방언하는 이는 교회 앞에서 하려면 통역을 세우라고 함**
그런즉 형제들아 어찌할꼬 너희가 모일 때에 각각 찬송시도 있으며 가르치는 말씀도 있으며 계시도 있으며 방언도 있으며 통역함도 있나니 모든 것을 덕을 세우기 위하여 하라 만일 누가 방언으로 말하거든 두 사람이나 다불과(多不過) 세 사람이 차서를 따라 하고 한 사람이 통역할 것이요 만일 통역하는 자가 없거든 교회에서는 잠잠하고 자기와 및 하나님께 말할 것이요(14:26-28)

사도 바울이 이렇게 지시한 것은 후대 교회보다 그 때 초대 교회의 실정대로 한 것이다. 현대 교회에서 이렇게 하기는 어렵다고 생각한다. 그 이유는, 현대 교회의 방언이 사도들의 사역으로 나타났던 그것과 같은 수준의 것은 아니기 때문이다.

세계 삼대 칼빈주의자 학자 중 한 사람인 아브라함 카이퍼(Abraham Kuyper)는 말하기를, "방언은 성령으로 말미암아 이루어지는데 성령께서 말하게 하는 대로 말한 것이다. 그것은 하늘 방언인데(천사의 방언은 아님), 죄악의 영향을 초월한 것이다"라고 하였다.[11]

그는 계속하여 또 말하기를, "방언의 이적이 오순절에는 완전하게 나타났으나 그 후에는 불완전하여졌다. 이것은 마치 우리 마음에 받는 은혜가 처음에는 중생의 강한 것으로 나타나고 그 후에는 비교적 현저하지 않은 영력(靈力)만이 나타나는 것과 같다. 오순절에는 완전한 방언의 이적이 나타났고, 그 후의 지방 교회에서는 비교적 약한 분량으로 나타났"고 하였다.[12]

교회 시대(특별히 현대)의 방언 운동에 대하여 한 가지 주의해야 될 것은, 위에 아브라함 카이퍼가 말한 바와 같이, 그것이 사도적 사역의 완전성에 속한 것이 아니라는 것이다. 사도적 이적은 병자를 고칠 때, 그 취급된 병자가 다 고침을 받았다. 그러나 오늘날 교회 시대의 신유는 그렇지 못하여 어떤 병자는 고치나 어떤 병자는 못 고치는 정도이다. 오늘날 방언 성격도 그런 정도의 것이라고 인정해야 된다.

사도의 직접 지도가 없는 지금(교회 시대)에 있어서 방언의 성격의 진위(眞僞)를 참으로 알 분이 누구이기에 교회에서 방언을 통역에 의하여 공식으로 사용할 수 있을까? 이것은 의문점이다.

---

11 Abraham Kuyper, *The Work of the Holy Spirit*, p. 138.
12 Ibid., pp. 134-135.

(g) 방언 말하기를 금하지 말 것

그런즉 내 형제들아 예언하기를 사모하며 방언 말하기를 금하지 말라 (14:39)

이 권면은 위에 기록된 모든 규례(6-28)에 의하여 교회의 공적 질서에 해를 끼치지 않는 방언을 금하지 말라는 것뿐이다.

방언 문제에 있어서도, 우리는 "영을 다 믿지 말고 오직 영들이 하나님께 속하였나 시험하라"(요일 4:1)고 한 말씀을 지켜야 된다. 성경은 성령님의 말씀이니, 그 말씀을 존중히 하는 것이 무엇보다도 성령의 감화를 참되이 보존하는 길이다. 위에 기록된 하나님의 말씀에 "영들을 시험하라"고까지 하였으니, 우리가 성령의 은사를 취급함에 있어서, 얼마나 신중을 기하여야 할 것인가? 시험해 보기까지 분변하는 행위는 결단코 불신앙이 아니고 오히려 경건이다. 우리가 방언을 분변함이 없이 마구 받아들일 때, 거기에는 마귀의 역사도 받아들이게 되어지는 위험이 얼마든지 있다.

그러므로 우리는 신령한 은혜의 진위를 분변하기 위하여 언제든지 성경을 표준해야 된다. 성경을 떠나서 무엇으로 이런 중대한 일들을 분변할 수 있을까? 진리 판단의 표준은 오직 성경이다.

① "이적"을 행한 사람이라고 해서 그가 반드시 언제나 진리를 바로 분변할 것이라고 할 수 없다. 마귀도 어느 정도 이적을 행한다(마 24:24).

② 누구가 병을 고친다고 하여 그는 언제나 진리를 옳게 분변할 것이라고 하지 못한다. 우리가 확실히 알기는, 예수님과 사도들은 하나님의 권능으로 병을 고치셨고, 그들이 전도한 말씀은 진리이다. 오늘 교회 신자들도 하나님께 기도하므로 병이 고쳐진다고 나는 믿는다. 그러나 교회 시대에 기도나 안수로 병 고치는 일이 있다고 하여, 모두 다 신임할 수는 없다(그 중에 혹시 신임할 것도 있지만). 어떤 때는 사람의 병이 이상하게 고쳐지는 수도 있다고 한다. 대단히 어려운 병(위궤양, 반신불수, 신경통, 소경, 절름발이, 귀머거리, 벙어리, 피부의

(내솟김)들이 마음 깊이의 억압된 감정이나 죄감 때문에 생기는 수도 있는데, 이런 병들이 혹시 그 병자의 심리 조절에 의하여 고쳐진다고도 한다.[13] 그러므로 병 고쳐준 사람의 말이면 성경 말씀의 권위와 같은 줄 알아도 안 된다.

③ 누구가 어떤 고상한 영적 체험을 하였다고 하여, 그는 언제나 진리를 바로 분변할 것이라고 할 수 없다. 그 이유는, 인간의 체험에는 오착이 있을 수도 있으니, 어찌 그것을 성경 권위와 동일시하랴! 진리 판단의 권위는 성경밖에 없다.

(3) 방언에 관한 논쟁을 검토함

방언 문제는 하나의 난제이다. 영국이나 미국이나 기타 모든 나라에 있어서, 이 문제에 대한 학자들의 변론이 끝나지 않는다.

(a) **현대에 참 방언이 있다는 학설**

① 영국 성공회의 하퍼(Michael C. Harper) 씨는 다음과 같이 말한다. 곧 ⓐ 방언의 은혜는 원하는 자들이 받는다고 한다.[14] 그러나 바울은 "다 방언을 말하는 자겠느냐"라고 하였다(고전 14:30). 그리고 ⓑ 하퍼(Harper) 씨는 또 말하기를 신앙이 많이 장성한 사람도 방언의 은사를 받지 못한 일이 있으니, 방언은 신앙이 성숙한 표가 아니라고 한다.[15]

② 스토트(John R. W. Stott)는 영국 성공회 학자로서 현대 교회에 방언이 있다고 하며, 그것이 성령 받은 필연적 표적은 아니라고 하였다. 그리고 그는 방언을 신자마다 하는 것은 아니라고 한다.[16]

③ 프린스(Derek Prince)는, 제2차 세계대전 때에 군대 생활을 하던 병사에

---

13 C. Stegall, *The Modern Tongues and Healing Movement*, p. 27.
14 Michael C. Harper, *Power for the Body of Christ*, pp. 34-35.
15 Ibid., p. 48.
16 John R. W. Stott, *The Baptism and Fullness of the Holy Spirit*, p. 27.

서 방언하기 시작하였다고 한다. 그리고 그는 방언이 기도 생활을 돕는다고 한다.¹⁷

④ 크리스텐슨(Lerry Christenson)은 미국 켈리포니아의 루터파 교회의 목사로서, 다음과 같이 말하였다. 곧 방언을 하는 것이 반드시 성령 받은 증표는 아니로되, 신자가 방언을 구하면 받는다고 한다.¹⁸

(b) 고전 14장과 기타 성경 말씀을 지키며 방언하는 것을 기독교적 체험으로 용인하는 학설

① 칼빈주의 학자 리드 박사(Dr. W. Stanford Reid)는 다음과 같이 말하였다. "나는 모든 방언한다는 주장을 반드시 의심스럽다고 하기에는 확신이 생기지 않습니다. 우리는 하나님의 능력을 제한시킬 수 없으며, 하나님을 향하여 꼭 어떻게 행하셔야만 된다고 지정(指定)할 수는 없습니다. 그와 동시에 나는 생각하기를 방언하는 일에 관하여 다만 그것이 참된 것인지 아닌지를 시험해 볼 규칙이 있다고 생각합니다. 바울이 고전 14장 첫 부분에, 이를 시험해 볼 만한 규칙을 말해 줍니다. 방언을 하는 신자는 고전 14장의 원리를 지키며, 또한 요일 4:1-3의 진리를 따라 모든 신들을 시험해 보아야 되며 교만하지 않아야 됩니다. 방언은 언제든지 기독교 전도에 부차적(副次的)인 것입니다.

위의 모든 조건들을 잘 지켜 가면서 방언을 하는 이가 있다면, 나는 그것은 순전한 기독교 체험이라고 생각하겠습니다. 물론 그것이 불가사의(不可思議)한 체험입니다"라고 하였다.¹⁹

② 스코틀랜드 개혁교회(The Scottish Reformation Society)의 총무인 호온 목사(Rev. A. Sinclain Horne)는 다음과 같은 내용으로 말하였다. 곧 "목사님의 편지에

---

17 Derek Prince, *Baptism in the Holy Spirit*, pp. 20-21.
18 Lerry Christenson, *Speaking in Tongues a Gift for the Body of Christ*, pp. 14-19.
19 1966년 2월 7일 필자에게 온 편지.

기록된 교회의 난제(방언 문제)는 바로 우리도 스코틀랜드에서와 영국에서 꼭 같이 당하는 것입니다. 우리들 중에서 이 문제를 취급해 보았으나, 방언을 대번 정죄할 것이라고 확신이 되어지지는 않습니다"라고 한다.[20]

(c) **현대 교회에는 방언이 있을 수 없다는 학설**

① 고전 13:8-10에 근거하여서, 현대 교회에는 방언이 있을 수 없다고 함. 고전 13:8-10에 말하기를, "사랑은 언제까지든지 떨어지지 아니하나 예언도 폐하고 방언도 그치고 지식도 폐하리라 우리가 부분적으로 알고 부분적으로 예언하니 온전한 것이 올 때에는 부분적으로 하던 것이 폐하리라"고 하였다.

여기 "온전한 것"이 계시의 완성 곧 성경을 의미한다고 하면, 이 부분 말씀 뜻은 성경의 완성(제1세기 안에 완성) 후, 방언은 폐지되었다는 것이겠다. 그러면 문제는 "온전한 것"이 과연 성경을 의미하는가 하는 점이 난제이다. 여기 이른바 "온전한 것이 올 때"는 그리스도 재림의 때를 가리킨다고도 한다(Dean Alford, Barnes, Ellicott). 이 해석이 옳다면, 방언의 은사가 그리스도의 재림 때에 폐지된다는 결론이 나온다. 그러나 이 해석도 꼭 옳다고 단언하기 어려운 것은 다음의 또 한 가지 해석 때문이다.

칼빈(Calvin)은 여기 이른바 "온전한 것이 올 때"란 말은 죽은 뒤에 오는 것, 곧 천당을 의미한다고 한다. 우리가 이 해석을 취하면, 바울이 여기서 말로써 자기와 및 그 당시 기독교인들이 별세하여 천국에 들어갈 때를 의미하였다고 할 만한다. 그 이유는, 바울이 이 부분에서 (특별히 9-10) "우리"란 말을 사용하며 말하기 때문이다. 이 해석이 옳다면, 방언의 은사는 바울의 별세 시에 그친다는 뜻이 나을 듯하다. 그러나 나는 이 해석이 옳다고 아주 단언하지는 않는다.

---

20 1966년 2월 5일 필자에게 온 편지.

② 현대에 참 방언이 없다는 학자들은 또 말하기를, 현대 신자들의 방언은 흥분된 심리 조절을 못한 결과라고 함. 그들은 말하기를, 사람에게 두 가지 신경 계통이 있다고 한다. 하나는 고등 신경으로 뇌에 있고, 다른 하나는 하등 신경으로서 위(胃)의 밑에 있다고 한다. 인체에 있어서, 보통으로는 뇌 신경이 주장하는데, 만일 하등 신경 계통의 고장으로 사람이 허실 부실해지는 일도 있겠다. 그러나 모든 방언을 다 이렇게 설명할 수 없다. 현하 영국의 어떤 기독 신자는 20년 동안 방언을 말하는 체험이 있다는데, 흥분되는 일도 없이 똑똑한 말을 하게 되며, 자기 자신에도 유익하고 남에게도 유익을 준다고 하였다.[21]

③ 영국 학자 워커(J. W. Walker) 씨는 철저한 칼빈주의자로서 그의 저서 『오순절주의를 검토함』(Pentecostalism Examined)이란 소책자에 현대 교회에는 참된 방언이 없다고, 다음과 같이 말하였다. 곧 신약성경에 기록된 이적과 기사들은 사도행전의 증표라는 것이다. 다시 말하면, 그것들은 사도들의 특권(Apostolic prerogative)이라는 것이다.[22]

④ 침례교 목사 구르(Eric T. Gurr) 씨는, 그의 저서 『나팔 소리』(The Sound of Trumpet)란 작은 책에서, 역시 "현대 교회의 방언"을 강력히 반대하였다. 그는 특별히 역사상의 유명한 성도들은 방언한 일이 없다는 이유로, 현대 교회의 방언을 시인할 수 없다고 한다.[23]

⑤ 모시만(Eddison Mosiman)은 그의 저서 『방언』(Das Zungen-reden)이라는 책에, 모든 방언을 초자연 곧 기적과 관련시키지 않고 자연주의적으로 설명하였다. 그는 다음과 같이 말하였다. 곧 그노시스파 사람들 중에서도 방언을 말하였을 뿐 아니라, 심지어 방언을 기록하기까지 하였다고 하면서, 방언의 원인을 순연히 자연주의의 처지에서 설명하였다. 곧 질병(Krankheiten)이 그

---

21 Michael Harper 씨가 보낸 Syllabus, p. 15.
22 J. W. Walker, *Pentecostalism Examined*, p. 2.
23 Eric T. Gurr, *The Sound of Trumpet*, p. 6.

원인이라고도 하고, 혹은 마취(Narkotischen Einflüssen)의 영향이 그 원인이라고도 하였다.[24]

그리고 그는 교회 역사상에 있는 방언이나 고린도 교회에 있었던 방언이 다 함께 자연주의에 의해서 설명된다는 것이다. 그러나 모시만(Mosiman)의 이와 같은 주장은 잘못이다. 신약에 기록된 방언은 성령의 은사였다(고전 12:10; 행 2:4, 10:45-46, 19:6). 그뿐 아니라 교회 시대에 나타난 소위 "방언"들 중에도 거짓된 것들도 있지만 성령의 역사로 된 것이 전연 없다고 단언할 수 있을까?

---

24 Eddison Mosiman, *Das Zungenreden*, 1911, pp. 86-90.

야고보서의 은혜론과 신앙론

신학지남 40/2 (1973. 6): 70-78.

야고보서는 주로 행동주의를 가르치고 "은혜로만"(*sola gratia*) 또는 "믿음으로만"(*sola fide*) 구원 받는다는 바울 사도의 구원론을 말하지 않는 것 같다. 그러나 사실은 그렇지 않다. 우리는 특별히 야고보서의 기도관(祈禱觀)에서 *sola gratia* 또는 *sola fide*의 사상을 만나본다.

I. 1:5-8의 해석

너희 중에 누구든지 지혜가 부족하거든 모든 사람에게 후히 주시고 꾸짖지 아니하시는 하나님께 구하라 그리하면 주시리라 오직 믿음으로 구하고 조금도 의심하지 말라 의심하는 자는 마치 바람에 밀려 요동하는 바다 물결 같으니 이런 사람은 무엇이든지 주께 얻기를 생각하지 말라 두 마음을 품어 모든 일에 정함이 없는 자로다

1. 간구건

그것은 여기서 "지혜"(σοφία)라고 한다(5절 상반). 우리는 이 점에 있어서 지혜가 무엇인지 밝히 알아야 된다. 이것은 물론 형이하학적(形而下學的)인 인간의 주관적 지식을 말함이 아니다. 성경이 말하는 대로 지혜는 형이상학적인 동시에 종교적인 지혜(하나님이 주시는 그리스도 중심의 은혜)를 가리킨다.

잠 1:7에 "여호와를 경외함이 지식의 근본"이라고 하였으니, 이것을 보아도 성경이 말하는 지혜는 종교적인 성격을 띤다. 그리고 고전 1:30에 예수님을 지혜라고도 하였으니, 이것도 역시 종교적인 내용을 말함이다. 무엇보다 약 3:17의 말씀을 보면, "위로부터 난 지혜는 첫째 성결하고 다음에 화평하고"라고 한다.

이것을 보면 지혜는 하나님이 주시는 그리스도 중심의 것으로서 하나님을 알게 하며 모시게 하는 능력이기도 하다. 그러므로 히 12:14에 말하기를, "모든 사람으로 더불어 화평함과 거룩함을 좇으라 이것이 없이는 아무도 주를 보지 못하리라"고 하였다. 그렇기 때문에 여기 지혜라는 것이 우리의 신앙생활에 있어서 인내를 온전히 이루는 데 유일한 능력이 되어 있다(1:4). 여기 "지혜"란 말이 윗절의 "온전함"(τέλειοι)이란 말과 연락하고 있음은 분명하다.

메이어(J. B. Mayor)는 이 두 가지 낱말이 서로 관련되어 나오는 실례를 고전 2:6, 골 1:28에서도 발견한다. 그러므로 "지혜"는 한낱 관념적인 것이 아니고 신앙생활의 완전을 실현시키는 영적 은혜이다.

우리가 기도하므로 그리스도의 은혜를 받아 거룩하여지며 마음에 평화를 얻게 되는 것이 모든 시험을 이기는 인내를 가지게 하는 힘이 된다. 언제든지 은혜를 받는다는 것은, 생활이 거룩하여지며 마음이 평안하여 짐이다.

2. 누구에게 기도할까?

우리는 모든 사람에게 후히 주시고 꾸짖지 아니하시는 하나님께 구해야 된다(5절 하반). 여기 "모든 사람"이란 말(πᾶσιν)을 보면 하나님께서는 사람을 차별하시지 아니하시고 누구에게든지 은혜주시기를 원하시는 것을 알 수 있다. 그리고 여기 "후히 주시고 꾸짖지 아니하신다"는 말씀은 역시 중요하다. 이것은 하나님께서 진정으로 기도하는 자에게 은혜를 주시되,

(1) 단순한 마음으로(ἁπλῶς) 주심. 곧 너그럽게 주심을 의미한다. 기도자가 진정으로 기도할 때에 하나님은 그의 과거를 묻지 아니하시고 거저 은혜를 주신다는 뜻이다. 그는 해를 악인과 선인에게 비추어 주신다(마 5:45).

(2) 꾸짖지 아니하심. 사람들은 누구에게 무엇을 은혜롭게 준 다음에도 그가 그것을 잘 사용하지 못한 경우에는 그 준 것을 후회하고 관계를 끊기도 한다. 그러나 하나님은 진정한 마음으로 기도하는 자에게 언제든지 주신다. 그 받은 자가 후에 잘못하였을지라도 그가 회개하고 다시 구할 때에는 하나님은 계속하여 주시기를 기뻐하신다. 이는 마치 회개하는 자의 죄를 용서하시되 일흔 번씩 일곱 번 용서하심과 같다(마 18:22).

이렇게 그는 은혜로우셔서 기도자에게 은혜를 계속하여 주신다. 그는 상한 갈대도 꺾지 않으신다(마 12:20). 하나님의 이와 같은 기도 응답은 17절에도 나타났으니 곧, "각양 좋은 은사와 온전한 선물이 다 위로부터 빛들의 아버지께로서 내려오나니 그는 변함도 없으시고 회전하는 그림자도 없으시니라"고 한다. 야고보는 이렇게 하나님의 은혜로우심에 대하여 강조한다. 그는 행동주의 혹은 율법주의를 강조하는 듯하나, 사실은 그런 것이 아니다. 그는 윤리 실행을 강조하면서도 은혜 안에서 그리한다. 그것은 어디까지나 복음주의적이다.

그런데 어찌하여 많은 기독자들이 하나님의 이처럼 관대하심을 깨닫지 못하는가? 그것은 우리가 마 25:24-27을 보아서 알 수 있다. 곧, 한 달란트

받았던 자가 그 주인에게 와서 "당신은 굳은 사람이다"고 한 것과 마찬가지이다(24절). 그는 어찌하여 그 주인의 관대함을 깨닫지 못하였던가? 그 원인은, 그가 그의 받은 달란트를 땅에 감추어 두고 일하지 않은 게으른 종이 된 사실에 있다(25-26). 누구든지 하나님의 말씀을 순종하지 않으면 하나님이 주신 무진장한 은혜를 깨닫지 못한다. 부지런히 말씀대로 살며 순종하는 자들만이 하나님의 은혜로우심을 깨닫게 된다. 불량자는 아버지의 선한 지도를 순종하기 싫어하므로 그 아버지의 모든 지도를 역스럽게 여긴다.

3. 기도의 방법

우리는 믿음으로 기대해야 된다(6-8). 하나님과 인류의 관계는 먼저 아니 언제나 믿음에 의하여 정상화(定常化)된다. 그 이유는 하나님은 창조자이시고 우리는 피조물이기 때문이다. 선한 행위는 신앙에서 나오게 마련이다. 우리는 가지요 하나님은 뿌리니, 가지는 뿌리에 의뢰해서만 열매를 맺는 법이다(요 15:4). 아담 하와의 실패도 불신앙에서 난 것이다. 그들이 하나님의 말씀을 믿지 않고 도리어 마귀의 말을 믿었다. 하나님은 말씀의 제도에 의하여 우리를 지도하신다. 그가 이스라엘은 소망의 믿음으로(역시 말씀에 의하여) 지도하시고(가나안 땅 약속을 바라보게 하심), 신약 시대의 백성은 예언 성취로 하신다(역시 말씀에 의하여).

우리가 하나님의 말씀을 잘 깨달을 때에 우리의 믿음이 자라난다. 롬 10:17에 말하기를, "믿음은 들음에서 나고 들음은 그리스도의 말씀으로 말미암느니라"고 하였다. 하나님께서 그 말씀을 통하여 우리에게 믿음을 선물로 주신다. 엡 2:8; 살후 3:2 참조. 믿음이 하나님의 선물인 줄을 우리가 알 때에 그것도 믿음이다. 사람들이 야고보를 가리켜 행위를 주장하는 자요 믿음을 주장하지 않는 자라고 하지만, 그것은 잘못이다. 야고보가 이 부분 말씀에서 얼마나 믿음을 강조하는가?

II. 4:1-3의 해석

> 너희 중에 싸움이 어디로, 다툼이 어디로 좇아 나느뇨 너희 지체 중에서 싸우는 정욕으로 좇아 난 것이 아니냐 너희가 욕심을 내어도 얻지 못하고 살인하며 시기하여도 능히 취하지 못하나니 너희가 다투고 싸우는도다 너희가 얻지 못함은 구하지 아니함이요 구하여도 받지 못함은 정욕으로 쓰려고 잘못 구함이니라

여기서도 야고보는 은혜를 주장한다. 진정으로 하나님께 구하기만 하면 거저 받는다는 것이 은혜의 원리에 속한다(6절). 그리고 기도하는 마음 자체가 신앙에 속한다. 신앙은 거룩한 것이어서(유 1:20), 쾌락주의를 배격한다.

"너희가 얻지 못함은 구하지 아니함이요"(2절 하반). 여기서는 야고보가 신자들의 기도하지 않는 생활을 꾸짖는다. 그들은 왜 기도에 나태하였던가? 그것은 그들의 이 세상 사랑하는 쾌락(ἡδονή) 때문이었다. 그들이 이 세상을 사랑하여 서로 싸우다시피 불붙는 욕심을 가졌던 것이다(3:14-16). 언제나 사람이 탐심에 불타면 기도할 시간을 내지 않고 덤빈다. 우리가 무엇에 너무 마음을 뜨겁게 가지면 그것이 우리에게 해를 끼친다. 그 이유는 탐심으로 뜨거워지면 그것을 취하려고 하나님을 제외하고 행동하기 때문이다. 우리는 어떤 소원 앞에서도 마음에 침착성을 지니고 기도 시간을 내야 한다.

"구하여도 받지 못함은 정욕으로 쓰려고 잘못 구함이니라"(3절). 여기 "정욕"이란 말도 쾌락(ἡδονή)을 의미한다. 야고보가 여기 말한 "정욕"이란 말은 이 세상을 즐기는 심리와 행동이다. 이것이 신자의 기도 생활을 방해할 뿐 아니라(1-2), 이것 때문에 기도 응답도 받지 못한다. 그 이유는 이것이 하나님과 반대되기 때문이다. 이 사실을 밝히기 위하여 야고보는 4:4-9에 몇 가지 대조적인 표현들을 사용한다. 곧, ① 세상과 하나님(4절), ② 교만과 겸손(6절), ③ 마귀와 하나님(7-8상반), ④ 웃음과 애통(8하반-9) 등이다.

쾌락주의는 이 세상주의이고, 교만이고, 마귀적이고, 웃음(이 세상 쾌락주의)이다. 쾌락주의는 쾌락 사랑하기를 하나님보다 더하니 이는 교만이요 마귀적이다. 그러므로 이 세상주의의 실현을 위한 기도는 응답될 수 없다.

III. 5:13-18의 해석

너희 중에 고난 당하는 자가 있느냐 저는 기도할 것이요 즐거워하는 자가 있느냐 저는 찬송할찌니라 너희 중에 병든 자가 있느냐 저는 교회의 장로들을 청할 것이요 그들은 주의 이름으로 기름을 바르며 위하여 기도할찌니라 믿음의 기도는 병든 자를 구원하리니 주께서 저를 일으키시리라 혹시 죄를 범하였을찌라도 사하심을 얻으리라 이러므로 너희 죄를 서로 고하며 병 낫기를 위하여 서로 기도하라 의인의 간구는 역사하는 힘이 많으니라 엘리야는 우리와 성정이 같은 사람이로되 저가 비 오지 않기를 간절히 기도한즉 삼년 육개월 동안 땅에 비가 아니 오고 18다시 기도한즉 하늘이 비를 주고 땅이 열매를 내었느니라

여기서는 야고보의 하나님 중심주의가 현저히 나타나고 있다. 사람들이 야고보서를 읽을 때에 그것이 행위 중심으로만 이끄는 것 같은 인상을 주는 듯하다. 그래서 그것은 믿음을 주장하는 바울의 신학과 배치되는 듯하다. 그러나 이 책을 깊이 살펴보면 그런 것이 아니고 어디까지나 하나님 중심주의에서 가르치고 있다. 다시 말하면 인생 문제의 해결은 하나님께만 있다고 한다. 그것이 결국 믿음 중심의 교훈이다. 여기 13절 말씀을 보면, 사람이 고난을 하나님에게서 그 의의(意義)를 찾도록 한 것이다. 고난당하는 자가 기도해야 된다는 것이 곧바로 하나님에게서 그 해결을 받으라는 의미이고, 즐거워하는 자는 찬송하라는 것도 역시 그 당한 일을 하나님께 관계시키는 행

동을 말함이다. 찬송하라는 것은 곧 감사하라는 말씀과 같다

이렇게 야고보는 신앙생활의 양전(兩全)을 강조한다. 바울은 역시 신앙생활의 양전을 힘썼다. 그가 비천에 처할 줄도 알고 풍부에 처할 줄도 알아서 능력 주시는 자 안에서 모든 것을 할 수 있게 된 것이 그와 같은 생활이다(빌 4:12-13). 신자는 일방적으로 치우치면 안 되고 언제나 양전을 힘써야 한다. 만일 신자가 평안하고 즐거운 가운데서만 신앙생활을 할 줄 알고 괴로운 중에는 못한다면 그는 병적이다.

(1) "너희 중에 병든 자가 있느냐 저는 교회의 장로들을 청할 것이요 그들은 주의 이름으로 기름을 바르며 위하여 기도할지니라"(14절).

여기 이른바 "교회의 장로들"을 청하라는 말씀은 우리의 주목을 끈다. 이것은 교회의 대표자들을 청하라는 말씀이니, 그 병자를 위한 기도가 교회적 권위로 실행되어야 할 것을 여기 알려주고 있다. 그들이 교회의 장로들이니만큼 신앙의 모본이 될 만한 자들이다. 그러므로 야고보가 이 점에 있어서도 신앙 본위로 문제 해결을 생각한 것이 분명하다.

"기름을 바르라"고 한 것은 무슨 뜻인가? 어떤 학자들은 그때에 기름을 약으로 사용하였기 때문에 여기서도 그것을 병자의 몸에 바르라고 하였다고 한다. 그러나

① 이 부분 말씀에 있어서 병자를 위하여 기도함으로 기적적으로 그 병이 낫도록 한 것이니만큼 그 해석은 정당하지 못하다. 그러므로 여기 "기름"은 은혜의 상징이라고 생각함이 옳다(Calvin). 그 뿐 아니라

② 여기 "주의 이름"이란 말은 기름 바르는 행동과 관련되어 있는 것이니만큼 그 행사는 단순히 일반 은총에 속하는 의학적 치료를 의미하는 것이 아니다. 여기 "주의 이름"이란 말은 예수 그리스도의 이름을 가리키는 것이니만큼 이 행사가 그리스도의 은혜를 비유한다고 함이 옳은 해석이다.

③ 예수님의 제자들은 주님에게서 받은 권능에 의하여 병자들을 고침에

있어서 역시 그 병자에게 기름을 바르는 일도 있었다(막 6:3). 그러나 이 행사가 단지 상징적 의미를 가진 것이니만큼 제자들이 그것을 실시하지 않은 때가 더 많았다.

④ 그뿐 아니라 기름을 가지고 무슨 병이나 고칠 수 있다고 우리는 생각하지 않는다. 그러니만큼 일반적 병자들을 취급하는 우리 본문에 있어서 "기름"이란 말은 약품으로 생각하지 않았을 것은 명백하다.

이 점에 있어서 우리가 생각할 중요한 일들이 있다.

ⓐ 이 부분 말씀에 있어서 병자를 위하여 기도함으로 기적적으로, 병들었을 때에 그들은 병원 치료를 무시할 것은 아니지만, 그것보다 먼저 주님의 치료하여 주시는 은혜를 구해야 된다. 그러나 기독 신자들도 이 일에 있어서 도리어 기도보다 병원을 먼저 생각하는 일이 많다. 이런 과오는 옛날 이스라엘의 아사 왕이 범한 죄과이다(대하 16:12).

ⓑ 기독 신자가 무슨 병이든지 고침받기 위하여 기도하며 힘써야 될까? 어떤 고통은 우리의 이익을 위하여 있는 하나님의 선물이기도 하다. 질병이라고 하여 언제든지 우리에게 해로운 것은 아니다. 바울은 자기에게 찌르는 가시 같은 고통이 있었으므로 그것을 없애주시기를 하나님께 세 번이나 간구한 바 있었다. 그러나 하나님께서는 그것을 고쳐주시지 않으시고(고후 12:7-8) 도리어 그것을 족하게 여기라고 하셨다. 우리는 질병에 걸렸을 때 그 병고가 하나님의 선물인지 여부를 먼저 알아보고 그 후에 그 질병을 취급해야 될까? 우리는 질병의 이유를 알기 어려운 것인 만큼 우선 그 질병을 고침 받기 위하여 하나님께 기도하는 것이 정당하다. 바울도 그렇게 하지 않았던가?

ⓒ 그리고 또 한 가지 생각할 것은, 사도 이후 시대 곧 교회 시대에도 기도로 병 고침 받는 일이 있다는 사실이다. 우리가 사도적 기적의 독특한 성격을 언제나 명심하지만 현대에도 자연법 이상으로 특수한 섭리가 있음을 우리는 믿는다. 루터 선생의 친구 마이코니우스(Myconius)가 폐병으로 죽게

되었을 때에 그는 루터에게 편지로 이 사실을 알렸다. 루터는 그 편지를 받은 즉시 꿇어 앉아 기도하기를 "주여! 나의 하나님이여 나의 형제 마이코니우스를 데려가시면 안 됩니다. 마이코니우스가 없이는 주님의 일이 잘 될 수 없습니다"라고 하였다. 그가 그렇게 기도한 후 일어나서 마이코니우스에게 편지하기를, "형제여! 그대의 병은 걱정할 일이 아니요, 당신은 죽지 않을 것이요. 당신이 죽었다는 소식이 내게 오도록 주님께서 하시지 않을 것이요."라고 하였다. 이 편지가 마이코니우스에게 전해졌을 때에 그가 이 편지를 읽는 순간 그의 병이 고쳐졌다.[1]

(2) "믿음의 기도는 병든 자를 구원하리니 주께서 저를 일으키시리라 혹시 죄를 범하였을지라도 사하심을 얻으리라 이러므로 너희 죄를 서로 고하며 병 낫기를 위하여 서로 기도하라 의인의 간구는 역사하는 힘이 많으니라"(15-16).

여기 이른바 "믿음의 기도"란 것은 어떤 것인가? 이 믿음은 물론 "하나님의 계신 것과 또한 그가 자기를 찾는 자들에게 상주시는 이심을 믿는"(히 11:6) 믿음인 것은 말할 것도 없다.

그러나 우리가 이 점에 있어서 언제나 명심해야 될 사실이 있다. 그것은,

① 그 믿음이 다만 관념론적(觀念論的)인 신념은 아니라는 것이다. 관념론적인 신념은 이교(異敎)에서도 말한다. 야고보가 말하는 믿음이란 것은 윤리적(倫理的) 행위로 그 완전성을 드러내는 것이다. 약 2:22에 말하기를 "네가 보거니와 믿음이 그가 행함과 함께 일하고 행함으로 믿음이 온전케 되었느니라"고 한다. 야고보의 이 말은 참된 믿음이 보통으로 행위로 나타난다는 의미이고 어떤 율법주의적인 행동을 믿음이라고 함은 아니다. 사실상 믿음과 행동의 구분은 논리적으로는 가능하나 실질적으로는 불가능한 것이다.

---

1 C. F. Deems, *Gospel of Common Sense*, pp. 294-295.

비유를 들면 나무와 그 뿌리의 관련성이 서로 나뉘지 못함과 마찬가지이다. 나무를 끊으면 뿌리도 죽을 수밖에 없다.

② 야고보는 믿음을 논함에 있어서 회개 문제도 겸병하여 말한다(16절). 회개는 믿음의 열매이기 때문이다. 그러니만큼 병자를 위하여 기도하는 자리에 그 기도자들의 회개는 필수적인 것이라고, 야고보는 여기서 말한다. 이와 같이 회개와 동반한 믿음을 산 믿음이라고 할 수 있다. 이런 믿음의 소유자를 의인이라는 의미로도 야고보는 말한다(16절 하반).

(3) "주께서 저를 일으키시리라"(15절 중반).

여기 "주"란 말은 예수 그리스도를 가리킨다. 야고보서는 행위를 강조하였기 때문에 그리스도의 은혜에 대하여는 중점을 두지 않은 듯이 잘못 생각하는 학자들이 있다. 그러나 신자들이 기도를 통한 은혜를 받는 데 있어서 그 은혜의 통로(通路)는 예수 그리스도라는 점을 야고보는 원칙적으로 말한다. 기도로 말미암아 받는 은혜가 예수 그리스도에 의하여 좌우된다는 사상이 1:7에도 있다. 거기 말하기를, "이런 사람은 무엇이든지 주께 얻기를 생각지 말라"고 하였다. 이것을 보면 신자가 구원의 은혜를 위시하여 무슨 은혜든지 예수 그리스도에게서만 받게 된다는 것이 야고보의 사상이다.

(4) "엘리야도 우리와 성정이 같은 사람이로되 비 오지 않기를 간절히 기도한즉 삼년 육 개월 동안 땅에 비가 아니 오고 다시 기도한즉 하늘이 비를 주고 땅이 열매를 내었느니라"(17-18).

여기서는 구약 시대의 엘리야의 기도에 대하여 말하면서 기독 신자들의 기도를 장려한다. 여기 나오는 중요한 말씀은,

① 엘리야는 우리와 성정이 같은 사람이라는 것. 여기 "성정이 같다"고 함(ὁμοπαθής)은 엘리야도 연약한 인간이고 신자들도 연약한 인간인 점에 있어서 동일하다는 의미이다. 그렇다면 엘리야나 우리나 그 인간성에 있어

서는 꼭 같은 죄인이라는 사실이 여기 포함되어 있다. 이것은 기도 응답을 받는 자라고 해서 그가 어떠한 초인간적(超人間的)인 특수 인격이 아니라는 사실이 알려진다. 도리어 이 말씀은 기도의 특권이 우리의 연약성 때문이라는 진리를 나타내고 있다. 우리는 이와 같은 사상을 성경에서 많이 볼 수 있다. 시 65:2에 말하기를, "기도를 들으시는 주여 모든 육체가 주께 나오리이다."하였고, 시 69:33에는 말하기를, "여호와는 궁핍한 자를 들으시며 자기를 인하여 수금된 자를 멸시치 아니하시나니"라고 하였다.

② 엘리야의 기도는 이스라엘 민족 전체에 영향을 미쳤다는 것, 그가 비 오지 않기를 간절히 기도한 결과로 이스라엘 민족 전체가 고난을 받았고 또 그가 비오기를 위하여 기도한 때에 역시 이스라엘 전국이 그 혜택을 입었다. 우리는 이 점에 있어서 다음과 같은 사실을 명심해야 된다. 곧, 비록 연약한 기독 신자라 할지라도 진정한 믿음을 가지고 하나님께 기도하면 그의 속하여 있는 교회 전체에 영향을 미칠 수 있다는 사실이다. 현대 신자들의 기도는 너무나 개인주의적이어서 다른 사람을 진정한 의미에서 위하는 열렬한 기도를 하지 못한다. 이것이야말로 기도 생활에 있어서는 너무도 좁아져서 질식 상태에 빠진 비참한 처지라고 할 수 있다. 이렇게 신자들이 신앙이 부족하고 기도가 부족한 이 시대에 어찌 좋은 일이 있을 것을 기대하랴?

③ 엘리야의 기도는 어디까지나 은혜로 되었고 믿음으로 되었다는 것. 그의 기도는 자율주의 조작으로 한 것이 아니었다. 그가 비오지 않기를 기도한 배후에는 하나님의 지시가 있었다. 왕상 17:1을 보면 그가 3년 6개월 동안 비가 오지 않을 것을 예언하였다고 한다. 이것을 보면 그가 자기 마음대로 그런 무서운 기도를 한 것이 아니었다. 그는 하나님과 함께 이스라엘의 죄악을 염려하였고, 또 그것에 대한 징벌이 내릴 것을 간구한 것이다. 그 때에 그가 하나님 편에 서서 이스라엘의 죄악을 공격하는 것은 극도로 위험한 일이었다. 그런데도 불구하고 그는 하나님의 종의 신분을 어디까지나 파수하려고 그런 위험한 기도도 하였던 것이다.

그리고 이스라엘의 죄악 문제에 대한 하나님의 진노를 분명히 아는 그는 그 죄악 문제가 해결될 때에 비로소 땅에 비가 내릴 것도 하나님의 지시에 의하여 그는 알게 되었다(왕상 18:1). 그는 하나님의 뜻을 알았기 때문에 비가 오리라는 확신을 가지고 그렇게 담대히 기도하였다(왕상 18:41-45). 엘리야의 기도야말로 요일 5:14-15의 말씀대로 된 것이다. 거기 말하기를, "그를 향하여 우리의 가진 바 담대한 것이 이것이니 그의 뜻대로 무엇을 구하면 들이심이라 우리가 무엇이든지 구하는 바를 들으시는 줄을 안즉 우리가 그에게 구한 그것을 얻을 줄을 또한 아느니라"고 하였다.

우리 기독자들도 엘리야와 같이 기도의 사명을 실행해야 된다. 엘리야는 우리와 성정이 같은 사람이라고, 야고보는 말한다. 엘리야는 이스라엘의 죄악을 바로 보고 그 문제의 해결을 초점으로 하여 기도하였다. 그러나 우리 기독자들은 교회의 죄악을 문제시하여 그것을 하나님 앞에 나아가 해결을 받기 위해서 간절히 기도해야 된다. 옛날의 이스라엘은 오늘날의 교회에 해당될지언정 육체적 국가에 해당되는 것은 아니다.

십계명 요해 : 출 20:1-17 해석

신학정론 3/2 (1985. 11) : 188-203.

"십계명"은 애굽에서 나온 이스라엘 백성에게 주신 하나님의 계명이다(신 4:13). 이스라엘 백성이 시내 광야에 이르렀을 때에 하나님께서 그의 종 모세를 시내산으로 부르셨고(출 24:12), 모세는 그 산에서 40주야를 물도 마시지 않고 금식하면서 하나님의 계명을 받았다. 그 계명은 하나님께서 친히 두 돌판을 만드시고 거기에 친수로 써 주신 것이다(출 32:15-16; 신 9:9-10). 하나님이 그의 택한 백성에게 십계명을 주신 목적은 그들로 하여금 애굽에서 구원해 주신 하나님의 사랑을 인식하고(출 20:1-2), 감사와 기쁨으로 하나님을 경외하게 함이며, 또 그들의 자자손손이 하나님의 선민(選民)다운 거룩한 생활을 하게 하기 위함이다(신 4:10).

제1계명 : 너는 나 외에는 다른 신들을 네게 있게 말지니라(3절)

"네게"라는 말(קך)은 단수 명사이다. 그러므로 이 계명은 하나님의 백성을 단체로 상대한 동시에 그 단체의 각 개인을 개별적으로 상대한다. 하나님은 이처럼 완전하시다. "나 외에"란 말(על־פני)은 대등적(對等的)인 경쟁의 위치를 가리킨다.[1] 하나님께서만 독일무이(獨一無二)하신 절대자이신데, 사람이 이 세상 다른 것들을 하나님만큼 사랑하면 그는 하나님을 무시하는 큰 죄를 범하는 자이다. 그러므로 하나님의 말씀은 구약 시대나 신약 시대를 막론하고 인류를 향하여 하나님을 사랑하라고 가르친다. 구약의 말씀: "마음을 다하고 성품을 다하고 힘을 다하여 네 하나님 여호와를 사랑하라"(신 6:5). 신약의 말씀: "네 마음을 다하고 목숨을 다하고 뜻을 다하여 주 너의 하나님을 사랑하라"(마 22:37).

1. 하나님은 사람의 전심(全心)을 요구하신다

제1계명은 전폭적인 사랑을 구하시는 말씀이고 폭군의 명령과 같은 강요(强要)는 아니다. 하나님 여호와는 언약(言約)에 의하여 그의 백성의 하나님이시고 구원자이시니, 그는 그의 백성(신자들)에게서 전폭적인 삶을 차지하시기 원하신다. 그는 자기와 신자와의 사랑의 관계를 부부 간의 사랑 관계로 비유하기도 하셨다(렘 2:2). 하나님은 유일하신 참 신이시며, 창조자이시며, 참된 구원자이시다(사 43:11-12, 44:6, 8, 45:5-6, 18, 21-22, 46:9). 그러므로 인생은 그 한 분만을 전적으로 사랑해야 한다. 신 6:4-5 참조. 그는 죄인을 벌하시는 경우에도 오래 참으시다가 끝까지 회개치 않을 때에 비로소 벌하신다 (출 34:6; 민 14:18; 시 86:15; 롬 2:4; 벧후 3:9). 우리가 하나님을 사랑하는 이유는, 하나님이 우리를 사랑하셨고 또 사랑하시기 때문이다(요일 4:10-11).

---

[1] H. Holzinger, *Kurzer Hand-Commentar Zum Alten Testament, Exodus*, 1900, s. 71.

2. 하나님의 사랑을 우리가 어떻게 깨닫게 되는가?

그것은 신자가 성경을 앎으로 깨닫게 되는데, 신자에게 필요한 것은 노력이다. 우리의 인간성은 망령되고 또 본의 아니게 거짓된 요소의 지배를 받고 있다. 그러므로 우리가 영적으로 힘쓰면 진실해지는 동시에 하나님의 상대가 되어진다. 시 51:6 참조. 노력은 진실의 증표이다. 성경 말씀대로 바로 살기 위해 힘들여 하는 기도나 금식 기도는 영적 노력의 표본일 수 있다. 하나님은 노력하는 자에게 은혜를 주신다.

제2계명: 너를 위하여 새긴 우상을 만들지 말고 또 위로 하늘에 있는 것이나 아래로 땅에 있는 것이나 땅 아래 물 속에 있는 것의 아무 형성이든지 만들지 말며 그것들에게 절하지 말며 그것들을 섬기지 말라 나 여호와 너의 하나님은 질투하는 하나님인즉 나를 미워하는 자의 죄를 갚되 아비로부터 아들에게로 삼사대까지 이르게 하거니와 나를 사랑하고 내 계명을 지키는 자에게는 천대까지 은혜를 베푸느니라(4-6)

"아무 형상이든지 만들지 말라"는 말씀의 문제성

제2계명 초두의 "우상"(פֶסֶל)이란 말은 단순히 "형상"을 의미하는 말(תְּמוּנָה)과는 달리 숭배할 목적으로 만들어진 것을 가리킨다. 그러므로 그런 "우상을 만들지 말라"고 전제하고 진술된 "아무 형상이든지(וְכָל-תְּמוּנָה) 만들지 말라"는 말씀은 우상 숭배의 목적으로는 아무 형상이든지 만들면 안 된다는 것이다.

1. 사람들이 왜 우상(偶像)을 만들어 섬기는가?

짐승들의 세계에는 이런 일이 없다. 이런 풍습은 땅 위의 어떤 민족에게든지 있으니, 그것이 야만인에게도 있다. 이 풍습은 인류에게 새겨져 있는 신 의식(Sensus deitatis) 때문이다. 참 하나님을 몰랐던 공자(孔子)도 천둥치는 밤에는 자다가도 일어나서 옷을 입고 관을 썼다고 한다. 신 의식은 사람에게서 지워 버려지지 않는다. 그렇지만 신 의식만으로는 하나님을 바로 알지 못한다. 그래서 사람들이 우상을 섬게 된 것이다. 이것은 마치 사람이 갈증 때문에 물을 찾다가 모르고 독약을 마시고 죽음과 같다. 사람은 옳은 좋은 종교를 믿어야 되고 우상종교를 믿으면 멸망한다.

2. 사람이 우상을 만드는 것은 신(神)을 눈으로 보려는 욕망 때문이다.

이것이 죄악이다. 왜 보이지 않는 영광의 하나님을 보이는 물체로 만들려고 하는가? 영(靈)이신 하나님은 보이지 않는다. 보이는 것은 무엇이든지 썩어진다. 롬 1:23 참조.

3. 탐심은 우상 숭배와 같다(엡 5:5; 골 3:5).

탐심은 사람의 마음을 점령하여 지배하는 따가운 심리이다. 그런 심리는 하나님을 마음에서 쫓아내는 악한 죄악이다.

[참고] 하이델베르그 신앙고백서 주석[2]에 의하면, 피조물의 형상이 교회당 안에 비치될 수는 없다. 그러나 우상화 될 위험이 없는 한에 있어서 교회당 밖에 다른 곳에는 사용될 수 있다고 하였다. 여기서 문제되는 것은 예수님의 모습으로 알려지고 있는 그림이나 사진들에 대한 것인데, 이에 대하여 우리는 다음과 같은 사실을 생각함이 필요하다. ① 소위 '예수님의 사진'이란 것은 예수님의 참 모습이 아니고 상상화에 불과하다. 그러므로 우리는 그것을 예수님의 모습이라고 생각하지 않으며, 그것을 숭배하지도 않는다.

---

2 The Commentary of Dr. Z. Urisnus on The Heidelberg Catechism, 1954, pp. 527-528.

② 따라서 그것을 가리켜 예수님의 성화(聖畵)라고 함은 옳지 않다. 다만 신자들이 그것을 미술품 정도로 생각하고 취급한다면 문제될 것은 없다. 이 점에 있어서 주의할 것은, 교회 주보에 그런 사진을 인쇄하여 사용할 경우, 혹 어린 신자들에게 오해를 일으킬 위험성이 있으므로 삼가 할 일이라고 생각된다.

제3계명: 너는 너의 하나님 여호와의 이름을 망령되이 일컫지 말라 나 여호와는 나의 이름을 망령되이 일컫는 자를 죄 없다 하지 아니하리라(7절)

성경에 하나님의 "이름"(שֵׁם)이란 것은 직접 그의 명칭 곧, "여호와"와 기타 성호를 가리킨다. 겸하여 그것은 그의 계시(말씀)를 가리키기도 한다. 예를 들면, 계 3:8 하반에 "내 말을 지키며 내 이름을 배반치 아니하였도다"라고 하였는데, 여기서 그의 "말씀"과 "이름"은 실질에 있어서 같은 뜻이다. 계 2:3의 "이름"(ὄνομα)이란 말에 대하여 크레다너스는 그것을 계시와 동일시하였다.[3]

"망령되이"로 번역된 히브리 원어(לַשָּׁוְא)는 '헛되이', '허망한'이란 의미이다. 그러면 신자의 허망한 행위는 주로 다음과 같은 것들이다.

① 경솔히 하나님의 성호로 맹세하는 것과 육신의 사소한 일에 있어서 하나님의 성호를 함부로 부르는 것.

② 남을 저주하는 것. 누가 남을 욕하기를 "망할 놈"이라고 하였다면, 그것은 그의 장래 문제를 자기가 주관할 듯이 망발한 셈이다. 하나님께만 멸망의 벌을 내리실 권세가 있다.

---

3 S. Greijdanus, *Kommentaar op het Nieuwe Testament, De Openbaring Des Heeren Aan Johannes*, 1925, p. 57.

③ 잡념이 가득한 심령으로 하나님을 찾는 것. 우리의 마음은 하나님을 모시기 위한 영적 성전이므로(롬 8:9; 고전 3:16) 항상 정결해야만 하나님을 만날 수 있다(마 5:8). 그럼에도 불구하고 우리의 마음이 잡념으로 점령된 상태에서 하나님을 찾는다면 그것은 하나님의 성호를 망령되이 일컫는 죄악을 범함이다. 그러면 마음의 정결은 어떻게 유지되는가? 그것은 하나님의 말씀으로 유지된다. 요 15:3 참조. 우리는 하나님의 말씀을 주야로 묵상해야 된다(시 1:2).

④ 진실성 없이 하나님의 말씀을 거론하거나, 또는 하나님의 말씀을 들을 때에 정신 차리지 않고 방심하는 것. 이런 행위는 하나님의 말씀을 소홀히 여기는 망령된 것이다.

⑤ 형식적 기도. 우리가 기도할 때에 그 기도하는 말에 책임을 지지 않고 다만 입술로만 중언부언하는 것도 하나님 앞에서 망령된 행동이다.

⑥ 경건한 모양을 내는 것. 우리가 하나님께 신령(성령)과 진정으로(진리로) 예배하지 않고 예배하는 형식만 갖추어 하나님의 성호를 사용하는 것이나, 거룩한 말을 많이 하면서 그 내용대로 살려고 힘쓰지 않는 것은 신성한 일들을 외식(外飾)으로 취급하는 망령됨이다.

⑦ 경솔한 말. 우리가 어려운 일을 당해서 하나님을 원망하거나 또는 하나님의 뜻에 순종하려는 분명한 결심은 없이 무조건 하나님의 도와주심만을 구하는 기도도 망령된 것이다. 이 같은 행위는 우리의 영혼 구원을 본위로 행하시는 하나님의 뜻을 알지 못하고 하나님을 자기 편리에 이용하려는 허망한 것이다. 벧전 1:8-9 참조.

"나 여호와는 나의 이름을 망령되이 일컫는 자를 죄 없다 하지 아니하리라." 이 말씀은 근근이 죄가 성립된다는 뜻이 아니다. 여기 "죄 없다 하지 아니하리라"란 말씀(יְנַקֶּה לֹא)은 '무죄 판결하지 않는다' 혹은 '벌을 면케 해주지 않는다'란 뜻으로서, 이 말은 하나님께서 친히 강하게 다스리신다는 것이다. 그 히브리어 동사가 강력동사이므로 70인역(LXX)은 "아니하리라"란 말(אל)을 "결단코 아니하리라"(οὐ μή)라고 번역하였다. 이 번역을 따른다면 한역도 "결단코 무죄로 판결하지 아니하리라"라고 해야 된다.

제4계명: 안식일을 기억하여 거룩히 지키라 엿새 동안은 힘써 네 모든 일을 행할 것이나 제 칠일은 너의 하나님 여호와의 안식일인즉 너나 네 아들이나 네 딸이나 네 남종이나 네 여종이나 네 육축이나 네 문 안에 유하는 객이라도 아무 일도 하지 말라 이는 엿새 동안에 나 여호와가 하늘과 땅과 바다와 그 가운데 모든 것을 만들고 제 칠일에 쉬었음이라 그러므로 나 여호와가 안식을 복되게 하여 그 날을 거룩하게 하였느니라(8-11)

이 계명도 사랑이다. 안식일은 엿새 동안 힘써 일한 자들의 육신이 쉼을 얻는 날이요, 또 그들의 영혼이 하나님을 즐거워하는 신령한 즐거움을 얻는 날이다(사 58:14).

구약 시대의 안식일은 신약 시대의 주일(主日)의 전신(前身)이다. "안식일"은 이레 중 마지막 날이고(10-11), "주일"("주의 날")은 이레 중 첫 날이다(고전 16:2; 계 1:10). 이 날은 안식일의 주인이신 예수님(마 12:8)께서 죽은 자 가운데서 다시 사신 날이다(마 28:1-6; 요 20:1-20). 그런데 우리가 주일을 지키는 방법이 안식일을 지키는 그것과 다른 점이 있지만 대체로 같다. "안식일"을 지키는 방법을 알면 "주일"을 지키는 방법도 대부분 알려진다.

1. 모든 일을 쉬고 하나님께 예배함(레 23:3, 26:2, 사 66:23; 겔 46:3)

여기 "일"이란 말(מְלָאכָה)은 '사업'을 의미한다. 안식일에 사업을 정지하고 쉬는 것은 예배를 예배답게 드리기 위함이다. 이 날에 노동이나 기타 사업을 금하는 것은 "거룩한 대회"를 모이기 위함이라고 성경은 가르친다(레 23:8,

36; 민 29:35; 신 16:8). "대회"는 하나님께 예배하며 하나님의 말씀을 듣기 위한 모임이다(전 5:1). 이런 모임에 방해되는 것이 육신의 사업이다. 사람이 노동하면 피곤해지므로 정신 차려 기도하기 어렵고, 또 시간과 정력을 일에 사용하므로 온전히 예배를 드리기 어렵다. 성의 없는 예배와 기도는 도리어 죄가 된다. 이 날에 하나님께 예배와 기도를 참되이 드림으로 영력(靈力)과 말씀을 받아서 엿새 동안 믿음으로 일하여 하나님께 영광을 돌리게 된다.

예배하는 날은 하루이지만 일하는 날은 엿새 동안이니, 그것은 신자가 받은 은혜와 말씀대로 순종하며 실행함으로 하나님의 뜻을 이루어 가기 위험이다. 일하는 엿새 동안은 하나님을 떠나는 기회가 아니라 하나님을 기쁘시게 하는 날들이다.

2. 하나님의 구원의 은혜를 기억함(시 5:14-15)

이 날에 신자들이 한 곳에 모여서(히 10:25) 성경에 기록된 대로 구원에 대한 하나님의 말씀을 들음으로 기쁨과 위로와 힘을 얻는다. 그러므로 이 날은 하나님을 기뻐하는 날이다(사 58:13-14). 이 날은 세상 오락을 즐거워하는 날은 아니다. 우리가 이 날을 기쁘게 잘 지키기 위하여 미리부터 마음과 환경과 모든 필요한 조건들을 준비해야 된다.

3. 사람이 안식일을 지킴이 하나님의 백성된 표라고 함(출 31:12-17; 겔 20:12)

우리가 다른 사람으로 더불어 선한 언약을 맺는 것도 좋은 일인데 하나님에게 대하여 그의 백성된 언약을 맺는 것이 얼마나 좋은 일인가? 우리가 주일을 거룩히 지키는 것은 하나님의 백성된 신분증과 같다. 우리가 어떤 일을 당하든지 이런 귀중한 신분증을 빼앗길 수 없다.

4. 우리가 주일을 거룩히 지킴은 하나님을 모본하는 행위임(출 20:11 상반)

하나님께서 천지 만물을 지으신 후에 안식에 들어가셨으므로 우리가 안식을 지키는 것은 하나님을 모본함이다. 우리가 주일을 지킴으로 하나님처럼 무궁 안식에 들어갈 준비와 훈련을 받는다. 창 2:1-2 참조. 이런 내용으로 하이델베르그 신앙고백서 주석은 말한다.[4] 하나님은 우리가 하나님을 모본하는 것을 기뻐하신다. 히 4:4-11에 의하면, 하나님께서 제 칠일에 "그의 모든 일을 쉬셨다"고 말하고, 또 사람들에게 관하여는 "안식에 들어간다"는 말로 진술되어 있다. 그러므로 모든 일을 쉰다는 말과 안식에 들어간다는 개념은 같은 것이다. 이 부분 말씀에 "안식에 들어간다"는 말이 다섯 차례 나와 있다(5절에 한 번, 6절에 두 번, 10절에 한 번, 11절에 한 번).

하나님이 만물을 창조하신 후 안식하셨으니, 안식일 제도는 창조 질서에 속한 것이다. 인류가 하나님의 피조물 중 하나님의 형상인만큼 하나님의 안식의 복되심에 참여하도록 되어 있다. 그러므로 이 제도는 우주적 평화(Cosmic peace) 또는 범우주적 평화(Pan-Cosmic peace)를 지향한 제도이다.[5] 하나님은 이런 목적으로 안식일을 지키라고 명령하셨다. 그럼에도 불구하고 안식을 제대로 지키지 않는 자는 하나님의 약속(내세 안식)을 무시하는 자이다.

제5계명: 네 부모를 공경하라 그리하면 너의 하나님 나 여호와가 네게 준 땅에서 네 생명이 길리라(12절)

사람은 제 마음대로 자유함을 좋아하고 순종과 공경을 좋아하지 않는다. 그것이 인간 사회의 불행이다. 인류 사회에는 반드시 질서가 있다. 그러므

---

4 Ursinus, *Commentary on the Heidelberg Catechism*, Engl. tr. by Rev. G. W. Willard, 1954, p. 561: "By the example of himself resting on the seventh day, he might exhort men, as by a most effectual and constraining argument, to imitate him, and so abstain, on the seventh day, from the labors to which they were accustomed during the other six days of the week."

5 K. Schilder, *Wat is De Hemel? (Heaven, What is it?)*, trans. by Marian Schoolland, 1950, pp. 113-114.

로 하나님께서 사람들이 모이는 사회를 향하여 주신 말씀이 공경해야 할 자를 공경하라고 하신다. "부모를 공경하라"는 말씀에도 모든 지도자들까지 포함되었다.

1. 부모를 공경할 이유

부모를 높이는 것은 권위(權威)를 인정하는 의미의 행동이다. 부모의 권위를 인정하는 것은 존재의 원리와 사랑의 원리로 성립된다. 존재의 원리란 것은 부모가 자식의 뿌리가 되는 원리이다. 사람들마다 자기를 귀중히 여기는 것만큼 자기를 낳아 준 부모를 존중해야 된다. 사 45:10에 말하기를, "아비에게 묻기를 네가 무엇을 낳느냐 어미에게 묻기를 네가 무엇을 낳으려고 구로하느냐 하는 자에게 화 있을진저"라고 한다. 그뿐만 아니라 부모는 자식을 사랑하는 데 있어서 권위자이다. 사람은 자기를 사랑해주는 자의 말을 잘 듣게 되는데, 부모는 자기 자신보다 자녀를 더 사랑한다. 그들은 자식을 위하여는 자기 생명도 돌보지 않는 경우도 있다.

그러므로 자식이 그 부모를 공경함은 그가 인간된 도리로 보아 당연하다. 만일 그가 이것을 옳은 줄 모른다면 그는 인간의 자격을 상실한 자이다. 자식된 자가 부모를 공경함에 있어서 무슨 상을 기대함보다 그의 본연적인 의리심(義理心)으로 행해야 한다. 인간은 자기가 손해를 당하는 일이 있더라도 옳은 일은 해야 된다는 양심의 판단을 받는다.

2. 공경의 실제로서의 순종

엡 6:1에 말씀하시기를, "자녀들아 너희 부모를 주 안에서 순종하라 이것이 옳으니라"고 하였다. 이 말씀은 맹종을 명하지 않았고, "주 안에서 순종하라"고 하였다. 이것은 주체성 있는 도덕 행위를 명한 것이다. 주체성 있는 인격 즉, 독립인의 순종은 하나님만 의지하고 따르는 의미에서 부모를 순종하는 것이다. 그러므로 그는 부모의 말이라도 진리와 부합하지 않는 것은 순종할 수 없다는 분명한 입장을 취한다. 그 이유는, 신자는 "주 안에서" 순종할 것은 순종하고 아니할 것은 아니하기 때문이다.

그는 또한 그리스도만 따르는 독립인으로서 인신(人身)을 존중해야 하는 하나님의 진리를 지킨다. 다시 말하면 그는 부모의 인격을 멸시해서는 안 되는 줄 안다. 창 9:20-23에 보면, 노아가 포도주를 마시고 취하여 장막 안에서 벌거벗고 누웠었다. 그 때에 그의 아들 함이 그 아버지의 하체를 보고 밖으로 나가서 그의 두 형제에게 고하였다. 그러나 그 두 형제 셈과 야벳은 옷을 취하여 자기들의 어깨에 메고 뒷걸음 쳐 들어가서 아버지의 하체에 덮었으며 그들이 아버지의 하체를 보지 않았다. 우리는 여기서 노아의 실수에 대한 그 아들들의 처사가 두 가지로 나타났던 것을 깨닫는다. 한 가지는 인신 멸시요, 다른 한 가지는 인신 존중이다. 성경의 진리는 인신 자체는 하나님의 형상의 일부라는 의미에서 어떤 경우에도 존중시해야 할 것을 가르친다. 약 3:9 참조. 모든 예의(禮儀)도 인신 존중의 목적으로 제정되는 것이다.

하나님을 공경하는 사람이라면 그는 더욱 예의를 지켜야 한다. 예의 문제에 있어서 무례히 행한 함은 그 아버지의 저주를 받았고, 바로 행한 셈과 야벳 두 사람은 축복을 받았다(창 9:24-27).

제6계명: 살인하지 말지니라(13절)

1. 남을 파괴하는 살인죄

이 계명은 사람을 살해하는 외부적 결과만 금함이 아니다. 이것은 살인의 원인이 되는 심리(미움)부터 저지시키는 명령이다. 하나님은 행동의 결과를 유발시키는 그 내부적 원인을 먼저 문제시하신다. 그러므로 "살인하지 말라"는 이 말씀에는 '미워하지 말라'는 것을 내포하고 있으며, 따라서 하나님은 미워함도 살인죄로 간주하신다. 이 사실은 예수님의 계명 해설에서 밝히 나타났다. 그는 말씀하시기를, "옛 사람에게 말한바 살인치 말라 누구든지 살인하면 심판을 받게 되리라 하였다는 것을 너희가 들었으나 나는 너희에게 이르노니 형제에게 노하는 자마다 심판을 받게 되고 형제를 대하여 라가라 하는 자는 공회에 잡히게 되고 미련한 놈이라 하는 자는 지옥 불에 들어가게 되리라"고 하셨다(마 5:21-22). 그러므로 율법은 신령한 관찰로 생각되어야 한다(롬 7:14). 사도 요한도 말하기를, "그 형제를 미워하는 자마다 살인하는 자니 살인하는 자마다 영생이 그 속에 거하지 아니하는 것을 너희가 아는 바라"고 하였다(요일 3:15). 이 말씀을 분석하면, 사람이 남을 미워하는 때에 "죽이는 독"(약 3:8)이 그의 온 인격에 퍼진다는 것을 알 수 있다. 그 독은 마귀적인 것(창 4:5-7; 요 8:44)이어서 그 자신이 이성(理性)을 잃고 비인간화되어 어두워짐으로 외부적인 살인까지도 문제시하지 않게 된다.

2. 자아를 파괴하는 살인죄

이것은 자살(自殺)과 낙태(落胎)이다.

(1) 자살의 흉악성. 사람의 죽고 사는 것은 하나님의 권한에 속한 것이고 인간 자신이 주장할 것이 아니다(삼상 2:6; 눅 12:20). 고전 6:19-20 참조. 가룟 유다의 자살을 그 대표적인 것으로 생각해 볼만하다. 마 27:5; 행 1:18 참조. 성경은 그 죽음을 저주받은 죽음으로 진술하고 있다(행 1:25). 특별히 "제 곳으로" 갔다는 말씀은 가룟 유다가 지옥으로 갔다는 것이다. 크로쉬이데(Grosheide)는 여기 "제 곳"(τὸν τόπον τὸν ἴδιον)이란 문구를 "사단의 나라"라고 해석하였다.[6] 그런데 바르트(K. Barth)는 유다가 구원을 받았을 것이라고 말하였다. 그러나 그것은 성경적이 아니다. 그의 말을 옮겨 보면 다음과 같다. "이런 범죄자(자살한 자)는 하나님의 자비를 저항한 것이다. 그러나 하나님의 자비 측에서는 예수에게 나타난 대로는 이런 죄를 저항하여 그것을 패

---

6 Grosheide, *De Handelingen Der Apostelen*, Ⅰ, 1942, pp. 41-42

배시켰다."⁷

바르트의 이 같은 말은 예수님의 말씀과 반대된다. 예수님은 가롯 유다가 망하였다고 분명히 말씀하시지 않았는가? 곧, "내가 저희와 함께 있을 때에 내게 주신 아버지의 이름으로 저희를 보전하와 지키었나이다 그 중에 하나도 멸망치 않고 오직 멸망의 자식뿐이오니"라고 하셨다(요 17:12).

(2) 임신 중절의 참상. 사람들이 인위적으로 태아를 낙태시키는 것은 죄가 아닌 듯이 잘못 생각한다. 엄밀한 의미에서 태아도 생명을 지니고 있는 사람이기 때문에 어떤 이유로든지 낙태시키면 안 된다. 더욱이 패륜의 열매로 된 태아를 수술하여 버림은 삼중 죄악(제6, 제7, 제9 계명을 범함)이다. 이와 같은 무서운 죄가 현대 사회에서 문제되지도 않고 있으니, 죄악에 대한 불감증까지 겸한 부패한 시대이다.

3. 제5계명을 지키는 행동 범위

"살인하지 말라"는 계명은 생명을 보호하라는 적극적 방면도 포함한다. 예를 들면, 건축 구조에 있어서 반드시 난간을 만들어 사람의 떨어짐을 방지하도록 명시되었다(신 22:8).

그뿐 아니라 이 계명을 지키는 궁극적 목적 의식도 분명해야 된다. 그것은 사람이 하나님을 사랑하려는 목적 의식이다. 왜 살인하지 말아야 하는가? 사람은 하나님의 형상으로 지음 받았기 때문에 그를 살해하는 것은 하나님을 모독하는 죄(sacrilegium)가 된다.⁸ 창 9:6; 약 3:9 참조. 그렇기 때문에 사람을 사랑하는 것은 하나님을 사랑함과 밀접한 관계를 가진다. 약 1:27;

---

7 K. Barth, *Kirchliche Dogmatik*, Ⅲ/4, 1957, s. 466: "In dieser Sünde, deren Art schliesslich im Selbstmord offenbar wird, widersetzt sich der Mensch dem Erbarmen Gottes. Und gerade dieser Sünde hat sich Gottes dem Menschen in Jesus erwiesens Erbarmen seinerseits widersetzt und hat sie siegreich aus dem Felde geschlagen."

8 J. Calvin, *Commentaries on The Four Last Books of Moses*, trans. by Ch. W. Bingham, Ⅲ, 1979, p. 20.

요일 4:20-21 참조.

제7계명: 간음하지 말지니라(14절)

계명을 범한 결과가 있다면 그것을 범하게 되는 원인이 있다. 원인과 결과는 일체이다. 그러므로 범죄에 대하여 말할 때에는 결과보다 그 원인을 살펴보아야 한다. 누가 간음을 하였다면, 그 원인은 그의 결혼 생활이 올바로 유지되지 못한 데 있다. 성경 말씀은 "혼인을 귀하게 여기라"고 하였는데(히 13:4), 간음은 가정을 파괴하는 것이다. 사람이 일단 결혼하고 가정을 이루었으면 그들은 가정을 존중히 여겨 피차에 책임을 다해야 된다(고전 7:3-4). 그들은 몸과 마음이 하나이다.

1. 올바른 결혼의 중요성과 성경적 원리

먼저 하나님이 정하신 배필을 만나서 결혼을 바로 해야 한다. 결혼의 법을 제정하신 이가 하나님이시다(창 2:18). 하나님이 우리 각 개인의 생사 문제도 주장하시는 만큼(삼상 2:6), 각 개인의 배필도 정하셨다. 잠 19:14에 말하기를, "슬기로운 아내는 여호와께로서 말미암느니라"고 하였고, 잠 18:22에는, "아내를 얻는 자는 복을 얻고 여호와께 은총을 받는 자니라"고 하였다. 하밀톤(Victor P. Hamilton) 교수에 의하면, 여기 이른 바 "얻는 자"란 말(מָצָא)은 '발견한 자'란 뜻이니, 탐색하다가 발견함을 염두에 둔 말이다. 이 말이 아람 말(메타)에서는 '도달한다'는 뜻이고, 이디오피아 말(마사)도 그렇고, 우가리트 말도 그렇다.[9] 이처럼 셈족 방언들이 이 점에 있어서 모두 합치한다. 그러므로 "얻는다"는 개념은 배필을 만나기까지 그를 찾던 기간이 있은 후

---

9 *Theological Wordbook of the Old Testament*, Ⅰ, 1981, p. 1232.

작정된 결과를 말한다.

미혼자가 배필을 구할 때에 무엇보다도 하나님의 인도하심을 받아야 되는데 그것이 어떻게 실행되는가? 그것은 그가 자기의 욕심을 버리고 올바른 기도를 해야 하며, 상대자의 용모보다 인격을 중요시함으로 가능하다(잠 31:30).

2. 부부는 언제나 함께 있어야 됨

고전 7:5에 말하기를, "서로 분방하지 말라 다만 기도할 틈을 얻기 위하여 합의상 얼마 동안은 하되 다시 합하라 이는 너희의 절제 못함을 인하여 사단으로 너희를 시험하지 못하게 하려 함이라"고 한다. 일단 가정을 이룬 후엔 남편된 자나 아내된 자는 다른 이성(異性)으로 더불어 은밀하게 가까이 교제하지 않아야 된다. 부부의 마음이 합하지 못하여 서로 마음을 다른 데 두게 되면 여기서부터 간음이 시작되기 쉽다. 마 5:27-28 참조.

3. 간음죄의 성격

성경에 의하면, 이 죄를 가리켜 "하나님의 성전을 더럽히는" 죄라고 하였고, 누구든지 이 죄로 더럽힘이 되면 "하나님이 그 사람을 멸하시리라"고 하였다(고전 3:17, 6:19). 그뿐 아니라 간음한 자는 자기 몸에 죄를 범하였다고 한다(고전 6:18).

제8계명: 도둑질하지 말지니라 (15절)

하나님은 이 계명에서 먼저 사람이 도적질하게 되는 원인도 포함하여 말씀하신다.

1. 사람이 왜 남의 것을 도적하는가?

(1) 공동체 의식이 없기 때문임. 신자는 교회의 한 지체이다. 이것은 하나님의 진리이다. 바울은 교회의 지체들이 실행할 윤리를 가르치면서 말하기를, "도적질하는 자는 다시 도적질하지 말고 돌이켜 빈궁한 자에게 구제할 것이 있기 위하여 제 손으로 수고하여 선한 일을 하라"고 한다(엡 4:28). 공동체 의식을 가진 자는 자기와 남이 일체임을 알기 때문에 남을 해롭게 하고 자기의 유익을 도모하는 일을 하지 않는다.

(2) 노동 신성의 의식이 없기 때문임. 하나님은 아담과 하와를 지으신 후 그들에게 제일 먼저 주신 것이 노동이다(창 1:27-28). 그런데 그들이 범죄한 후에는 심한 노고를 통하여 일함으로 그 보수로 식물을 얻도록 되었다(창 3:19). 그러므로 사도 바울은 말하기를, "누구든지 일하기 싫어하거든 먹지도 말게 하라"고 하였다(살후 3:10). 사람이 자기의 노동의 댓가로만 소득을 취하려 한다면 도적질 할 이유가 전혀 없다. 그가 노동하는 목적은 자기 자신의 수요(需要)만 채우려는 것이 아니고 빈궁한 사람을 돕기 위한 것이다. 이것이 하나님의 진리이다.

2. 도적 행위의 종류

(1) 직접적인 것. 이것은 사람이 남의 사유재산을 속여서 이용하는 것이나 또는 공금을 횡령함과 같은 것이다.

교회 안에서는 특별히 그 지도층 인사들이 선심 쓰는 생각으로(혹은 어떤 이득을 바라보고) 신자들에게 직분을 맡기는 것이나, 또는 교회적 직위를 분배함과 같은 것도 교회 공유의 신성한 행사를 자기 마음대로 좌우하는 것이니, 일종 도적 행위와 같다.

(2) 간접적인 것. 도적 행위는 남의 재산에 손해를 입히는 것 외에도 ① 자신의 게으름, 착취함, 기생충 같은 삶, 이기주의 등이 있다. 또한 ② 외식(外飾)과 아첨도 일종의 도적 행위이다. 예를 들면 사람이 마음속에는 악한

생각을 품고도 좋은 사람인 체하는 것이나, 또는 자기의 유익을 위해 아첨하는 것은 다른 사람의 마음을 도적함이다. 다윗의 아들 압살롬이 그리하였다(삼하 15:5-6).

만일 교역자들이 하나님의 말씀을 전할 때에 자기의 영광을 위한다면 그것은 하나님의 말씀을 도적함이다.

제9계명: 네 이웃에 대하여 거짓 증거하지 말지니라(16절)

거짓말은 마귀의 특징이다. 마귀는 "거짓말장이요 거짓의 아비"가 되었다(요 8:44). 우리가 거짓말을 하지 않으려면,

첫째, 조심해야 됨. 인간은 부패한 근성이 있기 때문(렘 17:9)에 조심하지 않으면 거짓말을 하게 된다. 그러므로 ① 어떤 일에 있어서 다른 사람과 접촉하기 전에 미리부터 말을 지혜롭게 진실하게 하려고 준비해야 한다. ② 상대방과 면담하는 즉석에서도 조심하여 말을 적게 하도록 힘써야 된다. 약 1:19 참조. ③ 과장하는 말을 하지 않으려고 조심해야 한다.

둘째, 우직(愚直)을 정직(正直)으로 오해하지 말 것. 예를 들면, 죽이려는 원수 앞에서는 사실을 실토하지 않아야 될 경우가 있다. 하나님의 계명은 "이웃"에 대하여 거짓증거하지 말라고 하였을 뿐, 원수에 대하여 그렇게 하라는 것은 아니다. 기생 라합은 이스라엘의 정탐을 숨겨주었다(수 2:4-6).

제9계명을 지켜 열매를 맺는 인격은 하이델베르그 신앙고백서 주석이 말함과 같이 몇 가지 덕을 가리킨다.

① 참됨. 이것은 하나님의 영광을 위하여 진리를 사랑하며 담대히 변호하는 덕을 가리킨다.

② 공평함. 이것은 진리 판단에 속단을 피하고 조심함을 가리킨다.

③ 단순성. 이것은 "예"는 "예"라 하고 어물어물하지 아니함을 가리킨다.

④ 일관성. 이것은 참된 것을 지지함에 변동성이 없음을 가리킨다.

⑤ 충고를 잘 받음. 이것은 옳은 줄 알고 무엇을 주장하다가도 그것이 바르지 못한 줄 안 후에는 즉시 시정하는 것을 가리킨다.

⑥ 묵중(默重)함. 이것은 지혜롭게 침묵을 지켜 필요 없는 말을 하지 않으나, 공익을 위해서는 담대히 말하는 것을 가리킨다. 이런 사람은 벙어리 개(사 56:10)와 같지 아니하며 필요할 때에 진리를 주장한다.

⑦ 개방적임. 이것은 늘 대화의 준비가 되어 있는 넓은 마음을 가리킨다.

⑧ 예의가 있음. 이것은 남을 해하지 않고 공익을 위하여 품위 있게 진리를 말하는 것을 가리킨다.[10]

제10계명: 네 이웃의 집을 탐내지 말지니라 네 이웃의 아내나 그의 남종이나 그의 여종이나 그의 소나 그의 나귀나 무릇 네 이웃의 소유를 탐내지 말지니라(17절)

1. 탐심의 위험

사람이 이 세상 것들(물질이나 정욕이나 기타)을 탐하면(계속 더 가지려는 심리) 탐심이 불일듯하여 나중에는 남의 것까지 빼앗으려는 도적 심리로 번져 나간다. 이처럼 탐심은 위험하다. 아합의 마음속에 있던 탐심은 결국 남의 것(나봇이라는 사람의 것)까지 빼앗는 잔인한 행동으로 확대되었다. 왕상 21:1-16 참조. '바늘도둑이 소도둑 된다'는 격언도 일리가 있다.

2. 탐심은 우상숭배임

골 3:5 하반에 말하기를, "탐심은 우상 숭배"라고 한다. 이것은 마 6:21-

---

10 *The Commentary of Dr. Zacharias Ursinus On the Heidelberg Catechism*, 1954, pp. 601-604

24의 말씀이 잘 설명해준다. 거기에 말하기를, "네 보물 있는 그 곳에는 네 마음도 있느니라 눈은 몸의 등불이니 그러므로 네 눈이 성하면 온 몸이 밝을 것이요 눈이 나쁘면 온 몸이 어두울 것이니 그러므로 네게 있는 빛이 어두우면 그 어두움이 얼마나 하겠느뇨 한 사람이 두 주인을 섬기지 못할 것이니 혹 이를 미워하면 저를 사랑하거나 혹 이를 중히 여기며 저를 경히 여김이라 너희가 하나님과 재물을 겸하여 섬기지 못하느니라"고 하였다. 이 말씀은 사람의 사랑하는 대상은 하나일 뿐 둘이 될 수 없다는 뜻이다. 그러므로 누구든지 재물(혹은 다른 무엇)을 사랑한다면 그는 하나님을 사랑하지는 못한다. 그는 재물(혹은 다른 무엇)을 우상화하고 그 앞에 엎드러지는(숭배하는) 자이다.

3. 탐심은 만족을 파괴함

사람들이 만족을 얻기 위하여 물질을 탐한다. 그러나 사실상 탐심은 만족을 파괴하는 법이다. 탐심으로 만족을 얻으려는 것은 소금물을 마셔서 갈증을 멈추려는 어리석음이다. 무디(Moody)는 말하기를, "사람이 많이 가짐으로 만족하지 못하고 적게 가짐으로 만족을 얻는다. 곧 하나님 한 분을 소유함으로 만족을 얻는 법이다"라고 하였다. 시 23:1, 27:4; 합 3:17-18 참조.

신약의 윤리

신학지남 32/1 (1965. 4): 17-22; 32/2 (1965. 7): 15-20; 33/1 (1966. 3): 13-24.

I. 신약윤리의 특징

신약이 가르치는 윤리(倫理)는 세속적 윤리와 달라서 몇 가지 특징을 가지고 있다.

1. 신약 윤리는, 하나님이 그 윤리의 명령자이시며 실행케 하여 주시는 이시며 또 심판자이시다.

신약의 윤리는, 윤리의 내용을 명령할 뿐 아니라 그것의 참다운 실현을 성립시키는 이가 하나님이시며 선악간(善惡間)에 심판을 하시는 이도 하나님이시다. 세속(世俗)의 윤리 철학자들은 윤리의 내용을 교시(敎示)할 뿐이고, 그 실현 방법을 주지 못한다. 예수님께서 윤리의 표준을 종종 말씀하시되, 특별히 그 성역(聖役) 초기에 그리 하셨다. 그 윤리 실현 방법은, 그의 성역 말기에 가르치신 그의 십자가의 죽으심과 오실 성령이시다.

그의 성역 초기에는 흔히 윤리의 표준에 대하여 말씀하신 고로, 그릇된 신학자들은 말하기를, 예수님은 율법을 가르치러 오신 선생에 불과하다고 하였다. 성역 초기의 교훈을 훑어 볼 때에 율법 교훈이 그 주요한 것이고, 속죄의 사상은 별로 나타나지 않은 것 같다. 그러나 우리가 이 점에 있어서 주의해야 할 것은, 속죄의 교훈(곧, 윤리의 방법론이라고 할 수 있음)이 거기에 아주 없는 것이 아니라는 것이다. 우리가 또 한 가지 주의해야 할 것은 윤리 실현의 방법론보다 윤리의 내용, 곧 표준이 먼저 나타나야 된다는 것이다. 표준 없는 방법론이 나온다는 것은 부자연스러운 현상일 것이다. 다시 말하면 방법론이 먼저 나오는 경우에는 누구든지 그것을 혼중출권(昏中出拳)과 같이 이해하지 못할 것이다. 윤리 실현의 방법론이 먼저 나왔다면, "어떤 표준의 윤리를 실현하는 방법이란 말인가?"라고 하게 될 것이다. 우리는 윤리 문제에 있어서 "어떻게"라는 것이 먼저 생각될 일이 아니고, "무엇(표준)인가?" 하는 것을 먼저 내걸어야 할 것이다. 이런 의미에서, 예수님이 그 성역 초기에 윤리 교훈에 있어서 그것의 표준을 주신 것은 자연스러운 순서이다. 따라서 그는 성역 초기에 엄격한 율법의 표준들을 종종 제시하셨다. 그러나 그 윤리를 실현시킬 방법론은, 추후에 그 속죄적 희생으로 말미암아 완성하도록 하신 것이다.

우리는 사도들의 서신에 있어서도, 종종 엄격한 윤리 표준을 보는 동시에, 별도로 그 실현 방법론을 보게 된다. 그 윤리 표준과 겸하여 그리스도로 말미암은 실현의 방법론도 함께 보게 되는 것은 아니다. 그런 때에 우리는 얼핏 오해하기를 기독교는 인력(人力)으로 이루어야 할 윤리 종교인 듯이 잘못 생각하기 쉽다. 그러나 우리는 그런 때에 그 윤리 표준 관계의 교훈이 단지 표준을 밝히는 데만 있다는 것을 기억해야 된다. 표준과 방법이 언제나 함께 교시(教示)돼 있어야 한다는 주장을 세울 필요는 없다. 사도의 서신들에, 윤리 실현의 방법이라고 할 수 있는 속죄의 도리가 얼마든지 (흔히는 별도로) 나타나고 있으니, 그런 교훈 방법을 우리로서 부자연스럽다고 할 필요도 없다.

그러면 예수님의 가르치신 윤리 표준은 어떠한 것인가? 그것은 그가 가르치신 말씀 중에서 몇 가지 보여 줄 수 있다. 실례를 들면, 마 7:12에 말하기를, "그러므로 무엇이든지 남에게 대접을 받고자 하는 대로 너희도 남을 대접하라 이것이 율법이요 선지자니라"라고 하였다. 크로솨이데(Grosheide)는 말하기를, "우리는 이 말씀을 황금률(黃金律; golden rule)이라 할 수 있다. 그 이유는, 이 말씀이 비록 짧지만, 우리로 하여금 이웃을 사랑해야 할 것을 힘있게 나타내기 때문이다"라고 하였다.[1]

이것은, 사람이 단지 소극적(消極的)으로 자기에게 해로운 것을 남에게 행하지 말라는, 공자(孔子)의 도덕률(道德律)과 같은 것이 아니다. 이것은, 상대방이 나에게 무엇을 행했든지 그것을 불구하고 그에게 유익한 것을 행하라는, 적극적(積極的)인 사랑의 도덕률이다. 여기에는, 원수를 사랑하여야 할 것도 포함되어 있다. 여기 이른바, "이것이 율법과 선지자"라는 것은, 율법과 선지자의 강령(綱領)이 "사랑"이라는 뜻이다. 다시 말하면, 예수님께서 어떤 새 것을 가르치심이 아니고, 율법을 깊이 또는 유력하게 성취하시는 것뿐이라는 의미에서, 그는 이 말씀을 하신 것이다. 이렇게 예수님의 도덕률은, 사랑을 그 표준으로 가진다. 이 사랑은 다시 하나님의 사랑(마 5:48)을 표준으로 가진다. 그렇기 때문에 누구든지 사랑에 있어서는 책임을 완수했다고 할 시기(時期)가 이르지 않는다.

그러므로 롬 13:8에 말하기를, "피차 사랑의 빚도 지지 말라"라고 하였다. 우리가 사랑할 책임은 무한 책임(無限責任)이다. 그러므로 마 5:47-48에 말하기를, "또 너희가 너희 형제에게만 문안하니 남보다 더하는 것이 무엇이냐 이방인들도 이같이 아니하느냐 그러므로 하늘에 계신 너희 아버지의 온전하심과 같이 너희도 온전하라"라고 하였다. 이 사랑에 대하여 예수님은 또 말씀하시기를, "네 이웃을 네 몸과 같이 사랑하라"라고 하셨다(마

---

1 F. W. Grosheide, *Mattheüs*, p. 116.

23:39). 이 말씀은, 마 7:12의 말씀과 같은 내용이다.

예수님의 도덕률로서 주신 사랑에 대하여는 서신부(書信部)에도 꼭 같은 원리로 교훈되어 있다(약 2:28; 벧전 4:8-9; 요일 4:7-21; 고전 13장).

이제 문제되는 것은, 이런 높은 도덕률을 실현시키는 방법론 문제(方法論 問題)이다. 어떻게 이것을 실현시킬 수 있는가? 인간 자신은 전적으로 악하고 선을 행할 능력이 없다는 것이, 신약의 교훈이다. 인간은 전적으로 악하다는 의미에서 예수님은 전도하시는 말씀의 표어로서 "회개하라"라고 하셨다(마 4:17). 인간은 부패하여 하나님 앞에 옳은 것을 행할 수 없다는 것이, 사도들의 사상에도 많이 나타나 있다(롬 3:10-18, 8:7; 엡 2:1). 그러므로 예수님은 우리로 하여금 하나님의 계명을 실현하도록 되게 하기 위하여 죽었다가 다시 살아나심으로 이 율법을 친히 이루신 것이다. 마 5:17에 말하기를, "내가 율법이나 선지자나 폐하러 온 줄로 생각하지 말라 폐하려 함이 아니요 온전케 함이로라"라고 하였다. 그리스도께서 죽었다가 다시 사심으로 말미암아 믿음으로 그와 연합한 자는 죄의 통치에서 확실히 해방된다. 그뿐 아니라 그의 부활의 능력(성령)이, 계속적으로 그 믿는 자의 생활을 새롭게 하는 역사(役使)를 계속한다. 이런 의미에서 머레이(Murray)교수는 바로 말하였다.[2]

이 점에 있어서, 골 1:9-12에 있는 말씀은, 이와 같은 신약 윤리의 방법론을 밝히 지적한다. 거기 말하기를, "이로써 우리도 듣던 날부터 너희를 위하여 기도하기를 그치지 아니하고 구하노니 너희로 하여금 모든 신령한 지혜와 총명에 하나님의 뜻을 아는 것으로 채우게 하시고 주께 합당히 행하여 범사에 기쁘시게 하고 모든 선한 일에 열매를 맺게 하시며 하나님을 아는 것에 자라게 하시고 그 영광의 힘을 좇아 모든 능력으로 능하게 하시며 기쁨으로 모든 견딤과 오래 참음에 이르게 하시고 우리로 하여금 빛 가운데서 성도의 기업의 부분을 얻기에 합당하게 하신 아버지께 감사하게 하시기

---

2 John Murray, *Principles of Conduct*, p. 221.

를 원하노라"라고 하였다(빌 2:12-13 참조). 이 말씀 가운데 "게"라는 글자가 자주 나온다. 이것은, 하나님께서 되게 하여 주셔서 신자가 되는 사실을 지적함이다.

2. 신약의 원리도 외부주의(外婦主義)보다 내부주의(內部主義)에 치중함
(internal versus external)

예수님은, 외부주의에 치중하는 바리새주의를 많이 책망하셨다. 그는 인간의 행위가 그 심령 속에서부터 판단을 받아야 할 것을 가르치셨다. 마 5:21-22을 보면, 살인죄의 근본이 증오(憎惡)라는 의미에서, 그것이 엄격히 영적으로 판단되어야 할 것을 말씀하셨고, 마 5:27에는, "여자를 보고 음욕을 품는 자마다 마음에 이미 간음하였느니라"라고 하셨다. 마 6:1-8에는, "사람에게 보이려고 그들 앞에서 너희 의를 행치 않도록 주의하라" 하셨고, "은밀한 중에 보시는 하나님 아버지" 앞에서 의를 행하라는 의미로 거듭거듭 말씀하셨다. 이것은 사람이 하나님 앞에서, 영적 관계에서 모든 것을 옳게 행하여야 할 것을 역설(力說)하는 말씀이다. 마 15:8의 말씀도 역시 내부주의를 중요시하는 것이다.

이렇게 예수님께서, 윤리에 있어서 내부주의를 고조하셨는데, 그것이 신약의 윤리 체계(倫理體系)에 부합한 것이다. 그 이유는,

(1) **기독 신자는, 그리스도의 구속의 은총에 감사하여 선(善)을 행하게 되는 까닭이다**(눅 7:47 참조).

사도 바울이 로마서 12장에 기독신자가 행할 도덕률을 가지고 권면하기 시작할 때 초두에 "그러므로"라는 말로 시작한 것은, 이런 의미로 한 것이다. 곧 그리스도께서 그들을 구속하여 주셨으니 만큼 그들은 모든 선(善)을 감사함으로 행해야 된다는 것이다. 요일 4:11에 "사랑하는 자들아 하나님이 이같이 우리를 사랑하셨은즉 우리도 서로 사랑하는 것이 마땅하도다"라고 한 말씀이 역시 이와 같은 뜻을 가진다(고후 5:13-14; 롬 14:6; 골 3:17 참조).

(2) 신약 윤리가 내부성(內部性)을 띠는 이유 또 한 가지는, 그 행위자가 하나님의 상급을 바라보고 행할 동기를 가지는 까닭이다.

신약성경에, 선을 행하는 자를 향하여 일반적 상급을 약속하는 말씀이 많이 있고(마 5:12, 46, 6:1, 10:41; 막 9:41; 눅 6:23, 35; 고전 3:8, 14, 9:17; 딤전 5:18; 벧후 2:13; 요이 1:8; 계 11:18, 22:12), 또한 종말관적 상벌(終末觀的賞罰)에 대하여 많이 말하였다(마 7:20, 19:27, 24:44; 막 8:38, 13:35; 눅 21:36; 롬 14:12; 고전 11:27, 15:58; 고후 4:14, 5:6, 11; 골 3:4; 살전 5:9; 히 10:35; 약 5:7; 벧전 4:7; 벧후 1:10, 3:14; 계 2:5, 3:3, 7:15). 어떤 학자들이 잘못 생각하기를, 상급을 바라보고 선을 행하는 것은 저급 윤리(低級倫理)라고 한다. 그러나 이것은, 하나님의 감시를 받을 필요 없는 자율적 인간(自律的人間), 혹은 신화(神化)된 윤리를 생각한 그릇된 사상이다. 하나님은 인간도 창조하시고 윤리도 제정하셨으니, 인간과 윤리는 다 함께 하나님의 통치 하에 속해야 된다. 인간이 하나님을 바라보고 두려워하며 그의 주시는 상급을 위하여 의(義)를 행함이 정당한 처지이다. 그런 행동 원리는 의존자(依存者)인 인간의 본질에서 분리될 수 없다.

(3) 신약 윤리가 신자에게서 이루어지는 것은 영적인 것이니 만큼 역시 내부적 성격을 띤다.

우선 기독신자는 자력(自力)으로 된 자가 아니고 성령으로 거듭난 자, 새로 지음이 된 자이다. 고후 5:17에 말하기를, "그런즉 누구든지 그리스도 안에 있으면 새로운 피조물이라 이전 것은 지나갔으니 보라 새 것이 되었도다"라고 하였다. 거듭난 것은 기독자의 윤리 생활의 기본이다(벧전 1:22-23 참조). 그러므로 신자의 선한 행실은 성령의 열매라고 바울은 말하였다(갈 5:22-23).

(4) 신약의 윤리는 하나님의 영광을 중심한 것만큼, 역시 내부적 성격을 띤다.

기독자는 하나님의 영광을 위하여 모든 선을 행한다(롬 11:36, 12:1, 14:6-8; 고전 6:19, 20, 7:32; 갈 1:10; 빌 1:20 참조).

위에 소개한 신약 윤리의 성격들이 사도들의 서신에 있는 윤리 교훈에서도 드러난다. 이 아래 대표적으로 바울 서신에서 윤리 관계의 교훈 한 부분을 가지고 이 문제를 해설하고자 한다.

II. 바울서신의 대표 성구

1. 롬 1:18-32

이 구절들에 있어서 사도 바울은 이방인들의 죄악을 길게 논하였는데, 거기 나타난 사상은 이러하다.

(1) 그들의 죄악의 기원은, 그들이 하나님을 섬기지 않은 점에 있다는 것. 이 사실은 특히 22-25절이 보여준다. 거기 말하기를, "스스로 지혜 있다 하나 우둔하게 되어 썩어지지 아니하는 하나님의 영광을 썩어질 사람과 금수와 버러지 형상의 우상으로 바꾸었느니라 그러므로 하나님께서 저희를 마음의 정욕대로 더러움에 내어 버려 두사 저희 몸을 서로 욕되게 하셨으니 이는 저희가 하나님의 진리를 거짓 것으로 바꾸어 피조물을 조물주보다 더 경배하고 섬김이라 주는 영원히 찬송할 이시로다 아멘" 이라고 하였다. 이렇게 그들의 종교가 부패함에 따라서 결과적으로 도덕이 부패하여졌다. 이 현상은 실상 바울이 말한 것과 같이 하나님의 공의로우신 심판의 일종(一種)이다. 24, 26, 28절에, "하나님께서 저희를 … 내어 버려두사"라고 하였으니, 이것을 보면, 그들이 하나님을 섬기지 않는 고로 내어 버림이 되어 모든 부도덕한 일을 행하게 된 것이다. 그러므로 크로쉬이데(Grosheide)는 다음과 같이 말하였다. 곧, "죄악이 죄악을 낳았다. 그 이유는, 하나님께서 그들을 내어 버리셨기 때문이다. 그것이 신앙 없는 곳에 하나님의 공의가 나타남이다. 그것이 이교(異教)의 표본이니, 곧 우상주의(偶像主義)가 무서운 죄악들과 동반함이다. 이렇게 하나님의 공의는 자연 심판(自然審判)을 나타냄으

로 시작된다.³

위에 말한 바와 같이, 하나님을 섬기지 않은 결과로 하나님께 버림을 받아 모든 죄악을 범하게 된다고 함은, 종교를 바로 가지지 못한 것이 모든 죄악의 근원이 된다는 것이다. 그뿐 아니라 그것은, 인간이 자기 힘으로는 참된 선을 행할 수 없고 오직 하나님의 붙들어 주시는 은혜로 말미암아서만 죄의 세력에게 삼키우지 않는다는 것도 의미한다. 인간이 하나님에게 버림받은 때부터 이렇게 죄를 범하게 되니 선에 거하게 하는 것은 오직 하나님의 힘인 것을 알 수 있다. 그러므로 리델보스(Ridderbos)는 말하기를, "죄악은 세력인데 그 세력 앞에서 인간은 하나님으로 말미암아서만 보호를 받는다"⁴라고 하였다.

(2) 바울은 이 부분에서, 역시 신약의 도덕이 하나님의 주권 하에 성립되어 있음을 보여준다. 곧, 사람이 선악 간에 하나님의 심판을 받게 된다는 사상이 여기 나타났다. 32절에 말하기를, "저희가 이같은 일을 행하는 자는 사형에 해당한다고 하나님의 정하심을 알고도 자기들만 행할 뿐 아니라 또한 그 일을 행한 자를 옳다 하느니라"라고 하였다. 이것은 모두 신약 윤리가 신본주의적(神本主義的)인 것을 알게 하여 준다.

2. 롬 2:1-29

이 구절들에서 바울은, 유대인들의 교만을 책망한다. 유대인들이 율법을 가졌으나 저희도 행치 않고, 공연히 이방 사람들을 업신여기며 정죄하였던 것이다. 그러므로 그는 유대인들더러 말하기를 "그러면 다른 사람을 가르치는 네가 네 자신을 가르치지 아니하느냐"라고 하였다(21절). 그가 이와 같

---

3 F. W. Grosheide, *De Openbaring Gods in Het Nieuwe Testament*, p. 169.
4 N. H. Ridderbos, *Aan de Romeinen*, p. 46.

이 모순된 유대인들을 책망하는 가운데, 신약 윤리에 있는 신본주의(神本主義)를 또 다시 지적하게 된다. 인간의 행동은 그들의 외모에 따라 그 시비가 결정되는 것이 아니고 진리대로 되는 하나님의 판단으로 말미암는 것뿐이다(2절). 바울은 이 사실을 고조하기 위하여 거듭거듭 하나님의 판단에 대하여 역설(力說)한다(6-11). 외모나 육체적 조건이 선악의 판단에 영향을 미치게 한다면 그런 윤리는 하나님의 주권에만 직속하는 것이 아니고, 인본주의(人本主義)로 타락된 것이다.

바울이 주장하는 신본주의 윤리는 유대인들만 아니라 이방인들도 실행할 책임을 지고 있다. 이방인들은 율법은 없어도 양심의 증거를 가지고 있다고 하였는데(15절), 양심은 하나님이 주신 것이다. 하나님께서 그들의 양심에 의하여 그들을 심판하신다는 교리가 여기에 나타나 있다. 14-16절에 말하기를 "율법 없는 이방인이 본성으로 율법의 일을 행할 때는 이 사람은 율법이 없어도 자기가 자기에게 율법이 되나니 이런 이들은 그 양심이 증거가 되어 그 생각들이 서로 혹은 송사하며 혹은 변명하여 그 마음에 새긴 율법의 행위를 나타내느니라 곧 내 복음에 이른바와 같이 하나님이 예수 그리스도로 말미암아 사람들의 은밀한 것을 심판하시는 그날이라"라고 하였다. 여기 이른바, "자기가 자기에게 율법이 되느니라"고 한 것(14절 하반)은 자기 양심이 자기에게 법이 된다는 뜻이다. 이것은 결단코 인간의 양심이 하나님을 제외하고도 자기에게 법칙이 된다는 의미가 아니다. 바울이 여기서 인간에게 양심을 주신 이가 하나님이라는 사실을 무시하는 것이 아니다. 그 사실은 말하지 않아도 벌써 다 알려진 것이기 때문에, "하나님이 주셨다"는 말은 않은 것뿐이다. 양심은 독립적으로 절대적 명령을 내릴 처지에 있지 않다. 양심은 본래(타락하기 전에) 하나님에게서 들은 말만 하도록 되어 있었던 것이다.

그러나 양심이 인류 타락 이후 부패하여 하나님의 말씀과 반대되는 것도 명령하게 되는 폐단을 가졌다. 그러나 아직도 그것이 형식적으로는 하나님의 대언자적 처지에 있어서 행위 문제에 관하여 명령할 권한을 가지고 있다. 그것이 그릇된 것을 명령하는 것은 별 문제이다. 스톱(Henry Stob)은 다음과 같이 말하였다. "양심이 주님의 권위 있는 말씀(성경 말씀)을 들었을 때에는 그 내용에 있어서까지 권위 있게 말할 수 있다. 그러나 그렇지 않는 경우에는 말의 내용에 있어서 권위 있는 것은 아니다. 적어도 형식에 있어서만은 명령적으로 말한다. 그 이유는 그것이 본래 하나님으로 말미암아 명령의 권위를 가졌기 때문이다"라고 하였다.[5] 로마서 본문(2:14-15)이 지적하는 것은, 자연인(自然人)의 양심의 명령하는 바가 모두 다 옳다는 것이 아니고 다만 인간이 본래 하나님에게서 받은 양심이 부담하고 있는 진리 증거 책임을 추궁하는 것뿐이다. 인조(人祖)가 타락하여 양심이 흐리어진 점에 대해서도 인류는 그 자신들이 책임을 져야하는 것이다.

그러니 만큼, 그들은 하나님에게서 아무런 법도 안 받은 것이 아니다. 타락한 인생들에 있어서 모든 일에 매번 양심의 지시가 바르게 나타난다고는 할 수 없다. 그러나 옳게 해야 된다는 소리는 언제나 발하고 있다. 그러니 만큼 이방인들도 신본주의 윤리 문제(神本主義 倫理問題)에 있어서 책임을 지고 있다. 다시 말하면 율법이 없는 이방 사람들도 신본주의(神本主義) 윤리 제도 하에 심판을 받도록 되어 있다.

3. 롬 3:9-18 (인류의 전적 부패)

"그러면 어떠하냐 우리는 나으냐 결코 아니라 유대인이나 헬라인이나 다 죄 아래에 있다고 우리가 이미 선언하였느니라 기록된바 의인은 없나니 하나도 없으며 깨닫는 자도 없고 하나님을 찾는 자도 없고 다 치우쳐 함께 무익하게 되고 선을 행하는 자는 없나니 하나도 없도다 그들의 목구멍은 열린

---

5 Henry Stob, *The Christian Concept of Freedom*, p. 43.

무덤이요 그 혀로는 속임을 일삼으며 그 입술에는 독사의 독이 있고 그 입에는 저주와 악독이 가득하고 그 발은 피 흘리는 데 빠른지라 파멸과 고생이 그 길에 있어 평강의 길을 알지 못하였고 그들의 눈 앞에 하나님을 두려워함이 없느니라 함과 같으니라."

바울은 여기서 인간의 전적 부패(全的腐敗)를 말한다. 인간의 전적 부패는 역시 신본주의(神本主義)의 인생관에서 발견된다. 이 교리는 신약에 명백히 나타난 것이다. 이 부분(롬 3:9-19)의 말씀은 구약 여러 부분(시 14:1-3, 10:7, 5:9, 36:1, 140:3)에서 인용된 것이다.

유대인들도 신본주의 윤리대로 판단하는 심판 앞에서 특대(特待)를 받을 만한 아무런 지지(支持)도 가지지 못한다. 저들이 율법을 받은 점에서 특권을 누린 것은 사실이다. 그러나 저들이 율법을 지키지는 못하였다(H. N. Ridderbos). 이 성경 구절들은 하필 유대 사람에게만 관계된 말씀이 아니고, 그리스도 밖에 있는 일반 인류의 전적 부패한 죄상도 보여준다.

인간의 전적 부패에 대한 바울의 교훈은 그가 예수님에게서 취한 것이 아닌가? 예수님에게는 그런 교훈이 없었나? 스티븐스(G. B. Stevens)는 예수님의 인생관을 바울의 것과 다르게 본 셈이다. 그러나 이 견해는 예수님의 본심(本心)을 오해한 것이다. 예수님께서 그 성역 출발(聖役出發)에 있어서 "회개하고 복음을 믿으라"(막 1:15)고 하였으니 그것은 사람 중에 어떤 자들만이 유죄한 고로 그들만 회개해야 된다는 것이 아니다. 이 말씀은, 사람은 누구든지 회개해야 천국에 들어간다는 말씀이다. 이것은 인간의 전적 부패를 인정하신 말씀이다. 그렇다고 해서 예수님께서 사람들 중에 자연 은총 관계(自然恩寵關係)로 혹 선하고 혹 악한 차이가 있음을 부인하신다는 것은 아니다. 그러나 이 자연 은총 관계의 의(義)는 천국에 들어가게 하는 성질의 것이 아니다. 천국의 문 앞에서는 누구나 다 죄인(罪人)이다. 그러므로 예수님께서 이 세상에 오신 것은 죄인을 상대한 것이다. 바빙크(Bavinck)는 말하기를 "신약이 인류의 전적 부패에 대하여 조금도 의심 없이 말한다. 복음은 전혀 이 사실을 이유로 한 것이다.

세례 요한도 천국이 가까웠다고 외칠 때 회개하고 세례를 받으라고 하였다. 그 이유는 할례와 제사와 율법 지킴은, 이스라엘로 천국에 들어가게 한 의(義)를 주지 못하는 까닭이었다. 그와 같은 외침으로 예수님도 나타나셨다. 그의 외침의 요지는 중생하여 믿어 회개함이 천국에 들어가는 길을 열어 준다는 것이다."[6] 그뿐만 아니라 예수님께서는 분명히 하나님밖에 선한 자가 없다고 역설하였다(마 19:17).

스티븐슨(Stevens)는 말하기를 마 9:37에 "추수할 것은 많되"라고 한 것으로 보아서 예수님께서 그 눈앞에 모든 사람들에게서 혹종의 선의 가능성(可能性)을 보신 것이 분명하다고 말하였다. 그것은 예수님의 본심을 전연 오해한 해석이다. 예수님께서는 그들에게서 무슨 가능성을 발견하신 고로 그렇게 말씀하신 것이 아니다. 그가 그들에게 가능성보다는 불가능성(不可能性), 곧 그들이 죄로 인하여 멸망 받을 수밖에 없음을 보신 까닭에 그런 말씀을 하셨다. 스티븐스(G. B. Stevens)는 또 다시 (마 18:3)에 "돌이켜 어린아이 같지 아니하면 결단코 천국에 들어가지 못하리라"라는 말씀을 음미(吟味)하며 그는 여기 예수님께서 "어린아이들"을 천국인의 표본(標本)으로 보았다. 인류의 전적 부패(全的腐敗)란 것은 예수님의 염두에 없었다고 하였다. 우리는 생각하여 예수께서 진정코 "어린아이"를 천국인(天國人)의 표본으로 보셨는가? 그가 과연 그리하셨다.

그러나 어떤 의미에서의 표본인가? 그들에게는 도무지 교정(教正) 받아야 할 죄과(罪科)가 없어서 그렇다는 말인가? 그것은 결코 그렇지 않다. 어린 것들도 교정 받아야 할 행동들이 많음은 상식적(常識的)으로도 말할 수 있다. 여기 예수님의 이 말씀은 비유니, 천국 사람은 어린아이처럼 신뢰심(信賴心)에 부(富)하다는 것을 가리킬 뿐이다. 어린아이들이 부모를 신뢰하듯이 신자는

6　Herman Bavinck, *Gereformeerde Dogmatiek*, 1910, p. 63.

하나님을 신뢰해야 천국에 들어간다는 것이 여기 예수님의 교훈 요지이다.

여기서 그가 말씀하시는 것은, 어린아이들이 의례히 천국에 들어간다는 의미는 아니다.

4. 롬 6:12-23 타율주의(他律主義)의 윤리

바울은 이 부분에서 기독자가 죄에 대하여 죽었으니 만큼, 하나님께 대하여 살아야 할 처지임을 밝혀 준다. 죄에 대하여 죽었다 함은, 예수 그리스도를 믿는 그 때(그리스도의 죽으심과 합하여 세례를 받음)부터 객관적으로 영원한 정죄(定罪)를 면하였을 뿐 아니라 주관적으로도 죄를 미워하는 새 생명 받은 사실을 가리킨다(4절 하반).

기독교 윤리는 그것을 행할 만한 아무런 생명력(生命力)도 없이 표준만 보여주는 것이 아니다. 그것은 새 생명이 부여된 전제 밑에서 요구되는 도덕률이다. 이 점에 있어서도 신약의 윤리는 타율적 요소(他律的要素)를 가지고 있다. 다시 말하면 그것은 하나님이 하고 있다. 그뿐 아니라 기독자의 윤리는 언제든지 객관 방면(客觀方面, 하나님 편)에서 오는 명령을 받도록 되어 있으니 이것도 타율주의(他律主義)의 요소이다. 그것은 12-13, 19절의 말씀이 잘 보여준다. 기독자들은 그들 자체를 하나님께 드리라는 명령 또는 하나님의 종으로 행하라는 명령을 받고 있다. 12-22절까지 종이란 말이 아홉 번 나온다. 그만큼 그들은 죄악의 종 된 자리에서 해방되었다고 하여 자율자(自律者)가 아니고 어디까지나 타율(他律, 하나님)의 명령 하에 순종하여야 될 자들이다. 그들의 자유는 하나님을 섬기기 위한 목적으로 얻어진 것이다.

이 부분에 있어서 바르트(Karl Barth)는 다음과 같이 말하였다. 곧 "은혜는 순종을 가져 오는 힘이다. 그것은 이론인 동시에 실제이며 회태(懷胎)인 동시에 출생이다. 그것은 직설법(直說法)이지만 동시에 명령법(命令法)인 것이다. 그것은 불복종 될 수 없는 도언(挑言)이며 명령이다. 은혜는 명령을 내릴 세력을 가지고 있다. 그것은 그것을 행동에 옮기게 할 의지(意志)의 행동을 요구하지 않는다. 만일 의지의 행동을 요구한다면 의지를 제이 원동력(第二原動力)으로 생각하는 잘못이 되어진다. 은혜는 하나님의 의지에 대한 지식이니 그것 자체가 하나님의 의지의 원하심이다"라고 하였다.[7] 여기서 바르트가 말한 대로 은혜가 곧 바로 복종케 하는 힘이라는 것은 옳다. 그러나 신자의 의지를 이 복종 문제에 있어서 제외시키는 경향은 또 다시 바르트의 초절주의(超絶主義) 사상이다. 거듭난 사람의 의지(意志) 그 자체가 선행을 이룩함에 이바지한다는 것은 신약성경에 많이 있는 사상이다.

그러나 바르트(Barth)는 하나님의 새롭게 하는 역사가 구체적으로 인간의 의지를 변화시키는 일은 없는 듯이 말하고 있다. 그것은 무엇보다도 다음과 같은 그의 언사가 나타내고 있다. 곧 "종교인은 확실히 자기의 받은 은혜와 자기의 범죄하려는 경향과의 사이에 충돌이 있음을 안다. 그러나 그가 느끼는 그 충돌은 하나의 인간적 가능성과 또 다른 인간적 가능성과의 충돌에 불과하다. 이런 충돌의 경험을 통하여서는 우리가 실존적(實存的)으로 하나님의 처분을 받지 못한다. 그 이유는 하나님의 실재성은 인간 요구의 실재성과 다르기 때문이다. 종교적 간원(宗敎的懇願)이란 것은 우리의 성욕적 소원(性慾的所願)과 지적(知的) 또는 기타 소원들과 같은 계통에 속하는 것이다"라고 하였다.[8] 이것을 보면, 바르트는 확실히 그리스도와 연합한 자의 심령에 성령으로 말미암아 새로워진 방면(새로운 실체는 아니지만)이 있음을 무시한 것이다.

성경은 기독자의 심령에 실제적으로 성령의 새롭게 하는 역사가 구체적인 성과를 냄에 대하여 많이 말하였다(롬 12:2; 엡 4:23; 고후 5:17; 갈 6:15). 특별히 골 3:10은 말하기를 "새 사람을 입었으니 이는 자기를 창조하신 자의 형상을 좇아 지식에까지 새롭게 하심을 받는 자니라"고 하였다. 사람이 죄로 말

---

7 Karl Barth, *Der Römerbrief*, p. 188.
8 Ibid., p. 194.

미암아 하나님의 정죄를 받을 뿐 아니고 그의 심령이 부패하여진 것인 만큼 구원이란 것은 사죄로만 성립될 것이 아니고 역시 성령으로 말미암아 깨끗하게 하여 주심으로 성립되는 것이다(B. B. Warfield). 그러므로 성경에서 기독자를 이 점에서 구분지어 말하였으니 곧 기독자를 신령한 사람(πνευματικοί)이라고 하는 반면에(고전 2:15, 3:1 갈 6:1), 불신자를 육신에 속한 사람이라고 하였다(고전 3:3). 기독자는 그 심령에 새로워진 은혜로 가지고 있다. 그와 동시에 그는 아직 남아 있는 부패한 성질로 더불어 싸우게 된다(벧전 2:11).

위에 벌써 소개된 것과 같이, 바르트는 이와 같은 싸움(衝突)에 있어서 그 두 세력이 꼭 같이 육체적인 심리 작용에 불과한 듯이 생각하고 하나님 편으로 향하는 심리 작용도 똑같이 소망 없는 것으로 간취(看取)하였다. 그러나 이것은 성경을 바로 보지 못한 그릇된 해석이다. 성경은 말하기를 육체를 거슬러 싸우는 거듭난 영적 세력이 비록 현세에 있어서 많은 반대와 장애를 받으나 결국은 승리한다는 의미로 말한다.

워필드(B. B. Warfield)는 로마서 7장에 바울이 그 심령 속에 가졌던 투쟁에 대하여 다음과 같이 해석하였다. 곧 거듭 나서 변화하여 가는 과정은 로마서 7장에 나타난 바울의 명석한 묘사를 볼 때에 명백하여 진다. 우리는 거기서 하나님이 변화시키는 능력을 가지고 심령에 들어오신 사실을 보게 된다. 그 심령이 누리던 평화는 깨어진다. 죄악을 향하는 그 심령의 뿌리 깊은 경향은 선을 행하려고 들어온 능력으로 더불어 싸운다. 악의 세력은 이렇게 크니 만큼, 사도 바울은 그것을 보고 거의 절망하여 말하기를 "오호라 나는 곤고한 사람이로다 이 사망의 몸에서 누가 나를 건져 내랴"고 하였다. 확실히 그를 건져 낼 자는 그 자신이 아니었다. 인간으로서 그런 경우에 스스로 건짐 받을 수 없다는 사실을 바울보다 더 잘 알 사람은 없다. 그러나 그는 지존하신 하나님의 성령께서 저렇게 뿌리 깊은 죄악보다 강한 줄을 알았다. 그리하여 그는 마음에 급변(急變)의 느낌을 가지고 부르짖기를 "우리 주 예수 그리스도를 말미암아 하나님께 감사하리로다"라고 하였다. 그는 자기

속에 있는 충돌을 볼 때에 승리의 약속과 가능성을 본 것이다. 그 이유는 그 충돌이 그의 속에 성령의 역사하시는 결과이기 때문이다. 성령이 역사하는 곳에는 죄악과 사망에서의 해방이 있다. 그 충돌의 과정은 어렵다. 그것은 한 괴로운 노동이요 분투요 싸움이다. 그러나 그 결과는 확보되어 있다. 비록 우리가 완전(完全)에서는 거리가 멀다 할지라도 하나님의 성령이 우리 안에 거하신다면 우리는 육체에 있지 아니하고 성령 안에 있는 자이다. 그러므로 우리는 이런 정형(情形)에 있어서도, 육체의 행실을 죽이며 하나님의 자녀로서 천국 기업에 들어갈 용기를 가져야 한다. 우리 안에 시작된 것이 끝까지 완성될 줄을 우리가 안다.

5. 롬 7:1-25 타율주의의 윤리

바울은 로마서 7장에서, 신자가 율법에 대하여 죽은 사실을 보여 준다. 4절에 말하기를, "그러므로 내 형제들아 너희도 그리스도의 몸으로 말미암아 율법에 대하여 죽임을 당하였으니 이는 다른 이 곧 죽은 자 가운데서 살아나신 이에게 가서 우리로 하나님을 위하여 열매를 맺히게 하려 함이니라"라고 하였다. 그러면, 신자가 율법에 대하여 죽었다 함은 무엇을 의미하는가? 그것은 물론 그리스도의 죽으심으로 말미암아 그를 믿는 자에게 대하여 율법이 정죄하지 못한다는 것과, 및 신자가 성령님의 역사로 말미암아 감심(甘心)으로 하나님의 뜻을 순종하기 때문에, 율법 아래 있지 않고 은혜 아래 있게 됨을 가리킨다. 율법에 대하여 죽은 신자는, 이제부터 성령의 새로운 것을 행하게 되어 있다. 6절에 말하기를 "이제는 우리가 억매였던 것에 대하여 죽었으므로 율법에서 벗어났으니 이러므로 우리가 영의 새로운 것으로 섬길 것이요 의문의 묵은 것으로 아니 할지니라"라고 하였다. 이 구절은 로마서 7장의 요절이라고 할 수 있다.

특별히 이 구절에서 우리가 생각할 만한 어구는 "영의 새로운 것"이란 말이다. 여기 "영"은 무엇을 의미하는가? 리델보스(Ridderbos)는 다음과 같이 말하였다. 곧, "여기 '새로운'이란 말과 '묵은'이란 말은 추상적으로 생각된 형용사가 아니고, 그리스도의 오심으로 말미암아 구분된 두 시대를 가리키는데, 그 두 시대는 '영'이란 말과 '의문'이란 말이 각각 말하여 준다. 그리스도의 오심으로 말미암아 구분된 이 두 시대는, 두 가지 생활 환경과 및 생활의 결정 요소를 가리킨다. '영'은 그리스도의 영(靈)을 의미하는데, 하나님이 주신 신약 시대의 선물이며 특징이다. 그리고 '의문'이란 것은, 율법이 우리에게 요구한 의식(儀式)인데, 그 자체로서는 성취의 힘을 확보하지 못하는 것이다. 그러므로 의문이란 것은, 성령으로 말미암은 생명의 제도에 반대되는 죽음의 제도를 대표하는 것이다(고후 3:6). 그러므로 여기 '영'이란 말은, 리츠만(Lietzmann)이 말한 것 같은 인간 정신을 가리키지 않는다.⁹

그러면 여기 "영의 새로운 것"이란 말은 그리스도 안에 있는 자가 받은 성령을 의미한다. 율법에서 벗어나서 하나님을 섬기는 자의 행동이, 타율적인 생명력을 가진 것은 분명하다. 이것은 사람이, 하나님에게서 도덕의 능력을 받아 가지고 행하게 되는 원리를 가르친다. 이교(異敎)에는 이와 같은 원리가 전연 없다. 불교나 유교는, 어디까지나 인간 자력(自力)으로 도덕을 행해야 할 것을 가르치는 것뿐이다. 이 대표적인 이교(佛敎와 儒敎)뿐만 아니라, 기타 모든 이교도(異敎徒)들도 기독교의 이와 같은 타율주의 도덕 원리를 가지지 못하였다.

사도 바울은, 위에 말한 타율주의를 좀 더 밝히려고 율법에 대하여 죽임 당한 자(4절), 곧 "영의 새로운 것으로 섬기는 자"의 생활을 자세히 묘사한다(14-25). 14-15절까지가 "영의 새로운 것으로 섬기는 자"의 생활을 가리켰는지, 학자들 중에 문제가 되었던 것이다. 14절 이하의 말씀이 역시 율법 아래 있는 자의 생활을 가리킨 듯이 보인다. 센데이(Sanday)와 헤들람(Headlam)은,

---

9 H. Ridderbos, *Aan de Romeinen*, p. 147.

이 부분이 역시 율법 아래 있는 자의 생활을 묘사한다는 의미로 다음과 같이 말하였다. 곧, "인간성 가운데 선(善)의 씨가 있는데 그것은 옳은 것을 하려는 소원이다. 그런데, 그것이 육체적 탐심을 통하여 역사하는 시험의 힘으로 눌리우고 만다"라고 하였다.[10] 그러나 크로솨이데(F. W. Grosheide)는 말하기를, "이 부분의 말씀이 회개한 자(영의 새로운 것으로 섬기는 자)의 생활을 가리킨다. 회개한 바울이라야, 16절이 말한 율법관(律法觀)을 가질 것이다. 곧, 만일 내가 원치 아니하는 그것을 하면 내가 이로 율법의 선한 것을 시인하노니라는 것이다"라고 하였다.[11]

칼빈(Calvin)도 이 부분 말씀이 기독자인 바울로서 말한 것이라는 의미에서 다음과 같이 말하였다. 곧 "이 말씀의 논법을 충분히 깨닫기 위해서는 우리로서 이것을 알아야 할지니 곧 바울이 말한 생활의 부조화(不調和)가 성령으로 말미암아 거듭나지 않은 사람에게는 있을 수 없다는 사실이다. 그 이유는 인간이 자기 천성 그대로(중생하지 못한 천성)는 죄악에 대한 대항 없이 자기 정욕대로 전적으로 행하여지기 때문이다. 물론 불신자들도 양심에 가책을 받는 수도 있으며, 저들의 죄악에 쓴 맛을 보는 일이 있다. 그러나 그렇다고 해서, 저들이 참으로 죄를 미워하거나 선(善)을 사랑하는 자들이라고는 볼 수 없다. 저들이 죄악으로 인하여 고통을 받는 것은, 주님께서 저들로 하여금 심판을 어느 정도 미리 맛보게 하려고 그렇게 쓴맛을 보도록 하시는 것이다. 그것은, 주님께서 그들에게 아직 의(義)를 사랑하거나 악을 미워하는 정신을 넣어 주신 결과는 아니다"라고 하였다.[12]

니그렌(A. Nygren)도 이 부분 말씀(14-25)은, 바울이 기독자가 된 후에 가지는 생활을 진술한다고 하였다. 그는, 대략 다음과 같은 몇 가지 이론을 전개하였다. (1) 롬 7:7-13은, 과거사(動詞들이 過去形임)로 기록되었으나, 14절 이하

10　Sanday and Headlam, *The International Critical Commentary, Romans*, p. 181.
11　Grosheide, *De Openbaring Gods In Het Nieuwe Testament*, p. 173.
12　John Calvin, *Commentary of Romans*, pp. 262-263.

는 현재사(現在詞)로 되어 있으니 만큼, 14절부터 기독자인 바울의 생활 사정을 가리키는 것이 확실하다.[13] (2) 바울이 기독자가 된 후에도 죄는 그의 생활에서 아주 없어진 것이 아니다. 그는 아직도 육체로 살고 있으며, 따라서 죄악으로 더불어 접촉점을 가진 것이다. 기독자는, 그리스도 안의 한 지체(肢體)이지만, 계속하여 아담 안의 한 지체인 것이다. 그러므로 그는, 죄로 더불어 끊임없이 싸우는 생활을 가진다. 이런 의미에서 바울이 이 부분(14-25) 말씀을 하였을 것이다. 기독자로 이와 같이 죄악으로 더불어 투쟁한다는 사상은, 갈 5:17에도 나타나 있다.[14]

어거스틴(Augustine)도, 펠라기우스(Pelagius)로 더불어 교리 논쟁을 하는 중에 필경 이 확신을 가졌으니 곧, 바울이 이 부분(14-25)에서 기독자의 생활을 취급하였다는 것이다.[15]

그렇다면, 14-15절에 나타난 말씀은, 기독자의 생활이 죄로 더불어 싸우게 되는 것을 특색으로 가진다. 이 투쟁이, 자연 인간(自然人間)에게는 진정한 의미에서 있다고 할 수 없다. 이 투쟁은 하나님의 선물이다. 이것은, 기독자가 그 받은 성령으로 말미암아 소유하게 되는 것이다. 이것이 곧, "영의 새로운 것으로 섬기는" 생활의 일면이다. 이것은, 자율주의(自律主義) 생활에 나타나는 윤리적 투쟁이 아니고 타율주의(他律主義)의 것이다.

6. 롬 12:1-21 신본주의 윤리

로마서 12장은, 신약 윤리를 다량(多量)으로 말하여 준다. 그러므로 니그렌(A. Nygren)은, 롬 12:1-13:14에 있는 바울의 윤리를 가리켜, 아홉 가지 특징을 가진다고 하였는데, 그것을 요약적으로 말하면 다음과 같다. 곧 "바울

---

13 A. Nygren, *Der Römerbrief*, p. 211.
14 Ibid., pp. 214-215.
15 Ibid., p. 208.

의 윤리는, ① 심령의 윤리이다. 이것은, 12:2에 있는 대로 '마음을 새롭게 함'이란 말씀에 근거한 것이다.

② 바울의 윤리는, 흔히 비기독교 철학자들이 말하는 미덕(美德), 의무 최대의 선과 관련하여 생각될 바 아니다. 바울의 윤리의 출발점은, 인간의 성취에 근거한 것이 아니라 하나님의 행동에 근거하고 출발하는 것이다.

③ 바울의 윤리는 교회적 윤리이다.

④ 바울의 윤리는 모든 사람을 평등 지위에 세우는 것이 아니라, 그리스도의 몸 안에 지체로 생각하는 것만큼, 각 사람은 동일한 직책을 가진 것이 아님을 말하여 준다.

⑤ 바울의 윤리는, 인간의 행위 자체에게 행복을 누릴 만한 자율적 가치(自律的價値)가 있는 줄로 생각하지 않는다.

⑥ 바울의 윤리는 칭의(稱義)의 윤리이다. 이 칭의의 윤리관(倫理觀)은, 인간의 행동 자체에 행복을 누릴 만한 공로를 가졌다는 사상을 제거하는 것이다.

⑦ 바울의 윤리는 새 시대의 윤리이다.

⑧ 바울의 윤리는 그리스도 중심의 윤리이다.

⑨ 바울의 윤리는, "사랑의 윤리이다"라고 하였다.[16]

위에 바울의 윤리에 관하여 소개된 니그렌(A. Nygren)의 아홉 가지 특징은, 바로 본 것이라고 하겠다(우리로서 니그렌의 신학을 다 옳게 여김은 아니지만). 물론 바울의 윤리를, 그렇게 아홉 가지 특징만 가졌다고 생각함에 있어서, 그 통계적 숫자의 정확 여부에 대하여는 우리가 알 수 없다. 그러나 위의 아홉 가지 특징은, 결국 다른 데서와 마찬가지로 여기서도 바울의 윤리가 신본주의, 또는 그리스도 중심주의라는 것을 말하여 주는 것이다. 우리는, 이 부분에 나타난 바울의 윤리적 교훈에서 신본주의, 또는 그리스도 중심주의에 관한 말씀들을 발견한다.

---

16 Ibid., pp. 311-313.

1절에, "그러므로"란 말(οὖν)이 나온다. 이것은, 기독 신자들이 그리스도로 말미암아 구속(救贖)함을 받은 것만큼, 그 열매로서 거룩한 행실을 가져야 할 것을 가리킨다. 크레다너스(Greijdanus)는, 이 점에 대하여 다음과 같이 말하였다. 곧, "여기 '그러므로'란 것은, 9장에서 11장까지의 말씀에 대하여서가 아니라 1:16 이하의 모든 말씀에 대한 결론을 보여 준다. 이제 이 아래 나타날 도덕적 경고는, 1:16-11:36에 보여준 구속(救贖)의 필연적, 또는 자연적 결과인 것이다"라고 하였다.[17] 그러므로 기독자의 행실은, 어디까지나 하나님이 주신 구원에 대한 감사에 의하여 나타나는 제물(祭物)인 것이다. 우리 본문에 "거룩한 산 제물"(θυσίαν ζῶσαν ἁγίαν)이란 말이 그 뜻으로 나온다. 기독자의 행위는, 곧, 하나님께 제물을 드리는 의미로 움직인다. 크로쇠이데(Grosheide)도 이 점에 대하여 올바른 해석을 하였으니, 곧 "바울은 기독자의 전생활(全生活)을 하나님께 드리는 제물로 생각하였다"라고 하였다.[18]

리델보스(H. N. Ridderbos)는 말하기를, "기독자가 다른 사람에게 대하여 행할 사랑은, 하나님에게 대하여 행할 사랑으로 말미암아 실행되어야 한다"라고 하였다.[19] 그리고 그 다음 2절을 보면, "너희는 이 세대를 본받지 말고 오직 마음을 새롭게 함으로 변화를 받아"라고 했는데, 여기 "마음을 새롭게 함으로"(τῇ ἀνακαινώσει τοῦ νοός)란 말씀은, 성령으로 말미암아 거듭나게 하는 역사를 말함이다(S. Greijdanus). 그러므로 여기 "변화를 받아"라는 명령은, 결국 실제로 성령이 역사하는 현실을 가리키는 직설법(直說法)에 근거하고 있는 것이다(H. N. Ridderbos).

이렇게 신약의 윤리는, 어디까지나 타력, 곧 하나님의 능력을 원천(源泉)으로 하고 나오는 것이고, 자율주의(自律主義)의 것이 아니다. 신본주의는 행위의 목적에 있어서 하나님 중심일 뿐만 아니라, 행위의 동기에 있어서도

---

17 Greijdanus, *Aan de Gemeente Te Rome*, p. 534.
18 Grosheide, *De Openbaring Gods in Het Nieuwe Testament*, p. 178.
19 Ridderbos, *Aan de Romeinen*, p. 272.

역시 하나님으로 말미암는다. 보스 박사(Dr. G. Vos)는, 신약이 가르치는 신본주의 윤리 성격에 대하여 다음과 같이 말하였다. 곧 "의(義)는 하나님을 그 근원으로 가지고 하나님을 위하여 있고, 또한 하나님에게 판단을 받는 것이다"라고 하였다.[20] 그리고 이 구절에 있는 말씀, 곧 "하나님의 선하시고 기뻐하시고 온전하신 뜻이 무엇인지 분별하도록 하라"는 말씀이 역시 신본주의 윤리를 보여 준다. 신자의 행동은 전혀 하나님의 뜻을 실행하여 그를 기쁘시게 하려는 것이다.

3-21절에서는, 기독자가 그리스도 중심으로 행해야 될 것을 가르친다. 그리스도 중심이란 것은, 기독자가 그리스도의 주신 은사(恩賜)에 의하여 사랑으로 그 몸 된 교회 전체를 위하는 생활을 가리킨다. 그리스도를 위하는 생활은, 그 몸 된 교회를 바로 섬기는 데 따라 성립되는 것이다. 물론 그리스도 중심의 생활이 결국 신본주의 윤리에 속한다. 3절 끝에, 기독자더러, "믿음의 분량대로"(μέτρον πίστεως) 그리스도의 몸 된 교회를 위하여 지혜롭게 행하라고 하였으니, 여기 "믿음의 분량대로"라는 말씀은, 그의 선한 봉사의 가능성이 전혀 하나님에게 달렸다는 것을 보여 준다. "믿음의 분량대로"라는 말씀은, 하나님께서 각자의 믿음에 부여하신 재능의 성질이 각기 다른 것을 가리킨다. 이것은 양적(量的) 의미를 가지지 않는다. 불트만(Bultmann)의 신학 처지는 정통적이 아니지만, 그는 이 점에 대하여는 다음과 같이 말하였다. "이것은, 신앙의 정도만 아니라, 각 개인의 재능으로 말미암아 결정되어 나타나는 특이성(特異性)을 가리킨다"라고 하였다.[21] 리델보스는 말하기를 "이것은 그리스도나 그의 의(義)에 대한 소유의 다과(多寡)를 의미하지 않고 실제 생활에 있어서 나타나는 신앙의 각이(各異)한 사역과 지위를 가리킨다"라고 하였다.[22]

---

20 Gerhardus Vos, *Biblical Theology*, p. 419.
21 Quoted from H. N. Ridderbos, *Commentaar Op Het nieuwe Testament*, p. 276.
22 Ibid., p. 276.

기독자가 그 받은 은혜대로 교회를 봉사해야 될 것은, 6절 이하에 밝혀져 있다. 이렇게 그는, 자기 위치에서 책임을 다할 뿐 아니라, 역시 교회 전체의 유익을 위한 생활, 곧 덕을 세우는 생활을 해야 된다. 그런 의미에서 바울은, 9절부터 21절까지에 사랑을 고조한다. 비록 기독자가 받은 은사가 있다 할지라도, 교회 전체를 위하는 목적으로 그것을 사용하지 않으면 안 된다(고전 13:1-3). 교회 전체를 위하여 사랑으로 행하는 것이, 곧바로 주님을 섬기는 일이다. 그러므로 바울이 말한 대로, 건덕(健德=이는 사랑으로 됨)은 역시 신본주의 윤리이고 단순히 사람을 기쁘게 하는 것을 목적한 인본주의(人本主義)가 아니다. 남을 사랑하는 의미에서 행한 것도 주님을 사랑하는 데서 기인(基因)한 것이라면, 그것도 주님을 섬기는 일이다.

　그러므로 11절에 말하기를, "부지런하여 게으르지 말고 열심을 품고 주를 섬기라"라고 하였다. 여기 "주를 섬기라"(κυρίῳ δουλεύοντες)란 어귀의 "주"(κυρίῳ)란 말에 대하여, 사본상(寫本上) 차이가 있다. "주"(κυρίῳ)라고 읽어지는 사본은, A. B. E. L. P. 이고, "때"(καιρῷ)라고 읽어지는 사본은, D. P. G. 사본 등이다. 이 점에 있어서 리델보스(Ridderbos)의 평론을 소개하면, 다음과 같다. 곧 "이 문제에 있어서, '때'(καιρῷ)라는 말을 '주'(κυρίῳ)라는 말로 잘못 보고 변경시켰다고 하는 것은, 논리적으로 용이하다고 하여, '때'(καιρῷ)라는 말을 원본이라고 택하는 자들이 많다(Kühl, Zahn, Michel, Leenhardt). … 그러나 그것을 '때'란 말로 볼 때에 그 말의 뜻도 자연스럽지 않고 해석도 순조롭지 않다. 그러므로 '때'란 말로 기록된 것이 오서(誤書)라고 판정될 만하다. 이 점에 있어서 리츠만(Lietzmann)의 긴 해석을 참조하여라"고 하였다.[23]

　9-21절에, 바울이 사랑을 권면함에 있어서 다른 교훈을 개입시키지 않은 듯하다. 다만 12절의 말씀, "소망 중에 즐거워하며 환난 중에 참으며 기도에

23　Ridderbos, *Aan de Romeinen*, p. 282.

항상 힘쓰며"란 말씀이, 사랑과 관계되지 않은 듯하다. 그러나 사랑이란 것은, 확실히 소망심과 수고를 동반하는 것이며(고전 13:7; 살전 1:3), 또한 남을 위하여 기도하는 생활을 가질 것이다. 그러니 만큼, 이 구절의 말씀도 사랑에 부합한다고 보여진다. 니그렌(A. Nygren)은 이 구절도 9절의 사랑이란 말에 포함된다는 의미에서 다음과 같이 말하였다. 곧 "바울이 여기 초두(9절)에 사랑을 거론(擧論)한 것은 우연한 일이 아니다. 이렇게 한 것은, 그가 성경 다른 부분에서 한 것과 마찬가지의 의의(意義)를 가진다. 예를 들면, 그가 갈 5:22에서 '성령의 열매'에 대하여 말할 때에 거기서도 사랑을 첫 자리에 두었다. 이렇게 사랑을 머리말로 둔 것은, 그것을 그 아래 있는 모든 덕목(德目) 가운데 하나로 생각하는 의미가 아니라, 그 모든 다른 덕들을 포괄하는 모체(母體)라는 의미에서 그러한 것이다. "사랑은 소망 중에 참으며, 사랑은 기도에 항상 힘쓴다"라고 하였다.[24] 바울은 이렇게 기도자의 건덕 생활(사랑)의 필요를 고조할 때에(13절까지) 역시 신본주의 윤리의 처지에서 말한 것이다. 다시 말하면, 그는 교회를 주님의 몸으로 알고 교회를 봉사하는 사랑을 고조한 것이다.

14-21절까지는, 주로 원수 갚지 말라는 의미로 사랑을 고조하였는데, 이 권면도 역시 신본주의에 입각한 것이 명백하다. "원수 갚는 것이 주님에게 있으니"(19절) 만큼, 주님의 심판권을 존중히 여기는 의미에서 원수를 사랑해야 된다고 하였다.

7. 롬 13:1-7 신본주의 윤리

이 부분에서 바울은, 기독자가 정권(政權)에 순종해야 할 것을 가르친다. 여기서도 우리가 발견할 수 있는 윤리는 신본주의 윤리이다. 그는 정권에 대한 순종을 고조할 때에 그 이유로서는, "권세는 하나님께로 나지 않음이

---

24 Nygren, *Der Römerbrief*, p. 302.

없나니 모든 권세는 다 하나님의 정하신 바다"(1절)고 한 말씀에 둔다. 여기 "모든 권세는 다 하나님의 정하신 바"란 것은, 물론 정권만이 하나님의 정하신 것이라는 의미는 아니다. 신약성경은, 인류 사회의 모든 필요한 문화의 분야가 모두 다 하나님의 제정하신 것이라고 말한다.

그러므로 미터 박사(Dr. Henry Meeter)는, 이 사실을 지적하는 의미에서 다음과 같이 말하였다. 곧 "인류 사회에는 여러 가지 부분이 있는데, 예를 들면, 가정, 과학, 예술, 공예, 상업, 산업, 농업, 교회 등이다. 이 모든 분야는, 하나님으로 말미암아 각기 자기 업무를 실행하도록 임명 받은 것이니 만큼, 각기 자체의 분야에 있어서 절대의 권리를 가졌다. 각 분야가 자기의 임무를 정당하게 이루고 있는 한, 국가나 교회나 기타 어떤 사회단체 같은 외부의 세력이라도 그것을 침해할 수 없다. 만일 침해한다면, 그것을 하나님이 그 분야에 대표시킨 권위를 침해함이다"라고 하였다.[25]

그러므로 여기서 가르친 권세에 대한 순종은, 모두 다른 사회생활의 분야의 자유를 무시하는 데까지 이르는 것이다. 따라서 이것은, 정권이 하나님을 반역하는 일을 명령하는 데 대하여서까지 무조건적 순종을 지불하라는 것이 아니다. 물론 우리 본문에 이런 조건적인 명문은 없다. 그러나 우리는 이 말씀을 읽을 때에, 저작자가 여기서는 제한된 한계의 순종 문제만 취급하고 있다는 것을 기억해야 된다. 바울은 여기서 국가에 대한 순종 문제에 있어서 비정상적(非正常的)으로 일어나는 난제들을 취급하지 않는다.[26] 만일 바울이 이 문제에 있어서 그런 문제를 취급했다면, 정부에게 순종하는 것이 무조건적 성격을 띠어야 한다고 하지 않았을 것이다.

칼빈(Calvin)은, 정부에 대한 신민(臣民)의 태도를 밝혔는데, 혁명(革命)이란 것을 생각해 볼 수 없는 것으로 생각될 듯이 말한 바도 있다.[27] 이 점에 있

---

25 Henry Meeter, *The Basic Ideas of Calvinism*, p. 159.
26 Grosheide, *Openbaring Gods in Het Nieuwe Testament*, p. 178.
27 John Calvin, *Institutes of the Christian Religion*(이하 *Inst.*), Ⅵ,20.

어서, 스톱 박사(Dr. Henry Stob)는 다음과 같이 논평하였다. 칼빈의 이 구절은, 개인의 자격으로 정부에 대하여 언제든지 반역할 수 없는 것을 말한다. 개인으로서는 하나님의 명령에 위반하는 국법에 대하여 피동적 저항(被動的抵抗)으로 순종을 거절할 수는 있다. 그러나 사람이 개인 자격으로 군왕(비록 폭군이라도)을 폭력으로 이동시킬 수 없다는 것이다. 그러나 칼빈은 대표적인 공무원들이나 혹은 부속 관원들로서 군왕의 방종을 막아 백성을 보호하며, 필요하면 그들이 그런 악정(惡政)의 원천을 제거(除去)시킬 책임을 가졌다고 생각하였다.[28] 또 다른 데서 그는 말하기를, 우리 국가를 폭군에서 건져내는 것처럼 아름다운 일은 없다고 하였다.[29] 칼빈은 혁명을 용인하며 찬성하였다"라고 하였다.[30] 그러나 우리는 위에 칼빈의 뜻한 바가 혁명보다 합법적인 개혁이라고 생각한다.

특별히 우리 본문(롬 13:2)에서, 권세에게 순종하는 것을 하나님에게 순종하는 의미에서 하라는 뜻의 말씀을 볼 수 있다. 그렇다면, 순종자는, 권세를 대표하는 사람들의 지도가 하나님의 뜻에 합당한 여부에 대하여 깊은 관심을 가져야 한다. 이런 종류의 순종을 무조건적 순종이라고 할 수 없다. 그것이 무조건적 순종이 아닌 것만큼, 더욱 신본주의에 속하는 것임을 알 수 있다. 그뿐만 아니라, 우리 본문에 있는 대로, 정부를 대표하는 관원들에게 "순종하되 양심을 인하여 할 것이라"라고 하였으니, 이 말씀 역시 힘 있게 신본주의적 순종을 고조한다. 리델보스(Ridderbos)는, 이 점에 관하여 다음과 같이 말하였다. 곧 "여기 '양심'이란 말이 나온다. 그 이유는 여기 순종의 요구가 하나님에게서 오는 것이기 때문이다"라고 하였다.[31]

기독교회는, 직접적으로 국가를 위하여 있는 것은 아니니 만큼, 국가를

---

28 *Inst.*, Ⅵ,2,31.
29 *Inst.*, Ⅱ,10,6.
30 Stob, *The Christian Concept of Freedom*, pp. 24-25.
31 Ridderbos, *Aan de Romeinen*, p. 293.

위한 책임 이행이 간접적으로 이루어지는 것이다. 그러나 우리가 기억해야 할 것은, 교회가 국가의 유익을 위하여 이행하는 책임이 간접성을 띤 것이라 할지라도, 그 효과가 직접성을 띠고 움직이는 그 어떤 애국주의자보다 우수하다는 것이다. 그 이유는, 기독교회는 세상의 빛과 같아서 진리를 소유하였기 때문이다. 미터 박사(Dr. H. Meeter)는, 국가에 대한 교회의 간접적 역할에 대하여 다음과 같이 말하였다. 곧 "교회는 국민과 공무원들의 양심에 영향을 줌으로 국가에 간접적 감화를 끼칠 수 있다. 공무원들과 시민들의 양심이 기독교 정신대로 되어 질수록 국가는 종교와 도덕 사항에 있어서 더욱 하나님의 법에 가까워지는 것이다.

이런 간접적 감화는 다음과 같은 방식으로 이루어진다. ① 교회가 복음을 전할 때에 인간의 생활 전부에 적용되는 하나님 말씀의 원리들을 가르쳐야 하나니 그것은 물론 정치 생활의 원리도 포함한다. ② 기독자들은, 교육 기관에서 시민 생활에 관계되는 성경의 원리들을 해명하여야 됨. ③ "기독교는 신문이나 모든 선전 기관을 통하여 하나님의 말씀에 대한 일반인의 환심을 얻으며, 또 그들을 감화시키도록 힘써야 된다"라고 하였다.[32]

위의 미터(H. Meeter)의 말은, 기독교회로서는 국가에 대하여 신령한 일 이외의 정치를 직접적으로 간섭하지 말 것이고, 단지 간접적 감화를 끼쳐야 할 것을 의미하였으니, 그것은 성경에 대한 올바른 해석이다. 그것은 웨스트민스터 신도개요서, 제31장 4항과 합치하는 말이다. 그러나 그것은 기독자 개인으로서 국가에 대하여 국민적 의무를 시행하는 의미에서 모든 애국적인 직접 활동을 반대함은 아니다. 기독자가 국가에 대하여 개인적인 모든 정치 활동을 할 필요가 있는 경우에 있어서 주저할 것은 없다. 그 이유는, 국가의 제도는 하나님이 제정하신 것이고 악한 것이 아니기 때문이다. 신학자들 중에 브루너(Brunner)는, 국가가 소유한 폭력의 제도는 사실상 불의(不

32　H. Meeter, *The Basic Ideas of Calvinism*, pp. 146-147.

義)하고 권세를 탐하고 반 악마적(半惡魔的)인 것이라고 한다.³³ 그러나 이것은 브루너의 변증법적 사색에서 본 국가관(國家觀)이다.

도예베르트(Hermann Dooyeweerd)는 브루너의 이와 같은 그릇된 사색을 반대하고 성경을 그대로 믿는 의미에서 다음과 같이 말하였다. 곧 "우리 시대에 있어서 국가와 사회에 관하여 초월적 구성 원리를 깨닫는 것처럼 요구되는 것은 없다. 국가와 사회는 인간의 이성(理性)으로 구성한 것이 아니라, 세계 질서에 나타난 하나님의 지혜에 근거한 것이다. 성경은 신구약을 막론하고, 국가 구성의 기초라고 할 수 있는 조직된 세력이, 인간의 타락에 관련성을 가지고 있다는 것을 역설한다(곧, 타락된 인간을 제거하기 위하여 국가가 있게 되었다는 의미임). … 브루너의 과오는 다음과 같은 사실들을 혼동하는 데 있다. 곧 국가의 구조를, 죄악 세상에 있는 국가의 권력 남용으로 더불어 혼동시킴이다"라고 하였다.³⁴

도예베르드(Dooyeweerd)는 이와 같이 성경 원리에 기준하여, 국가는 하나님이 제정하신 기관인 것을 지적하였다. 그러나 그의 말은, 국가만이 하나님의 제정으로 되었다는 의미는 아니다. 하나님이 제정하신 것은, 이 세상에 있어서 하필 정부에 국한된 것은 아니다. 인류 사회의 모든 필요하고 참된 제도는, 정부와 마찬가지로 하나님이 제정하여 주신 것이다. 그런 의미에서 정부 이외의 모든 제도들도 하나님의 주권으로 존재케 한 것인 만큼, 그것들도 다 외부의 침해를 받지 않아야 할 사명의 권계(圈界)를 지니고 있다. 그러므로 기독자는, 국가 지상주의(國家至上主義)를 가지지 않는다. 그러나 그는, 국가도 역시 하나님의 주권 하에서 제정된 것임을 알고, 거기서도 필요한 임무를 충성되이 이행해야 할 것을 각오한다.

---

33 Emil Brunner, *Das Gebot und die Ordnungen*, 1932, p. 432.
34 Herman Dooyeweerd, *A New Critic of Theoretical Thought*, vol.3, pp. 401-404.

8. 롬 14:1-15:13 신본주의 윤리

이 부분에서 바울은, 기독교의 양심 자유(良心自由)에 관하여 **아디아포라** (Adiaphora) 문제를 취급한다. **아디아포라**는 다음과 같은 것을 의미한다. 곧 성경에 금하거나 명령하지 않은 어떤 의식적(儀式的)인 행사나 기타 행위를 신자의 개인적 양심에 맡김을 말함이다. 여기서 **아디아포라**의 문제화된 것은 고기를 먹는 문제, 또는 종교적으로 절일(節日)을 지킴에 있어서의 날짜 문제와 같은 것이다. 그러나 주로 고기 먹는 문제가 여기 논제로 되어 있다.

그런데 그 때에 고기를 먹을 수 있는 사람과 먹을 수 없는 사람과의 사이에 비평이 있었던 것이 확실하다(3절). 바울은 이 문제에 있어서 각자의 양심에 맡겨 각자가 자유할 것이고 서로 비평하지 말 것을 여러 가지로 가르친다. 그들이 서로 비평하지 않아야 할 이유에 대하여 역시 바울은 신본주의 처지에서 말한다. 곧 "하나님께서 저를 받으셨음이니라"라고 한 말씀이다(3절). 그것은 벌써 그리스도의 보혈(寶血)로 구원 받은 자가 고기를 먹는 경우에, 그와 다른 처지를 취하는 사람들은 그를 비평할 필요가 없다는 것이다. 바울은 기독자의 생활 동기(양심 자유 문제에 있어서)가 어떤 치지에서든지 주님을 위한 것인 만큼(8절), 비평의 대상이 아니라고 하였다. 이렇게 그는 어디까지든지 신본주의 원리로 이 문제를 취급하였다.

특별히 15절에 "그리스도께서 대신하여 죽으신 형제를 네 식물로 망케 하지 말라" 한 말씀, 18절에 "그리스도를 섬기는 자는 하나님께 기뻐하심을 받으며 사람에게도 칭찬을 받느니라"라고 한 말씀, 20절에 "식물을 인하여 하나님의 사업을 무너지게 말라" 한 말씀들은 모두 다 그리스도 중심(神本主義)에서 행위의 동기를 결정케 하는 사상을 표시한다. 특별히 14절에 있는 말씀, 곧 "무엇이든지 스스로 속된 것이 없으되 다면 속되게 여기는 그 사람에게는 속되니라"라고 한 말씀을 볼 때에, 이것이 자율주의 원리(自律主義原理)를 가르치는 듯이 보인다. 다시 말하면, 이것은 선악 문제가 사람의 생각하는 데 따라서 좌우되는 듯이 말한다.

그러나 이것은 **아디아포라**의 사항(事項)에 한하여 나온 말씀이다. **아디아포라**의 사항에 있어서는, 기독자가 자기 양심의 결정대로 할 수 있는 자유를 가졌다. 그러나 기독자의 양심 자유라는 것은, 결단코 자율주의의 자유를 의미하지 않는다. 그 이유는 다음과 같다. **아디아포라** 문제에 있어서, 기독자의 양심 자유로 결국 각자가 양심에 생각되는 대로 하나님에게 영광되는 것(하나님의 뜻에 합당한 것)을 행한다는 것이니, 그것이 역시 신본주의에서 고려된 자유인 것이 명백하다. 우리는 **아디아포라** 문제에 있어서, 반드시 남의 양심이 생각하는 표준에 얽매이지는 않는다는 것이다.[35]

이 점에 있어서 스톱 박사(Dr. Stob)는 다음과 같이 말하였다. 곧 "**아디아포라** 문제에 있어서 우리는 남들의 양심에 있는 표준에 얽매이지는 않는다. 우리는 이 문제에 있어서 우리의 양심 표준대로 행할 자유를 가졌다(譯者補). 그러나 그렇다고 하여 이것은, **아디아포라** 문제에 있어서 우리가 도덕에 무관한 일을 할 수 있다는 것은 아니다. 인간의 의식적 행동(意識的 行動)으로서 도덕에 무관한 것은 없는 법이다. 우리가 하는 일은 무엇이든지 하나님을 섬기는 의미, 또는 그의 영광을 위하는 의미에서 행하든지, 혹은 그렇지 못함으로(불행하게도) 범죄하든지 하는 것뿐이다. 우리는 무슨 일이나 주님 앞에서 경건하게 행하든지 감사함으로 행하든지, 혹은 감사치 않음으로(잘못) 행하든지 할 뿐이다."라고 하였다.[36] 그러므로 우리는 **아디아포라**의 문제에 있어서 역시 신본주의 처지에서 각기 자기 양심대로 행해야 된다는 것을 우리 본문에서 깨닫는다.

---

35 *Inst.*, Ⅲ, 19, 7.
36 Stop, *The Christian Concept of Freedom*, p. 51.

요한계시록 요해

서론

　계시록은 성경 66권 중 해석하기 어려운 책 중에 하나이다. 따라서 난제들에 대하여 서로 다른 견해들이 많이 나온다. 그러나 거기에도 제재와 금지 구역이 있다. 즉, 기독교 역사상에 없었고 또 있어서는 안 될 비성경적인 해석은 허용되지 않는다. 그것은 성경 다른 부분에 있는 기존의 교리들과 위배되는 그릇된 해석을 의미한다. 예를 들면, 계시록의 어떤 난제 해석에 있어서 재래의 정통 구원론과 위반되도록 빗나가거나, 혹은 근 2천 년 동안의 구원사를 부정할 정도로 빗나가는 해석을 말한다. 그런 해석들은 이단(異端)이다. 이러한 그릇된 여러 가지 해석들이 한국 교계에 퍼지고 있다. 그러므로 우리는 계시록의 난제들을 찾아서 연구함이 유익하다고 생각된다.
　혹 생각하기를, 계시록은 어려운 책이니 열어보지도 않아야 된다고 한다면 이 책을 교회에 가르치지 않게 될 터이니, 그렇게 되면 우선 계 1:3의 말쓸을 거스르는 것이 된다. 거기에 말하기를, "이 예언의 말씀을 읽는 자와 듣는 자들과 그 가운데 기록한 것을 지키는 자들이 복이 있나니 때가 가까움이라"고 하였다.

계시록을 이해함에 있어서 우리가 명심할 것은, 거기에 모를 말씀도 많지만 성경의 다른 부분과 통하는 점들도 많이 드러나 있다는 점이다. 그런 말씀들은 우리가 안심하고 그대로 섭취하여 전파할 수 있다.

I. 상징적 문체를 많이 포함한 책

계 1:1 하반의, "지시하신 것"이란 말은 '상징하신 것'이란 뜻이다. 이 말의 헬라 원어 에세마넨(ἐσήμανεν)은 세메이온(σημεῖον=표징)과 관련된 동사이다. 주경학자 크레다너스(Greijdanus)는 이 동사에 대하여 말하기를, "계시록은 그 개념들과 숫자와 역사적 사실을 묘사함에 있어서 상징과 표식으로 되었다"[1]라고 하였다. 이 말은 계시록에 기록된 표현들이 전부 그렇다는 것은 물론 아니다. 그리고 여기 "상징"이란 것은 실제를 설명하는 표시이고 단지 상상이 아니다.

요한계시록이 상징 문투로 기록된 것은 중간 시대(주전 200년경부터 주후 1세기)에 나온 계시 문학(apocalyptic literature)과 유사한 듯하다. 그러나 양자 간의 차이점들은 인정되어야 한다.

레온 모리스(Leon Morris)가 말한 중에서 다음 몇 가지를 소개한다.[2]

① 계시 문학은 위서(pseudonymous)로서 그 저자의 이름이 밝혀지지 않았

---

1 S. Greijdanus, *Kommentaar op het Nieuwe Testament, De Openbaring Des Heeren Aan Johannes*, 1925, pp. 7-8.
2 Leon Morris, *Tyndale New Testament Commentaries, The Revelation of St. John*, 1978, pp. 23-25.

고, 오래 전에 있었던 유명한 사람의 글인 듯이 내놓은 것이다. 그러나 요한계시록은 그 저자가 사도 요한임을 밝히고 있다.

② 계시 문학은 비관주의로 일관한다. 그러나 요한계시록은 사단의 강한 역사를 진술하는 장면에서도, 그 역사도 하나님의 장중에서 제한되거나 마침내는 패배될 것이라는 맥락에서 취급된다. 요한계시록은 낙관적이다.

③ 계시 문학의 저자들은 자기들보다 오래 전 사람의 예언인 듯이 묘사하면서, 그것의 성취는 바로 자기들의 시대에 될 듯이 기록한 것이다. 그러나 요한계시록의 저자 요한은 자기 자신이 예언자의 입장에서 말하며, 또 그 예언이 장래에 성취될 것으로 확언한다.

④ 계시 문학도 메시야의 오실 것을 예언한다. 그러나 사도 요한은 메시야가 이미 오셔서 피 흘려 인류를 속죄해 주신 것을 말한다. 그리고 그리스도의 재림을 예언한다.

II. "이기는 자"와 및 그에게 주신 예수님의 약속(2-3장)

1. "이기는 자"는 어떤 자인가?

예수님은 특별히 일곱 교회에 주신 서신에서 각 교회의 "이기는 자"에게 약속을 주셨다. 이 점에 있어서 "이기는 자"가 누구인지 바로 해석되어야 하겠지만, 그 약속의 상징적 내용도 잘 풀이되어야 한다. 2-3장에 나오는 일곱 교회의 형편이 다 다르며, 거기에 따라 주님의 칭찬과 책망과 권면도 다를 뿐 아니라, 각 교회의 "이기는 자"에게 주신 약속이 각각 다르다. 에베소 교회는 공동체 상대로 책망을 받았고(2:4-5), 그 교회의 "이기는 자"에게 주시는 약속도 공동체로 받았다. 거기에 개인 신자 혹은 신자들의 승리에 관한 말씀은 전혀 없다. 그렇다면, 실패자도(회개하는 한) "이기는 자"라고 불리운 셈이다. 버가모 교회와 라오디게아 교회의 경우도 마찬가지다.

그러면, "이기는 자"(2:7,11,17,26, 3:5,12,20)란 말씀의 뜻이 무엇인가? 이것은 예수 그리스도의 승리 때문에 그의 안에 있는 자들(신자들)이 부전승(不戰勝)으로 이김을 가리킨다. 요 16:33; 계 17:14 참조. 요일 5:4-5에서는 믿음이 이긴다고 하였는데, 그것 역시 신자가 그리스도 안에 일체(一體)되어 있기 때문에 승리를 누린다는 뜻이다.

그렇다면 사람 편에서는 노력도 없이 승리한다는 것인가? 그런 것은 아니다. 하나님은 신자의 노력을 촉구하신다. 그 이유는, 인간된 신자가 기계나 물건이 아니고 인격이기 때문이다. 인격자는 노력할 책임이 있다. 그뿐 아니라, 노력은 인간의 공로가 아니고 그의 진실성의 증표이다. 손이 말라 그 기능이 마비된 인간이 손을 펼 수 없음에도 불구하고 예수님은 그에게 명하시기를, "손을 내밀라"고 하셨다. 그가 순종하는 순간에 예수님은 그에게 손을 펼 수 있는 능력을 주셨다. 마 12:9-13 참조. 병자에 대한 예수님의 이 같은 처사는 명령법인 동시에 직설법이다.[3] 즉, 상대방의 책임 이행을 요구하시면서도 실질적으로는 예수님 자신께서 그 요구의 내용을 실현해 주신 것이다.

2. 이기는 자가 받은 약속이 무엇인가?

이것은 일곱 교회에 보내신 예수님의 서신들이 보여 준다.

(1) 에베소 교회

에베소 교회의 "이기는 자"에게 주신 예수님의 약속은, "하나님의 낙원

---

[3] Herman Ridderbos, *Paulus*, 1966, p. 280: "De Heils-indicatieve van het sterven en opstaan met Christus is van de imperatieb van de strijtegne van de zonde niet te scheiden."

에 있는 생명나무의 과실을 주어 먹게 하리라"(2:7)고 하신 말씀이다. 그러면 "낙원"은 어디인가? "낙원"은 예수님이 별세하셔서 들어가신 곳이요, 회개한 강도가 별세하여 들어간 곳이며(눅 23:43), 또 사도 바울이 이끌려 갔던 곳이다(고후 12:4). 그렇다면 그곳은 영혼이 가는 곳임이 분명하다. 예수님께서 회개한 강도에게 말씀하시기를, "네가 오늘 나와 함께 낙원에 있으리라"(눅 23:43)고 하신 곳이다. 여기 "오늘"(육신이 죽으시는 그 날)이란 말은 중요하다. 몸을 떠난 영혼들이 낙원에 간다는 것이 이 말씀으로 명확히 보장된다. 그리고 "나와 함께" 있으리라는 말씀은 그곳이 입체 세계(立體世界)인 것이 분명하다. 바울은 낙원에 이끌려 가서 "말할 수 없는 말을 들었다"고 하였으니(고후 12:4), 바울의 생각에 그 "말할 수 없는 말"은 자기 자신에게서 난 것이 아니고 타자(他者)에게서 오는 말이었다. 그렇다면 낙원은 "나와 남"이 함께 있는 곳이다. 우리가 낙원을 생각할 때에 그것을 "하나님 상대로 완전히 조화된 개인의 심령 상태"로만 생각하면 잘못이다.[4]

그런데 낙원에서 영혼들이 "생명나무의 과실"을 먹는다고 한 것(2:7)이 난제같이 보인다. 영혼들이 물질을 먹고 산다는 말씀인가? 그렇지 않고 그 과실이 예수님 자신에 대한 상징적 표현일 경우에 해석은 가능하다. 그 근거는 신자가 예수님의 살과 피를 먹고 마신다는 말씀이 은유(隱喩) 형태로[5] 성경에 있기 때문이다(요 6:53-57).

(2) 서머나 교회

서머나 교회의 "이기는 자"에게 주신 예수님의 약속은, "둘째 사망의 해를 받지 아니하리라"(2:11)고 하신 말씀이다. 여기 "둘째 사망"이란 것은 내세

---

[4] K. Schilder, *Heaven, What Is It?*, 1950, Engl. trans. by Marian M. Schoolland, pp. 29-30

[5] J. H. Bernard, *A Critical Commentary on the Gospel According to St. John*, I. 1976, p. 214.

의 "지옥"을 가리킨다. 계 19:20, 20:10,14, 21:8 참조. 지옥은 육신과 영혼을 아울러 멸하는 곳이다(마 10:28). 지옥과 관련된 난제들을 해석하기로 하자.

① 성경에 있는 "지옥"에 대한 묘사가 상징인가, 직설인가? 그 묘사에는 상징도 있고 직설도 있는데, 그 원어 게엔나(γέεννα)란 말은 상징이다. 게엔나란 말은 '힌놈의 땅'을 가리키는데 그것은 예루살렘 남쪽에 위치한 곳으로 쓰레기를 버리던 골짜기이다. 거기에서 우상을 섬긴 역사도 있고(대하 28:3), 그곳은 항상 불이 타고 있었으며, 더러운 곳이었다. 이 말이 신약에 직설적으로 사용되었다면, 지옥 간다는 말이 예루살렘 남쪽의 골짜기로 간다는 뜻이 된다. 이런 해석은 성경 저자의 의도한 바가 아니다. 성경은 멸망 받을 자가 갈 내세를 상징하여 게엔나라고 한 것이다. 상징주의는 실유성(實有性)을 약체화하는 것이 아니다. 그것은 실유의 특징을 그대로 나타내려는 시도(試圖)인 것이다. 그리고 지옥은 불을 그 주요한 특성으로 하는데(마 5:22; 막 9:48) 그것도 일면 실유(實有)이면서 상징이 아닐 수 없다. 바빙크(H. Bavinck)도 "불"이 옛날부터 하나님의 진노의 상징적 계시(ymbool van den toorn en grimmigheid)로 사용되어 왔다는 의미로 말한다.[6] 신 4:24, 9:3, 32:22; 시 11:6, 18:8, 79:5, 83:14-15, 97:3, 140:10; 사 30:33, 31:9, 33:14, 66:15-16,24; 렘 4:4, 15:14, 17:14; 암 1:4 참조.

② "지옥"에 대한 다른 명칭들은 무엇을 의미하는가? 그것의 다른 명칭들 중 "풀무불"(마 13:42,50)이나 "불못"(계 19:20, 20:10,14-15, 21:8)은 하나님의 진노를 상징하면서도 역시 죽이는 위력을 가진 객관적 실유이며(레 10:2), "구더기도 죽지 않"는 곳(막 9:48)은 가증한 곳을 상징하고(사 66:24), "어두운" 곳(마 8:12, 22:13, 25:30; 벧후 2:17; 유 1:13)은 하나님과 예수님에게서 멀리 떨어진 곳이고(눅 16:26), 형벌 받는 곳(마 25:46)은 상징이 아니고 직설인데 두려운 곳이다. 계 6:16-17 참조.

---

6 Herman Bavinck, *Gereformeerde Dogmatiek*, Ⅳ, 1911, p. 783.

③ 불회개자를 "지옥"에 영원히 처치함이 잔인한가? 지옥 형벌은 영원한 것인데, 사람의 짧은 생애 동안의 범죄가 그런 무서운 형벌에 해당되는가?

㉠ 헬만 바빙크는 이 난제를 다음과 같이 해결한다. "죄는 어떤 형태로든지 하나님을 대적함이다. 그 이유는, 계명(誡命)은 하나님이 주셨기 때문이다. 죄는 하나님의 권리와 그의 권위와 심지어 그의 존재까지 부정함이다. 유한(有限)한 피조물인 인간으로서 유한한 시간에 범한 죄는 물론 유한하다. 그러나 그 죄에 대한 벌의 분량은 그 죄의 질(質)을 표준으로 하여 결정된다. 이 세상에서도 사람이 한 시간의 부주의로 여러 해 동안 애통하게도 되며, 순간 동안의 범죄로 말미암아 평생 부끄러움과 형벌을 당하게도 된다. 절대적 권위를 가지신 하나님은 사람의 끝없는 절대적 순종을 요구하심이 마땅하다. 그러므로 그의 뜻을 어기는 어떠한 죄든지 끝없는 형벌을 받아 마땅하다."[7]

㉡ 나는 다음과 같이 이 문제를 해결한다. 사람의 죄는 그 나타난 범행으로써 그것의 존재 형태 전부를 보여주는 것이 아니다. 그의 나타난 죄는 없어지지 않는 뿌리를 그 인간 존재의 내부에 지니고 있다. 그가 속죄를 받지 못하는 한, 그의 양심은(혹시 자기도 모르게) 불행과 고통에 사로잡혀 있다. 더욱이 하나님의 진노는 그의 위에 임하여 있는 법이다(요 3:36). 이런 의미에서 그의 받을 벌은 그의 죄의 수반 현상(隨伴現象)이니, 그의 죄가 그대로 있는 한(限) 그 불행(지옥)이 따르게 마련이다. 그의 죄는 그의 존재와 함께 존속한다. 그러므로 그에게 있을 지옥 형벌은 그 자신 밖에서 어느 누구의 횡포(橫暴)로 생기는 것은 아니다.

(3) 버가모 교회

버가모 교회의 "이기는 자"에게 주신 예수님의 약속은, "감추었던 만나

---

7 Bavinck, *Gereformeerde Dogmatiek*, 1930, p. 693 : "Negatie van Zijn recht, van Zijn gezag, Zelfs van Zign bestaan."

를 주고 또 흰 돌을 줄 터인데 그 돌 위에 새 이름을 기록한 것이 있나니 받는 자밖에는 그 이름을 알 사람이 없느니라"(2:17)고 하신 말씀이다.

① "감추었던 만나"를 주심

"감추었던 만나"란 것은 예수 그리스도를 상징한다.[8] 별세한 신자들이 천국에 가면 어떤 생명력으로써 그들의 영적 생명을 유지하는가? 예수 그리스도께서 영적으로 그들의 생명 양식이 되신다(요 6:32-35). 예수님은 말씀하시기를, "나를 먹는 그 사람도 나로 인하여 살리라"(요 6:57)고 하셨다. 여기 먹는다는 말의 헬라 원어(τρώγων)는 맛있게 먹는 것을 의미한다.[9] 예수 그리스도께서 성도들에게 자기 자신을 물건처럼 주신다는 사상이 계시록의 일곱 서신의 특징이다. 2:7,28, 3:21 참조.

우리는 영원토록 자존자(自存者)가 아니고 의존자(依存者)이다. 예수 그리스도 외에 우리 생명의 원천은 없다. "감추었던 만나"를 예수 그리스도의 상징으로 해석하는 것은 문맥상으로도 보장된다. 버가모 교회의 교인들 중에는 우상의 제물을 먹는 유혹을 받았으니(계 2:14-15), 우상의 제물과는 대조로 영적 양식이 여기에 약속된 것이다.

② "흰 돌"을 주심

"그 돌 위에 새 이름을 기록한 것이 있"다고 하였는데, 그것은 무엇인가? 이 약속 내용도 역시 별세한 성도가 내세에 받을 것이다. "새 것"은 이 세상에 없으니(전 1:2-10), 그것은 오직 내세의 것이다. "새 이름"을 가진 새 사람은 신자의 사후(死後)에 이루어진다. 그 새 사람은 "흰" 색으로 상징된 성결을 완전히 소유하게 된다. 우리 신자들은 죽은 후에야 완전해진다. "온전케 된 의인의 영들"이란 말씀(히 12:23)이 그런 내용이다.

---

8 A. Ringnalda, *Het Koningschap van Christus*, 1939, p. 65.

9 J. H. Bernard, *The International Critical Commentary, Gospel According to St. John*, I, 1976, p. 214.

(4) 두아디라 교회

두아디라 교회의 "이기는 자"에게 예수님은 약속하시기를, "만국을 다스리는 권세"(2:27)와 "새벽별"(2:28)을 주시겠다고 하셨다. 이 두 가지는 왕권(王權)을 의미한다.

① "만국을 다스리는 권세"를 주심

이 권세는 어떠한 것인가? 그리스도께서 재림하시면서 그 입의 검(입의 막대기, 입의 기운=말씀)으로써 그의 대적들을 소멸함을 가리킨다(사 11:4; 살후 2:8; 계 19:15). 이 영적 전쟁에 있어서 그리스도께서 앞장서서 홀로 싸우신다. 성도들은 그를 뒤따른다(계 19:14). 신자들의 차별 없는 왕적 승리는 온전히 그리스도 자신께서 이루어 주시는 것이다. 그러므로 그들이 받은 이 같은 혜택은 그리스도 자신과 함께 왕권을 받음과 같다.

② "새벽별"을 주심

"새벽별"을 주시겠다는 것은 그리스도 자신을 주시겠다는 약속의 말씀이다. 그는 말씀하시기를, "나는 다윗의 뿌리요 자손이니 곧 광명한 새벽별이라"고 하셨다(계 22:1 하반). 이것은 또다시 그리스도께서 지니신 왕권을 성도들과 함께 누리심을 가리킨다.

(5) 사데 교회

사데 교회의 "이기는 자"에게 주신 예수님의 약속은, "흰 옷을 입을 것이요 내가 그 이름을 성경책에서 반드시 흐리지 아니하고 그 이름을 내 아버지 앞과 천사들 앞에서 시인하리라"(3:5)고 하셨다.

① "흰 옷"을 주심

"흰 옷"은 무엇인가? 계 6:11에 보면, 하나님께서 순교자들에게 "흰 두루마리를 주"신다고 한다. 이것은 그리스도의 의(義)를 입혀주시는 구원의 완성인데, 순교자들에게만 국한된 것이 아니다. 이것은 일반 신자들에게도 그들의 별세시에 주시는 선물[10]이다. 사 1:18; 고후 5:21; 계 7:9, 13-14 참조.

② "그 이름을 성경책에서 흐리지 아니하"심

"그 이름"은 하나님께서 미리 아시는 이름이다(롬 8:29). 따라서 예수님께서 하나님과 천사들 앞에서 시인하신다. 이름이 생명책에 있는 자들은 구원받을 자로 예정되어 있다. 우리는 여기서도 칼빈주의 5대 교리를 재확인한다(TULIP).

(6) 빌라델비아 교회

빌라델비아 교회의 "이기는 자"에게 주신 예수님의 약속은, "하나님 성전에 기둥이 되게 하리니 그가 결코 다시 나가지 아니하리라 내가 하나님의 이름과 하나님의 성 곧 … 새 예루살렘의 이름과 나의 새 이름을 그이 위에 기록하리라"(3:12)고 하신 말씀이다. 성전의 존재 목적은 하나님을 섬기기 위한 것이다. 하늘에 있는 성전의 "기둥이 되게" 하신다는 것은 영원히 하나님을 섬기는 자가 되리라는 것이다. 구원받은 인간으로서는 영원히 하나님을 섬기게 된 것(계 22:3)이 그 구원의 완성이다. 즉, 하나님을 섬김이 그들의 복이요 영광이다. 그들은 그 일을 위하여 구속받아 "왕 같은 제사장들"이 된 것이다(벧전 2:9). 그들은 땅에서부터 "먹든지 마시든지 무엇을 하든지 다 하나님의 영광을 위하여" 행하도록 명령을 받고 있다(고전 10:31).

(7) 라오디게아 교회

라오디게아 교회의 "이기는 자"에게 주신 주님의 약속은, "내 보좌에 함께 앉게 하여" 주리라(3:21)고 하신 말씀이다. 이 말씀은 무슨 뜻인가?

참 신자라면 누구든지 내세에 가서 그리스도와 함께 왕노릇한다. 우리는 여기서 "내 보좌에"란 문구에 있어서 "내"란 말씀을 명심해야 한다. 신자

---

10 S. Greijdanus, *Kommentaar op het Nieuwe Testament, De Openbaring Des Heeren Aan Johannes*, 1925, p. 156.

들의 보좌가 본질적으로는 별도로 있는 것은 아니다. 여기서도 우리는 그리스도와 우리와의 신비적 연합(unio mystica)을 잊지 말아야 한다. 그것은 바빙크에 의하면,[11] "영원한 계약(pactum salutis, 영원 전에 성부, 성자, 성령이 맺으신 계약)에서 이미 시작된 것이다. 화육(化肉)과 속죄 사역은 그 계약에서 작정된 것이다. 물론 이 두 가지는 그리스도께서 그 계약의 머리이시고 중보자이심을 전제로 가진 것이다. 그 계약은 그리스도께서 오신 후에 비로소 성립된 것이 아니거니와 성령의 중생케 하시는 역사 이후에 된 것도 아니다. 그 일들이 그 계약시에 의정(義定)된 것이다. 그 때에 장차 날 사람들에게 은혜와 복의 전달을 의정하시기에 앞서 그리스도의 인격의 전달이 의정되었다. … 신자들과 그리스도와의 일체성(一體性)은 범신론적(汎神論的) 원리로 된 것이 아니다. 범신론적 사고 방식은 신비주의자들의 오착이다. 그리고 이 일체성은 지, 정, 의(知情意)에서 일치(Ritschl의 주장)를 말함도 아니다. 성경은 이것을 말함에 있어서 신자 속에 그리스도께서 거하심을 가리킨다(요 14:23, 17:23,26; 롬 8:10). 양자(兩者)의 연합은 포도나무와 그 가지(요 15:1), 몸과 지체(롬 12:4; 고전 6:15, 12:12,27; 엡 1:23, 4:15-16, 5:30), 남편과 아내(고전 6:16-17; 엡 5:31-32), 터와 건축(고전 3:11,16, 6:19; 엡 2:20-22; 벧전 2:4-5)의 일체성으로 비유된다"고 하였다. 그리고 그는 강조하기를, 이 연합이 실제로 신자에게 현실적으로 관련을 맺기는 성령으로 말미암는다고 한다.[12]

신자들의 왕권은 이 세상의 것이 아니고 내세의 것이다. 그러므로 양자는 성질상 서로 다르다.

① 이 세상의 왕권은 그 왕된 자 자신이 영광을 받는다. 그러나 내세에 그리스도 안에서 왕이 된 신자는 하나님이 주시는 존영을 자신이 받지 않고 그것을 하나님께 돌린다. 계 4:10 참조. 신자는 그 때에 자신이 높아지는 자

---

11 Bavinck, *Gereformeerde Dogmatiek*, Ⅳ, 1930, p. 235.
12 Ibid., pp. 235-236.

아 의식이 전혀 없고 그 자신이 겸손의 극치에 이르는 것이다.

② 이 세상의 임금은 섬김을 받으나, 내세에 왕된 신자들의 하는 일은 섬기는 것이다. 눅 22:25 하반-26 참조.

③ 이 세상의 왕권은 돈의 권세, 군대의 권세, 민중의 지지하는 권세로 된다. 그러나 내세에 신자들의 왕권을 그리스도의 의(義)의 권위로 되어 있다. 딤후 4:8 참조.

④ 이 세상 왕의 위엄은 사망 권세에 속하나(히 2:14 참조), 내세에 신자의 왕격은 생명의 권세에 속한다(롬 5:17 하반; 히 2:15).

⑤ 이 세상의 왕은 민중을 주장한다(눅 22:25 상반). 그러나 내세에 신자들의 왕격은 만물을 지배하는 것만큼 죄악에 대한 승리자요, 이 세상이나 사망이나 마귀에 대해서도 승리자이다. 고전 3:21-22, 6:2-3 참조.

⑥ 이 세상의 왕은 특권 계급에 국한된다. 그러나 내세에 신자들의 왕권은 구원받아 내세에 들어간 자들 전부의 소유이다. 그 이유는, 구원받은 자라면 누구든지 그리스도와 연합한 자요, 그리스도 안에 있기 때문이다. 그리스도 안에 있는 자는 누구나 그리스도와 일체(一體)된 처지에서 왕권을 누린다. 어떤 이들의 잘못된 해석대로 영광 세계에 들어간 자로서 왕권 없는 자들도 있다는 그런 주장은, 그리스도와 연합하지 않은 자도 구원에 참여한다는 모순된 이론이다. 이러한 주장은 구원 교리에 대한 위반이다. 그뿐 아니라, 144,000명만이 왕이 되고 그 밖의 신자들은 백성이라고 주장함도 신자들을 이 세상으로부터 계급주의로 미혹하는 잘못이다.

III. 계시록에 대한 대종말 지향적 해석은 가능한가

계시록에 대한 잘못된 학설들을 소개하면 다음과 같다. 첫째, 그 저자 요한이 자기 시대의 일들을 가지고 예언한 것이라는 학설(Zeitgeschichtlich), 둘째,

교회 역사상의 사건들을 예언한 것이라는 학설(Kirchgeschitlich), 셋째, 같은 사건을 중복하는 책이라는 학설(Recapitulation), 넷째, 인류 역사상 사건들에 대한 전반적 예언이라는 학설(Historical view), 다섯째, 특수한 사건들에 대한 예언이 아니고 단지 이념들과 원리들을 가르친다는 학설(Idealist view), 여섯째, 세상 끝날의 사건들만 예언하는 책이라는 학설(Futurist view) 등이다.

계시록이 위의 주장자들의 어떤 재료들을 포함하기는 하지만, 그 목표는 그들의 생각과 다르다. 계시록의 목표는 대종말을 지향한 것이다.

1. 머리말이라고 할 수 있는 제1장

3절의 "때가 가까움이라"란 말씀에 있어서 가깝다는 낱말(ἐγγύς)은 재림 접근에 대한 전용 술어이다(롬 13:11; 빌 4:5; 약 5:8). 그리고 7절은 주님의 재림을 본서의 주제(主題)로 선언한 말씀이라고 생각된다. 4절에서 하나님을 가리켜 "이제도 계시고 전에도 계시고 장차 오실 이"라고 하였는데, 여기서 저자의 염두에 있는 주요점은 "장차 오실 이"이다. 이 말 위의 "이제도 계시고 전에도 계시고"란 문구는 장차 오실 이가 누구이심을 알려주는 것뿐이다. 8절에서도 하나님을 가리켜 "알파와 오메가"라고 하고, 그 뒤에 다시 "이제도 있고 전에도 있었고 장차 올 자"라고 해설한다. 여기서도 "장차 올 자"란 것이 그 강조점이다. 이렇게 생각되는 이유는, 8절이 7절의 주님의 재림에 대한 말씀을 뒷받침하는 의미에서 따르기 때문이다.

2. 재앙의 세 가지 계통의 최후 목표

계시록에는 재앙들이 세 가지 계통으로 기록되어 있다. 첫째는 인(印) 때는 재앙들(6장), 둘째는 나팔 재앙들(8-9장), 셋째는 대접 재앙들(16-17장)이다. 이 세 계통이 각각 서로 다른 재앙들을 취급한다. 그러나 다함께 대종말(세상 끝날)을 지향하고 일어난다고 생각된다.

(1) 어린 양께서 인을 떼시는 때에 나타나는 재앙들(제6장)

그것들은 복음 전파에 필요한 것이다. 첫째 인을 떼시는 데서 나타난 사건들 중 "흰 말"(2절) 탄 자를 복음으로 해석할 경우에, 둘째 인을 떼실 때에 나타난 "붉은 말"(4절) 탄 자(전쟁), 셋째 인을 떼실 때에 나타난 "검은 말"(5절) 탄 자(기근), 넷째 인을 떼실 때에 나타난 "청황색 말"(8절) 탄 자(여러 가지 재앙들)는 사람들로 하여금 낮아져서 복음을 받도록 해준다. 이것은 주님의 재림을 위한 준비 활동이다(마 24:10-14). 그리고 다섯째 인을 떼실 때에 나타나는 순교 사건(9-11)도 주님의 때(순교자들의 수가 차는 때)를 기다리는 사건이다. 그리고 여섯째 인을 떼실 때에 나타나는 광경은 주님의 재림 때에 될 일(해와 달과 별이 흔들림), 곧 적그리스도 나라들이 무너지는 사건이 계시된다. 이렇게 인을 떼심과 수반되는 재앙들은 주님의 재림을 목표하고 땅 위에 있게 된다.

(2) 나팔 재앙들(8-9장)

이 재앙들은 인 떼는 재앙에 비해서 성격을 달리한다. 이 재앙들은 현저히 복음의 대적들을 벌하는 것이니(9:4), 인 떼는 재앙들이 지나간 뒤에 나타날 것으로 생각된다. 이 재앙들은 하나님께서 오래 참으시다가 성도들의 기도를 응답하시기 위해서 내리시는 것이다. 8:4-5에 의하면, 향연이 성도의 기도와 함께 천사의 손으로부터 하나님 앞으로 올라간 뒤에 천사가 불을 땅에 쏟았다. 이것은 눅 18:7-8의 말씀 내용과 같다. 곧, "하물며 하나님께서 그 밤낮 부르짖는 택하신 자들의 원한을 풀어주지 아니하시겠느냐 … 내가 너희에게 이르노니 속히 그 원한을 풀어주시리라 그러나 인자가 올 때에 세상에서 믿음을 보겠느냐"라고 하신 말씀이다.

이 말씀을 보면, 성도들의 대적을 벌하시는 일이 주님의 재림과 수반하는 군사 행동이기도 하다(계 19:11-21). 살후 2:8 참조. 여섯째 나팔을 불 때의 세계 전쟁(9:13-21)이 대종말(주님의 재림)의 수반 사건 그 자체는 아니다. 그러나 그것이 그 모델케이스의 전쟁이라고 생각될 수 있다. 그 이유는, ① 그것이 성도의 대적을 벌하는 것이고(9:4 참조), ② 또 세계적 성격을 지녔기 때문이다(9:14-16). 우리가 20세기에 일어난 세계 대전들을 생각해 보면, 그 전쟁들은 적그리스도 나라들이 일으킨 동시에, 그 나라들이 벌 받는 결과를 가져왔다. 이 전쟁들이 대종말을 계기로 하여 있을 적그리스도 전쟁의 모델이 아니었던가? 이 전쟁들이 지나간 후에도 그 나라들은 회개하지 않고 세속주의와 불신앙주의로 달음질하고 있다. 계 9:20 참조.

(3) 대접 재앙들(16장)

이 재앙들도 역시 적그리스도 나라와 그 백성을 벌하시는 것이다. 이 재앙을 당한 자들도 회개하지는 않고 도리어 하나님을 훼방할 것이고(9, 11), 세계적 성격을 가졌다. 예를 들면, 해가 사람들을 태울 것이라고 하였으니(8절), 그것이 어떤 한 지역에 국한되었다고 할 수 없다. 특별히 그 여섯째 대접 재앙, 곧 아마겟돈 전쟁은 세계 전쟁이다. 즉, "온 천하 임금들"(12, 14)이 모여 전쟁할 것이라고 한다. 위의 재앙들은 또다시 세계의 대종말(주님의 재림)의 임박을 지향한 것이라고 생각된다.

IV. 두 증인의 증거 운동(11:3 이하)

1. "두 증인"은 누구인가?

이것은 '신약 교회'를 비유한다. 이렇게 생각하는 이유는, 이 "두 증인"은 "두 촛대"라고 4절이 말하기 때문이다. 계 1:20 참조. 더욱이 계 10:11을 보면, 이 증거(예언) 운동이 사도 요한 때에 요한 자신의 할 일로 명령되어 있기 때문이다. 이 밖에 다른 해석들이 있으나 합당하지 않다. "두 증인"은, ① 문자 그대로 신약 시대의 말기에 나타날 증인으로서 모세와 엘리야라는 학설.[13] 이 학설은 채납되기 어렵다. 엘리야는 변화하여 승천하였는데(왕하 2:11), 그가 이 세상에 다시 와서 전도하다가 죽는다는 것은 개연성이 없다. ② 모세와 엘리야의 정신을 계승한 자라는 학설.[14] 이런 해석 역시 타당하지 않다. 그 이유는, 만일 그처럼 비범한 능력의 복음 증인들이 적그리스도가 나타나기 직전에 역사할 경우, 그 시대의 교계는 세계적으로 부패하지 않을 것이다. 그러나 살후 2:3을 보면, 적그리스도가 오기 직전에 교계는 세계적으로 타락한다고 하였다.

2. 두 증인이 예언하는 시대가 언제인가?

이 문제를 해결하기 위하여 우리는 11:1-2을 자세히 읽어야 한다. 여기 "성전 척량"(聖殿尺量)은 하나님의 백성 척량을 상징하는데 하나님의 소유로 삼아 보호하시기(시 74:2) 위한 것이다.[15] 그리고 "밖 마당"을 척량하지 않은 것은 예수 그리스도를 믿지 않는 유대인들을 위시하여 기타 외식하는 신자들을 내어버리신다는 뜻이다. 이 말씀과 같이 유대인들이 "42개월 동안"(혹, "1260일" 동안, 이방인의 시대, 즉 신약 시대) 각국에 흩어져 이방인의 지배를 받고 있는 것이다.

42개월 동안(1260일, 사흘 반, 한 때 두 때 반 때)을 상징수라고 할 성경적 근거는 본문의 문맥으로 보아서 결정된다. 그 기간이 이방인의 시대라면(눅 21:24) 예루살렘의 멸망 이후 계속되어 오는 것이고, 오늘까지 그 기간이 끝나지 않

---

13 W. Barclay, *The Revelation of John*, Ⅱ, 1960, p. 71.

14 Isbon Beckwith, *The Apocalypse of John*, 1979, p. 585.

15 S. Greijdanus, *Kommentaar op het Nieuwe Testament*, ⅩⅣ, *Openbaring des Heeren Aan Johannes*, 1925, pp. 226-227.

고 있다. 그러므로 그 기간이 여자적(如字的)인 42개월은 아니다. 그렇다면, 그것은 영적 의미(하나님 백성의 수난 기간, 행 13:22; 계 12:14)를 가진 상징적 시일(時日)이다. 우리는 여기서 그 시일의 기간보다 그 성격을 중점으로 생각해야 된다. 계시록의 저작자 자신이 그렇게 생각하지 않았는가? 그는 이 기간을 42개월이라고 하였지만 시일의 기간을 문제시하지 않았으므로 그것을 "사흘 반"으로 또는 "한 때와 두 때와 반 때"로 고쳐 말하기도 하였다(11:9,11, 12:14 참조).

42개월("한 때와 두 때와 반 때", "사흘 반")이란 상징수의 시일은 단 7:25, 9:25-27에서 유래되었다. 단 7:25에 적그리스도의 횡포 기간이 "한 때와 두 때와 반 때"라고 예언되었다. 그리고 단 9:27은 70주의 마지막 한 주(이레)의 절반("사흘 반")이란 표현을 지니고 있다. 여기서 전 삼일 반과 후 삼일 반의 개념이 나왔다. 후 삼일 반이 적그리스도의 횡포 시대인가 하면(단 7:25), 전 삼일 반(42개월이라고도 함)은 두 증인의 증거 활동 시대, 곧 신약의 복음 시대이다.

3. 두 증인의 능력의 성격(11:4-6)

여기에 진술된 "두 증인"의 능력 행사는 신약의 복음 시대적 색채를 결여한 듯이 보인다. 예를 들면, 그 입에서 불이 나서 그 원수를 소멸한다는 것과 같은 말(5절)이다. 그러나 이것은 영적으로 위력 있게 실현되는 것에 대한 비유적 표현이다. 신약 시대의 복음 증인들(즉, 교회)의 참된 사역이 영적인 것이지만 외관상으로 그렇게 심판성과 위력 있게 묘사되기도 한다. 고후 2:15-16에, "우리는 구원 얻는 자들에게나 망하는 자들에게나 하나님 앞에서 그리스도의 향기니 이 사람에게는 사망으로 쫓아 사망에 이르는 냄새요 저 사람에게는 생명으로 쫓아 생명에 이르는 냄새"라고 함과 같다. 고후 4:3 참조. 예수님은 하늘에서 불이 내리는 것을 원하는 요한의 청원에 대하여 꾸짖으셨다(눅 9:54-55). 그러나 그가 외부적으로 물리적 위력을 보이지 않으시는 자기의 영적 사역에 대해서 비유적으로 물리적 위력이 있는 표현들을 사용하기도 하셨다. 곧, "내가 불을 땅에 던지러 왔노니 이 불이 이미 붙었으면 내가 무엇을 원하리요 나는 받을 세례가 있으니 그 이루기까지 나의 답답함이 어떠하겠느냐 내가 세상에 화평을 주려고 온 줄로 아느냐 내가 너희에게 이르노니 아니라 도리어 분쟁케 하려 함이로라"(눅 12:49-51)고 하신 말씀이다.

4. 두 증인의 정신 자세는 어떠한가?

3절 하반부에 의하면, 그들이 베옷을 입었다고 한다. 그것은 자신부터 죄인임을 애통하는 회개 운동의 모습이다. 그러므로 그들은 자기를 부정하고 예수 그리스도만 따르는 자들임이 틀림없다(마 5:4; 눅 6:21). 그들은 어떤 물리적 힘으로 대적을 물리칠 자들이 아니고 온유한 자들이다. 그뿐 아니라, 그들은 "이 땅의 주 앞에 섰는 두 감람나무와 두 촛대"라고 한다(4절). "이 땅의 주 앞에 섰다"는 말씀은, 슥 4:14의 말씀에서 유래된 것이다. 거기서는 "이는 기름 발리운 자 둘이니 온 세상의 주 앞에 모셔 섰는 자니라"고 한다. 이 말씀 가운데 "기름 발리운 자"라고 번역된 히브리 원어(בְּנֵי־הַיִּצְהָר)는 '기름의 아들들'이란 뜻이다. 이것은 마음속에서 기름과 사귄 사람들을 가리킨다.[16] 그리고 "앞에 섰다"는 말(עֹמְדִים)은 타락한 세계를 위하여 주님께 도고함을 가리킨다.[17] "두 감람나무"는 기름을 공급하기 위한 것이고, "두 촛대"는 빛을 비추기 위한 것이다. "기름"은 성령을 상징하고(요일 2:27), "촛대"는 교회를 비유한다(계 1:20). 그러므로 이 양자(兩者)는 성령의 은혜를 계속 공급받는 참된 복음 증거 단체(참된 교회)를 가리킨다.

---

16 H. Mitchel, *The International Critical Commentary*, XXII, *Haggai and Zechariah*, 1971, p. 165.

17 Fritz Grünzweig, *Bibel Kommentar*, Band 24, *Johannes Offenbarung*, 1983, p. 276-277.

5. 두 증인의 증거 능력은 어떠한가(11:5-6)?

5절의 말씀은 그 권세와 능력을 보여 주었으니, "저희 입에서 불이 나서 그 원수를 소멸할지니 누구든지 해하려 하면 반드시 이와 같이 죽임을 당하리라"고 한다. 우리가 해석상 주의할 것이 있다. 여기 진술된 교회의 권세는 물리적인 것이 아니고 영적인 것이다. 즉, 불이 "저희 입에서" 난다고 하였지, 하늘에서 내린다고 하지 않는다. 물리적 힘을 사용함에 대하여는 예수님께서 금하신 바이다. 눅 9:51-55에 보면, 사마리아인들이 예수님의 일행을 받아들이지 않았을 때에 야고보와 요한이 말하기를, "주여 우리가 불을 명하여 하늘로 쫓아 내려 저희를 멸하라 하기를 원하시나이까"(54절)라고 하였다. 그 때에 예수님은 그들을 꾸짖으셨다. 다른 사본들(D. K. M.)은 이 구절에 다음과 같은 문구를 더 가지고 있다. "너희는 무슨 정신으로 말하는지도 모르는구나 인자는 사람들의 생명을 멸하러 온 것이 아니요 구하러 왔노라"(καὶ εἶπεν οὐκ οἴδατε οἵου πνεύματός ἐστε ὑμεῖς; ὁ γὰρ υἱὸς τοῦ ἀνθρώπου οὐκ ἦλθεν ψυχὰς ἀνθρώπων ἀπολέσαι ἀλλὰ σῶσαι).

"입에서" 나는 불은 참된 교회가 전하는 하나님의 말씀의 불을 가리킨다. 렘 23:29 참조. 이것은 구원받을 자에게 대하여는 그의 마음도 뜨겁게 하는 영적인 것이다(눅 24:32). 불과 같은 교회의 증언(證言)이 반대자들에게는 멸망시키는 하나님의 진노의 불이 된다(요 3:36). 예레미야도 이와 같은 뜻으로 말한 바 있다(렘 5:14).

"소멸한다"는 말의 헬라 원어(κατεσθίω)는 멸망시킨다는 것이다. 여기서 우리가 해석상 주의할 것은, 이 말씀이 어떤 개인 신자나 사역자의 권세가 그렇다는 것이 아니고 참된 교회의 증언이 그렇다는 것이다. 성령이 함께 하시는 참된 교회의 영권(靈權)을 음부의 권세가 이기지 못한다(마 16:18). 어느 개인 신자보다 참된 교회의 증거는 권위 있는 것이다. 예수님은 말씀하시기를, "네가 땅에서 무엇이든지 매면 하늘에서도 매일 것이요 네가 땅에서 무엇이든지 풀면 하늘에서도 풀리라"고 하셨다(마 16:19).

"죽임을 당하리라"는 말(δεῖ αὐτὸν ἀποκτανθῆναι)은 개역하면 '죽임이 될 필연성 아래 있다'라는 뜻이다. 이것은 두 증인이 죽이는 일을 한다는 것이 아니다. 이것은 그들이 옳게 전하는 하나님의 말씀(저희 입에서 나오는 불)의 위력을 말한다. 고후 2:15-16 참조. 그 증인들이 핍박을 받으면서 온유할수록 그 전하는 말씀의 능력은 더 강하게 나타나는 법이다. 바울은 말하기를, "내가 약할 그 때에 곧 강함이니라"고 하였는데(고후 12:10 하반), 그의 약하다 함은 범죄의 연약성을 말함이 아니고, 주님만 믿음으로 자기 자신은 겸허하고 온유하여(고전 2:1-5) 남에게 가해하지 않을 뿐 아니라, 도리어 하나님의 말씀을 위하여 핍박과 능욕을 받고 있음을 가리킨다(고후 12:10 상반).

6절을 보면, 두 증인이 비오지 않게도 할 수 있고 물이 변하여 피가 되게도 할 수 있다고 한다. 이것은 엘리야의 이적(왕상 17:1; 약 5:17)과 모세의 이적(출 7:20-21)을 생각하게 한다. 엘리야와 모세는 구약 교회의 대표자들이라고 할 수 있다. 마 17:3 참조. 계 11:6에서 암시하는 것은 신약 교회가 영권(靈權)에 있어서 구약 교회만 못한 것이 아니라는 것이다. 야고보도 말하기를, "엘리야는 우리와 성정이 같은 사람이로되 저가 비오지 않기를 간절히 기도한즉 삼년 육개월 동안 땅에 비가 아니오고 다시 기도한즉 하늘이 비를 주고 땅이 열매를 내었느니라"고 하면서, 교회도 그렇게 할 수 있음을 확언하였다(약 5:17-18).

우리는 여기서 계시록의 표현상 특수성을 잘 이해해야 된다. 예를 들면, "하늘을 닫아"(6절)란 말씀에 대하여 "두 증인"이 어떠한 비법(秘法)으로써 천기(天氣)를 주장할 수 있는 듯이 상상하여 그들을 어떤 초인급(超人級)의 존재로 인상을 받아서는 안 된다. 성경은 그들의 기도가 응답된다는 것에 대해 비유적 혹은 시문학적 표현을 사용한 것이다. 예언자는 그 전달 과정에 있어서 어떤 강조점에서는 비유적 표현과 시문학적 문투를 사용하는 것이 통례이다.

그리고 "물을 변하여 피가 되게"(6절) 한다는 말씀에 있어서도 우리의 명확한 해석이 필요하다. 이것은 하나님이 함께 하시는 참된 교회(혹은 그 전도자들)에 관하여 하는 말씀이다. 그들은 하나님이 시키실 때에 회개치 않는 세상에 대하여 물을 변하여 피되게 하는 것과 같은 저주의 대행자 역할을 할 수도(고후 2:16 상반) 있다는 것이다.

"아무 때든지 원하는 대로"란 말의 헬라 원어(ἀσάκις ἐὰν θελήσωσιν)는 기분대로 혹은 수의로 행할 수 있다는 의미가 아니고, 예언(대언) 사역에 요구되는 한, 그런 이적이라도 행할 수 있다는 것이다.[18] 이 점에 있어서 "그 예언하는 동안"이란 말씀이 그 이적을 행하는 데 제한선이 된다.

6. 두 증인은 언제 그 증거 운동을 마치는가?

두 증인의 증거 운동의 종결에 대하여는 11:7-10에 진술되었다. 그들의 증거 운동은 완전히 실현된 때에 하나님의 경륜에 의하여 멈추어진다. 짐승(적그리스도)의 방해는 우연한 것이 아니다. 그것은 제때에 나타나도록 되어 있다(살후 2:6). 요 9:4, 11:8-10 참조. 이 부분에서 사용된 술어들의 용법으로 보아서도 계시록의 어떤 부분의 문투가 어떠함을 알 수 있다. 그것은 고도(高度)의 의인주의(擬人主義)이고, 상징적(象徵的)이고, 또한 영적(靈的)이다. 여기서 적그리스도는 "짐승"으로, 그의 핍박 행위는 "전쟁"으로 비유되었고(7절), 그리스도께서 십자가에 못 박히신 곳(예루살렘)은 세속화 된 "큰 성"(계 17:5, 18:2에서는 "바벨론") 혹은 "소돔"과 "애굽"으로 비유되었다(8절). 성경의 어떤 부분에는 종종 이런 비유적 표현들이 나온다. 예를 들면, 하갈과 사라는 "두 언약"으로 비유되었고(갈 4:22-26), 시온은 "딸"로 비유되기도 하였다(사 16:1).

두 증인의 시체가 큰 성 길에 "사흘 반 동안" 있으리라고 하는데(11:8-9),

---

18 S. Greijdanus, *De Openbaring Des Heeren Aan Johannes*, p. 233.

이 말씀은 영적으로 해석되어야 한다. "사흘 반"이라면 그것이 삼년 반이다 (11:2, 13:5). 이것은 문자적으로 삼년 반이 아니라 한 시대(적그리스도 시대-그 연수는 알 수 없음)를 의미할 것이다. 그렇다면, 두 증인의 시체가 그렇게 오랜 세월 동안 큰 도시의 노상에 놓여 있다는 것이니 그런 일이 있을 수 있겠는가? 그러므로 이 말씀은 영적으로 해석되어야 한다. 즉, "두 증인"은 두 개인이 아니고 공동체인 교회로서 오랜 세월 동안 적그리스도 세계에서 핍박을 받고 멸시를 받게 된다는 것이다.

V. 계시록이 말하는 "바벨론"은 무엇인가

"바벨론"이란 말은 계시록 하반부에 많이 나온다. 특별히 11:8에 "큰 성"이란 말이 처음 나오는데, 그것이 바벨론에 대한 동격어(同格語)이다(14:8, 16:19, 17:5,18, 18:2,10,15,19,21). "큰 성"이란 말(τῆς πόλεως τῆς μεγάλης)은 "그 큰 도시"라고 개역되어야 한다. 헬라어에 성(城)을 의미하는 낱말(τεῖχος)은 다르다.

그러면 "바벨론"은 큰 도시이고, "여자"("음녀")로 상징되어 나온다(계 17:1,18). 이 말은 지구 위의 어떤 지역을 가리킨 동시에 주로 이 세상주의의 정신 체제를 가리킨다.

1. 11:8-10의 증거

8절에, "저희 시체가 큰 성(큰 도시) 길에 있으니 그 성은 영적으로 하면 소돔이라고도 하고 애굽이라고도 하니 곧 저희 주께서 십자가에 못 박히신 곳이니라"고 한다. 여기서 사도 요한은 큰 도시 바벨론을 염두에 두고 영적으로 풀이하기를, 그곳은 "소돔"과 "고모라" 같은 도시라고 한다. 여기 "영적으로"란 말(πνευματικῶς)은, "바벨론"이란 큰 도시가 본서에 사용된 목적이 어떤 제한된 지점을 지적하려는 데만 있지 않고 주로 하나님 나라와 반대되는 영(靈)의 운동을 보여주려는 데 있다. 바벨론이 "음녀"로 상징된(17:5) 이유가 여기에 있다. "소돔"과 "고모라"의 정신이 바로 그것이다. 그 정신은 지역적이 아니고, 보편적이고 세계적이다. 본문 9절에 보면, "백성들과 족속과 방언과 나라 중에서 사람들이" 같은 정신(예수 그리스도를 십자가에 못 박는 정신)으로 움직인다는 의미로 말한다. 10절의 "땅에 거하는 자들"이란 말도 그 영적 운동이 세계적이라는 사실을 다시 보여 준다. 그러면, 소돔과 고모라의 정신과 같은 정신의 세계적 움직임은 무엇인가? 그것을 다른 말로 표현하면 "이 세상주의"(this worldliness)이다.

2. 17:1-6과 18장

우리는 이 부분의 말씀에서 "바벨론"의 몇 가지 측면을 보고자 한다.

(1) "많은 물 위에 앉은 큰 음녀"(17:1)

이는 바벨론이 하나님을 대적하는 정신으로 열국을 유인한다는 의미이다(17:15-18). 이것은 이 세상주의를 가리킨다. 따라서 성경은 이 세상을 사랑하는 자들을 가리켜서 "간음하는 여자들"이라고 말한다(약 4:4).

역사상 이 세상주의는 강대국들의 중심 도시로 말미암아 발달되어 왔다. 고대에는 니느웨와 두로가 음녀로 불리웠다(사 23:16-17; 나 3:4). 계시록이 말하는 "음녀"는 인류 역사의 말기에 나올 적그리스도 나라의 수도(首都)이다. 그 때에 온 세상이 그 사상의 지배를 받을 것이다(17:2,15,18).

(2) 사치와 자랑으로 인류를 유혹함(17:4-6)

이것은 육신의 정욕과 안목의 정욕과 이생의 자랑을 따라서 행하는 이 세상의 정신을 보여 준다. 요일 2:15-17 참조. 18장에 기록된(12-13) 모든 상품들이 이 세상주의가 요구하는 것이다.

VI. "천년왕국"은 무엇인가

계 20:1-6의 말씀은 천년왕국에 대하여 진술한다.

1. 천년왕국의 성격

(1) 그 나라에는 전쟁이 없음

마귀가 무저갱에 갇혀 있는 기간에 이 나라가 존속한다. 그러므로 전쟁이 없다고 해야 된다. 20:7-8에 의하면, 마귀가 무저갱에서 놓여 나와서 땅위에 전쟁을 일으킨다. 만일 무천년주의자들의 주장과 같이 천년왕국 시대가 별도로 없고 신약 교회 시대가 그것이라고 한다면 난제가 생긴다. 신약 시대에는 이 땅에 전쟁이 계속 일어나고 있지 않는가?

또 다른 무천년주의자들의 견해에 의하면, 마귀가 무저갱에 갇히웠기 때문에 신자들의 영혼이 가 있는 하늘에 전쟁이 없다는 뜻이라고도 할 것이다. 그러나 천사가 "하늘로서 내려와서"(20:1) 마귀를 "결박하여 무저갱에 던져" 넣은 것은 그놈으로 하여금 땅에서 활동하지 못하도록 한 것이다.

(2) 성도들이 그리스도로 더불어 왕 노릇함

왕 노릇할 자들은 순교자들만 아니라, 일반적으로 참된 신자들이다. 4절 하반에 기록된 대로 "우상에게 경배하지도 아니하고 이마와 손에 그의 표를 받지도 아니한 자들"이란 말은 반드시 순교자를 가리킨 것이 아니다. 이 점에 대하여 스웨테(H. B. Swete)는 말하기를, "그리스도의 승리의 혜택을 받아 누리는 자들은 순교자들만이 아니다. 적그리스도("짐승"으로 상징됨)와 그 앞에 거짓 선지자의 휘두르는 박해 아래서 타협을 거절한 자들, 욕먹은 자들, 수감된 자들, 재산상 손해를 당한 자들, 기타 불편을 당한 자들도 마찬가지이다"라고 한다.[19] 크레다너스(S. Greijdanus)도 이 점에 대하여 의견을 같이 한다.[20]

"살아서 그리스도로 더불어 천 년 동안 왕노릇하니"(20:4 끝). 여기 "살아서"(ἔζησαν)란 말에 대한 크레다너스의 해석을 요약하면, 이것은 신자의 몸의 부활을 의미하지 않고 그가 별세하는 때에 그의 영혼이 하늘에서 그리스도와 함께 영생함을 의미한다는 것이다.[21] 그러나 이 해석은 문맥과 통하지 않는다. 이 말이 영적 부활, 곧 중생을 의미하기도 하고, 몸의 부활을 의미하기도 한다. 여기서는 몸의 부활을 의미한다. 계 2:8에서는 예수님의 부활에 대하여 이 말(ἔζησαν)이 사용되었다. 특히 20:5 하반에 "이는 첫째 부활이라"고 하였는데, 여기 "부활"이란 말(ἀνάστασις)은 언제나 몸의 부활을 의미한다. 저자 요한은 이 말로써 "살아서"란 말이 몸의 부활임을 확언한 셈이다.

위의 크레다너스의 해석은 무천년주의자들의 공통적인 견해로서 마귀를 결박하여 던져 잠근 것이 하늘 세계, 곧 영적 세계에만 영향을 미친 줄로 생각하는 데 근거한 것이다. 그는 이에 앞서 20:4-6에 대한 해석의 머리말에서도 이 뜻을 명백히 하였다. 즉, 이 부분의 말씀이 하늘에서(신자들의 영혼들이 가 있는 세계에서) 되는 일을 말하는 것이지 땅 위에서 될 일을 진술함이 아니라

---

19 H. B. Swete, *Commentary on Revelation*, 1980, p. 262 : "The triumph of Christ is shared not only by the martyrs but by all who under the sway of the Beast and the false prophet suffered reproach, boycotting, imprisonment, loss of goods, or other inconveniencies, though they did not win the martyr's crown. Rev. 13:15, 14:9, 16:2, 19:20."

20 Greijdanus, *De Openbaring Des Heeren Aan Johannes*, p. 405.

21 Ibid., p. 406.

는 것이다.[22] 그러나 천사가 마귀를 가둔 목적은 땅 위의 왕국 건립을 위한 것이다. "천사가 무저갱 열쇠와 큰 쇠사슬을 그 손에 가지고 하늘로서 내려와서 용을 잡"았다고 하지 않는가(20:1-2)? 여기에서 "하늘로서 내려"왔다는 말은 중요하다. 예수님의 재림에 따라서 땅 위의 마귀의 활동은 제외된다. 이때에 천국에 간 성도들의 영혼은 몸을 받아서 다시 살고 그리스도와 함께 천 년 동안 왕노릇한다.

여기 "더불어"(4절 끝, 6절 끝)란 말($\mu\epsilon\tau\alpha$)은 중요하다. 이것은 장차 천년왕국에서 신자들의 왕 노릇함은 그들이 자율적 또는 독자적으로 함이 아니고 그리스도와 연합되어 있는 관계로 그의 승리의 혜택을 누린다는 것이다. 그러므로 그리스도께서 신자들에게 약속하신 말씀이, "내가 내 보좌에 함께 앉게 하여"($\mu\epsilon\tau$' $\dot{\epsilon}\mu o\hat{\upsilon}$ $\dot{\epsilon}\nu$ $\tau\hat{\omega}$ $\theta\rho\acute{o}\nu\omega$ $\mu o\upsilon$) 주겠다고 하셨다(3:21).

"왕 노릇하리라"(6절 끝)는 말씀에 대하여는 본 강의(本講義) Ⅱ의 (7) "라오디게아 교회"라는 제목(3:21에 대한 해석)을 참조하라.

(3) "천 년"이란 숫자의 상징적 의미

계 20:2-7에 여섯 차례나 나오는 "천 년"이란 숫자는 영적 의미를 상징한다. 어거스틴은 이것이 신약 시대(교회 시대)를 상징한다고 하였다.[23] 그러나 그보다도 카이퍼(A. Kuyper)의 해석이 더 타당해 보인다. 그는 천 년 시대가 재림 후에 올 것으로 생각하고 말하기를, "이것은 하나님의 거룩하신 행동의 진행에 관계된 과도기를 말함인데, 여기서는 인간의 시간 관념보다 하나님의 시간 관념으로 말한 것이다. 이 기간은 결론적 사건에 이르는 중간 단계(즉, 재림과 심판 사이에 있는 길지 않은 과도기적 기간)이다"[24]라고 하였다. 그리고

---

22 Ibid., p. 404: "Hij zegt, wat in de voor ons onzichtbare wereld der geesten voorvat. Het zijn zielen, waarover hij handelt, vs.4, en niet over voor ons tastbare, zichtbare, licha elijke, menschen."

23 J. M. Ford, *The Anchor Bible*, vol. 38, *Revelation*, 1982, p. 351.

24 A. Kuyper, *The Revelation of St. John*, 1964, p. 286.

그는 다시 말하기를, "천 년이란 것은 문자적으로 해석될 것이 아니다. 이것은 하나님의 행동의 지극한 완전성을 표시하는 것뿐이다"[25]라고 하였다.

우리가 20장의 말씀이 거의 마디마디 상징적 표현인 사실을 감안할 때에 "1000"이란 숫자도 상징 숫자라고 할 만하다. 그렇다고 하여 "천 년"을 여자적(如字的)으로 생각하는 해석을 크게 문제시함은 아니다. 그리고 우리가 여기서 "상징"이란 말을 사용할 때에 실제의 기간을 제외함도 아니다.

VII. 신천지에 자리한 새 예루살렘(21:1-22:5)

"새 하늘과 새 땅"(21:1)은 불 심판에 의한 변화의 결과이다. 벧후 3:7에 말하기를, "이제 하늘과 땅은 그 동일한 말씀으로 불사르기 위하여 간수하신 바 되어 경건치 아니한 사람들의 심판과 멸망의 날까지 보존하여 두신 것이니라"고 하였고, 벧후 3:12에는, "하늘이 불에 타서 풀어지고 체질이 뜨거운 불에 녹아"진다고 하였고, 히 12:27에는, "만든 것들의 변동될 것"을 나타내시는 심판이 오리라고 하였다. 구약에도 하나님께서 "새 하늘과 새 땅을 창조"하시리라는 말씀이 있고(사 65:17), 예수님도 "세상이 새롭게" 되는 때가 올 것을 말씀하셨다(마 19:28).

이와 같은 내세관(來世觀)에 대한 우리의 마음 자세는 어떠해야 되는가? 성경은 우리에게 가르치기를, "거룩한 행실과 경건함으로 하나님의 날이 임하기를 바라보고 간절히 사모하라"고 한다(벧후 3:11-12).

"새 예루살렘"(21:2)은 무엇을 의미하는가? 이에 대한 정당한 해석이 장소와 시설을 무시하지 않지만 그보다는 하나님의 구속(救贖)의 원리를 중요시한다. 계 21장의 묘사들을 보아서 장소와 시설도 관련되어 있는 것이 사실

---

25 Ibid., p. 277

이다. 그러나 그런 것들도 구속의 영광을 보여주는 데 중점을 둔다. 그런 것들도 구속의 영광을 입었기 때문에 "하나님께로부터 하늘에서 내려"왔다고 하였고, 또한 "신부가 … 단장한 것같"이 단장되었다고도 말씀하셨다(2절). 그러므로 이런 시설보다는 거기에 "하나님이 함께" 계신 사실(21:3)이 중요하다. 이것은 겔 48:35에 예언된 성읍의 이름 "여호와 삼마"(여호와께서 거기 계시다)란 말씀의 성취이다. 하나님이 함께 계시는 새 예루살렘에는 "다시 사망이 없고 애통하는 것이나 곡하는 것이나 아픈 것이 다시" 없다(21:4)고 하였으니, 그 곳은 이 세상의 연장은 아니다. 그 곳은 무궁 안식의 복된 세계임이 틀림없다. 사 65:17-25 참조.

새 예루살렘에서 성도들이 누리는 기본적인 복은, 첫째, 새로워진 만물을 받음이고(21:5), 둘째, "생명수 샘물"로 비유된 성령의 은혜를 누림이고(21:6), 셋째, 하나님을 아버지로 모시고 그의 아들이 된다는 것이다(21:7).

1. 새 예루살렘의 광채(21:11)

"새 예루살렘"은 "보석"과 같고, "벽옥과 수정같이 맑"다고 한다. 그것은 하나님이 그 곳에 계시기 때문이다. 여기서 하나님의 존귀와 성결이 보석의 밝은 빛으로 상징된다.

2. 열 두 문(21:12-13, 21)

"열 둘"이란 숫자는 택함받은 백성의 숫자로서 하나님의 기쁘신 뜻과 그의 사랑을 생각게 한다. 선택은 하나님의 사랑과 관련되어 있다(롬 8:28). "문마다 한 진주"라고 하였는데(21절), "진주"는 성결의 아름다움, 곧 존귀를 비유한다(마 7:6). 그 문들 위에 "열두 지파의 이름들"이 기록된 것은 택한 백성만이 그 문으로 들어간다는 뜻이다.

3. 열두 기초석(21:14-15)

"기초석"들 위에 "열 두 사도"(使徒)의 이름들이 기록된 것은 의미심장하다. 이것은 새 예루살렘, 즉 천국 운동의 기초가 되는 사역자들은 "사도들"이라는 의미이다. 선지자와 사도들은 하나님과 예수님이 직접 세우신 사역자들인데(롐 1:5; 눅 6:13), 그들은 성경을 기록하였다. 교회 시대의 목사, 장로, 집사들은 교회가 세운 직분들이다.

4. 새 예루살렘의 도시의 구조(21:16-20)

그 구조는 "네모가 반듯한" 입체적 건축으로 진술된다. 길이와 넓이와 높이가 같다고 했는데, 이런 구조는 구약 시대 성전의 지성소와 같다(왕상 6:20). 여기에 하나님이 계신다는 상징적 의미가 있다. 헬라 원문대로 여기 "성"이란 말(πόλις)은 '도시'를 의미하고, "성곽"이란 말(τεῖχος)은 '성벽'을 의미한다(1스타디온은 200미터 정도이고, 1큐빗은 45센티미터 정도임).

도시의 구조는, (1) 성벽은 "벽옥"으로 쌓았다고 함(18절), (2) 도시 자체는 "정금"으로 되었는데, "맑은 유리같"다고 함(18절), (3) 성벽의 기초석은 "각색 보석으로 꾸몄"다고 한다(19-20). 이는 모두 다 하나님의 영광과 존귀를 나타내는 완전성을 가리키는 비유적 표현이다. 사 55:11-14 참조. 새 예루살렘(내세에 구원이 완성된 교회 공동체)의 환경은 어디든지 하나님의 존재와 역사의 영광과 존귀를 보여 준다.

5. 무한히 풍성한 생명 세계(22:1-5)

새 예루살렘에 대한 이 부분 진술은 특별히 성도들이 누릴 영생의 생명(1-2)과 거기에 따라서 하나님께 대한 그들의 관계 양상(3-4)에 대하여 말씀한다.

(1) 무한히 풍성한 생명(22:1-2)

이것은 "생명수의 강"과 "생명나무"로 비유된다. 풍성한 물(혹은 강수)은 인류 타락 이전의 복된 세계였던 "에덴동산"에서도 인류의 생명에 필수적인 것으로 알려졌다(창 2:10-14). 복된 땅 에덴의 환경 요소였던 물(강수)은 계시사(啓示史)에서 구원의 복을 상징해 내려온 것이다. 물이 넉넉한 땅을 "여호와의 동산(에덴) 같"다(창 13:10)고 하였고, 황폐한 곳을 위로하여, "에덴 같고 … 여호와의 동산 같게"(사 51:3) 하신다는 말씀도 있고, "복락의 강수로 마시우시리"라(시 36:8-9)는 약속도 있다. 그러므로 예수님은 이런 귀한 "물"로써 성령을 비유하셨다(요 7:37-39). 그렇다면, "수정 같이 맑은 생명수의 강"(22:1)은 예수 그리스도로 말미암은 영적 은혜의 풍성함을 비유한다.

"길 가운데로 흐르더라"(22:2). 이 말씀에 있어서 "길"이란 말은 큰 길, 곧 '큰 거리'란 뜻이다. 그 세계에서는 생명수의 은혜가 개인 신자들의 심령 속에 임할 뿐 아니라, 온 도시에 풍성하고, 넘칠 것을 가리킨다. 이것은 대종말(大終末) 구원 완성의 절정(絶頂)을 가리킨다.

"강 좌우에 생명나무가 있"다(22:2)고 하니, 이는 큰 거리 가운데로 흐르는 생명수의 강 좌우에 생명나무가 있다는 것이다. 이것은 구원사적인 의미를 가져온다. 하나님이 에덴동산에도 생명나무를 '동산 가운데"에 나게 하셨다고 한다(창 2:9). 새 예루살렘의 복판에 생명나무가 있는 것은 의미심장하다. 그것은 하나님의 독생자(그리스도)께서 생명나무로 비유되어 새 예루살렘 사회의 중심이 되시고, 그 사회를 살리시며 또 그 생명을 보호하신다는 의미를 보장한다. 그 생명나무라는 피조물이 그런 영향력을 가진다는 것은 물론 아니다. 생명나무로 비유된 그리스도(즉, 하나님)께서 그렇게 하신다.

바르트(K. Barth)도 이 점에서는 위의 해석과 같은 내용으로 말하기를, "하나님께서 사람으로 하여금 그 온 동산과 나무들을 즐기게 하려고 동산 복판에 생명나무를 심으셨다. 왜 생명나무를 그 한복판에 심으셨을까? 그 주요한 뜻이 무엇인가? 그것은 그 자신을 사람에게 주신다는 것을 선포하심이다. 이는 21:3의 말씀("보라 하나님의 장막이 사람들과 함께 있으매 하나님이 저희와 함께 거하시리니 저희는 하나님의 백성이 되고")이 밝힌다"[26]라고 하였다.

위의 바르트의 해석은 옳다. 다만 그가 이렇게 해석할 때에도 실존주의적 처지에서 한 것[27]은 성경적이 아니다. 바르트의 "자가"(saga, 전설 혹은 설화)란 것(초절 역사적인 실재에 대한 시간 공간적인 묘사인데, 사실대로 파악되지 않는 기록)은 실존주의적인 기록이라는 것이다. 창조 기사를 자가라고 말하는 바르트는 긍정적으로 말하기는 하면서도 그것을 다시 부정하는 변증법적 사색을 가진다.

우리는 창조 기사를 그대로 말하면서 그대로 믿는다. 이것이 성경적 입장이다. 그러면 이제 우리는 생명강수와 생명나무의 문제로 돌아가서 생각해 보자.

성경은 종종 "물"로써 생명수를 상징하는 의미에서 구원사적으로 말한다. 예언서에서는 물을 가지고 영적 구원 운동에 관련시켰다. 이런 계시 방법은 일종 암호의 성격을 가진다. 그것이 예수 그리스도라고 직설한 문구는 없다. 그러나 해석상으로 그것은 그리스도를 염두에 두고 표현된 상징이라고 해야 된다. 그리고 "생명나무"에 대한 해석도 그렇게 해야 된다. 예수님이 골고다로 끌려 가시면서 하신 말씀이, "푸른 나무에도 이같이 하거든 마른 나무에는 어떻게 되리요" 하셨다(눅 23:31). 예수님은 "푸른 나무"란 표현에 대해 직접 무엇이라고 해석하시지 않았다. 그의 이와 같은 말씀은 암호로 표시된 뜻있는 표현이다. 예수님께서 여기서 자기 자신을 "푸른 나무"로 비유하셨음이 분명하다.

---

26 Barth, *Kirchliche Dogmatik*, Ⅲ, 1957, s. 322 : "Indem Gott dem menschen den ganzen Garten und indem er ihm alle seine Bäum zum Gebrauch gibt, erklärt er ihm mit der Pflanzung des Baumes des Lebens in dessen mitte, dass erihm zuerst und allem zentral und entscheidende sich selber geben will. Siehe da die Hütte Gottes bei Menschen und er wird bei ihnen wohnen und sie werden sein Volk sein und Gott selbst wird bei ihnen sein(Apok. 21:3)." Engl. tran. Church Documatics, Ⅲ, 1970, p. 282.

27 Barth, *Kirchliche Dogmatik*, Ⅲ, 1945, s. 329-330, 44, 88; Engl. tran., Ⅲ, 1970, pp.288-289, 42, 80-81.

우리가 성경 해석에 있어서 추측적으로 어떤 결론을 내리면 안 된다. 그러나 신앙적 추론(analogia fidei)에 의한 추측은 우리의 믿음을 촉구한다. 그것은 직설(直說)이 아니고 암호에 의한 전달이라는 점에서 의미심장하다. 암호라는 것은 사랑하는 자들을 상대로 사용되기도 한다. 요나단과 다윗 사이에 암호가 사용되었는데 그들은 피차에 사랑하는 처지였다(삼상 20:17-42).

하나님과 그의 사랑하시는 백성 사이에는 암호에 의한 계시가 적지 않다. 성찬과 세례도 일종 암호가 아닌가! 계시록에 있는 상징적 표현들도 그렇다. 그러므로 예수님은, "귀 있는 자는 들을지어다"라고 말씀하셨다(마 13:9; 계 2:7,11,17,29, 3:6,13,22).

(2) 인생의 목적이 완성됨(22:3-4)

사람의 구조는 하나님의 형상으로 되었으니(창 1:26-28), 그 목적은 그로 하여금 하나님을 섬기는 종이 되게 하시려는 것이었다. 그런데 인간의 범죄로 말미암아 하나님의 형상된 기능이 상실되었고 저주 아래 있게 되었다. 그러나 그리스도의 속죄로 인하여 그가 받았던 저주도 해제되고(갈 3:10,13) 그 기능도 회복되어(골 3:10) 이제 그는 하나님을 섬기게 된다. 롬 14:7-9; 고전 6:19-20, 10:31 참조. 인생이 자기를 섬기면(자기 생명을 사랑하면) 망하고(요 12:25 상반), 마귀를 섬기면 마귀와 운명을 같이 하게 되고(마 25:41), 그리스도(하나님)을 섬기면 하나님이 계신 곳에서 영원히 산다(요 12:26).

(3) 대종말의 성격(22:5)

"주 하나님이 저희에게 비취심이라." 이 말씀은 무엇을 의미하는가? 첫째, 하나님께서는 태양 광선과 같지 않은 질적으로 다른 밝음이 있다. 하나님과 교통한 바 있었던 모세의 얼굴에까지 그 광채의 영향이 있었다(출 34:29,35). 마 17:1-2; 딤전 6:16 참조. 둘째, 하나님께서는 종교 윤리적 의미를 지닌 은혜와 평강이 있으니, 여기서 그것도 의미한다. 민 6:24-26 참조.

현세에도 위에 진술된 하나님의 광명이 필요에 따라서 부분적으로 계시된다. 그러나 새 예루살렘에서는 햇빛이 쓸데없게 된다고 하였으니, 이런 현상은 이 세상이 아닌 영원한 내세에만 실현될 것임이 분명하다.

"세세토록 왕노릇하리로다." 이 말씀은 계 20:4,6의 제한된 기간("천 년 동안")에 왕노릇한다는 표현과 달리, 최후로 이룬 완전하고 무궁한 복된 내세에서 영원히 "왕노릇"하게 될 것을 가리킨다. "왕노릇한다"는 말씀에 대하여는 본 강의 앞부분[Ⅱ, 2-(7)]을 참조하라.

결론

계시록에 나타난 대로 주님의 부활 이후 전개된 것은 고전 15:23-26의 말씀대로이니, 곧 "그러나 각각 자기 차례대로 되리니 먼저는 첫 열매인 그리스도요 다음에는 그리스도 강림하실 때에 그에게 붙은 자요 그 후에는 나중이니 저가 모든 정사와 모든 권세와 능력을 멸하시고 나라를 아버지 하나님께 바칠 때라 저가 모든 원수를 그 발아래 둘 때까지 불가불 왕노릇하시리니 맨 나중에 멸망 받을 원수는 사망이니라"고 하신 말씀이다. 이것은 부활의 차서를 말한다.

맨 처음에 부활하신 이가 "그리스도"라고 하였으니, 이는 신약 시대의 초기에 된 일이다.

그 다음에 부활한 자들은 그리스도 재림 시에 "그에게 붙은 자"들, 즉 성도들이다. 그리고 "그 후에는 나중"이다. 여기 "그 후에"라고 번역된 말 (εἶτα)을 '그 후에 즉시'란 뜻으로 해석하는 이들이 있다.[28] 그러나 이 말이 주님의 재림 후에 즉시 이 세상의 나중(마지막)이 된다는 것은 아니다. 고전

---

28 F. W. Grosheide, *Kommentaar op het Nieuwe Testament*, Ⅶ, *Eerste Brief Aan Korinthe*, 1932, p. 513; *Luther's Works*, vol. 28, 1973, p. 123.

15:5-7에도 "그 후에"란 말이 몇 차례 나오는데, '그 후에 즉시'란 뜻을 지니지 않는다. 바울은 딤전 2:13, 3:10에도 "그 후에"란 말(εἶτα)을 사용하였는데, 거기서도 '그 후에 즉시'라는 의미로 사용하지 않았다.

"그 후에", 즉 예수님께서 재림하신 후 그가 모든 적그리스도의 정권과 공중의 권세 잡은 자 마귀를 멸하시고 또 마지막 원수(사망)를 멸하시는 데는 하나님의 정하신 기간이 있다. 즉, 그가 재림하신 후, ① 적그리스도의 권세를 멸하시고(19:11-21), ② 천년왕국에서 왕노릇하시고, ③ 그 끝에 곡과 마곡과 사단(마귀)을 멸하시고(20:8-10), ④ 대심판을 통하여 인류를 최종으로 심판하신 후 마지막 원수 사망까지도 없이하신다(20:11-14). ⑤ 그 끝에 신천지의 새 예루살렘에서 하나님 아버지가 항상 함께 계셔서 직접 다스리신다(22:1-5).

성경해석 방법론

신학지남 33/2(1966. 6): 14-29.

I. 해석 방법의 역사[1]

1. 성경 해석의 필요

성경 해석의 필요성은 예수님께서 성경을 해석하신 일로 보아서 부인할 수 없다(눅 24:32). 그뿐 아니라, 성경은 해석 없이 우리에게 보여지는 그대로는 우리가 그 부요(富饒)하고 명백한 의미를 깨닫기 어렵다(시 119:18). 그러므로 개혁교(改革教)는 성경의 명백성(De Perspicuitas van de Heilige Schrift)을 가르치며 누구나 그것을 해석할 권(權)을 소유한다고 생각한다. 그러나 로마교는 "성경의 비밀(De Duisterheid der Schrift)"이란 교리를 가지어, 오직 교직자만이 성경을 해석할 권이 있다 하고, 그 최후적 해석권은 법황(法皇)에게만 있다고 한다.

---

[1] 이 부분은 화란 주석가 크레다너스(Greijdanus)의 *Schrift Beginselen ter Schrift Verklaring*(성경 해석의 성경적 원리)이라는 책에서 박윤선 목사가 초역한 것이다.

2. 성경을 해석함에 있어서 봉착되는 난제들

① 객관적 난제: 하나님 말씀을 인간이 종종 오해하는 일은 없지 않다. 니고데모는, "거듭나야 한다"는 예수님의 말씀을 오해했고, 제자들은 "나사로가 잔다"는 예수님의 말씀을 오해하였다. 이 오해는, 하나님의 말씀을 피상적(皮相的)으로만 감각(感覺)하는 데서 일어난다. 우리의 성경은 그 기록에 있어서 사상에 언어(言語)라는 옷을 입혔고 언어는 민족에 따라서 그 유래(由來)와 경험이 서로 다르다. 그러므로 우리는 성경을 해석함에 있어서 난제(難題)들이 있음을 무시할 수 없다. 그러나 많은 연구에 의하여 이 난제를 돌파할 수도 있다.

② 주관적 난제: 성경을 해석함 있어서 "나"는 일개 피조물인 인간임을 알아야 한다. 피조물로서 창조자의 뜻을 알기 어려운 방면은 물론 많다. 우리는 하나님의 말씀을 알되 우리의 정도에서 아는 것뿐이다. 그러나 우리는 이만한 지식이라도 참된 지식이고 의지할 만한 지식이라는 사실을 무시할 수 없다. 그러므로 우리의 피조성(被造性)은 그리 큰 난제는 아니다. 무엇보다도 큰 난제는 우리의 죄로 인하여 우리가 어두워진 점이다. 성경에 말하기를, 우리의 육신(범죄성)은 하나님과 원수되었다고 한다(롬 8:7). 그러나 이것도 해결되어 있기는 하다. 그리스도께서 우리를 대신하여 죽으시고 우리에게 성령을 주셨으므로 우리는 성령의 조명(照明)을 통하여 성경을 알 수 있다.

3. 성경은 성경으로야 해석함

성경의 66권은 단일 저자(單一著者) 곧, 한 성령님의 말씀이기 때문에, 각 서(各書) 각 문구는 서로 동일(同一)한 기맥(氣脈)을 통하여 있다. 그러므로 그 일부분을 다른 부분이 밝혀줄 수 있다. 그뿐 아니라, 성경은 초자연적(超自然的) 사리(事理)를 가르치나니, 초자연 사리의 기록은 초자연 사리의 기록으로야 밝힐 수 있다. 그렇게 성경으로 성경을 해석함은 예수님과 그 제자들의 방법이다(마 1:22, 2:15, 17, 23, 4:4, 7, 10, 26:54; 눅 22:37, 24:27, 44; 요 10:35; 행 3:18, 13:27-41, 17:2, 3, 28:23; 롬 1:2, 4:23, 9:17, 15:4; 고전 15:3, 4; 딤후 3:15-17). 그렇다고 해서 우리가 성경의 사어(辭語)나 문자를 별도로 연구하는 일이 도무지 없는 것이 아니다. 성경은 하나님의 말씀인 동시에 그것이 인간의 인격적(기계적이 아님) 사역(使役)을 경유하여 기록되었으니 만큼, 성화(聖化)된 인간 요소를 포함한다. 다시 말하면, 그것은 이 세상 사람의 문자와 개념(槪念)을 포함한다. 그러므로 우리는 성경을 연구함에 있어서 이런 방면의 연구를 무시하지 않는다. 그러나 그 연구의 결과도 필경은 성경의 최후적 인증(認證)을 받아야 성립될 수 있다.

그러므로 성경은 성경으로야 푼다는 단일 원리가 그 해석 원리라고 할 수밖에 없다. 성경에 의하여 성경이 인간의 사역으로 우리에게 임하였으나 그것은 인간의 말 이상이다. 그것은 하나님의 말씀이요 오직 하나님의 말씀이다.

그러므로 성경에 있는 하나님의 사상과 행위를 설명하려고 하면, 성경으로써 해야 된다. 하나님의 사상은 인간의 사상을 초월(超越)한다. 성경과 같은 책은 이 세상에 다시 없다. 그러므로 다른 책으로는 성경을 설명할 수 없고, 성경은 오직 성경으로만 설명된다.

4. 성경해석 방법의 역사적 변천

이제 우리는, 성경 해석 방법의 역사적(歷史的) 변천(變遷)을 상고하고, 그것을 비판하자.

(1) **주후 70년부터 170년까지**

사도들은 신약의 사실들을 구약으로 해석하였다. 1세기 말에 로마의 클레멘트(Clement of Rome)는 사도적 방법을 계승하면서도 일보(一步) 변하여 과도히 풍유식(諷諭式)으로 기울어진 경향을 가졌다. 예컨대 바나바 서신에도 이런 경향이 보인다.

(2) 170년부터 5세기까지

이 시대는 세 파(三派)가 있었으니,

① 서부 학파(西部學派). 이는 재래(在來)의 유전적(遺傳的) 해석 원리를 따르는 것이 그 특색이다. 이 원리에 있어서 우리가 취할 만한 점도 있으나, 잘못된 전통까지 맹종(盲從)하는 점은 동의(同意)하지 않는다. 이 학파에 속하는 이레니우스(Irenaeus)는 말하되, "우리는 교회로 말미암아 전승(傳承)되어 내려오는 진리를 배울 것이다"라고 하였다. 이것은, 교회의 전통(傳統)에 맹종(盲從)하는 폐풍(弊風)에 빠지기 쉬운 사상이다. 그러나 당시에 이단을 방지하고 교회의 전통을 보수케 하는 일에 있어서는, 그 때에 전통을 역설함도 필요하였다. 교회의 유전 보수의 원리가 성경 해석에 있어서 절대적 지배의 역(役)은 못 가지나, 급속(急速)한 판단과 거친 결론(結論)을 방지시키는 데는 유효(有效)하다.

② 알렉산드리아 학파. 성경을 해석함에 있어서 과도히 풍유적(諷諭的) 원리를 취하였다. 이 학파의 대표자는 오리겐(Origen)이다. 이 학파의 별명은 풍유파인데 그것은 무엇인가? 부라우엘(Brouwer)은 말하되, "풍유는 그 사용하는 설화(說話)의 재료가 실제 역사(實際歷史)인 여부를 묻지 않는다"라고 하였다. 풍유는 그 말하는 바와 그 의미하는 바가 다르다. 성경에는 풍유적 설화가 없지 않다. 그러나 풍유파의 오착(誤錯)은, 성경 전체가 풍유라는 치우친 주장이다. 알렉산드리아의 클레멘트(Clement of Alexandria)는 성경이 다 풍유라고 하였다. 그는 또 말하기를, "우리로 하여금 신령한 의미를 찾게 하려고 성령은 그 뜻을 감추셨다"고 하였으며, 오리겐(Origen)은 말하기를, "성경에는 공각(空殼, 빈껍질)이 하나도 없고 각 문자까지 영감되었다"고 하였다.

③ 안디옥파. 인간적 요소를 보다 존중시하여 문리(文理)와 역사에 주의한다. 이 학파는 추상(抽象)을 피하는 점에 있어서 좋으나, 간혹 성경의 진정한 영적 의미를 무시하는 점은 유감스럽다.

(3) 중세대(中世代)

이 시대는 종합(綜合) 시대니, 성경 권위와 교회 권위를 병립(並立)시키는 독창적(獨創的) 해석을 시행(施行)하지도 않고, 재래(在來)의 사부(師父)들의 견해를 집합해 보는 것뿐이었다. 그 시대에도 요한 위클리프(John Wycliff, 1348) 같은 이는 개혁주의 해석가였다.

(4) 근대인의 모든 그릇된 해석 원리들

① 소시니안주의(Socinianism). 이것은 성경을 해석함에 있어서, 인간의 이지(理智)를 도구로 할 뿐 아니라, 그것을 진리 판단의 표준(標準)으로 가진 것이다. 이것은 물론 성경을 오해한 주의이다.

② 재세례파(再洗禮派, Anabaptist). 이것은 성경을 한 개의 경험 문서로만 알고 영원적이고 절대적인 하나님의 말씀으로 알지 않았다. 이 교파에서는, 성령의 내증(內證)만을 중대시하여 성경을 무생명한 죽은 글자들의 문집(文集)으로 보았다. 성령을 받은 인물들에게는 성경이 불필요하다고 하였다. 이것은 성경의 가치를 알지 못한 오설(誤說)이다.

③ 레몬스트란파(Remonstrants). 이 학파에서는 성경의 신적 요소(神的要素)를 무시하지는 않지만, 전통과 교리에 예속(隸續)하지 않으려는 의도(意圖)로 나온다. 이 학파의 방법은, 하나님 말씀에 대하여 중립 불편(中立不偏)의 태도로써 해석해 보려는 것이다. 이것은 사람의 이지(理智)를 성경의 신율(神律) 이상에 두려는 경향을 가진 것이니, 합리주의적 해석파로 떨어질 위험을 띠고 있다. 그것은, 인간이 성경에 대하여 편견 없는 자인 줄로 잘못 아는 것이다. 그것이 벌써 성경에 대한 오해의 첫걸음이다.

④ 합리주의(合理主義). 이 학파에서는 성경을 하나님의 말씀으로 받지도 않고 성경은 사람의 지식과 자연(自然)에 의하여 해석한다.

⑤ 편해주의(偏解主義). 이 제목 아래 두 가지 불공정한 해석 방법을 생각할 수 있으니, 첫째, 여자적(如字的) 해석 방법과 둘째, 치우친 영적 해석 방법이다(J.R. Spener, Bengel). 이 둘째 해석 방법에 속한 자들은 성경에 독단적(獨斷的)인 영의(靈意)를 붙여 해석한다.

⑥ 심리적(心理的) 해석 학파. 이 학파에는 슐라이어마허(Schleiermacher)가 속하는데 그는 성경을 해석함에 있어서 저자(著者)의 심리 작용의 독특성을 찾으려 한다. 그러나 그것은 하나님의 초자연적 간섭은 불고(不顧)하고 일반 과학적 방법에만 의거(依據)하여 저자의 심리를 획득하려는 오착이다. 그뿐 아니라, 이 해석은 일정한 신학 체계에 맞는 결론을 못 가져온다. 이 학파에 속한 겔말(F. H. Germar)은 말하되, "성경의 모든 책을 해석하는 자가 한 책의 사상을 다른 책에 연락시키지 말고 그 한 책의 독자적(獨自的) 의미를 취함이 옳다"고 하였다. 이것은 그릇된 학설이니, 성경의 모든 책이 한 저자(성령)로 말미암아 기록된 사실을 무시하는 것이다. 그뿐 아니라, 그 학설은 예수님과 사도들이 사상적으로 통일되어 있는 사실을 부인하는 오착이다.

⑦ 양식사 학파(樣式史學派, Formgeschichtlich Schrift Verklaring). 이 학파는 궁켈(H. Gunkel)이란 사람으로부터 시작하였다. 그가 "창조와 혼돈"(Schöpfung und Chaos, 1985)이란 책에 이 학설을 말하였다. 그런데 이 학파의 성경 해석 방법은 어떠한가? 우선 이 학파에서는 성경을 역사적 진실성 있는 글로 여기지 않고, 단순히 오류 있는 인간적 작품으로 여기면서 나온다. 그들은 말하기를, 성경(특히 공관복음)이 처음에는 정태(定態) 없는 설화(說話)로 있다가 구전(口傳)을 통하여 다소 변체(變體)되어 전승(傳承)되고, 후에 그것이 현존(現存)의 복음서 형태로 정형(定形)되어 나타났다고 한다. 곧, 연구자는 현존의 복음서에서 그 전승사(傳承史)를 통하여 부가(附加) 혹은 감삭(減削)된 요소를 탐지(探知)하여 그것을 제거(除去) 혹은 채득(採得)하여 그 설화(說話)의 원체(原體)를 회복하

여야 한다고 말한다. 다시 말하면, 그들은 그들의 주관(主觀)대로 하는 말이, 성경에 문체상 이채(文體上異彩), 사상상 변이(思想上變異), 신화적 발달(Mythical development), 전기적 변천(傳奇的變遷)이 보인다 하며 이것들을 배제(排除)하므로 성경 설화의 원체 혹은 핵심(核心)을 찾을 수 있다고 한다. 그러나 이것은 너무나 성경의 내용을 알지 못하는 오설(誤說)이다. 성경 저자들은 그 기록 정신에 있어서 역사적 진실성을 생명시한 것이다(눅 1:1-4).

그뿐 아니라 기독교는 그 원리에 있어서 단회적(單回的)인 계시적(啓示的) 사실을 영원한 기초로 하고 있다. 그 계시적 사실이 없으면 사도들의 전도 운동이 없었겠고, 따라서 기독교가 없었을 뻔하였다. 그러므로 기독교는 신화 종교(Mystical religion)가 아니다. 하나님의 계시적 사실이 기독교회가 그런 계시적 사실을 전기적(傳奇的)으로 작성한 것이 아니다. 기독교는 그 본질로 보아서 신화주의(神話主義, 歷史無觀主義)가 아니고, 엄연한 유일회적(唯一回的) 역사적 계시에 입각한 종교이다.

(5) 개혁주의의 성경 해석

개혁주의는 성경 해석에 있어서 다음과 같은 원칙들을 세운다.

① 성경을 하나님의 말씀으로 믿음. 칼빈은 말하되 성경의 권위(權威)는 하늘에서 바로 내리는 하나님의 음성과 다름이 없다고 하였다.

② 성경은 독자적 신임성(獨自的 信任性, αὐτοπίστια)을 가졌음으로 타자(他者)의 증명이나 인허(認許)를 요하지 않고, 자성립(自成立), 또는 자증(自證)하는 진리이다(Calvin, *Inst.*, 1.75).

③ 우리가 성경을 진정으로 알려면 성령의 내증(內證)에 의하여 눈이 열려야 한다.

④ 가경(假經)은 성경이 아니다.

⑤ 성경은 그 원어(原語)에 의하여 해석되어야 완전하다.

⑥ 유전(遺傳)에 예종(隸從)하고 의존하는 해석 주의를 배척한다.

⑦ 성경 해석에 대한 최후 심판자는 성경 자체이다.
⑧ 개혁주의는 성경 계시의 필연성(必然性), 성경의 완전성, 성경의 충족성(充足性), 성경의 명백성을 믿는다.
⑨ 성경을 인간의 자의(自意)대로 억해(臆解)하지 말 것이다.
⑩ 문리적 해석(文理的解釋)의 필요성을 인정(認定)한다.
⑪ 역사적 해석의 필요성을 인정한다.
⑫ 성경에서 취하는 정당한 추론(推論)의 교훈을 하나님의 뜻으로 여긴다.
⑬ 성경 해석에 있어서 역사적 교리(敎理)를 중요히 참조한다.
⑭ 의미가 불분명(不分明)한 구절은 분명한 성구(聖句)의 의미에 비추어 해명(解明)한다.

(6) 예수님의 성경 해석법

복음서에는 예수님께서 구약성경을 해석하신 실례가 적지 않게 있다.

① 성경 사상의 단일성(單一性)을 인정하셨으니, 이는 성경을 성경으로 해석해야 할 근거를 준다. 예를 들면, ⓐ 율법과 선지가 다 함께 예수 그리스도를 표지(標指)하였다는 말씀이고(요 5:39, 6:32, 33; 눅 24:25-27), ⓑ 율법과 선지의 요점을 윤리적(倫理的) 의미에서는 사랑이라고 하여(마 7:12) 구약의 단일성이 있음을 말씀하신다.

② 성경을 추론적(推論的)으로 해석하셨으니, 이는 그가 부활의 필유성(必有性)을 증명하실 때에 출 3:16을 해석하신 것으로 알 수 있다(마 22:23-32). 이 추론적 해석은 치우친 여자적 해석주의(如字的 解釋主義)를 금하시는 의미도 된다. 위의 출 3:16에, "여호와 너희 조상의 하나님 곧 아브라함과 이삭과 야곱의 하나님"이라고 하였다. 그 때에 (하나님께서 모세에게 그 말씀을 하실 때) 아브라함의 영혼이 죽지 않고 있었음을 증거한다. 그 이유는 하나님을 죽은 자의 하나님이라고는 할 수 없었겠기 때문이다.

③ 성경을 성경으로 해석해야 된다는 원리를 친히 실행하셨다. 그것은

그가 마귀에게 대항하실 때에 나타내신 것이다(마 4:5 이하).

④ 예수님께서 성경의 절대적 권위를 믿으셨다. 이는, 그가 마귀에게 시험 받으실 때에 성경으로 변박(辨駁)하신 것을 보아서 알 수 있다.

⑤ 예수님께서 성경을 해석하심에 있어서 역사적 해석을 존중시하셨는데, 그것은 주님께서 친히 마 19:3-9을 해석하신 것에서 볼 수 있다. 거기서 그는, 이혼(離婚)의 불가(不可)함을 그 역사적 형편에서 논하셨다. 곧, 하나님께서 인간을 일남 일녀로 지으사 합하여 하나이 되게 하신 역사적 경우로 보아서, 이혼의 불가를 결론하셨다.

⑥ 성경은 한 개의 경험 문서(곧, 그 제자들 개인에게만 관계된 것이 아님)에 멎어지는 것이 아니고, 보편성(普遍性) 있게 모든 사람들을 개인적 상대로 삼은 것이라는 원칙을 가지신 것이다(마 15:7, 8; 사 29:13; 히 1:1). 그것을 보면, 예수님께서는 성경을, 모든 사람을 일일이 직접 상대하고 지배하며, 심판하는 권위의 말씀으로 여기신 것이다. 이상의 조목으로 보아서, 예수님께서는, 성경을 성경으로 해석하는 원리를 가지신 것이 분명하다.

II. 성경 해석학[2]

1. 명칭과 작용

헤르메누틱(Hermenutiek)이란 말은, 본래 번역한다는 뜻이다. 후대에는 어려운 시(詩)를 설명한다는 의미로 사용되었고, 필경은 이것이 해석의 법칙을 연구하여 조직화하는 것을 가리킨다. 이것은 예술이 아니고 과학이다. 그 이유는, 이것은 체계화(體系化) 혹은 조직화(組織化)한 학문이며, 기초, 원인,

---

[2] 이 부분은 화란 신학자 크로쇠이데(F. W. Grosheide)의 *Hermanutiek*(성경 해석 방법론)에서 박윤선 목사가 요약하여 번역한 것이다.

분해 등의 관심을 가지고 찾아보기 때문이다.

해석학은 일반적으로 인간이 종사(從事)하는 것이다. 하나님의 특수계시(特殊啓示)에 관한 것이니 만큼, 특수한 방면을 가지고 있다. 그것이 다시 신약에 관한 것이니 만큼, 더욱 특수하다. 해석학에 있어서 주요한 사실 두 가지를 생각할 수 있으니, 인간은 죄 때문에 성경을 깨닫지 못한다는 사실과 중생(重生)한 자로서는 깨달을 수 있다는 사실이다.

신약 해석자로서 예비 지식을 가져야 하나니 그것은 다음과 같다.

(1) 언어 문제(言語問題)

인류가 사상을 교환하는 가장 좋은 방편(方便)은 언어이다. 그러나 언어로 말미암아 남들의 사상을 이해할 수 있는 동시에, 그것을 오해하는 일도 많음을 주의해야 된다. 성경(여기서 취급하는 것은 신약에 한함)을 해석함에 있어서도 이런 난관이 있다. 그 원인은 여러 가지이다. 곧, ① 신약성경이 그 사상을 전하기 위하여 사용한 말이, 헬라 말인 사실, ② 직접 들어서 깨닫는 명쾌한 맛이 없는 사실, ③ 그 말하는 자의 이론을 얼른 찾아보기 어려운 사실, ④ 문맥에 포함되어 있는 내용을 깨닫기 어려운 사실, ⑤ 그 기록된 사상에 대하여 동감하기 싫어하는 냉정한 태도이다. 곧, 인간은 죄인이기 때문에 그와 같이 동감하지 않으려는 경향이 있다.

언어의 본질 — 우리는 이 점에 있어서 특별히 기록된 방언을 가지고 말하려 한다. 일반 방언의 본질로서 몇 가지 들 수 있으니, 첫째, 언어라는 것은 단체 생활에서 생겨나는 구체적인 표현이라는 것. 둘째, 이 단체들은 감정과 사상에 있어서 서로 다른 것만큼, 표현을 달리 한다는 것(예를 들면, 민족과 민족과의 사이의 차이점). 따라서 말이라는 것은, 서로 다른 단체가 사용하는 고로 서로 다른 점이 있게 되는 것이다. 셋째, 언어는 진리를 충분히 표현하지 못한다는 것. 그 이유는, 인간은 제한 있는 실존(實存)이기 때문이다. 언어는 자라나며 발달한다. 그러므로 그 의미도 시대를 따라 다소 변천되는 수가 있는 것이다. 넷째, 언어는 인류의 죄악으로 말미암아 혼란하여지며 어두워진 사실이다.

(2) 신약의 특수성

① 기본 원칙들. 신약은 하나님의 말씀이다. 그 사실은, 그리스도의 말씀이 참된 사실임을 증거하며(요 8:14-), 사도들의 증거가 실수 없다는 것과(요 15:26), 후대 교회가 그렇게 받았다는 것과, 성령의 개인 상대한 증거가 알려 준다. 위에 말한 바와 같이 신약이 하나님의 말씀이라는 것은, 해석자가 처음부터 기억할 기본 원칙이다. 그것이 해석상 전제(前提)는 되나 편견은 아니다. 모든 과학이 다 기본 원칙과 전제를 가지고 시작된다. 해석자가 기억하여야 할 또 한 가지 기본 원칙은, 성경의 명백성이다. 곧, 성경은 모를 책이 아니고 연구하여 알 수 있다는 것이다. 그러나 그렇다고 하여 주석서(註釋書)가 필요치 않다는 것은 아니다. 그리고 또 한 가지 기본 원칙은, 성경 해석상 신앙이 이성(理性)을 지배한다는 사실이다.

② 이해의 제한성. 신약이 사람의 말로 기록되었으니 만큼, 전적 이해를 주지는 못하나 참된 것이다(*Finiti non capax infiniti*).

③ 신약은 통일되어 있음. 모든 책이 영감(靈感)된 사실에 있어서 일치하고(요 16:13, 14), 모든 책이 그리스도의 인격(人格)과 일에 대하여 같이 말하며, 또한 모든 책이 그리스도 중심인 것만큼, 하나님을 중심하였다. 그뿐 아니라, 모든 책은 신인 연합(神人聯合)의 통일성을 가지고 있다. 곧, 그것들은, 부분적으로 하나님의 말씀인 동시에 사람의 요소(要素)를 통하여 표현하고 있다(사람의 요소를 통하여 표현하면서도 그릇된 것은 없음).

(3) 신약 성경의 해석자

해석자의 자격은 무엇보다 먼저 교회에게 부여되었다(롬 3:2). 그러나 그렇다고 하여 교회는 개인이 성경 해석 권리(權利)를 무시하지 못한다. 로마교는 개인의 해석 권리를 무시하였으니 그것은 잘못이다. 개인은 교회의 해석이라고 하여 무조건적으로 받을 것이 아니고 성경의 뜻과 부합한 해석만 받는다. 신학자들은 교회의 택함을 받아 특수한 해석 사업을 할 수 있다. 그러나 그들이 자기 자신의 양심적인 깨달음을 하나님 앞에서 인정받은 대로 말해야 된다.

성경 해석자가 의지할 규범(規範)은 다음과 같다.

① 성령님을 주인공이신 해석자로 의지할 것. 그 이유는, 성경은 성령님께서 영감하신 말씀이기 때문이다. 그러므로 구약과 신약은 서로 해석해 준다. 성경은 성경으로 해석되어야 한다.

② 그리스도께서 계시(啓示)의 중심이라는 것. 해석자는 성경의 모든 부분, 특히 중대한 부분에서 그리스도와 관계된 내막을 발견해야 된다.

③ 교회적 해석이나 교리가 최종적 권위는 아니라는 것. 성경 해석상 교리를 중대하게 참조하여 의지하나 최종적 권위는 성경 자체이다. 해석자로서 교리상 차이점을 변증할 때에 온당하게 함은 가하나, 로마교처럼 자기 교회의 해석만을 최종적 권위인 듯이 고집하면 안 된다. 믿음의 추론(推論)대로 해석할 것(롬 12:6)이니 이는 믿음에 관계있게, 혹은 믿음과 일치하게 해석함을 의미한다(In accord with faith or in relation to faith).

(4) 신약 해석상 특수 고려건(特殊 考慮件)

① 종합적 해석(Synthetic Exegesis). 종합적 해석(綜合的解釋)은 분해적 해석(分解的解釋)을 토대로 한다. 곧 그것은 문법적, 역사적 의미를 밝힌 뒤에 고려되는 것이다. 종합적 해석을 통하여 비로소 성령님이 의미하신 참 뜻, 곧, 모든 시대의 신자들에게 주신 교훈, 곧, 그리스도 중심의 뜻을 찾아낸다. 종합적 해석은 성령님의 도우심을 받고자 원해야 한다. 그것은 오리겐(Origen)이 말한 문자적 의미와 풍유적(諷諭的) 의미와의 종합을 가리키지 않으며, 로마교에서 가르치는 문자적 의미와 신비적(神秘的) 의미와의 종합도 아니다. 그

것은 그런 주관적 억해(主觀的臆解)와도 다르다.

② 병행 문구(竝行文句)를 찾아야 함에 대하여. 성경 말씀을 해석할 때에 병행 문구를 만나게 된다. 그러나 해석자는 거기서 주의해야 된다. 설혹 그 만난 문구가 성경 다른 부분에 있다 할지라도 양자가 꼭 같은 의미를 가지지 않았을 수도 있다. 그 이유는, 그 둘이, 각각 다른 관점(觀點)에서 그 문구를 기록하였을 수도 있는 까닭이다. 구약에서 인용되어 나온 문구는 구약에서 그것이 무슨 의미를 가졌는지 주의 깊이 찾아보아야 한다. 특별히 성경 해석자가 그 취급하는 성경 말씀에 비슷한 세속문학(世俗文學)의 문구를 만났을 때에 그것을 쉽게 참고하면 안 된다. 그것은 성경의 문맥에 기준하여 비판되어야 한다. 특히 이교(異敎)의 문구 중 성경과 유사한 것이 있을지라도 그 뜻이 성경의 것과는 딴 내용으로 사용된 것이다.

③ 해석의 가치(價値). 인간은 다 함께 하나님의 형상으로 지음 받았으니만큼, 거듭난 사람은 다 함께 성경을 해석할 권리를 가지고 있다. 그렇다면 난제가 생긴다. 곧, 개인에 따라서 해석이 달라지는 일이 있다는 것이다. 그러나 그것은 큰 문제 아니다. 그 이유는, ⓐ 성경의 중요한 부분에 대하여는 성경 자체가 설명해 주는 것만큼, 모든 교회가 그런 부분에 대하여 동일한 해석을 가지는 까닭이며, ⓑ 해석상 어떤 차이점들은, 단지 시대 정신(時代精神)의 관계로 달라진 것뿐이니 그것은 시간이 흘러감에 따라서 해석되는 까닭이며, ⓒ 해석상 어떤 차이점은 교회적인 것이 아니고 개인적인 것이니만큼, 점차 사라질 것이기 때문이며, ⓓ 성령님께서 해석상 차이점들을 점차 통일되도록 인도하시는 까닭이며, ⓔ 작은 부분에 대한 해석의 차이점들은 별로 큰 문제될 것이 없는 까닭이다.

④ 성경에 대한 비판이 있을 수 있는가? 힙리주의(合理主義)는 성경을 한 개의 인간적 작품으로 알고 무제한의 비판을 한다. 그것은 성경의 특수성 곧, 초자연성(超自然性)을 무시한 그릇된 비판이다. 그리고 체험주의(體驗主義)는 성경을 계시에 대한 인간의 체험 문서로만 알고 기독 신자의 신앙(혹은 기

독 신자의 意識)에 기준하여 그것을 비판한다. 이것은 결국 잘못된 주관주의(主觀主義)로 인도한다.

그러나 개혁파(改革派)의 신학(神學)은, 성경을 신적 요소(神的要素)와 인적 요소(人的要素)의 연합으로 발표되었다고 본다. 거기 사용된 언어는 인적 요소에 속한다. 그것(人的要素)이 학문의 비판을 용납하나, 비판자(批判者)는 그것을 성령의 인도로 참되이 사용된 요소라고 믿고 그것을 변호하는 정신으로 연구한다. 그러므로 하나님의 말씀 자체는 비판의 대상이 아니라고 개혁파 신학은 생각한다.

(5) 신약 해석상 중요한 지식

성경 해석자는 다음과 같은 몇 가지 중요한 지식이 있어야 된다. 그는 교회 역사(敎會歷史)를 알아야 된다. 성경의 정경 승인 문제(正經承認問題)에 대하여, 교회 역사는 많은 관련성(關聯性)을 띠고 있다. 곧, 진리에 대한 이해(理解)가 점점 발달된 사실은 교회 역사를 보아서 알 수 있다. 그뿐 아니라, 교회 역사상에 나타나는 기독교 고고학 발굴(考古學發掘)로 말미암아 나타나는 재료들은 신약을 해석함에 적지 않은 도움을 준다. 그 밖에 또한 신학적 지식이 필요한 것은 말할 것도 없다. 신학의 과목은 그 어느 것이든지 고립(孤立)되어 있지 않고 서로 관련성을 가지고 있다. 그리고 그에게는 일반 과학적 지식이 필요한 것도 사실이다. 예컨대 어학(語學), 철학(哲學), 심리학(心理學) 등이다. 이상의 모든 것보다 가장 필요한 것은, 영적 지식이다. 성경 해석은 성신의 인도 없이 바로 할 수 없다. 위의 모든 지식과 함께 해석자는 본문 비평을 할 줄 알아야 된다. 그것은 어떤 것인가?

여기서 논하려는 것은, 본문 비평의 내용을 자세히 말함보다 그 성격에 대하여 고찰(考察)코자 한다. 우리가 가지고 있는 성경 본문은 원저작자(原著作者)의 친서(親書)가 아니고, 그것에 대한 사본(寫本)들에서 채택(採擇)된 분문이다. 사본들 가운데는 혹시 오서(誤書)가 있으니 만큼, 저작자의 원본(原本)을 회복(回復)하기 위한 본문 비평이 필요하다.

① 본문 비평의 재료(材料). 본문 비평의 재료는 주로 사본(寫本)들이다. 그러나 옛 라틴역(Old Latin)과 수리아역(Old Syrian)과 같은 번역도 유조(有助)한 재료들이다. 옛 라틴역은 옛 수리아역보다 가치가 적다. 그러나 일반적으로 그런 번역문(飜譯文)들을 통하여 어떤 본문 내용이 그 번역 시절에 사용되고 있었는지 알 수 있게 된다.

교부(敎父)들의 인용문(引用文)도 본문 비평에 참고가 된다. 그러나 유감스러운 것은 그 인용문들의 원본은 오늘날 없고, 다만 많이 변천된 형태로 다른 사람의 저서(著書)를 통하여 전해진 것뿐이다.

그러면 현존(現存)의 신약 본문(新約本文)은 확실한 원본 되기에 부족한 것일까? 결코 그렇지 않다. 그 이유는, ⓐ 사본상(寫本上) 사구(寫句)들의 차이점은 극히 미소한 것들이며, ⓑ 그 모든 차이점들에 있어서 어느 것이 오서(誤書)인지 명백히 알려져 있으니 만큼 문제되어질 것 없으며, ⓒ 이 모든 차이점들이 교리상(敎理上) 혹은 교훈상 차이까지 가져오지 않으며, ⓓ 어떤 차이점들은 이단파(異端派)의 영향으로 일부러 잘못 베낀 사실도 드러나 있다. 그러므로 사본 학자들은, 어려움이 없이 이 차이점들에 있어서 어느 것이 원본(原本)임을 쉽게 찾아낸다. ⓔ 우리가 성경 본문에 대하여 영적 관점에서 기억할 것도 있다. 곧, 하나님께서 그 계시(啓示)하신 말씀을 주신 뒤에, 그가 역시 특수한 섭리로 그것을 훼상됨이 없이 보존시키셨다는 사실이다. 신약성경은 세속 문학(世俗文學)과 다르게 많은 사본들을 가지고 있다. 그 이유는, 신약성경은 일반 신자들이 많이 베껴 읽었기 때문이다. 이렇게 많은 사본상 증거가 있는 한(限), 원본을 용이하게 찾을 수 있는 것이다. 비록 결정하기 어려운 점에 있어서도 그 원본에 있어서는 틀림이 없었음을 우리가 확신하여야 한다. 이렇게 신약에 대한 사본학은, 세속 문학에 대한 그것보다 특수하여 신학적인 과학이다. 우리가 알 것은, 성경을 읽는 가운데 성경이 하나님의 말씀인 줄 알게 되는 것은 오직 성령으로 말미암는다는 것이다. 다만 사본상 차이점에 있어서 어느 것이 원본적(原本的)인 것인지에 대하여는 어느 정도 과학적 연구로 해결할 수 있다.

② 본문 비평의 방법. ⓐ 신약 본문 비평은 세속 문학의 그것과 어느 정도 같으나, 위에 말한 바와 같은 신학적 과학이라는 영적(靈的) 방면을 가지고 있다. ⓑ 본문에 대한 모든 증거들(사본, 번역문, 인용문)을 모아 가져야 하고 그것을 읽어야 된다. ⓒ 어떤 사구(寫句)에 가치를 정할 때에 사본 수효의 다과(多寡)에만 의지할 것은 아니다. 그 이유는, 다수의 증거도 같은 한 본문에서 퍼져 나갔을 수 있기 때문이다. ⓓ 어떤 본문에 대하여는 사본들의 증거가 그 경중(輕重)으로 보아서 서로 비슷하다. 그 때에 해석자는 자기의 주관에 합당한 대로 택할 수는 있다. 그러나 주의 깊이 해야 할 것은 물론이다.

(6) 해석 방법

① 문법적, 역사적 해석(文法的 歷史的 解釋, Grammatico-Historical Exegesis)과 심리적 해석

성경 해석은 한 모양으로만 할 때에 실패되기 쉽다. 그 이유는, 성경은 여러 가지 모양으로 말씀을 계시(啓示)하기 때문이다. 그러므로 우리는 성경 해석에 있어서 여러 가지 방법을 고려한다. 그 가장 중요한 해석 방법은 문법적, 역사적 해석인데, 그것은 성경 말씀에 대한 어학적(語學的) 연구와 및 역사적 연구를 의미한다. 심리학적 해석이란 것도 있으니, 그것은 문법적, 역사적 해석에 부속하여 작용할 것뿐이다. 그러면 문법적, 역사적 해석은 실제에 있어서 무엇을 하는 것인가? ⓐ 문법적 해석이란 것은, 본문에 씌어 있는 동사(動詞)의 형태(形態)나 낱말의 위치 같은 것을 연구하는 방법으로서 해석자의 무리한 추측을 방지한다. 그뿐 아니라, 문법적 해석은 저술자의 용어(用語)와 습관 같은 것을 바로 파악하도록 노력한다. 문법적 해석자는 역시 본문의 문장 구조(文章構造)와, 비유나 풍유(諷諭) 같은 것을 바로 간취(看取)하고 해석하기도 한다. ⓑ 역사적 해석이란 것은, 그 본문이 관련되어 있는

시대나 환경의 요소를 찾아 보는 방법이다. 따라서 이 해석에는 고고학(考古學)이 중요하게 참고된다. 그러나 이것은 성경을 하나의 역사로 보는 것이 아니고, 성경에 들어 있는 역사적 요소들을 바로 이해하기 위하여 역사를 참조(參照)하는 것뿐이다. 이 점에 있어서 주의할 것은, 신약에 포함되어 있는 역사적 재료들을 세속 역사의 것보다 열등(劣等)의 것으로 생각하지 말아야 된다는 것이다. 성경에 기입된 것은 언제나 참되다. ⓒ 심리적 해석이란 것은 본문에 나타나 있는 말씀이나 행위의 동기를 찾아보는 방법이다. 그러나 그 동기의 배후에 하나님의 계시 운동이 원인이 되어 있다는 것을 우리가 잊어서는 안 된다. 만일 해석자가 그것을 잊고 심리적 해석 방법을 취할 때에는 성경을 단순히 인간적 작품(人間的作品)으로만 취급하는 과오를 범하게 된다. 이 심리적 해석은 성경에 포함되어 있는 인간적 요소를 이해하는 데 사용될 뿐이다. 그러나 이것이 중요한 이유는 하나님께서 특별 계시 운동에 있어서 인간을 사용하셨기 때문이다. 이 인간적 요소를 통하여 성령께서 계시(啓示)의 사역(使役)을 하신 것이다. 어떤 때에는 하나님께서 인간을 사용하실 때에 그들이 원치 않는 방향으로도 하셨다. 그러나 그런 때에도 그는 인간을 기계화(機械化)하지는 않으셨다. 이 점에 있어서 우리가 기억할 것은, 하나님께서 인간을 사용하셨으니 만큼, 인간은 계시 운동에 부속 역할(付屬役割)을 한 것뿐이라는 것이다. 그러므로 심리적 해석은 해석상 부속 역할을 할 뿐이고 전부에 통하는 것은 아니라는 것이다.

② 깊은 의미를 찾는 방법

역사적 문법적 해석이 되어 있다 하더라도 해석자는, 그 부분이 가지고 있는 근본 사상 곧, 종합적(綜合的) 의미를 찾기 전에는 해석의 역할을 다한 것은 아니다. 이 근본 사상을 찾는 방법에 대하여는 완전한 규칙을 세우기 어렵다. 그 이유는, 성경은 여러 가지 모양으로 기록되어 있기 때문이다. 이 근본적 의미를 찾기 위하여는 해석자로서 해석의 재능을 가졌을 뿐 아니라 성경에 대한 생명 있는 교통과 성령님의 조명(照明)을 받아야 한다.

위에 말한 몇 가지 해석 방법(문법적 역사적)은 우리로 하여금 그릇된 방면으로 탈선하지 않도록 하는데 유조(有助)할 뿐이다. 우리는 언제든지 문법적, 역사적 해석에다가 종합적 해석(Synthetic Exegesis)을 겸병(兼倂)하여서 하나의 해석으로 생각하여야 한다.

2. 성경 해석의 실제적 진행

① 우리는 성경 본문을 앞에 놓고 스스로 묻기를, "이 부분이 나에게 지금 무엇을 계시해 주는가?"라고 해야 된다. 곧, 이 부분이 나와 교회와 현세계의 형편에 대하여 무엇을 보여주는가 생각하여야 된다. 그러나 우리가 이 점에 있어서 주관주의(Subjectivism)를 주의하여야 할 것이다. 그러므로 우리는 또 다른 법칙을 생각해야 된다. 곧, ② 우리는 또 다음과 같이 스스로 물어봐야 한다. "이 부분에 주요 사상(主要思想)이 무엇이며 또 제2차적인 중요성 있는 것들이 무엇인가?"라고 해야 된다. ③ 우리는 성경 말씀을 죽은 것으로 생각지 말고 생명의 말씀으로 알되, 주요한 부분만이 아니라, 부속적(付屬的)인 재료들도 하나님 말씀이라는 것을 기억해야 된다. ④ 우리는 어떤 본문을 연구할 때에 추론적(推論的)으로 생각할 줄 알아야 된다. ⑤ 하나님의 말씀은 그리스도 중심의 것이니만큼, 해석자는 그 본문이 그리스도로 더불어 어떻게 관계된 것을 찾도록 힘써야 한다. 이 점에 있어서 우리는 풍유(諷諭) 남용을 피해야 된다. 갈라디아서 4장에서 역사적 사건을 가지고 풍유로 해석한 일이 있으나, 그것은 영감(靈感)된 풍유적 해석이니 만큼 특수 취급돼야 한다. 해석자는 성경에 기록된 역사를 원칙상 풍유로 간주해서는 안 된다. 해석자는 깊은 뜻을 찾아 보려고 풍유 해석 방법을 취한다. 그러나 그것은 범과(犯過)하는 것이다. 해석자가 그 현재에 있어서 깨닫지 못하는 말씀이 있으면 그것을 그냥 모를 것으로 두고 기다리는 것이 합당하다. 그것은 그 개인에게만 준 것이 아니고 모든 시대의 교회에 주셨기 때문이다. 그 자신

이 그 때에 찾지 못하는 깊은 뜻을 후대의 교회가 찾게도 될 것이다. ⑥ 성경에 기록된 사건들은 종종 보편적 교훈을 포함하고 있다. ⑦ 깊은 뜻을 찾기 위하여 해석자는 문맥(文脈)을 잘 살펴야 된다. 문맥이라는 것은 윗말과 아랫말과의 연결성을 의미한다. 그 문맥이 단순한 진행인지 혹은 대조적 어법(對照的語法)인지에 대하여 주목하여야 한다. ⑧ 해석자는 본문의 의미를 찾기 위하여 혹시 추측할 수도 있다. 곧, 그 읽는 대로의 본문이 어떤 뜻을 나타내지 못하는 경우에는 그 본문이 원본대로 전래(傳來)하지 못하지나 않았는가 하여 어떤 합당한 말을 추측할 수는 있다. 그러나 그것을 주의 깊이 하여야 된다. ⑨ 서신부(書信部)에 나타나는 말씀은 비교적 권면(勸勉)과 의론(議論)으로 되어 있기 때문에 거기서 우리와 직접 관련 있는 뜻을 발견할 수 있다. 거기서 종합적 의미(綜合的意味)를 찾기는 복음서보다 용이하다. 해석자는 이 부분에 있어서 스스로 묻기를, "이 서신의 상대자들은 무엇을 하였을까? 저술자는 거기에 어떻게 반응하였는가?"라는 것이다. 이런 것을 생각할 때에 종합적 의미는 쉽게 알려진다. ⑩ 예언적 재료를 해석함에 있어서 해석자는 다음과 같은 몇 가지를 고려하여야 된다. 예언은, 역사와 달라서 시간적으로는 산재(散在)한 여러 가지 사건들을 한 묶 한 것으로 말하는 수가 있다. 그러므로 한 예언은 종종 여러 번 성취된다.

예언은 그 형태(形態)에 있어서 현재와 관련되어 있다. 다시 말하면, 예언은 미래에 대하여 현실의 재료를 가지고 말할 수밖에 없다. 따라서 그것은 은유(隱喻)로 기록된다. 뿐만 아니라, 그것은 종종 시적(詩的)으로 또는 상징적(象徵的)으로 표현되는 수가 있다. 그러므로 해석자는 이렇게 기록된 예언을 문자적으로 일종 현실 역사(現實歷史)처럼 보지 말 것이다. 만일 그렇게 예언을 잘못 본다면, 그것은 예언의 성격을 파괴시킨다. 예언이 현실의 재료를 사용하는 이유는, 미래를 말해 보려는 데 있다. 그러므로 신약 예언에도 종종 구약의 재료를 사용한 일이 있다. 예언에 있어서 종합적 의미를 찾으려고 하면, 그 성취가 어떠한 것임을 찾는 것보다 거기 사용된 상징과 이름과 사건과 국명(國名)과 인명(人名) 같은 것을 연구하여 그 의미를 찾아보는 것이 중요하다. 그리고 그 종합적 의미는 보이는 상징들 속에 감추인 것이고, 상징 그대로가 아님을 우리가 기억하여야 한다. 예를 들면, 우리가 마태복음 24장에 있는 예언을 살펴 볼 때에, 그 교훈을 예루살렘 멸망과 세계의 최후 종말로 양분(兩分)하여 생각하기 쉽다. 우리가 그렇게 하는 때는 그 예언의 단일성(單一性)을 파괴함이 된다. 예루살렘 멸망에 대한 예언은 동시에 세계적 종말에 대한 것을 상징한다. 예언은 인간의 호기심을 만족시키기 위하여 준 것이 아니다. 그것은 우리에게 종말관적 사실을 보여주는 동시에, 우리로 하여금 그 현재에 있어서도 종말관적 의식(終末觀的意識)에서 실생활의 태도를 가지게 하는 것이다.

"하나님께서 이 세상의 지혜를 미련케 하신 것이 아니뇨
하나님의 지혜에 있어서는
이 세상이 자기 지혜로 하나님을 알지 못하는고로
하나님께서 전도의 미련한 것으로
믿는 자들을 구원하시기를 기뻐하셨도다"

(고전 1:20-21)

색인

ㄱ

개혁파 신학　22, 340
계시 운동　57, 87, 130, 133, 139, 161, 168, 343
계시 의존 사색　11, 13, 15, 17, 21
계시의존주의　72
계약　57, 58, 59, 61, 62, 63, 64, 65, 66, 67, 68, 69, 73, 76, 78, 80, 82, 83, 84, 85, 86, 92, 93, 95, 96, 126, 152, 154, 303
계약 백성　74, 154
계약신　20, 59, 83, 167
계약신신학　92
계약 신학　20, 60
공자　246, 265
교회 이적　209
구 계약　86
구르　228
구원사　76, 80, 102, 108, 138, 182, 293, 322, 323
구원 운동　61, 70, 86, 87, 91, 103, 138, 139, 161, 164, 199, 323
구원하는 신앙　202
궁켈　332
그노시스　137, 138, 141, 142, 143, 144, 145, 148, 149, 228
그리스도 중심주의　282

ㄴ

낙관주의　65
노자　129
니그렌　103, 104, 106, 107, 280, 281, 282, 286

ㄷ

다이스만　58
단일과 잡다　17, 19
덧붙인 선물　19
데베테　75
데오파니　16
데오플락트　159
델리취　124
도덕률　265, 266, 267, 275
도예베르트　72, 290

ㄹ

라이트푸트　31, 32, 40, 41, 42, 115
랑게　90, 93
레몬스트란파　331
루소　16
루터　20, 49, 59, 68, 159, 179, 180, 183, 186, 188, 192, 193, 226, 238, 239
루터포드, 사무엘　32
리델보스　47, 50, 52, 53, 54, 55, 60, 69, 74, 75, 76, 78, 79, 94, 100, 102,

349

103, 107, 109, 110, 119, 127, 142,
170, 187, 270, 279, 283, 284, 285,
288
리드　226
리에포드, 윌리암　34
리츠만　142, 279, 285

ㅁ

마네키안 문건　141
마이코니우스　238, 239
마호메드　146
만데안 문건　141, 145, 146
만전(적) 영감　23, 25, 26
머레이　266
메시야 약속　68, 78
메이어　232
메이첸　71, 142
모리스, 레온　294
모시만　228, 229
모아, 바울　14
무디　261
문리적 해석　334
문자적 영감설　21
미터　287, 289
밀레이　20

ㅂ

바르트(빨트)　44, 45, 46, 93, 101, 102,
104, 105, 108, 109, 111, 115, 116,
163, 164, 200, 254, 255, 275, 276,
277, 322, 323
바빙크　16, 17, 21, 44, 45, 46, 48, 49,
54, 58, 59, 61, 62, 63, 71, 85, 114,
117, 153, 165, 273, 298, 299, 303
바울의 윤리　281, 282
바이스, 헤르만　71
반 유신론　14
발, 존　29, 33, 34
방언　154, 156, 157, 158, 159, 197, 198,
210, 211, 212, 213, 215, 216, 217,
218, 219, 220, 221, 222, 223, 224,
225, 226, 227, 228, 229, 256, 315,
336
백스터, 리차드　34
버나드　139, 198
버제스　31
벌코프　201
범신론　64, 129, 142, 147, 148, 303
벨카우어　102
벵겔　17
보스, 게할더스　60, 284
복음 운동　51, 131, 141
부라우엘　330
부릭스　33, 34, 35
부자 관계　76, 89
불링거　60
불트만(뿔트만)　50, 94, 137, 138, 139,
140, 141, 142, 143, 144, 145, 147,
149, 284
브루너　102, 289, 290
브룩스, 토마스　184
브리지, 윌리암　30
비신화화　138
빈디쉬　94

ㅅ

사도의 증거　52

삼위일체　　18, 19, 57, 62, 178
새 언약　　89
성경 무오설　　49
성경의 권위　　32, 46, 54, 123, 333, 354
성경의 독자적 신임성　　44
성경의 명백성　　45, 327, 334, 337
성경의 완전성　　54, 334
성경의 충족성　　54, 334
성령 세례　　197
성령의 증거　　52, 132, 151
성령 충만　　154, 197
성육신　　16, 49, 165
성화　　66, 148, 177, 178, 180, 182, 183, 184, 186, 187, 188, 190, 194, 197, 204, 205, 206, 207, 247, 329
세벤스터　　70, 79
센데이　　279
소시니안주의　　59, 331
속죄의 사건　　71
수직선적인 현재　　163
수평선적인 미래　　163
수평선적 종말관　　138
슐라이어마허　　332
슐라터　　69, 104, 139, 140
스밀데　　80
스콜라 철학　　18, 19
스텝퍼　　25
스토트　　154, 225
스톱　　272, 288, 292
스티븐스　　75, 273, 274
스펄전　　91
시대주의자　　61
신 계약　　58, 65, 68, 75, 76, 303
신본주의 윤리　　271, 272, 273, 281, 284, 285, 286, 291
신유　　155, 156, 214, 215, 223
신 의식　　246
신인 관계　　63, 89
신인 교통　　63
신인 협동설　　20
신화　　50, 71, 72, 101, 116, 119, 120, 138, 144, 145, 148, 149, 268, 333
신화주의　　71, 72, 333
실현된 종말관　　137, 138, 163
십계명　　243

ㅇ

아니아포라　　291, 292
아레티오, 베네틱도　　159
아리스토텔레스　　18, 23
아퀴나스, 토마스　　18, 19
알미니안주의　　20
어거스틴　　17, 18, 19, 27, 46, 281, 318
역사적 신앙　　201
역사적 전승　　16
역사적 해석　　334, 335, 342, 344
영감　　17, 21, 22, 23, 24, 25, 26, 27, 28, 29, 30, 31, 33, 34, 35, 48, 49, 52, 53, 54, 330, 337, 338, 344
영원계　　14
영원한 계약　　57, 62, 303
영원한 언약　　68
영지주의　　137, 138
예언　　16, 24, 40, 41, 48, 59, 68, 69, 74, 75, 77, 78, 80, 100, 101, 104, 121, 134, 138, 145, 152, 161, 162, 164, 165, 166, 168, 169, 202, 210, 212, 213, 215, 216, 217, 221, 222, 224,

227, 234, 241, 294, 295, 304, 305,
307, 308, 309, 312, 313, 320, 323,
345, 346
오데벌키　145
오리겐　27, 330, 338
완전주의　188, 206
왓츤　20
워커　228
워필드　23, 26, 33, 34, 35, 47, 48, 114, 277
웨스트민스터 신도게요서　29, 32, 33, 34, 45
위클리프　331
유기적 영감설　21
유대식 종말관　138
유신론　12, 13, 14, 19, 20, 142
유출설　129, 130, 145, 148
율법과 천국　79
은혜 계약　57, 58, 59, 60, 61, 62, 63, 80, 82, 85, 95, 96
이레니우스　27, 31, 330
이 세상주의　236, 314, 315, 316
이시스 종파　119
이적 신앙　201
일반 섭리　209
일시적 신앙　201

ㅈ

자력 구원　91, 149
자연신론　64
자율　11, 12, 14, 15, 19, 20, 87, 268, 275, 282, 318
자율 사색　11, 19
자율주의　11, 12, 13, 14, 15, 17, 18, 20,

64, 65, 72, 241, 281, 283, 291, 292
재세례파　59, 331
전적 부패　272, 273, 274
전통적 종말관　139
절대적인 주권　12, 20
젤레르　158
조나스, 한스　148
종말론적　80
중립적 사색　13
중보자　61, 62, 80, 117, 118, 175, 303
중생　133, 141, 142, 143, 189, 197, 198, 199, 202, 206, 223, 274, 280, 303, 317, 336
즈안, 데오도레　78, 139, 172

ㅊ

천국(의) 현림　51, 74, 161, 162
초자연적 종교　15
초자연주의　52
초절주의　109, 276
추론적 사색　18, 19
축자영감　33
츠빙글리　29, 60
칭의　61, 108, 109, 110, 122, 123, 153, 177, 188, 189, 203, 204, 282

ㅋ

칸트　72
칼빈　21, 28, 45, 49, 60, 159, 173, 192, 227, 280, 287, 288, 333
칼빈주의　20, 21, 28, 44, 47, 50, 53, 114, 223, 226, 228, 302
캘라미, 에드워드　31

커티스   20
코케이우스   60
쾌락주의   235, 236
퀴도 디 부리   28
크래머   158
크레다너스   93, 112, 172, 247, 283, 294, 317, 327
크로솨이데   75, 76, 94, 100, 112, 140, 254, 265, 269, 280, 283, 335
크리스텐슨   226
크림머   189
클레옴브로터스   15
키텔   139

ㅌ

타율   20, 275, 279
타율주의   17, 21, 275, 278, 279, 281
톨릭   25
특수 섭리   209
틸리히, 폴   112

ㅍ

파라, 아취디콘   25
파울루스   71, 75
펠라기우스   281
폴리갑   27
표적   41, 68, 91, 100, 131, 164, 165, 191, 208, 213, 220, 222, 225, 254, 269, 279, 288

프린스   225
플라이데르, 오토   25
플라톤   14, 15, 23, 130

ㅎ

하나님 의존 사색   13
하나님의 형상   19, 149, 251, 253, 255, 324, 339
하나님 제일주의   79
하르낙   71, 158
하밀톤   256
하지, 찰스   117
하퍼   225
할데인, 로버트   188
행위 계약   57, 62, 63, 84, 85, 95, 96, 126
헤들람   279
헬메틱 문건   141
현대주의 신학   61
현빈   129
호온   226
화이트, 존   30
황금률   265
회개   60, 76, 120, 133, 154, 167, 174, 179, 185, 200, 201, 233, 240, 244, 266, 273, 274, 280, 295, 297, 299, 307, 310, 313
흄   72
힛지히   124

논문 목록 (발표 연대순)

출처: 『신학지남』(이하 지남), 『신학정론』(이하 정론), 『로고스』

	논문 제목	출처	발행 년월	쪽	찾아 보기
1	칼 빨트의 계시관에 대한 비평	지남 19/5	1937.9	32-35, 77	*II-12
2	이삭의 차자(次子)	지남 20/1	1937.11	50-55	
3	반(反)복음주의의 역사적 고찰	지남 20/3	1938.3	23-29	
4	요한복음 강해(講解) - 요 11-18에 나타난 말씀 운동	지남 30/3	1963.9	48-53	I-7
5	계약 사상	지남 30/4	1963.12	11-26	I-3
6	그리스도의 탄생과 계약 사상	지남 31/1	1964.9	15-20	I-4
7	산상보훈에 나타난 계약 사상	지남 31/2	1964.12	25-44	I-5
8	근본주의의 약점	로고스 16	1964.12	5-11	II-5
9	신약의 윤리(1)	지남 32/1	1965.4	17-22	I-15
10	신약의 윤리(2)	지남 32/2	1965.7	15-20	I-15
11	신약의 윤리(3)	지남 33/1	1966.3	13-24	I-15
12	성경해석 방법론(번역)	지남 33/2	1966.6	14-29	I-부록
13	우리의 성경	지남 34/2	1967.6	5-32	I-1
14	1967년 신앙고백은 어떤 것인가	지남 34/3	1967.9	14-31	II-4
15	한국교회 주경사	지남 35/1	1968.3	9-14	
16	칼 바르트의 로마서 주석 선평(1)	지남 35/2	1968.6	91-115	II-13
17	칼 바르트의 로마서 주석 선평(2)	지남 35/3	1968.9	59-83	II-13
18	뿔트만이 본 대로의 요한복음과 그노시스주의	지남 35/4	1968.12	3-12	I-8
19	주역 사상에 대한 비판(1)	지남 37/2	1970.6	9-27	II-15
20	주역 사상에 대한 비판(2)	지남 37/3	1970.9	19-36	II-15
21	헬만 리델보스의 성경관	지남 37/4	1970.12	9-15	I-2
22	성경의 권위	지남 38/1	1971.3	6-19	
23	한국 사회가 지향해야 할 도덕관 – 기독교적 입장에서	지남 39/1	1972.3	6-26	II-11

*II-12는 『계시의존사색 II』 제12장을 가리킴

24	오순절 운동과 선교	지남 39/3	1972.9	8-14	I-9
25	베드로의 신학	지남 40/1	1973.3	10-16	I-10
26	야고보서의 은혜론과 신앙론	지남 40/2	1973.6	70-78	I-13
27	칼빈주의 교회론	지남 41/2	1974.6	8-25	개혁주의 교리학
28	인간 존재와 사후 문제(1)	지남 41/4	1974.12	14-17	II-6
29	인간 존재와 사후 문제(2)	지남 42/1	1975.3	8-19	II-6
30	바울 신학의 언약 사상	지남 43/1	1976.3	10-29	I-6
31	개혁주의 소고	지남 46/3	1979.9	13-24	II-2
32	성령에 의한 구원 실시와 은사 문제	지남 46/4	1979.12	8-36	I-12
33	분파 의식 구조에 대한 소고	지남 47/1	1980.3	6-15	II-7
34	칼빈주의 최대 표현인 웨스트민스터 신앙고백서와 위기 신학	지남 47/2	1980.6	93-103	II-3
35	칼 바르트의 신학	정론 1/1	1983.4	4-38	개혁주의 교리학
36	천년왕국 문제	정론 1/2	1983.10	184-205	개혁주의 교리학
37	개혁주의 계시론 소고	정론 2/1	1984.4	94-110	II-1
38	창조론	정론 2/2	1984.11	338-356	개혁주의 교리학
39	바르트(K. Barth)의 교의학에 나타난 신론, 그리스도론, 성령론	정론 3/1	1985.5	81-99	II-14
40	십계명 요해 : 출 20:1-17 해석	정론 3/2	1985.11	188-203	I-14
41	나의 신학과 나의 설교	정론 4/1	1986.5	4-32	
42	교회와 그 헌법	정론 4/2	1986.11	324-333	II-8
43	성경이 가르치는 기도 생활	정론 5/1	1987.5	4-26	II-10
44	요한계시록 요해	정론 5/2	1987.11	188-218	I-16
45	로마서에 나타난 복음	정론 6/1	1988.7	68-89	I-11
46	주일성수와 십일조 헌금 문제	정론 6/1	1988.7	145-151	II-9
47	나의 생애와 신학	정론 7/2	1989.12	162-187